Hartwig Schultz
Joseph von Eichendorff
Eine Biographie

D1720385

Insel Verlag

Erste Auflage 2007
© Insel Verlag Frankfurt am Main und Leipzig 2007
Alle Rechte vorbehalten, insbesondere das der Übersetzung,
des öffentlichen Vortrags sowie der Übertragung
durch Rundfunk und Fernsehen, auch einzelner Teile.
Kein Teil des Werkes darf in irgendeiner Form
(durch Fotografie, Mikrofilm oder andere Verfahren)
ohne schriftliche Genehmigung des Verlages reproduziert
oder unter Verwendung elektronischer Systeme
verarbeitet vervielfältigt oder verbreitet werden.
Satz: TypoForum GmbH, Seelbach
Druck: Memminger Medienzentrum AG
Printed in Germany
ISBN 978-3-458-17362-5

1 2 3 4 5 6 – 12 11 10 09 08 07

Inhalt

1. Kapitel: *Unstern*
Ein Autor auf der Suche nach sich selbst

Am 10. März 1788 wurde Joseph Karl Benedikt Freiherr von Eichendorff auf Schloß Lubowitz bei Ratibor in Oberschlesien geboren. Wenn wir seiner eigenen Schilderung Glauben schenken wollen, so war es eine kalte, verschneite Nacht, wie sie in Schlesien kurz vor dem Durchbruch des Frühlings Anfang März wohl vorkommen mag. Alle Umstände der Geburt sind in den autobiographischen Entwürfen, die unter dem Titel *Unstern* überliefert sind, so präzise beschrieben, daß der Leser annehmen muß, der Autor habe sich genau erkundigt. Eichendorff gibt nicht nur die Wetterbedingungen zum Zeitpunkt seiner Geburt an, sondern scheint auch den Stand der Gestirne ergründet zu haben – ganz so genau hat er es aber doch nicht genommen, da die Venus um Mitternacht natürlich längst untergegangen ist. Angeblich deutete die Konstellation der Himmelskörper auf eine günstige Zukunft des neuen Erdenbürgers hin:

> Es war eine tiefe, stille, klare Winternacht des Jahres 1788, die Konstellation war überaus günstig, Jupiter und Venus blinkten freundlich auf die weißen Dächer, der Mond stand im Zeichen der Jungfrau und mußte Schlag Mitternacht kulminieren. Da gewahrte man auf dem einsamen Landschloß zu L. ein wunderbares, geheimnisvolles Treiben und Durcheinanderrennen Treppauf, Treppab, Lichter irrten und verschwanden an den Fenstern, aber alles still und lautlos, als schweiften Geister durch das alte Haus. Schade, daß ich damals nicht aus dem Fenster sehen konnte, weil ich noch nicht geboren war, denn die Gegend unten hatte feierlich ein schneeweißes Gewand angetan und der Mond flimmernde Juwelen darübergeworfen, die Bäume im Garten standen festlich gepudert vom Reif in stiller Erwartung, nur die schlanken

Pappeln konnten es nicht erwarten und verneigten sich
im Winde immerfort ehrerbietig gegen das Schloß und
die weißen Schornsteine streckten sich verträumt, um zu
sehn was es gäbe, denn hoch über sie fort ging ein nächtlicher Wanderzug wilder Gänse, an die Flucht der Stunden mahnend, und manchmal schlug ein Hund an fern
im Dorf: Bau bau nicht auf Sicherheit, bau, schau, wie
fliegt die Zeit! – Tiefer im Garten aber sah man lauernd
zwischen den Bäumen ein verworrenes Häuflein dunkler Männer im dicken Dampf des eignen Brodems wie in
einem Zauberrauch, in welchem sie ihre erstarrten Arme
gleich Windmühlflügeln hin und her bewegten, während
Andre von Zeit zu Zeit eine Handvoll Schnee nahmen
und sich die halberfrornen Nasen rieben.

Jetzt knirschten aufeinmal Fußtritte draußen über den
verschneiten Hof, eine vermummte Gestalt schlich vorsichtig dicht an den Mauern dem Hinterpförtchen zu.
Der alte Daniel war's, den der geneigte Leser schon aus
meinem Traume kennt, er begab sich eilig zu dem dunklen Häuflein im Garten. – Dort hatten sich nämlich Koch,
Jäger und der Organist mit Trompeten und Pauken versammelt, um mich, sobald ich das Licht der Welt erblickt, feierlich anzublasen. Daneben standen einige ge-
ladene Böller, womit Daniel den Takt dazu schlagen
wollte, die Hebamme sollte mit einem weißen Tuch aus
einem der Fenster das Signal geben. Aber die hatte jetzt
ganz andre Dinge im Kopf, sie war eine resolute Frau
und mit den Mägden so eben in großen Zank geraten; in
der Wut warf sie eine Windel, die ihr zu schlecht dünkte,
ohne weiteres zum Fenster hinaus. Das schimmerte weit
durch die Nacht – da löste Daniel unverzüglich den
ersten Böller, der Organist mit dem Tusch gleich hin-
terdrein, darüber aber erschrak meine Mutter dergestalt,
daß sie plötzlich in eine Ohnmacht fiel.

Nun donnerte draußen unaufhaltsam Böller auf Böller, die Trompeten schmetterten, die Schloßuhr schlug

ganz verwirrt Zwölfe dazwischen – alles umsonst: die Riechfläschchen für meine Mutter waren nicht so schnell herbeigeschafft, die Konstellation, trotz der vortrefflichen Aspekten, war verpaßt, ich wurde grade um anderthalb Minuten zu spät geboren.

Eine lumpige Spanne Zeit! und doch holt sie Keiner wieder ein, das Glück ist einmal im Vorsprung, er im Nachtrab, und es ist schlecht traben, wenn man vor lauter Eile mit der einen Hand in den falschen Ärmel gefahren, und mit der andern, um keine Zeit zu verlieren, sich die Beinkleider halten muß. Um ein Haar ist er überall der erste, um ein Haar macht er die brillantesten Partien im Lande, um ein Haar bekommt er einen Lorbeerkranz im Morgenblatt und Orden mit Eichenlaub, Bändern und Schleifen wie ein Festochs; kurz: er findet überall ein Haar, bis er selber keins mehr auf dem Kopfe hat.

Spätestens im letzten Absatz wird klar, daß wir es hier mit einer anekdotischen und doppelbödigen Darstellung der Geburtsstunde zu tun haben, die auf das erste Kapitel von Goethes *Dichtung und Wahrheit* Bezug nimmt. Wir verstehen, daß sich Eichendorff – im Gegensatz zu Goethe – nicht als genial begabten, von den Göttern bevorzugten Dichter sah. Während Goethes Selbstbiographie von Selbstbewußtsein strotzt und der Autor im weiteren Verlauf seiner Autobiographie keinen Zweifel daran läßt, daß er den Gang der deutschen Literatur- und Kulturgeschichte maßgeblich beeinflußte und auf allen Gebieten von Kunst und Wissenschaft geniale Fähigkeiten entwickelte, stellt sich Eichendorff hier als erfolglosen, stets zu spät kommenden Menschen dar. Diese Selbstdarstellung ist sicher überzogen, denn die Persönlichkeit, deren Geburt Eichendorff in seiner Anekdote schildert, ist nicht nur bescheiden und selbstkritisch, sie stilisiert sich im weiteren Verlauf der Geschichte geradezu zum ewigen Verlierer. Dem Mißgeschick bei der Geburt – so erfahren wir aus der versuchten Fortsetzung des Kapitels und weiteren Notizen Eichendorffs – folgt eine Serie von verpaßten Chan-

Schloß Lubowitz bei Ratibor an der Oder

cen, und so verpfuscht er selbst sein Leben. Beim Leser ruft er
dabei Sympathie und Mitleid hervor, zumal der Held dieser
fiktiven Autobiographie lernt, mit Pannen und Mißerfolgen
umzugehen – darin dem Simplicius Simplicissimus Grimmels-
hausens oder dem Schelmuffsky Reuters ähnlich. Niemals
verliert dieses Alter ego Eichendorffs seinen Mut; alles, was
ihm zustößt, nimmt er komisch.

Die Grundlage dieser überzeichneten Selbstdarstellung sind
vermutlich vereinzelte zeitgenössische Rezensionen, die Eichendorff als »letzten Ritter der Romantik« bezeichnet hatten. Durchaus wohlwollend, aber ein wenig irritiert hatten
die Kritiker beobachtet, daß Eichendorff auch 40 Jahre nach
der Jahrhundertwende noch schrieb wie Ludwig Tieck in
Franz Sternbalds Wanderungen (1798) oder Novalis im *Heinrich von Ofterdingen* (1802). Als eine Art Nachhut der romantischen Bewegung wurde er deshalb angesehen. Während
Tieck in den dreißiger Jahren bereits mehr oder weniger reali-
stische Novellen schrieb und sich damit dem Zeitgeist radikal
angepaßt hatte, blieb sich Eichendorff bei der Suche nach der
blauen Blume bis ins Alter treu. Er pflegte die romantischen

Ideen und dichterischen Formen, karikierte und kritisierte stets die Elemente der neuen Zeit. Er nahm die Kritik an seinen romantisierenden Novellen und seinem Roman *Dichter und ihre Gesellen* von 1834 auf und kehrte den Spieß um, indem er sich mit einigem Stolz selbst als Zuspätgeborenen stilisierte. Bereits bei der Geburt – so ist die Auskunft dieses humoristischen Einsatzes – verpaßte er den rechten Zeitpunkt.

Bei der geplanten Fortsetzung dieses »Kapitels von meiner Geburt« bezieht sich Eichendorff nicht nur auf *Dichtung und Wahrheit*, sondern auch auf ein vergleichsweise simples Gedicht Ludwig Uhlands, das genau die Situation des ewigen Zuspätkommens beschreibt und den Titel *Unstern* trägt:

Unstern, diesem guten Jungen

Unstern, diesem guten Jungen,
Hat es seltsam sich geschickt;
Manches wär' ihm fast gelungen,
Manches wär' ihm schier geglückt;
Alle Glückesstern' im Bunde
Hätten weihend ihm gelacht,
Wenn die Mutter eine Stunde
Früher ihn zur Welt gebracht.

Waffenruhm und Heldenehre
Hätten zeitig ihm geblüht;
War doch in dem ganzen Heere
Keiner so von Mut erglüht!
Nur als schon in wilden Wogen
Seine Schar zum Sturme drang,
Kam ein Bote hergeflogen,
Der die Friedensfahne schwang.

Nah ist Unsterns Hochzeitfeier,
Hold und sittig glüht die Braut;

Sieh! da kommt ein reichrer Freier,
Der die Eltern baß erbaut.
Dennoch hätte die Geraubte
Ihn als Witwe noch beglückt,
Wäre nicht der Totgeglaubte
Plötzlich wieder angerückt.

Reich wär' Unstern noch geworden
Mit dem Gut der neuen Welt,
Hätte nicht ein Sturm aus Norden
Noch im Port das Schiff zerschellt.
Glücklich war er selbst entschwommen
(Einer Planke hatt' er's Dank),
Hatte schon den Strand erklommen,
Glitt zurück noch und versank.

In den Himmel sonder Zweifel
Würd' er gleich gekommen sein,
Liefe nicht ein dummer Teufel
Just ihm in den Weg hinein.
Teufel meint, es sei die Seele,
Die er eben holen soll,
Packt den Unstern an der Kehle,
Rennt mit ihm davon wie toll.

Da erscheint ein lichter Engel
Rettend aus dem Nebelduft,
Donnert flugs den schwarzen Bengel
In die tiefste Höllenkluft,
Schwebt der goldnen Himmelsferne
Mit dem armen Unstern zu,
Ueber gut' und böse Sterne
Führt er den zur ew'gen Ruh'.

Daß dieses Gedicht nicht als Muster für eine ernstgemeinte
Autobiographie taugt und mit seinen kurzatmigen Pointen

Ratibor. Kinderzeichnung Eichendorffs

eher einem Kabarettisten als Vorlage für ein Chanson dienen könnte als einem romantischen Dichter, der »Erlebtes« darstellen und zugleich ein Resümee seines Lebens ziehen will, ist offensichtlich. Als kontinuierliche Folge von verpaßten Chancen und Katastrophen wie in der Strophenfolge des Liedes läßt sich Eichendorffs Lebenslauf nicht darstellen. Aber darüber war sich Eichendorff noch nicht im klaren, als er ein Feuerwerk von Ideen für die geplante Autobiographie entwickelt, bei dem ihm Uhlands Gedicht als mögliche Leitidee für eine selbstironische Aufarbeitung seines Lebens aufblitzt. Die Orientierung an Uhlands *Unstern* bleibt ein bald wieder vergessener Ansatz unter vielen anderen, und es wird deutlich, daß Eichendorff bei seinen Erwägungen zur Fortsetzung nicht einmal sicher ist, welche literarische Form er wählen soll. Wie oft auf seinen Entwurfsblättern feuert er sich selbst immer wieder erneut an, verweist auf andere Texte und Projekte, die ebenfalls autobiographisch eingefärbt sind – wie eine geplante Novelle aus dem Dreißigjährigen Krieg –, und entfaltet so in rascher Folge Ideen und Motive, wobei ihm das Uhlandsche Gedicht kurzzeitig so etwas wie ein Rettungsanker in seinem kreativen Chaos von Denk- und Schreibansätzen zu sein scheint.

Joseph von Eichendorff im Jahre 1797

Der ausformulierte Anfang der Erzählung reißt nach wenigen
Kapiteln ab; auf anderen erhaltenen Blättern überlieferte autobiographische Entwürfe passen nur zum Teil zu dem Geburts-
kapitel. Am ehesten ließe sich die Episode vom Abschied aus
dem Elternhaus dem Leben des *Unstern*-Helden einpassen;
und in diesem Kontext nennt Eichendorff seinen tumben Helden denn auch »blöde« und »verlegen« und bezeichnet ihn als
Verkörperung von Uhlands Unstern. Die Skizze der »Novelle«
setzt mit der Abreise des Helden aus dem heimatlichen Schloß
ein.

   »Novelle = Anfang = Vor Tagesanbruch im Garten, Pak-

ken, Reisen = Freude p. Das Schloß alt, aber alte Pracht schon
verschossen u. vergelbt […] Nebenan ein reicher Fabrikant
von niederer Herkunft. Diese wechselseitigen Reibungen des
Aristokratischen u. liberalen Parvenu's, welcher letzteren doch
wieder beneidet u. nachahmt, was er zu verachten vorgiebt p. –
Überhaupt diese Novelle einmal wieder d[urch]aus: frei,
scharf, tiefironisch schneidend-satirisch u. doch humoristisch! […] Ein Gutsbesitzer o. d. gl., dessen Sohn so eben in
die weite Welt fortreitet, um auf die Universität zu gehen,
oder vielmehr: um sein Glück zu versuchen (seine fortune zu
machen), hält an diesen Sohn eine Abschiedsrede voll Lehren,
wie er sich benehmen soll p. In dieser Rede schärfe er ihm ein,
er solle überall den Leuten auf die Füße treten, niemals gut-
mütig, sondern immer böse sein p., kurz: er stellt – die Tugend
p. verachtend – Alles wütend-humoristisch auf die Spitze,
zuletzt endend: u. wenn du das befolgst, wird dich die Welt
erstaunt über sich stellen u. dann der Teufel holen. | Nämlich
der Pfarrer gibt dem Abreisenden philistros gute Lehren, sal-
badert mit großer Salbung p. da reißt dem Vater die Geduld,
u. er fällt mit seiner Rede immer humoristisch ein. – Der Sohn
reitet wohl auf die Freite, um eine reiche Partie zu machen. –
Ist dabei ungeheuer blöde, verlegen p. – |

Der Sohn weint, der Vater umarmt ihn herzlich. – Dieser
Sohn ist Uhlands: ›Unstern‹, dem, weil er d[urch] und d[urch]
poetisch u. antiphilistros ist, Alles beinahe glückt u. doch Alles mißglückt. […] Oder = Ein Lustspiel daraus machen,
in Prosa, keck und frisch fort?! –

– – – – – –

Ein Lustspiel machen aus meiner entworfenen Novelle: dem
30jährigen Kriege, keck, zierlich p. wie im Shakspeare! –«

Sehr deutlich wird an diesen Notizen, daß Eichendorff bei
der Niederschrift noch keine Klarheit über das autobiographische Projekt gewonnen hat. Immer wieder setzt er mit einem »Oder« neu ein und schwankt dabei sogar, was die literarische Gattung betrifft. Zur Schilderung der Geburt in Form
einer Goethe parodierenden humoristischen Novelle paßt die

Wilhelm Freiherr von Eichendorff,
Eichendorffs älterer Bruder

Idee einer Shakespearschen Komödie schwerlich, und auch
die Idee einer »Novelle aus dem 30jährigen Krieg« nur be-
dingt. Denn so witzig und selbstironisch dieser Geburts-
bericht auch sein mag, ein Simplicissimus oder ein Schelmuffsky nach den Picaro-Romanen von Grimmelshausen und
Christian Reuter ist es nicht, der hier erzählt. Der behäbig
freundliche Stil im ausgeführten Kapitel zur Geburt steht
Goethes Ton viel näher als den Schelmenromanen der Ba-
rockzeit.

Sieht man einmal von dem Konzept eines Dramas ab,
so sind Bruchstücke zu allen hier genannten Ideen überliefert. Hinweise auf bestimmte Papierbögen, die oft verlorener
Handschriften wegen heute nicht mehr verfolgt werden können, belegen außerdem, daß es zum Zeitpunkt dieser Auflistung von möglichen literarischen Mustern bereits eine große
Zahl begonnener bzw. skizzierter autobiographischer Projekte gab. Oft sind es einzelne Stichworte, dann aber auch

Joseph von Eichendorff
im November 1800

zusammenhängend formulierte Textpassagen, die vorliegen, beispielsweise zur Novelle aus dem Dreißigjährigen Kriege oder der Geschichte von zwei Brüdern, die Reminiszenzen der Beziehung Josephs zu seinem wenig älteren Bruder Wilhelm enthält.

Ein klares Bild des Dichters Eichendorff ergibt sich aus diesen Ansätzen zu einer Autobiographie nicht. Versteckt er sich hinter den erwogenen literarischen Modellen? Ist er ein Träumer, der in seinen Erinnerungen an eine idyllisch verklärte Heimat aufging und sich auch in den als Memoiren angelegten Fragmenten nicht offenbaren will? Finden wir in seinen ausgeführten Dichtungen einen direkten Zugang zu der Person, die sie schuf? Sein populärstes Werk – *Aus dem Leben eines Taugenichts*, das Theodor Fontane und Thomas Mann als Darstellung des musischen Deutschen verstanden – öffnet ebenfalls keinen unmittelbaren Zugang zu dem Autor Eichendorff. Denn der zurückhaltende, bescheidene preußi-

sche Beamte, der nach Aktenlage am ehesten dingfest zu
machen ist, konnte es sich zweifellos nicht leisten, das freie
Leben eines Taugenichts zu führen. Er ist nicht dieser heraus-
geworfene Müllerssohn, der es genießt, sich dem Zufall zu
überlassen, und bürgerlichen Bindungen aus dem Wege geht,
um wie ein »neuer Troubadour« – so die Überschrift einer
frühen Fassung der berühmten Novelle – einer »hohen Fraue«
nachzureisen. Nicht einmal eine Reise nach Italien hätte er
sich als Beamter, der über kein Vermögen und kein Schloß
verfügte, leisten können. Neben dem Berufsleben, das ihn zur
Aufarbeitung von Akten und zur Präsenz in Danzig, Königsberg oder Berlin verpflichtete, war es auch die Rolle des treu-
sorgenden Familienvaters, die ein freies Wanderleben nach
dem Muster seines Helden unmöglich machte.

Vielleicht führt uns eines seiner berühmten Erinnerungsgedichte, das ähnlich wie die Geburtsszene das Schloß Lubowitz und seinen Garten ins Zentrum stellt, auf die richtige
Spur. Die erste Fassung dieses Liedes nimmt mit dem Titel
unmittelbar Bezug auf sein Kinderreich, den Hasengarten,
einen Teil des kleinen Schloßparks, der in Wald übergeht und
zugleich den Blick ins Odertal öffnet:

An den Hasengarten

O schöner Grund, o Höhen,
O schöner, grüner Wald,
Du meiner Lust und Wehen
Andächt'ger Aufenthalt!
Da draußen, stets betrogen,
Saust die geschäft'ge Welt,
O schlag' die kühlen Wogen
Um mich, du grünes Zelt!

Wenn es beginnt zu tagen,
Die Erde dampft und blinkt,
Die Vögel lustig schlagen,

Daß dir das Herze klingt:
Da mag vergehn, verwehen
Das trübe Erdenleid,
Da sollst du auferstehen
In junger Herrlichkeit.

Da steht im Wald geschrieben,
Ein stilles, ernstes Wort
Von treuem Tun und Lieben
Und was des Menschen Hort:
Ich habe fromm gelesen
Die Worte schlicht und wahr,
Und durch mein ganzes Wesen
Ward's unaussprechlich klar.

Bald werd' ich Dich verlassen,
Fremd in der Fremde gehn,
Auf buntbewegten Gassen
Des Lebens Schauspiel sehn,
Und mitten in dem Leben
Wird Deines Ernsts Gewalt
Mich Einsamen erheben,
So wird mein Herz nicht alt.

Dir gibt nicht Ruhm, noch Namen,
Was ich hier dacht' und litt;
Die Lieder, wie sie kamen,
Schwimmen im Strome mit.
So rausche unverderblich
Und stark viel' hundert Jahr!
Der Ort bleibt doch unsterblich,
Wo Einer glücklich war.

Der »unsterbliche Ort«, »Wo Einer glücklich war«, diese Anspielung auf seine Heimat hat Eichendorff in der späteren
Fassung des Liedes getilgt; die letzte Strophe fehlt in den ver-

Caroline von Eichendorff, geb. von Kloch,
Eichendorffs Mutter

öffentlichten Fassungen. Mehrfach ändert er auch den Titel,
und der lokale Bezug auf den konkreten Ort Lubowitz verschwindet. »Im Walde bei L.« heißt es 1826, dann allgemeiner
»Im Walde der Heimat«; 1836 dann »Im Walde« und schließlich bei der letzten Redaktion für die Gesamtausgabe 1837
nur noch »Abschied«.

Auch der Anfang dieser ersten Fassung erfährt noch eine
Korrektur. Wir kennen nur die elegante, rhythmisch geglät-
tete, geradezu elegante Zeile, die sich einer gefälligen Landschaft ohne schroffe Einschnitte anzuschmiegen scheint: »O
Täler weit, o Höhen«. Damit ergibt sich die Möglichkeit für

Adolph Theodor Rudolf Freiherr von Eichendorff,
Eichendorffs Vater

den Leser oder Hörer des Liedes, jeweils eigene Erfahrungen von einem Abschied aus der Heimat zu imaginieren. Tatsächlich gibt es wohl kaum eine Mittelgebirgslandschaft in Deutschland, die nicht mit diesem Lied in Verbindung gebracht wurde. Die vom Dichter selbst vorgenommenen Veränderungen sind Ursache dieses Effekts; sie lösen den Gedichttext aus den autobiographischen Bezügen heraus – ein Hinweis darauf, daß Eichendorff selbst sich nicht als schlesischer Heimatdichter verstand. Wenn er von Heimat spricht und von der Seele, die »nach Hause« fliegt – wie in dem nicht minder berühmten Gedicht »Mondnacht« –, dann meint er

stets eine transzendente Heimat, ein Bezug, der auch in den
Strophen 3 und 4 des Abschiedsliedes deutlich wird.

Die Beschränkung auf den irdischen Blick, auf schöne
Landschaft und das Glück der Kindheit in der Heimat, reicht
Eichendorff nicht aus. Wirklich glücklich wird auch keiner
seiner Helden, wenn er sich allein aufs fröhliche Wandern und
Singen und Erinnerungen an die topographisch verstandene
Heimat beschränkt, und auch der Autor schöpft seine Kraft
nicht aus der Erinnerung an Lubowitz. Das Bild eines wan-
dernden Sänger-Dichters oder Spielmanns, der stets die idyllische Heimat, sei es in Schlesien, Österreich oder Deutschland im Sinn hat – dieses Bild Eichendorffs wurde erst von
den Sängerschaften und Wanderklubs, den Verbindungsstu-
denten, Gesangs- und Heimatvereinen des 19. und 20. Jahrhunderts im nachhinein auf den Autor projiziert.

Zu den widersprüchlichen und fragmentarischen Versuchen der Selbststilisierung, die Eichendorff bei der Suche
nach sich selbst – oder auch, um sich gleichsam hinter seinen Helden zu verstecken – unternimmt, kommen so viele
Mißverständnisse, die sich einstellen, als Eichendorffs Lieder
durch populäre Vertonungen in aller Munde waren. »Wahre
Volkslieder, die auf den Flügeln des Gesanges von Mund zu
Mund gingen«, so beschreibt Hyazinth Holland Eichendorffs Lyrik und ihre Aufnahme. Die ungeheure Wirkung
dieses Liedgutes ist damit zutreffend beschrieben – und sie
widerlegt aufs neue die Selbstdarstellung als Versager, als
»Unstern«, als Zuspätgeborener und erfolgloser Autor. Aber
ein zutreffendes Bild des Autors entsteht durch diese Verklä-
rung zum Heimat- und Wanderdichter ebensowenig wie aus
den Ansätzen zur Autobiographie.

Kein Zweifel: Eichendorff gehört zu den größten deutschen Dichtern, aber er ist zugleich ein großer Unbekannter,
dessen Leben in einem merkwürdigen Widerspruch steht zu
dem seiner Helden und dem Bild, das sich seine Verehrer von
ihm machen.

In seinen autobiographischen Entwürfen scheint er probe-

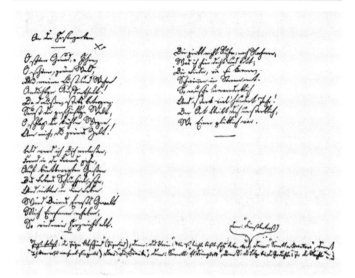

»An den Hasengarten«. Drei Strophen der Urfassung des Gedichts
»O Täler weit, o Höhen«

weise in verschiedene Rollen zu schlüpfen, gestattet dem Leser jedoch keinen Blick in sein Inneres. Vielmehr entsteht der Eindruck, als verstecke sich der Autor hinter diesen Figuren, als sei er nicht bereit, das preiszugeben, was ihn in der Tiefe seiner Seele bewegte.

2. Kapitel: »… mit der Revolution geboren«? Das Lubowitzer Idyll unterm Regenbogen

»Ich bin (1788) mit der Revolution geboren«, beginnt Joseph von Eichendorff einen weiteren Entwurf zu seinen Memoiren, als habe dieses Ereignis seine Jugend oder gar sein ganzes Leben bestimmt. Zwar differenziert er sogleich, indem er von der »politischen wie der geistigen, literarischen« Revolution spricht und einschränkt, nur »die letztere habe ich mitgemacht«, doch blieben ihm wohl selbst Zweifel, ob dieser Satz wirklich als Leitsatz seines Lebens taugen könnte. Eichendorff kam auch bei der Niederschrift dieses Entwurfs nicht weit, er legte ihn zu den zahlreichen Fragmenten, die er teilweise in den dreißiger Jahren, teilweise aber auch erst 1856/ 1857 formulierte. Eichendorff war 68 Jahre alt, als er im »scharfen Abendroth« seines Lebens »das Bedürfniß einer Ueberschau des vergangenen Lebens« spürte und notierte: »Titel vielleicht: Erlebtes. Ansichten. Skizzen u. Betrachtungen«.

Revolution war Eichendorffs Sache nicht. Und bei der Beschreibung der historischen Umwälzung in Europa, die den Titel *Der Adel und die Revolution* erhält, und in weiteren autobiographischen Entwürfen stellt er die Ereignisse als Ausbruch von Naturgewalten dar, der sich weit entfernt von Preußen ereignete und dort, wo Joseph von Eichendorff seine Kindheit und Jugend durchlebte – in Schlesien –, nur als fernes Grollen oder Wetterleuchten überhaupt bemerkbar war.

Tatsächlich gab es keine unmittelbaren Auswirkungen der französischen Ereignisse beim schlesischen Landadel, aus dem die Eichendorffs stammten. Gemeinsam mit dem anderthalb Jahre älteren Bruder Wilhelm konnte Joseph eine fast sorglose, behütete Kindheit auf Schloß Lubowitz verleben, und seine autobiographischen Skizzen widmen dem Idyll von Lubowitz denn auch viel Raum. Von den Zentren städtischen

Lebens ist dieser Ort weit entfernt, gut geeignet für die Träumereien eines jungen Adligen, der sich zunächst um seine Zukunft keine Sorgen zu machen brauchte. Für sein leibliches Wohl sorgte das Personal, wie der Diener Daniel Nickel und ein alter Koch, die er in witzigen Zeichnungen seines Tagebuchs festhielt. Für die Ausbildung in der Kinderzeit war der als Hauslehrer engagierte Bernhard Heinke zuständig, der als Priester neben dem Lubowitzer Kaplan Paul Ciupke auch für das seelische Wohl der Eichendorff-Söhne zu sorgen hatte. Ein persönlicher Diener – Jakob Schöpp – begleitete die Brüder Eichendorff – wie damals in Adelskreisen üblich – sogar während des Semesters in die Studienorte.

Das winzige zum Schloß gehörige Dorf Lubowitz hatte zwischen 1785 und 1821 »nur 68 Einwohner, wobei 25 Gärtner und 6 Häusler waren, die auf dem Gut arbeiteten«. Mit den weiteren Gütern der Umgebung, die Eichendorffs Vater erworben hatte – allein das benachbarte Ganiowitz umfaßte 531 ha und war damit doppelt so groß wie Lubowitz –, ergab sich ein stattlicher Besitz, der viel Spielraum bot für das abenteuerliche Leben der beiden Kinder. Denn die notwendigen Arbeiten erledigten die Verwalter und Mägde, die Gärtner und Jäger, das Kochpersonal und die Dienerschaft – Joseph gehörte auf all diesen Gütern zur »Herrschaft«. Die »Gruppe von Verwalter- und Jägerfrauen« stand bei den ländlichen Festen »in der offenen Nebentüre« und sahen »Kopf an Kopf dem Tanze der ›Herrschaften‹ ehrerbietig zu«.

In welcher Weise im schlesischen Adel die Umwälzungen der europäischen Geschichte überhaupt wahrgenommen wurden, verraten einige von Eichendorffs Memoirenentwürfen. Er schildert ein Idyll, in dem die Zeit stehengeblieben ist, ein »Stilleben«, in das nur sporadisch Nachrichten von »draußen« eindringen: »Das uralte Lubowitz – Lage des Schlosses und Gartens, Hasengarten, Tafelzimmer, usw. mit Spieluhr, Allee, Buchsbaumgänge, Kaiserkronen, Nelken usw. Aussicht über die Oder nach den blauen Karpaten, und in die dunklen Wälder links – Damalige Zeit und Stilleben. Wie der

Darstellung des Dieners Nickel in Eichendorffs Tagebuch

Papa im Garten ruhig spazierengeht, der Großpapa mit keinem König tauschen möchte. Erwarten den Postboten am
Lusthause, während draußen – in Frankreich – die Revolution schon ihre Tour beginnt usw. von der sie sprechen usw.

Dies Tal lag noch wie eine selige Insel, unberührt vom
Sturm der neuen Zeit. Der Garten und das Schloß aber von
Lubowitz, der im Garten spazierende Großvater usw. Oft
seh' ich alter Mann noch in Träumen Schloß, Garten (usw.)
verklärt von Abendscheinen und muß aus Herzensgrunde
weinen.«

Mehrfach setzt Eichendorff in dieser Skizze an, um die

»Abbildung des alten Kochs in der Kosaken Masque«

Wirkung der Französischen Revolution darzustellen und alte und neue Zeit miteinander zu konfrontieren. Wie bei vielen seiner Entwürfe führt er Selbstgespräche und fordert sich selbst auf: »Jetzt, recht objektiv, wie die Großmama, dazwischen betend, die alte Zeit vertritt, gegen den neumodischen Dr. Werner, (dramatisch als Geschichte) – Hier wohl mitten bei einem großen Diner, im Großen Saale, wo die alte Zeit (Großmama), und die moderne Gesinnung gegeneinander fechten, während draußen ein Gewitter vorüberzieht, kommt plötzlich die Nachricht von der Hinrichtung Ludwigs XVI. Tragischer Eindruck mitten im Nachtgewitter, die

Donner verrollen, alles wird still und einsam, in der Nacht usw. Mich aber schauerte, als ich durchs Bogenfenster hinausblickte – – – – –«

In einer weiteren Version, die in der Handschrift anschließt, übermittelt ein Offizier die Nachricht von der Hinrichtung des französischen Königs, und wieder wird das Bild eines Gewitters beschworen, das sich jedoch »in schwüler Ferne« austobt und in Lubowitz nicht einmal die Wirkung eines Theaterdonners entfalten kann. Denn ruhig liegt der junge Dichter derweil im Grase, versenkt sich in die »gute alte Zeit« und ahnt die neue: »Da kommt von Ratibor zwischen den Kornfeldern ein Büntingscher Offizier hergeritten, und bringt die Nachricht von der Hinrichtung Ludwig[s] XVI. Tragischer Eindruck. Ich aber sah nach den Karpaten wie in Ahnung der neuen Zeit.

Da draußen rast die neue Zeit usw., hier spaziert der Papa ruhig im Garten von Lubowitz:

Der Knabe war ich, die Lustwandelnden meine Eltern und Schloß und Garten Lubowitz, wo ich geboren. [...] Wie der Papa in den Gängen lustwandelt, der Postbote erwartet wird, während in der schwülen Ferne Gewitter aufsteigen und ich im hohen Grase liege, als wie in einem Walde usw.

Kurz: die gute alte Zeit.«

In einem erneuten Anlauf – es ist bereits der vierte – baut Eichendorff das »Gewitter«-Bild der neuen Zeit noch weiter aus. Es regnet, doch zugleich herrscht Sonnenschein, denn ein Regenbogen überspannt die friedliche Landschaft: »Von ferne ziehen Gewitter (die rasende neue Zeit). – Aber es regnet, der Friedensbogen steht über der stillen Gegend.«

Die Darstellung ist verklärend idyllisch und realistisch zugleich, denn wie anders kann er als das Kind von nicht einmal zehn Jahren, das als Sohn des Landesältesten Freiherrn Adolph Theodor Rudolf von Eichendorff – Besitzer von Lubowitz, Tost-Peiskretscham, Radoschau, Slawikau und Sedlnitz – in einem malerischen Rokoko-Schlößchen aufwächst, das Umfeld seiner Kindheit wahrnehmen? Die Nachricht von

der Revolution im fernen Frankreich, die vorübergehend die
Erwachsenen beunruhigt haben mag, kann er als Säugling
nicht bewußt wahrgenommen haben, und als Ludwig XVI.
hingerichtet wurde, war er nicht einmal fünf Jahre alt. Außerdem änderte sich an den Lebensverhältnissen im Schloß
Lubowitz auf Jahre hinaus tatsächlich nicht das geringste.
Die Schilderung in den Memoirenfragmenten ist keineswegs
Ergebnis eines verklärenden Rückblicks. Es war der junge
Eichendorff – das Kind, der Schüler, der Student auf Ferien –, der sein heimatliches Umfeld nicht anders wahrnehmen konnte denn als paradiesische Insel, durch die blauen
Berge der Karpaten abgeschirmt vom übrigen Europa und
weit entfernt von Berlin und Paris.

Der Verdacht, daß Eichendorff bei seiner Beschreibung des
»Idylls von Lubowitz« wiederum literarische Muster verarbeitet, liegt nahe, zumal er einmal die Idyllen der zeitgenössischen Dichter Salomon Gessner und Maler Müller nennt:
»Man sieht, das Ganze war ein etwas in's Derbe gefertigtes
Idyll, nicht von Geßner«, heißt es einmal. Aber auch in diesem Fall kommt er über das Nennen von Vorbildern und
wenigen Verszeilen nicht hinaus, die sich in der Form den
Versgeschichten anpassen, die Anfang des 19. Jahrhunderts
außerordentlich populär waren.

Das Wort »idyllisch«, wie wir es heute benutzen, beschreibt jedoch die Lebensumstände des jungen Dichters
Eichendorff recht zutreffend; das wird in seinen Tagebuchaufzeichnungen deutlich, die – anders als die autobiographischen Entwürfe – weitgehend frei sind von literarischen Stili-
sierungstendenzen. Hier sind Details zum Leben des jungen
Eichendorff in Lubowitz zu erfahren. Die Niederschrift
beginnt der Zehnjährige im Jahre 1798 und führt sie bis zum
Abschluß des Studiums in Wien 1812 ohne gravierende Lük-
ken fort.

In den ersten Jahren beschränken sich seine Einträge auf
die Erwähnung von besonderen Ereignissen, die Kinderher-
zen erfreuen: Schlittenfahrten, Jahrmärkte, Hochzeiten, aber

auch Feuersbrünste und spektakuläre Todesfälle werden
mehr aufgelistet als im einzelnen beschrieben. Allein eine
Reise nach Dresden im Jahre 1799 wird ausführlicher doku-
mentiert. Denn nicht nur die Reiseroute ist genau angege-
ben, auch die »Merkwürdigkeiten in der Stadt Dresden« werden tabellarisch angeführt. Besonders »Das grüne Gewölbe«
und »Das Naturalienkabinet« faszinieren den Elfjährigen,
und er hält im einzelnen fest, was er gesehen hat, die Edel-
steine – zum Teil mit Gewicht und Farbe verzeichnet –, »Der
Thron des groß Moguls«, der »Tempel zu Memphis« im
Grünen Gewölbe und »Verschiedene Mißgeburten von
Thieren und Menschen in Spiritus«, »Ein dreijähriges Mädchen, welches 100 Pfund wiegt, mit Gerippen« im Natura-
lienkabinett.

Die Erlebnisse in Lubowitz bieten kaum derartige Sensa-
tionen. Oft gibt es nur wenige Eintragungen pro Monat. Zum
März 1801 notiert er:

> 5. Die Oder ausgegossen.
> 7. Vom Gnadenf[elder] Buchb[inder] ein Etui bekom-
> men.
> 10. Feuer in Tworcau.
> 13. Dem [Leihbibliothekar] Juhr 2 ½ 00 rth. gestohlen.
> 16. Zum Jahrmarkt in Rattibor gewesen.
> 21. Der letzte Wintertag. N.B. Dieser Winter war sehr
> gelinde.
> 22. Eine Pfeife vom Kaplan bekommen.
> 30. Der ersoffne Bartek bey der Oder in Turze gefunden
> worden.
> 31. Menzel hiergewesen

Zum April des gleichen Jahres lesen wir:

> 2. Zur Beicht gewesen.
> 5. Der Caplan im Hasengarten in Teich gefallen. […]
> 14. Hab ich die erste Schwalbe gesehen.
> 18. Die erste Nachtigall.
> 21. Nach Sumin [einem Eichendorff-Besitz] gefahren.
> 24. Wieder retournirt, und auf der Rückreise ein sonder-

bares Wasserebentheuer ritterlich bestanden, nehmlich
mich mit samt dem Pferd ins Wasser gelegt. ha, ha, ha!
27. Die Verwalterin ein Mägdlein gebährt.
29. Nach Rattibor gefahren, und die schönen Künste
des englischen Seiltänzers Barhan gesehen; auch ein
Schauspiel der Henrichschen Gesellschaft.
In welcher Form der dreizehnjährige Junge – offenbar auf
dem gleichen Jahrmarkt in Ratibor – geschichtliche Personen
und Ereignisse wahrnahm, belegt der Eintrag vom folgenden
Tage. Joseph besucht ein Wachsfigurenkabinett und listet akribisch auf, welche Personen und Szenen als »Wachspussaden«
dargestellt sind. Insgesamt 28 Positionen werden genannt.
»Bounaparte mit seiner Frau«, »Franz II. mit seiner Frau«
und »Unser König nebst Familie und Prinz York« führen den
Reigen an. Deutsche Dichter fehlen, aber als Philosophen
sind Kant und Leibniz präsent, dann folgen zur Demonstration der Französischen Revolution und ihrer Schrecken Ro-
bespierre und »Die Ermordung Marats« sowie die Szene
»Abschied Ludwigs 16 von seiner Familie und Freund Males-
herbe[s]«.
   Die Ereignisse in der Familie, von denen Joseph im folgenden Monat berichtet, dürften ihn mehr erschreckt haben als
dieser Besuch im Panoptikum der Geschichte. Unter »Juny.
Anno: 1801« lesen wir:
   19. Der Papa nach Breslau gefahren.
   Die Mama schreklich ohnmächtig worden den – – 24ten
Was sich hinter solchen Eintragungen verbirgt, ist erst von der
Eichendorff-Forschung im 20. Jahrhundert erschlossen worden. Den Reisen des Vaters nach Breslau kommt eine besondere Bedeutung zu: Er flieht vor seinen Schuldnern und versucht die Zwangsverwaltung seiner überschuldeten Güter
abzuwenden. Der Rettungsversuch mißlingt, er schreibt von
Breslau an seine Frau, die nach der Lektüre des Briefes einen
Nervenzusammenbruch erleidet. Der Vater hatte sich bereits
mit dem Kauf von Lubowitz übernommen.
   Die Eichendorff-Forscher haben nachgerechnet: Der Ka-

pitaldienst (Zinsen) für das »praktisch ohne Eigenkapital«
erworbene Gut übertraf den Reinertrag um mehr als 50%.
Dennoch hatte Adolph von Eichendorff 1785 das nördlich
von Lubowitz gelegene Rittergut Summin und 1795 das riesige Gut Slawikau hinzugekauft. Die Spekulation ging nicht
auf, der Schuldenberg konnte nicht abgetragen werden, sondern wurde immer größer. Slawikau wurde von 1801 bis 1804
und wieder zwischen 1818 und 1831 wegen Überschuldung
zwangsverwaltet. Ursache ist neben der Schieflage beim An-
kauf die »sprunghafte, von Unsicherheit gekennzeichnete
Betriebsführung, die immer wieder von den instabilen Finan-
zierungsgrundlagen der Produktion und des Absatzes erschüttert wird«. So kommt es, daß Eichendorffs Vater »selbst
immer wieder konkursähnliche Situationen auslöst«.

Die Bedrohung des Lubowitzer Idylls ist deshalb keinesfalls ein Ergebnis politischer Entwicklungen in Schlesien oder
gar der Französischen Revolution, sondern hausgemacht. Der
leichtsinnige und ökonomisch ungeschickt agierende Vater
hatte sich verspekuliert, und sein Brief vom 16. Juni 1801 nach
Lubowitz wirkt recht hilflos: »Ohngeachtet der Anschein
wider mich ist, so bin ich doch gantz außer Schuld, denn es
waren so verwickelte Umstände, daß ich nicht anders handeln
konnte. Gott ist mein Zeuge. Ich habe Euch alle zu reichen
Leuten machen wollen, derweylen hat uns Gott gestraft. […]
Ich habe niemandem was gethan, nur bezahlen kann ich
nicht.« Obwohl er »seine Existenz als selbständiger Landwirt
unter Bedingungen begonnen [hat], die wirtschaftlich ver-
tretbar waren«, steht er nun am Rande seiner Existenz. Die
Verhandlungen werden sich noch über zwei Jahrzehnte hin-
ziehen, führen aber schließlich zur Zwangsversteigerung,
auch von Lubowitz.

Der junge Eichendorff dürfte die Hintergründe dieser gefährlichen Entwicklung zunächst nicht begriffen, vermutlich
gar nicht erfahren haben. Aber die Ängste der Mutter könnten sich vorübergehend auf den Heranwachsenden übertragen haben. Jedenfalls finden wir sechs Wochen später – unter

dem 10. August 1801 – die Notiz »Um diese Zeit habe ich auch ein auszehrendes Fieber bekommen«. Am 16. ist die Krankheit noch nicht überwunden, denn es heißt: »Zum Brechen genommen«. Es könnte sein, daß ähnliche Krisen, die später unter Stichworten wie »schwartze Bangigkeit« im Tagebuch erscheinen, ebenfalls auf die Beunruhigung der Eltern zurückgehen. Welches Kind hätte nicht ein Sensorium für solche versteckten Katastrophen, wenn sie die Eltern aus der Fassung bringen?

Der Alltag auf Schloß Lubowitz ist jedoch zunächst durch die finanzielle Misere nicht beeinträchtigt, und es gibt keine Anzeichen dafür, daß die Bedrohung der abgeschirmten Welt in Lubowitz dem Jungen wirklich bedrohlich erschien oder nachhaltig verstörte. In dem ländlich-sittlichen Idyll sind der Kaplan und die Diener Bezugspersonen und Kumpane der beiden heranwachsenden Söhne des Hauses. Die Brüder stützen sich gegenseitig und treten bis zu ihrem Studium als unzertrennliches Brüderpaar auf. Gemeinsam besuchen sie das Gymnasium und die Universität. Erst nach bestandenem juristischem Examen trennen sich im April 1813 in Wien ihre Lebenswege: Joseph ist zu diesem Zeitpunkt fast 25 Jahre als.

Folgt man dem Tagebuch, in das auch Wilhelm gelegentlich Einträge vornahm, so erleben sie gemeinsam die schönsten Abenteuer in Lubowitz und Ganiowitz während der Gymnasialzeit – ab 1801, als sie jeweils zu den Ferien nach Hause kommen. So lesen wir zum September 1802:

> 13. Nachdem wir uns bey dem damaligen anhaltend schönen Wetter beynah immer über den anderen Tag gebadet, öfters auf der Jagd waren, und uns übrigens mit Bücherlesen aus der Juhrschen Bücherverleyhung beschäftigt hatten, giengen wir zum erstenmale mit dem Nachtnetze auf die Lerchenjagd (Anmerkung: wo ich dem Capl[an] bey Mondschein auf dem Stoppel beim Ganj[owitzer] Walde Tanzstunde gab. [...]
> 19. Zum Kirchweyfest in Ganjowitz beym Miketta gegeßen, und bis 2 Uhr in der Nacht getanzt

Johannes Miketta war der Pächter des Gutes Ganiowitz, und die Zwangsverwaltung änderte an dem guten Verhältnis der Eichendorff-Söhne zu dem Ehepaar Miketta nicht das geringste.

Die Streiche werden von Jahr zu Jahr toller, und das Tagebuch berichtet von Opern und Dramen, wobei es nicht um Liebhaberaufführungen, sondern um die Beschreibung von turbulenten Ereignissen auf den einzelnen Gutshöfen geht. Im Herbst 1804 lesen wir:

> 4. Das erstemal mit Sak u. Pak in Sumin. H. Caplan mitgewesen. Seekrieg. Früh-4uhrige vergebliche Blaßentenlauer. […]
>
> 20. Mußte der H. Caplan wegen zu heftigen Regen bey uns übernachten u. zwar in der Mitte der Stube, wobey eine Opera buffa gegeben wurde. Die Ouverture machte das unerwartete ungeheure Bewillkommnungsgelächter. im 1ᵗ Act: die Eulenjagd über Tisch und Bette, nebst der Buchbinderkleister-Kochlöffel-Arschklatsche, wobey H. Thilsch die fatale Hauptrolle spielte. Den 2ᵗ Act füllte das Nachwandeln u. Spuken aus.
>
> 23. Zum Kirchweyfeste in Pzof [Pschow; einem weiteren Besitz der Eichendorffs] bei H. Pächter Lange[r] gespeißt, wo wir Familie v. Strachwitz kennen lernten. Ueber Rattibor nach Lubowitz zurük, wo wir durch unsere späte Ankunft alles in die schreklichsten Situationen versetzt hatten.

Das lustige Leben auf Bällen und Festen des ländlichen Adels hat seinen Nachhall in Eichendorffs Memoiren-Essay *Der Adel und die Revolution*. Zwar versucht Eichendorff von den persönlichen Erlebnissen abzulenken und dem Ganzen den Anstrich einer systematischen, objektiven Aufarbeitung des Erlebten zu geben – so teilt er den Adel in »drei verschiedene Hauptrichtungen« ein –, doch ist unschwer zu erkennen, daß er bei der Schilderung der »zahlreichsten, gesündesten und bei weitem ergötzlichsten Gruppe« seine Kindheitserfahrungen einbringt und den schlesischen Landadel im Umfeld von

Lubowitz porträtiert. Er schildert die »von den großen Städten abgelegenen kleineren Gutsbesitzer in ihrer fast insularischen Abgeschiedenheit. […] Die fernen blauen Berge über den Waldeswipfeln waren damals wirklich noch ein unerreichbarer Gegenstand der Sehnsucht und Neugier, das Leben der großen Welt, von der wohl zuweilen die Zeitungen Nachricht brachten, erschien wie ein wunderbares Märchen. Die große Einförmigkeit wurde nur durch häufige Jagden, die gewöhnlich mit ungeheurem Lärm, Freudenschüssen und abenteuerlichen Jägerlügen endigten, sowie durch die unvermeidlichen Fahrten zum Jahrmarkt der nächsten Landstadt unterbrochen. Die letzteren insbesondere waren seltsam genug, und könnten sich jetzt wohl in einem Karnevalszug sehen lassen.« Das nächste von Lubowitz erreichbare Städtchen ist Ratibor, eine provinzielle Kleinstadt, deren Jahrmarkt für den jungen Eichendorff eine Attraktion war.

Auch die im Tagebuch geschilderten Hausbälle erscheinen in seinem Essay als Kuriosum des ländlichen Adels: »Am liebenswürdigsten aber waren sie unstreitig auf ihren Winterbällen, die die Nachbarn auf ihren verschneiten Landsitzen wechselweise einander ausrichteten. Hier zeigte es sich, wie wenig Apparat zur Lust gehört, die überall am liebsten improvisiert werden will […]. Das größte, schnell ausgeräumte Wohnzimmer mit oft bedrohlich elastischem Fußboden stellte den Saal vor, der Schulmeister mit seiner Bande das Orchester, wenige Lichter in den verschiedenartigsten Leuchtern warfen eine ungewisse Dämmerung in die entfernteren Winkel […]. Desto strahlender aber leuchteten die frischen Augen der vergnügten Landfräulein […]. Denn hübsch waren sie meist, bis auf wenige dunkelrote Exemplare, die in ihrem knappen Festkleide, wie Päonien, von allzu massiver Gesundheit strotzten.«

»Man sieht, das Ganze war ein etwas in's Derbe gefertigtes Idyll«, faßt Eichendorff seine Beobachtungen zusammen, um dann die Französische Revolution erneut im Bild eines »prophetischen« Gewitters zu beschwören, das nahezu un-

bemerkt und unbeachtet bleibt: »In den Tälern unten aber
schlugen die Kornfelder leise Wellen, überall eine fast unheimlich schwüle Gewitterstille, und niemand merkte oder
beachtete es, daß das Wetter von Westen bereits aufstieg und
einzelne Blitze schon über dem dunklen Waldeskranze pro-
phetisch hin und her zuckten.«

3. Kapitel: »Wie selten sind der Freude Augenblicke«
Schulzeit und erste Liebe

»War die Trennung von Lubowitz«, beginnt der Tagebucheintrag zum Oktober 1801. Nach dreitägiger Fahrt notiert
Eichendorff am 8. »nach Breslau gekommen«, am 9. »das erstemal im Convict geschlafen«, und unter dem 16.: »Die
Mama und H. Heinke uns verlaßen, auch wir das erstemal in
der Schule gewesen.« Dann folgen in diesem Monat noch die
Einträge:
    25. die ersten Briefe nach Hause geschrieben.
    26. Die ersten Briefe von Hause erhalten.
Die Brüder sind zum erstenmal getrennt von ihren Eltern. Sie
gehören zu den Internatsschülern und schlafen in einem noch
heute erhaltenen Gebäude aus barocker Zeit, dem ehemals
zum Jesuitenkloster gehörigen Konvikt – wenige Schritte von
den Unterrichtsräumen in der Universität entfernt –, und reisen nicht einmal zu Weihnachten nach Hause.
    Ihr Horizont erweitert sich damit erheblich. Zuvor hatten
sie als Kinder in behüteter Familie standesgemäß nur vorbe-
reitenden Unterricht durch einen Hofmeister erhalten, wie man
damals die Hauslehrer nannte. Bernhard Heinke, der seine
Zöglinge gemeinsam mit der Mutter nach Breslau begleitete,
hatte katholische Theologie studiert. Die Position des Hofmei-
sters in Lubowitz, die er von 1793 bis 1801 im Hause der von
Eichendorffs bekleidete, war für ihn – wie für viele Absolventen
der Universitäten, die auf eine Anstellung an der Universität,
einer öffentlichen Schule oder der Kirche hofften – ein Durchgangsstadium. Heinke ging es nicht anders als Hegel oder Höl-
derlin. 1801, als sein Erziehungsauftrag erfüllt war und sich
die Eichendorffs vermutlich auch einen Hausgeistlichen nicht
mehr leisten konnten, ernannte ihn der Fürstbischof Christoph
Emanuel Vinzenz von Schimonsky zunächst zum Zeremoniar
am Breslauer Dom, später zum Pfarrer in Zirkwitz.

Der Fürstbischof, der in Brzesnitz, einen Kilometer südlich von Lubowitz, geboren wurde, gehörte zu den Gönnern
der Eichendorffs. Das Tagebuch des Schülers berichtet von
zahlreichen Einladungen zum Essen und zu Bällen bei dem
Bischof in Breslau, den Eichendorff als freundlichen alten
Herrn beschreibt und einmal auch als »galant und artig« bezeichnet. Vermutlich war der Hofmeister Heinke auf seine
Empfehlung nach Lubowitz gekommen, um den Söhnen eine
christlich-katholisch fundierte Bildung zu vermitteln.

Mit seinem Unterricht bereitete er einen hervorragenden
Nährboden für den weiteren Bildungsgang am Gymnasium
und an der Universität. Joseph wurde ein eifriger Schüler.
Wenn wir seinem Tagebuch Glauben schenken können, empfand er weder den Hausunterricht noch der Unterricht am
Gymnasium in Breslau als Zwang oder Drill. Dabei war der
Lehrstoff außerordentlich anspruchsvoll, das verrät der Stun-
denplan, den Eichendorff im Tagebuch als »Lections Verzeichniß für die Vte und VI^te Classe« verzeichnet. Der Schwerpunkt lag im Bereich der humanistischen Bildung: Montag,
Dienstag und Freitag steht die erste Schulstunde um 8 Uhr
unter dem Titel »größere lat. Classiker, und zwar Horaz«.
Jedesmal schließt sich eine Stunde »lateinischer Styl« an. Themen weiterer Schulstunden sind: »Erklärung des Sallustius«,
»römische Alterthümer nach Suetonius« und griechische Sprache.

Demgegenüber gibt es pro Woche nur zwei Stunden »höhere Mathematik«, je eine Stunde polnische und französische
Sprache, »Experimental Physik«, »Enzyklopädie aller Wissenschaften« sowie »allgemeine Weltgeschichte«. Das, was wir
heute als Fach »Deutsch« bezeichnen, kommt nicht vor, denn
auch unter der Bezeichnung »Declamation und Geschmaks-
bildung« dürfte in erster Linie das klassische Bildungsgut, in
jedem Falle eine nach diesem Muster gefertigte Gattungspoe-
tik gelehrt worden sein. Von den neuesten Produkten der
Jenaer Romantik – wie der zwischen 1798 und 1801 erschienenen Zeitschrift *Athenaeum* – wird der Lehrkörper des Bres-

Breslau, St. Josephskonvikt

lauer Gymnasiums kaum Notiz genommen haben, doch waren die Publikationen der Weimarer Klassik selbstverständlich auch in Schlesien bekannt, das läßt sich aus dem Repertoire des Theaters erschließen.

Der junge Eichendorff versäumte als Schüler in Breslau – und später auch als Student in Halle – kaum eine Theater- oder Opernaufführung. Das Tagebuch verzeichnet akribisch jeden Besuch, so daß sich ein Überblick über den Spielplan gewinnen läßt. Nur zu einem geringen Teil sind Autoren und Komponisten vertreten, die wir heute noch kennen: An Mozartopern werden während der Schüler- und Studienzeit von Eichendorff genannt: *Don Giovanni*, *Die Hochzeit des Figaro*, *Titus* und die *Zauberflöte*. Von Haydn werden die Oratorien *Die Jahreszeiten* und *Die Schöpfung* aufgeführt.

Im Theater gibt es von Lessing *Emilia Galotti* (am 5. Mai 1803) und *Minna von Barnhelm* (am 2. Mai 1804). Schiller wurde – wie noch heute an deutschen Theatern – weitaus öfter gespielt als Goethe; Eichendorff besuchte eine Aufführung der *Jungfrau von Orleans* am 3. März 1802, *Kabale und Liebe* stand am 14. August 1802 auf dem Programm, *Wilhelm*

Tell am 15. August 1804. Aufführungen der *Braut von Messina*, einer Bearbeitung von Shakespeares *Macbeth* und des *Wallenstein* besuchte er ebenfalls. Zu einer Aufführung der *Räube*r reiste er mit einem Freund am 28. Juni 1805 eigens nach Leipzig, den *Fiesco* sah er erst am 14. Juni 1806 im Lauchstädter Theater.

Den Spielplan dieses kleinen Kurtheaters in Lauchstädt, das zwischen Halle und Weimar gelegen ist, bestimmte der Weimarer Minister und Theaterleiter Johann Wolfgang von Goethe, den Eichendorff dort bei einer Aufführung seines Sturm-und-Drang-Werkes *Götz von Berlichingen* am 3. August 1805 persönlich im Publikum entdeckte. Bei einem weiteren Besuch – Eichendorff reiste jeweils von seinem Studienort Halle an – wurde am 9. Juli 1806 das Stück gezeigt, in dem sich Goethe mit den Auswirkungen der Französischen Revolution auseinandersetzt: *Eugenie, die Natürliche Tochter*. Am 17. Juli kommentierte er die *Egmont*-Aufführung in Lauchstädt mit den Worten: »Clärchens Erscheinung als Freyheit durch Rosenwolken u. Regenbogen war wahrhaft himmlisch. – Göttlicher Genuß.« Bei einem Breslau-Aufenthalt im November nahm Eichendorff die Gelegenheit wahr, »die Laune des Verliebten v. Göthe, worin Mad. Unzelmann […] himmlisch spielte«, zu besuchen.

Neben diesen zeitgenössischen »Klassikern« gibt es ein breitgefächertes Theaterangebot mit Rührstücken und Komödien, deren Autoren wir heute kaum noch kennen. Selbst das von Goethe geleitete Theater war auf die beim Publikum beliebte leichte Kost angewiesen, für die der Name August von Kotzebue stellvertretend genannt werden kann. Nicht weniger als 27 Stücke dieses Erfolgsautors werden im Tagebuch Eichendorffs genannt.

Auch wenn Theaterstücke von den Schülern realisiert wurden, griff man auf die beliebten Familienstücke zurück. Bereits im ersten Halbjahr nach seiner Einschulung wirkte Eichendorff an den Aufführungen mit. Unter dem 29. Dezember 1801 berichtet er von der ersten Probe zur Kinder-

oper *Edelmut und Niedrigkeit* von Christian Felix Weiße.
Zugleich wurde die Komödie *Die Heirat durch ein Wochenblatt* von Friedrich Ludwig Schröder vorbereitet, und am
28. Februar 1802 war die Premiere der beiden Stücke »auf
unserem Convicttheater«. Ein weiteres Werk Schröders wird
parallel geprobt – *Der Fähndrich* –, und alle drei Stücke werden in wechselnder Kombination Anfang März wiederholt.
In einer Anmerkung zur Tagebuchnotiz vom 9. Februar enthüllt Eichendorff, welche Rollen er spielte. Da es sich um ein
Jungengymnasium handelt, übernimmt er einmal eine Mäd-
chenrolle: »In diesem Stüke [dem *Fähndrich*] spielte ich die
Sophie; und hatte die Kleider von der Mamsell Hoffstaeter.
Im Edelmuth spielte ich den Franz v. Mülen.«

Der zweimal vertretene Autor Schröder und seine Werke
sind heute selbst bei Germanisten kaum noch bekannt, hatte
ihn doch bereits Ludwig Tieck als »Vater und Stammherrn so
vieler Ifflandischen und Kotzebuischen Familiengemälde«
bezeichnet und ihn damit zu Recht in die Tradition der un-
terhaltsamen Rührstück-Autoren eingeordnet. Sicher waren
sich die Breslauer Gymnasiallehrer im klaren darüber, daß
sich diese zeitgenössischen simplen Theaterstücke mit den
antiken Dramen, die zum humanistisch geprägten Lehrstoff
der Schule gehörten, keinesfalls messen konnten; doch war
gerade Schröder ein allseits anerkannter Theaterpraktiker, der
seine eigene Schauspieltruppe von dem konventionellen stei-
fen Gebärdentheater, dem auch Goethes Anweisungen für
Schauspieler noch verpflichtet sind, zu realistischer Spiel-
weise führte und damit einen entscheidenden Schritt zu einer
Theaterreform in Deutschland vollzog. An Lessing, Shakespeare und den Stücken des jungen Goethe geschult, bot er
dem bürgerlichen Publikum Identifikationsangebote.

Für Schüler und Lehrer ergab sich die Möglichkeit, auf
dem Niveau eines Laientheaters alltägliches Familienleben
spielerisch vorzuführen. Und so gehörte dieses Theaterspie-
len zum selbstverständlichen Angebot der Schule, das Joseph
bereits als 14jähriger gern annahm.

Bernhard Heinke,
Hofmeister der Brüder Eichendorff

Die im Tagebuch aufgelisteten Stücke werden von Eichendorff in der Regel nicht bewertet, es bleibt bei einer Verzeichnung des Titels und herausragender Schauspieler. Skandale, die sich hinter den Kulissen des Theaters abspielen, scheinen ihn mehr zu bewegen als die Themen der Stücke. Unter dem 5. Juli 1802 berichtet er »die drollige Geschichte, welche unter dem Nahmen: Theaterduell sogar bis in Berlin bekanndt war, und aus einem Zweikampf auf, mit Wachs geladne Pistolen, zwischen den Schauspielern Lantz und Kaibel bestand. Es fiel in Morgenau [am östlichen Rand Breslaus gelegen] vor. Kurtz darauf ereignete sich auch das Duell zwischen dem H. v. Haag, einem falschen Spieler, und Brunicovsky, einem Offizier […], wegen der Actrise: Casini. Die Folge dieses Duelles war, daß der H. von Haag durch den Arm geschoßen, Brunicofski schwach gestreift, der Cassini aber auf immer das Theater verboten wurde.«

Ganz so turbulent ging es unter den Schülern nicht zu. Zunächst mußten die Examina überstanden werden: Am 9. August 1802 war Eichendorffs erstes »öffentliches Examen in der Aula Leopolda«, einem barocken Saal der Universität, der den Zweiten Weltkrieg unbeschadet überstanden hat. »Keine Materie wurde länger als eine halbe Stunde examinirt«, notiert er im Tagebuch: »Die Studenten saßen zwischen den fremden Zuschauern unten in den Bänken, und der Hervorgeruffene mußte dann bis an die Erhöhung hervortreten, auf welcher alle Proffessoren auf Stühlen saßen. Der examinirende Proffessor saß immer in der öbersten Banke.« Beim »Actus publicus« erhielt Joseph sechs Tage später sein Zeugnis, das ihm in allen Fächern »große«, in der Mathematik jedoch nur »mittelmäßige« Fortschritte bescheinigte; »einen jungen Herrn von vielversprechenden Geistesanlagen« nennt ihn der Rektor in diesem Dokument, »ein gesitteter, von religiösen Gesinnungen beseelter Jüngling«, bescheinigt der Religionslehrer Haase. Offensichtlich schafft der junge Eichendorff das aufgegebene Pensum mit Leichtigkeit.

Wenn der Schüler am 18. Juli 1803 notiert: »bekam [...] ich ein Lied zur hundertjährigen Jubelfeyer der hiesigen Universität auf, vom H. Proff. Rathsmann«, so zeigt dies, daß seine sprachliche Begabung den Lehrern sehr bald aufgefallen sein muß. Eichendorff ist ein Musterschüler, auch in seinen Schülerdichtungen. Er zeigt keine geniale Ader, versteht es aber, brave Gelegenheitsgedichte nach konventionellen Mustern zu aufgegebenen oder auch gewählten Themen zu produzieren. Das bestellte Festlied zum Universitätsjubiläum formuliert er in gereimten vierhebigen Trochäen mit geläufigen Metaphern, allerdings ohne das behauptete »Entzücken« und »Durchglühen« überzeugend dichterisch umsetzen zu können:

> Froh stimm’ ich die goldnen Saiten
> Heut zum hohen Jubellied,
> Das Entzücken anzudeuten,

> Das des Jünglings Brust durchglüht,
> Der mit Dankgefühlen heut'
> Froh sich dieses Festes freut.

Ebenso konventionell ist auch das Liebesgedicht, das sich
anakreontischen Mustern anschließt und beginnt:

> Lieber, lieber kleiner Eros,
> Ach! erbarme Dich!
> Heil' die Wunde, die dein Pfeil schoß.
> Sonst ach! töt' sie mich.«

Nichts bewegt sich hier außerhalb der literarischen Konven-
tionen, und die Schilderungen von harmlosen Schülerstrei-
chen in seinem Tagebuch zeigen, daß Eichendorff sich auch
sozial einpaßt. Er löste sich nicht als Streber aus der Gruppe
der Internatsschüler heraus, trat aber auch nicht als einfalls-
reicher Anstifter oder gar dominierender Anführer in der
Schülergruppe hervor.

Die Ideen der Französischen Revolution wurden selbstverständlich unter den Schülern des Gymnasiums, die zum Teil
aus dem Adel, zum Teil aus dem Bürgertum stammten, diskutiert. Eine Liste mit den aus der Leihbibliothek entliehenen
Büchern belegt, daß Eichendorffs Lektüre auch eine »Geschichte der Französischen Revolution« einschloß. Aber die
Zeiten, in denen Internatsschüler wie Hegel und Hölder-
lin unter einem Freiheitsbaum tanzten und insgeheim ihre
Sympathien für die revolutionäre Entwicklung im nahen
Frankreich bekundeten, waren in Deutschland längst vorbei.
Eichendorff war sich offensichtlich seiner adligen Herkunft
bewußt, er sah in erster Linie die Aufgabe, sich im Sinne seines Standes und seiner Familie zu bewähren. Für ihn ist es
mehr als ein Wortspiel, wenn er Adel mit »edel« in Verbindung bringt.

Kritik gilt bei ihm lediglich dem Dünkel, der Überheblich-
keit, dem Herabsehen des Adels auf die unteren Gesellschafts-

klassen. Ein Plädoyer für die Abschaffung der Standesunter-
schiede jedenfalls läßt sich aus den drei Fassungen seines Gedichts »An einen Unedlen von Adel« kaum herauslesen, eher
die Aufforderung, sich im Sinne der Ahnen adelsgemäß edel
zu benehmen. Die erste und kürzeste Fassung des Gedichts
besteht aus zwei Strophen:

An einen Unedlen von Adel

O horch auf sie, die dir den Adel schufen!
O störe ihrer Asche Ruhe nicht!
In ihren Grüften stehn sie auf und rufen:
»So Knabe, waren deine Väter nicht!«

Was blickst du stolz herab auf Niedrer Leben?
Frei ist der Mann, und keines Mannes Knecht,
Den Adel kann sich Jeder selbst nur geben,
Zu deinem haben alle gleiches Recht.

Wir wissen nicht, an welchen Schulkameraden diese Verse
gerichtet sind, doch zeigen die längeren Fassungen des Gedichts, daß er einen »Weichling« anspricht, der sich in Träumen verliert. Er beginnt:

Auf, auf, du Weichling, auf vom Nebeltraume,
Der schmeichelnd dir den kindschen Blick umwebt!

Die Französische Revolution hat das »Joch beglückter
Schwelger« beendet und »freier Menschheit heilge Rechte«
zur Geltung gebracht. Das klingt sehr revolutionär, aber
für den Adel resultiert daraus nur die Forderung nach akti-
ver Beteiligung am Weltgeschehen. Den Weichling fordert
Eichendorff auf, die eigene Kraft wieder einzusetzen:

O schnell zurück, von hier ins freudige Gewühle,
Wo eigne Kraft und eigner Mut noch gilt!

Wo jeder froh aus eigner Kräfte Fülle,
Sich selbst den Becher des Genusses füllt.

Dort ringe nach der Höh, wo brav und bieder
Die Väter harrend dir entgegensehn,
Und hast du sie erreicht dann wage wieder
Dem braven Bürger kühn ins Aug' zu sehn. –

Die Ständedifferenz wird in der letzten Fassung noch mehr
nivelliert. Die Aufforderung am Schluß lautet nun: »Dem
Biedermann ins Aug' zu sehn«. Das ist keine stilistische oder
kosmetische Korrektur am Gedichttext. Denn auch die vorbildlichen Ahnen werden ja ausdrücklich als »bieder« charakterisiert. Den »unedlen«, dünkelhaften »Weichling« fordert
Eichendorff nun auf, sich dem Blick seiner Väter zu stellen.
Den hohen Ansprüchen des ursprünglichen Adels muß er
gerecht werden; ihren hohen Werten gilt es nachzueifern.

Dieses Denken, das noch Eichendorffs späten Essay *Der
Adel und die Revolution* und auch die Erzählung *Das Schloß
Dürande* prägen wird, resultiert aus der Erfahrung, daß in seiner Kindheit und Schulzeit die verschiedenen Stände im ländlichen Schlesien harmonisch zusammenleben. Der Herr auf
Lubowitz war sich seiner Fürsorgepflicht gegenüber dem
Dorf und den Angestellten bewußt und kehrte keinen Dünkel heraus. Bei seinen Schuldenverhandlungen hatte er es sicherlich meist mit Bürgerlichen zu tun, denn das Bankge-
schäft war nicht in den Händen des Adels. So kam er gar nicht
in Gefahr, den überlegenen Herrn herauszukehren.

Im Breslauer Internat lebten Kinder von bürgerlichem und
adligem Stand in Schlaf- und Klassenzimmern auf Tuchfüh-
lung problemlos auf engstem Raum zusammen, und ein dün-
kelhafter »Weichling« fiel hier aus dem Rahmen. Der bescheidene und eher schüchterne Eichendorff dagegen paßte sich in
die ständeübergreifende Gemeinschaft des Gymnasiums gut
ein. Er stellte sich nicht abseits und war zu jedem Schaber-
nack bereit.

Breslau, Universität. Kollegiengebäude der Jesuiten zur Oder hin

Zu Heiligabend 1803 etwa, so erfahren wir aus dem Tagebuch, »brach ein Trupp um halb 12 von 12 Convictoren in die Stube des Kochs, der sich mit seiner werten Ehehälfte noch immer fort zankte, ein, u. gratulirten den beyden Subjekten, die darob nicht wenig Zorn (ein wenig mit Angst untermischt) geriethen, zu den Weynachtsfeyertagen. Dann begab man sich zum H. Hubrich, den man sammt Bette in der Mitte der Stube fortschleppte u. so in Wuth brachte, daß er mit einer Leiste aus dem Bett sprang u. Tod u. Verderben um sich sprühte.«

Solch lustiges Internatstreiben mit »Punschkonditionen« wurde durch den Tod eines Mitschülers jäh unterbrochen, der zu Eichendorffs engsten Freunden gehörte. Die Nachricht traf den 16jährigen während einer ausgelassenen Theaterfeier um Mitternacht am 16. Februar 1804: »Nach der Commedie feyerte die gesammte Theatertruppe beym H. Hubrich eine honnette Punschkondition nebst Kuchen; [...] zulezt der allgemeine rippenstößige Reyentanz [...], der aber um 12 Uhr durch die Nachricht von dem nahen Tode des edlen Jacob

Müllers plötzlich unterbrochen wurde. Ich u. Stein begaben sich augenblicklich in die Stube neben dem Museum, wo wir den sanften Tod meines unvergeßlichen Freundes [...] an der Seyte seines braven, trostlosen Vaters abwarteten. Jacob Müller, der arme Sohn eines Landmannes [...] ein Muster von Rechtschaffenheit u. Fleiß, starb um 1 Uhr in der Nacht an den Folgen der Lungensucht, die er sich durch sein Nachtstudieren zugezogen hatte, als ein Opfer seiner Emsigkeit.« Eichendorff reagiert mit dem Tagebucheintrag »Schrekliche, schwartze Bangigkeit, theils nach dem Fasching, theils nach dem edlen Müller.« Sicherlich plagten ihn auch Schuldgefühle, denn er hatte selbst gemeinsam mit dem Freund in heimlichen nächtlichen Sitzungen ausgiebig Homer studiert, was seiner Meinung nach die Lungenentzündung – oder Tuberkulose? – mit tödlicher Folge auslöste.

Wie tief Eichendorff durch diesen Tod erschüttert wurde, zeigt die Tatsache, daß er zum ersten Mal persönlichen Erfahrungen in seinen Gedichten Ausdruck verleihen kann. Die klassischen Reminiszenzen in einem kurzen Gedicht an den Freund sind hier nicht leere Formeln aus dem erlernten Bildungsgut, sondern spielen auf die gemeinsame Homer-Lektüre an:

Meinem: Jacob Müller

I.

Freund, der von meinen düstern Blicken
Den Nebelschleier hob,
Daß ich voll heiligem Entzücken
In Morgenrot gehüllt
Arkadiens Flur, der Menschheit Unschulds-Wiege,
Und Agamemnons Heer
Und Thetis Sohn im stolzen Siege,
Und Trojas Flammen sah!

2.

Ja, Freund, das Trennungswort im Munde
Mit furchtbar schnellem Schritt,
Naht schon die nachtumwölkte Stunde,
Die uns – auf immer trennt.

Als Grabrede für den Freund formuliert er eine neunstro-
phige Ode, in der sich außer dieser persönlichen Erfahrung
auch der Freundschaftskult der Zeit widerspiegelt. Schiller
und Klopstock mögen Pate gestanden haben, wenn Eichendorff in einer Strophe dieser Ode formuliert:

Doch Freundschaft ists, die nie verrauchet,
Die ewig ihre Kraft
Magnetisch durch die Menschheit hauchet,
Auch wenn ihr Wetter drohn,
Der heil'ge Funke, der von oben
Gesandt, im Busen glimmt,
Und schnell bei wilder Stürme Toben
Zur hellen Flamme wird!

Trotz dieser anspruchsvollen Aktivitäten als Schüler-Dichter
fehlt es auch im letzten Schuljahr nicht an Dumme-Jungen-
Streichen, die selbst bei Prüfungsstreß nicht ausbleiben. So
berichtet das Tagebuch im März 1804 von einem makabren
Schülerstreich – Eichendorff ist inzwischen sechzehn Jahre
alt und wird nach einem weiteren Halbjahr seine Reifeprü-
fung ablegen:
Für den Monath: Maertz, Ann: 1804.
Datum.
4. Philosoph. Examen beym H. Proff. Jungnitz.
Nach dem Abendeßen stopften, als wir beyde eben im
Refectorio Geschichte studierten, H. Winter u. Strantz
aus meinen Kleidern mit Betten u. Wäsche einen Mann
aus, den sie auf ein Bette mitten in der Stube legten u.
meine Person vorstellen ließen, indem sie nemlich den

H. v. Heppen, der schon im Bette lag, durch die unerwartete Nachricht, daß ich, plötzlich vom Schlage gerührt,
in lezten Zügen liege u. noch von ihm Abschied nehmen
wolle, aus dem Bette jagten. Als dieser nun augenblik-
lich mit Schlafrok u. Schlafmütze angethan in die Stube
stürzte, ertönte ihm endlich von allen Seyten: Er ist todt,
er ist todt! entgegen. Durch dieses, durch die Dämmerung u. die Verstellung der Umstehenden getäuscht, be-
trauerte er mich dann gegen 10 Minuten als todt, bis
er endlich durch Befühlung der vermeinten Leiche den
Wahn entdekte. Das in die Augen leuchten, der ge-
schwollne Kopf.

5. Examen bey H. Proff. Jung. ⟅

10. Wollte unsere Klaße ihre Kenntniße in der Geschichte
an den Tag legen u. producirte daher die berühmte Scene
aus der Schlacht bey Walstadt [Wahlstatt], indem nemlich
einige den Fiscus auf den Gang herauswarfen, ihn gemeinsam umringten, nach mehreren derben Rippenstößen
aber, durch die sie am Fiscus ihre Rache gekühlt, mit dem
Geschrey: sabiesçie, sabiesçe! so wüthig wieder in die
Schule zurükstürzten, daß sich der H. Regens Steiner, der
eben am entgegengesezten Ende docirte, genöthigt sah,
den Catheder zu verlaßen, u. uns einen langen Sermon
zu halten, der sich mit der Frage: ob wir Handwerksburschen seyn wollten, endigte, welche Frage ihm jedoch
durch ein wild auftönendes Gelächter, vielleicht zu befrie-
digend, beantwortet wurde. Auch faßten wir an diesem
Tage den plötzlichen Entschluß unsere Eltern diese Oster-
ferien durch unsre Ankunft zu überraschen.

11. Religionsexamen beym H. Proff. Legenbauer. ⟅

14. Physic. Exam. beym H. Jungnitz [Jungwitz]. ⟅

18. In der Commedie (Helene) gewesen.

19. Das lezte Examen, u. zwar beym P. Proff. Rake. ⟅

21. Wurde ich endlich mit allen officiellen u. vorgesezten
Geschäften von halb 3 Früh bis 10 Uhr des Morgens auf
dieses halbe Jahr fertig. Deo gratias! Den Nachmittag

meinen Nahmstag beym H. Heinke bey Coffeé, Wein u.
Linsentorte gefeyert. Abends in der Commedie (Alte
Ueberall u. Nirgends).

22. Unsere Klaßen erhalten u. eingepakt.

Trotz des Budenzaubers und der dichten Folge der Examina
scheint Eichendorff – wenn wir seine kleinen Symbole (Fähn-
chen und Kreuz) richtig als Zeichen für die Zensuren deuten – sämtliche Prüfungen mit den beiden Bestnoten abgeschlossen zu haben.

Nach der Abschlußprüfung im Herbst des gleichen Jahres
kehrt er nach Lubowitz zurück, und hier kommt es zu den
ersten intensiven Liebeserlebnissen des Abiturienten. Die
Tagebucheintragungen vom Oktober berichten von den auf-
regenden ersten Blicken und Berührungen in der »Camera
obscura«, wie er einen abgedunkelten Raum nennt. Karoline
von Pitsch bezeichnet er seit diesen Erlebnissen phantasievoll
als »kleine Morgenröthe«. Das Tagebuch wird hier zum erstenmal sehr ausführlich und läßt die mutwilligen turbulenten Szenen wie in einer Komödie lebendig werden. Die denkwürdigen zehn Tage im Oktober beschreibt Eichendorff so:

Pro Memoria
Für den Monath: October, 1804.

1. Fuhr ungefähr gen 11 Uhr unsere gantze Compagnie
nach Slavikau, wo wir, nachdem wir bis 4 Uhr getafelt
hatten, von denen Brzeznitzern gantz erwarteterweise –
überrascht wurden. Darauf wurde die Fr. Pächterin vom
H. Pfarrer abgeholt u. ein christliches Täntzchen aufgeführt. Das ist so ohngefähr der Plan des Lustspiels. Zu
den Verschönerungen u. Maschinen gehören: die Saal-
parthien, die rührenden Scenen in der Camera obscura u.
überhaubt die Lichtscheue, welche der gantzen Handlung eine sehr geschikte Abwechslung von Licht u.
Schatten gab – Ferner, der dike Menschenbeobachter im
Winkel – das Getümmel von Wuth, Eifersucht u. Rache
in der Brust des Edlen v. G[arnier], deßen Dissonantzen
sich endlich in die Seelenharmonie eines sanften Rau-

sches auflösten – die Fledermäusejagd – und die schöne
Morgenröthe eines noch schöneren Tages: die kleine
Dem. Pitsch. Um 3 Uhr des Morgens hatte endlich die
Poße ausgespielt und Zuschauer u. Schauspieler: Tragi-
ker sowohl als Comiker verließen theils befriedigt theils
unbefriedigt das Theater.

2. Waren die H. v. Blachas, die Gräfin v. Strachwitz, Lieutenant v. Schubert etc. etc. aus Brzeznitz hier. – Meine
ach! gescheiterten Pläne zur Desertion –

3. Fuhr der Papa allein nach Sumin.

4. Retour. Nachmittags waren die Blachas hier, sich zu
empfehlen.

5. War H. Schmidt aus Wien mit 2 Leobsch[ützer] Studiosen, die Frau Koschatzky u. die kleine Morgenröthe
(siehe 1ᵗ October) hier, wobey die Nekereyen zu mer-
ken. Auch kam heute H. Lange[r] aus Pzof [Pschow]
hier an, mit dem wir Abends auf die Lerchenjagd giengen, deren eine Hälfte wir mit dem H. Caplan auf dem
Ganj[owitzer] Gräntzhauffen verschliefen, die andere
verbrüllten.

8. Nach Sumin gefahren mit H. Lange[r]. Abends.

9. Wurde früh der große Teich gefischt, wobey der Anfang
des Actus durch die Faulheit der Bewohner Sumins bis
gen 10 Uhr verzögert wurde. Um diese Zeit kam auch H.
P. Blasius, u. Mad. Kos[ch]atzky mit Dem. Carolindel u.
Seraphindel daselbst an, welche beyde lezteren dann die
Fischelkannonade, und die gänzliche Durchnäßung des
jüngeren Theils der Compagnie veranlaßten. Bitte auch
meine Schlammpromenade mit H. Lange[r] senior, H.
Thilsch's Schleyenfischerey u. Brake, meine 2ᵗᵉ seeligere
Schlammpromenade, u. H. Friedrichs Zuken im Schlam-
me nicht zu vergeßen. Brodtkannonaden bey Tische.

10. Wurden wir früh von Mad. Koschatzky noch im
Bette überrascht. Darauf wurde wieder große Fischerey
gehalten, während welcher wir alle uns vor dem heftigen
Regen in die Baude salvirten, wo wir mit dem H. Thilsch

durch das: Dorfschulmeisterlein etc. die Langeweile weg-
brüllten. Der merkwürdigste Casus dabey ist H. Pien-
taks Polonaise im Kothe mit der kleinen Morgenröthe,
welche letztere dann denselben, als er eben an eine Weide
hingelehnt war, so betrachtlich rükte, daß er die Balance
verlor, u. sein nicht unansehnlicher Corpus troz allen
Protestirens den Erdboden küßen mußte. Nun sezte sich
H. P[ientak] nach einigem belachten Wüthen an das Ge-
stade des Teiches, u. schaute, ein zweyter Achilleus, zür-
nend in die tiefaufbrausenden Fluthen. Doch dießmal
hatte Madame Thetis so wenig Lust sich ihres Achilleus
zu erbarmen, daß er, ob an Folgen des Falles oder des
Grolles, ist nicht ausgemacht, das Bett hütete. Auch kam
izt H. Lange[r] junior an. Nachmittags unser Spaziergang aus dem Regen unter die Traufe, mein Sturz über
den Kothhaufen u. das Kegelschieben. Abends: Stille
Musik u. Pfänderspiele.
Auch lyrisch hat Eichendorff diese Erlebnisse verarbeitet:

> Wie selten sind der Freude Augenblicke,
> Wie oft läßt man sie unbenutzt entfliehn,

beginnt Eichendorff seine frei an die Form der Stanze ange-
lehnten Verse, wobei Karoline als »P✝✝« [Pitsch] verschlüsselt
erscheint:

> Ja ich gestehs – es regte sanfte Triebe
> In mir o P✝✝ dein Blick – dein Kinderblick,
> Der kalte Mensch nennt die Empfindung Liebe,
> Der Liebende sein einzges, höchstes Glück.
> Was hülf' es mir, hätt' ichs dir auch verhohlen,
> Hat nicht der leise, rasche Druck der Hand,
> Mir das Geheimnis längst schon abgestohlen,
> Als ich mit dir mich durch die Reihen wand?
> Nicht längst der seelenvoll beredte Blick,
> Des Herzens hüpfend schneller Schlag, als ich

> Ach! in des Tanzes ungebundner Freie
> Froh deinen Kuß auf meinem Mund empfand.

Eine feste und ausschließliche Liebesbeziehung entwickelt sich jedoch nicht aus dieser Begegnung. Es war nicht die sprichwörtliche »erste große Liebe«, die hier bei flüchtigen Tanzbegegnungen entstand.

Fasziniert war der junge Eichendorff während dieser Zeit auch von einer mütterlichen Freundin, um deren Gunst er gemeinsam mit seinem Bruder warb:

> Es waren zwei junge Grafen
> Verliebt bis in den Tod,
> Die konnten nicht ruh'n noch schlafen
> Bis an den Morgen rot.

– so beginnt ein Gedicht, das erst 1808 oder 1810 entstand und der Frau eines mit der Familie befreundeten Justitiars in Ratibor gilt. Benigna Sophie Amalie Hahmann war vierzehn Jahre älter als Joseph. Hinweise auf einen harmlosen Flirt mit dieser Frau finden sich schon 1806 im Tagebuch: »Ich der Hahmann gegenüber, mit der ich leider zu stark schmollierte.« Schmollieren ist ein Begriff der Studentensprache: Der 18jährige Student trinkt der 32jährigen Frau zu. Was danach im einzelnen geschah, wird auch im Tagebuch nicht deutlich, denn der Tagebuchschreiber verrät, daß er an diesem Abend nicht gerade nüchtern nach Hause ging und sich kaum an die Ereignisse, die den Trinksprüchen folgten, erinnern kann: »meine Wuthsponsade mit der Mad. Hahmann auf dem Canape. Darauf ohne Bewußtseyn wieder ins Schloß zurükgegangen, ohne Bewußtseyn gespielt: von einer Hand zur anderen etc., ohne Bewußtsein Eccosaise getanzt, ohne Bewußtseyn ins Bett gegangen, u. geschlafen [...]. – Reuiges Erwachen. – Verlegene Morgencomplimente.« Zwei Jahre später heißt es dann: »ich saß bei Mad. H. (die schönsten Augen, – noch schöner geworden –) [...]. Nach der Tafel wurde Blindekuh gespielt. Hahmanns unausstehliches Nöthigen dazu. Nachdem ich mich mit manchen Offizieren u. besonders Mad. Hahmann als ihr heutiger Schatten, viel unterhalten hatte (Gott behüte mich vor dem Verlieben!) zerstreute sich gen halb 12 alles.«

> O trau' den zwei Gesellen
> Mein Liebchen nimmermehr,
> Die geh'n wie Wind und Wellen,
> Gott weiß: wohin, woher. –

So lautet der Rat an die verehrte Frau in dem Gedicht von den zwei Grafen, das Eichendorff in seinen ersten Roman aufnimmt. Ein weiteres, als kunstvolles Akrostichon geformtes Gedicht, das die gleiche Wind- und Wellen-Metaphorik entwickelt, trägt er in ihr Stammbuch ein, als er zum Studium nach Heidelberg aufbricht:

> In wildem Wechsel treibt das flüchtge Leben.
> Bang schwebt der Schiffer auf den fliehenden Wogen,
> Vorüber Land und Menschen fortgezogen,
> Es muß wohin die vollen Segel streben.

Intensiver als diese konventionelle Metaphorik wirkt ein Gedicht, das von der Erinnerung an die im Tagebuch einmal als »schöne Frau« bezeichnete Madame Hamann lebt:

> *Beim Erwachen*
> An M. H.

> Tiefer ins Morgenrot versinken die Sterne alle,
> Fern nur aus Träumen dämmert dein Bild noch vorüber,
> Und weinender tauch' ich aus seliger Flut. –
> Aber im Herzen tief bewahr' ich die lieben Züge,
> Trage sie schweigend durch des Tages Gewühle
> Bis wieder zur stillen träumenden Nacht. –

4. Kapitel: »Studenten mit Rappieren und Knütteln« Erste Studienerfahrungen in Halle

In seinem Essay über die Universitätsstädte *Halle und Heidelberg* schildert Eichendorff das wüste Studentenleben von Halle in eindrucksvollen Bildern. Die kleine Stadt an der Saale war kein Ort für »Brotstudenten«; hier studierten Adlige, die Spaß am Studentenleben hatten und auf ein Examen nicht angewiesen waren. Es herrschte ein rauher Ton, und die organisierten Studentenschaften beherrschten während des Semesters die Stadt. Nach dem Einmarsch der napoleonischen Truppen formierte sich hier der Widerstand patriotischer Studenten, und es kam zu schweren Straßenkämpfen; Napoleon ließ daraufhin die Universität schließen, in der die Söhne des deutschen Adels so selbstbewußt und kämpferisch auftraten.

Anachronistisch und zugleich romantisch scheint das Studentenleben in der Sicht Eichendorffs, der mit seinem Bruder dort vom Sommersemester 1805 bis zum Sommersemester 1806 studierte. Die Universität habe – so behauptet er in seinem Essay – »vom Mittelalter noch ein gut Stück Romantik ererbt, was freilich in der veränderten Welt wunderlich und seltsam genug, fast wie Don Quixote, sich ausnahm«. Es sind insbesondere die zum Teil handgreiflichen Auseinandersetzungen zwischen Studenten und bürgerlichen »Philistern« – der studentische Ausdruck für Nichtstudenten –, die er beschreibt: »Stets schlagfertige Tapferkeit war die Kardinaltugend des Studenten, die Muse, die er oft gar nicht kannte, war seine Dame, der Philister der tausendköpfige Drache, der sie schmählich gebunden hielt, und gegen den er daher, wie der Malteser gegen die Ungläubigen, mit Faust, List und Spott beständig zu Felde lag; denn die Jugend kapituliert nicht und kennt noch keine Konzessionen. […] Da stürzten, ohne nach Grund und Veranlassung zu fragen, halbentkleidete Studen-

ten mit Rappieren und Knütteln aus allen Türen […], dichte
Staubwirbel verhüllten Freund und Feind […] so wälzte sich
der Kampf oft mitten in der Nacht durch Straßen und Gäß-
chen fort.«

Die in Landsmannschaften und verschiedenen »Orden«
organisierten Studenten terrorisierten die Bürger und ließen
sich nicht einmal von der Polizei in die Schranken weisen.
Schließlich waren die meisten der Studierenden von höherem
Stand und blickten verächtlich auf die einheimischen Stadtbe-
wohner und Handwerksburschen hinab, die nach Eichendorffs Schilderung die Hauptfeinde aus dem Philisterlager
waren.

Einige Episoden im Tagebuch Eichendorffs zeigen, daß die
Brüder das selbstbewußte Auftreten und wüste Treiben der
Studenten mit ungläubigem Staunen zur Kenntnis nahmen.
»Schon auf der Hälfte des Weges«, berichtet das Tagebuch im
April 1805, »hatten wir in einem Wirthshause, wo wir ein
wenig ausstiegen, Gelegenheit, den Respect der Haller Bürger
(Philister) vor einem Burschen kennen zu lernen. Ein Haller
Uhrmacher nemlich, der sich auch daselbst befand, benevirte
uns, sobald er erfuhr, wer wir sind, aufs geschmeidigste u.
wagte es nicht wieder den Hut aufzusetzen.«

Am 20. Mai werden die Brüder Zeugen, wie Studenten
einen Postillon verprügeln, ohne daß die Ordnungshüter –
Eichendorff nennt sie im Studentenjargon »Häscher« – ein-
schreiten: »alsobald stürzte ein gantzer Hauffen herbey, riß
den Postillon vom Boke, u. prügelte ihn derb durch. Da sich
die Häscher wegen der Menge nicht heranwagten, so blieb
alles ohne weitere Folgen. Hierbey wird auch nicht umständ-
lich erwähnt, wie oft des Nachts Schaaren besoffner Studenten auf dem Markte die Häscher aus ihrem Rathhause zum
Kampfe brüllend herausfoderten, oder als Gespenster ver-
kappt in der Stadt spuken liefen.«

Joseph und Wilhelm sind im Sommersemester 1805 nach
Halle gekommen, um Jura zu studieren. Sie überreichen Anfang Mai unverzüglich »dem Geheimen Rath u. Proffessor

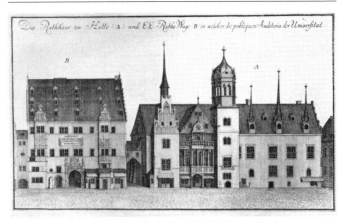

Halle an der Saale, Alte Universität (links) und Rathaus

Wolf« ihr »Empfehlungsschreiben vom H. Grafen Otto v. Haugwitz«. Diese Aktion verläuft enttäuschend, weil Wolf sich über die lateinischen Übersetzungen Otto von Haugwitz' mokiert und sich dabei herablassend und »boshaft« zeigt: »die Art, wie uns Wolf empfieng, [...] das Joviale u. boshaft-Satyrische des Charakters dieses Mannes« fiel den Eichendorff-Brüdern auf. Bei Friedrich August Wolf, zuständig für klassische Philologie und Pädagogik, belegt Joseph die Vorlesungen »Alterthümer des römischen Rechtes von 10 bis 11 Vormittag« und »Philologische Enzyklopedie von 2-3 Nachmittgs« sowie ein Seminar »Pindari carmina« (Oden Pindars). Auch die anderen Lehrveranstaltungen, über die das Tagebuch zum ersten Semester berichtet, widmen sich nicht juristischen Fachfragen, sondern behandeln zum größeren Teil literarische Themen. Bei »Hofrath Schütz«, dem Mitbegründer der angesehenen, von Goethe protegierten *Jenaischen Allgemeinen Literatur-Zeitung* und Professor der Poesie und Beredsamkeit Christian Gottfried Schütz, stehen »Plauti Trinumnus« (das Dreigroschenstück von Plautus) und »Aristophans Wolken«, zwei antike Komödien, auf dem Programm. Schütz war zu diesem Zeitpunkt bereits zur Zielscheibe der

Romantiker geworden, die sich um die Jahrhundertwende in Jena etabliert, aber auch in Halle Resonanz gefunden hatten.

Als »Freicorps«, das in Halle gegen halbinvalide Traditionalisten kämpft, bezeichnet Eichendorff in seinem Essay die Gruppe der Romantiker in Halle. »An der Spitze der Romantiker stand Steffens«, berichtet er und beschreibt den aus Dänemark stammenden knapp dreißigjährigen Naturphilosophen, der später zum Chronisten der frühromantischen Bewegung werden sollte: »Jung, schlank, von edler Gesichtsbildung und feurigem Auge, in begeisterter Rede kühn und wunderbar mit der ihm noch fremden Sprache ringend, so war seine Persönlichkeit selbst schon eine romantische Erscheinung, und zum Führer einer begeisterungsfähigen Jugend vorzüglich geeignet. Sein freier Vortrag hatte durchaus etwas Hinreißendes durch die dichterische Improvisation, womit er in allen Erscheinungen des Lebens die verhüllte Poesie mehr divinierte, als wirklich nachwies.«

Wolf dagegen versteht Eichendorff als ›Romantiker wider Willen‹, weil er – im Gegensatz zu Schütz – den humanistischen Bildungsstoff lebendig zu vermitteln versteht: »Am entferntesten [von der Gruppe der Romantiker] wären vielleicht die Philologen geblieben, hätte nicht Wolf, obgleich persönlich nichts weniger als Romantiker, hier wider Wissen und Willen die Vermittelung übernommen durch den divinatorischen Geist, womit er das ganze Altertum wieder lebendig zu machen wußte, sowie durch eine geniale Humoristik und den schneidenden Witz, mit dem der stets Streitlustige gegen Schütz und andere, welche die Alten noch immer mumienhaft einzubalsamieren fortfuhren, fast in dramatischer Weise beständig zu Felde lag.«

Den Philosophieprofessor Adalbert Kayßler, bei dem Eichendorff im ersten Semester »Psychische Antropologie« und eine Einführungsveranstaltung »Ueber die rechte Art zu studiren. Montags u. Mittwochs Abends von 6-7« belegt, zählt er zu einer »ganz besonderen Spezies von Philosophen, die den unmöglichen Versuch machte, die Kantsche Lehre ins

Romantische zu übersetzen. […] Kaysler, ein ehemaliger katholischer Priester, der geheiratet, und nun, gleichsam zur Rechtfertigung dieses abenteuerlichen Schrittes, sich eine noch abenteuerlichere Philosophie erfunden hatte. Er hatte es indes als doppelter Renegat mit den Kantianern wie mit den Romantikern verdorben; seine trockenen, abstrusen Vorträge fanden fast nur unter seinen schlesischen Landsleuten geringen Anklang.«

Mehr Eindruck als die regulären Vorlesungen machten dem jungen Studenten die Vorträge von Franz Joseph Gall, der mit seinen Theorien zur Schädelform des Menschen überall in Deutschland Aufsehen erregte. Unter dem 8. Juli notiert Eichendorff im Tagebuch: »Hielt der berühmte Doctor Gall hier seine erste Vorlesung über die Schädellehre in dem großen Saale im Kronprinzen. Auch wir beyde hatten uns ein Entreebillet, welches 1 Louisd'or kostete, gekauft. Das Publicum, welches über die Hälfte aus Studenten bestand, war sehr zahlreich. Was uns aber fast mehr als die Schädellehre intressirte, war, daß wir hier nicht nur alle unsere berühmten Proffessoren, die fast in summa gegenwärtig waren, sondern auch den unsterblichen Goethe kennen lernten. Sr. Exelentz der H. von Goethe, welcher diesen Sommer das Bad in Lauchstädt genoß, logirte nemlich, so lange die Vorlesungen des Galls währten, hier beim Proff. Wolf, u. besuchte täglich das Schädelcollegium (von 6 bis 8 Abends) wodurch wir in den Stand gesezt wurden, die Physiognomie dieses großen Mannes, u. die Art seines Umganges […] unserer Seele einzuprägen. Auch Bertuchen [den Mitherausgeber der *Jenaischen Allgemeinen Literaturzeitung* Friedrich Justin Bertuch] u. den Capellmeister Reichhardt lernten wir hier kennen.«

Wenig später sieht Eichendorff Goethe wieder, zunächst bei der »Prorectorswahl«, bei der sich am 12. Juli 1805 in Halle »die gantze Universitaet auf dem Paradeplatz versammelt« und »das bunte Gewühl von grotesken Gestalten (denn heute zog sich jeder aufs abentheuerlichste an) einen sonderbaren u. seltnen Anblick darbot. […] Wo wir hinkamen, mußten wir

Hallischer Student

uns in den Straßen fast durchdrängen, u. die Neugier lokt an diesem Tag Gesichtchen ans Fenster, die wohl sonst kein Student zu sehen bekäme. [...] Dieß alles beobachtete auch Goethe aus den Fenstern des [...] wolfischen Hauses«, weiß Eichendorff zu berichten.

Am 3. August machen sich die Brüder Eichendorff mit zwei Kommilitonen nach Lauchstädt auf, um dort Goethes *Götz von Berlichingen* anzusehen. Auch im Publikum von Goethes Theater dominieren die lärmenden Studenten aus dem benachbarten Halle: »Bald anfangs, da die Vorstellung nicht sogleich anfangen wollte, machten die Studenten, von denen das Theater wimmelte, mit ihren Canonen [Stiefeln] und Pfundsporen einen so unbändigen Lärm, daß sich alles die Ohren zuhalten mußte. Um destomehr aber erfreute uns das vortreffliche Trauerspiel, u. die nicht minder gute Darstellung der Schauspieler, die sich alle in Weymar unter den Augen eines Göthes und Schillers gebildet haben.«

Eichendorff schätzt hier Goethes Rolle in Lauchstädt eher zu gering ein. Der Weimarer Minister war – mit heutigen Berufsbezeichnungen benannt – Autor, Intendant und Regisseur in eins und hatte die Weimarer Schauspieler, die während der Badesaison in dem kleinen, noch heute erhaltenen Theater in Lauchstädt spielten, selbst ausgebildet. Die Brüder Eichendorff hatten Glück: »Sr. Exelentz der Geheime Rat von Göthe saß selbst mit seiner Demois. Vulpius in der Loge und blikte so herab auf das Entzüken, welches das Kind seines Geistes rings verbreitete.«

Zehn Tage später berichtet Eichendorff, daß Wolf seine »Collegien auf einige Zeit aus[setzte], indem er mit dem Minister von Göthe eine kleine Lustreise unternahm«. Der junge Student nutzt seine Freizeit zu Morgenspaziergängen und der Lektüre eines der berühmtesten Romane der Romantiker. »Um diese Zeit auch meine Morgenspaziergänge auf den gi[e]bichensteiner Felsen mit Sternbalds Wanderungen v. Tieck«, schreibt er am 13. August 1805 in sein Tagebuch. Das ist der erste Beleg für Eichendorffs Bekanntschaft mit den Schriften der Frühromantik.

Bereits 1798 war Ludwig Tiecks Künstlerroman *Franz Sternbalds Wanderungen* erschienen, der vieles von dem, was die Frühromantiker in ihrer Jenaer Programmzeitschrift *Athenaeum* forderten, bereits in der Dichtung vorwegnahm. Für Künstler und Kunsthistoriker, Dichter und Maler der Jahrhundertwende wurde der *Sternbald* zu einer Art Kultbuch. Es war eine Revolution der Kunst, die sich zwar zunächst an Goethes *Wilhelm Meister*-Roman orientierte, dann jedoch mehr und mehr Distanz zum Weimarer Klassizismus gewann. Goethes 1805 in der *Jenaischen Allgemeinen Literaturzeitung* ausgesprochenes Verdikt gegen das »sternbaldisierende Unwesen« gehört bereits zu einem in der bildenden Kunst längst verlorenen Abwehrkampf gegen die neue Schule und konnte gegen die große Wirkung des Romans nicht viel ausrichten.

Auch Eichendorffs Romane und Erzählungen orientieren

sich an diesem Vorbild, und wenn Tieck in einem Brief an Heinrich Brockhaus 1852 behauptete: »Dieser Autor ist in seinen Schriften fast ganz aus meinem Sternbald hervorgegangen«, so trifft er damit einen wahren Kern.

Für die Lektüre von Tiecks Roman wählte sich Eichendorff einen romantischen Ort; er läßt sich »auf dem schönen Felsen in Gi[e]bichenstein« nieder und kann von den Trümmern der Burg aus ins malerische Saaletal oder den berühmten Garten des Komponisten und Kapellmeisters Johann Friedrich Reichardt hinter der Burg blicken. Reichardt, ein begeisterter Anhänger der Französischen Revolution, der aus politischen Gründen aus Berlin vertrieben wurde, hatte sich hier angesiedelt, und neben Goethe waren es die Romantiker, die bei ihm aus und ein gingen. Von Reichardt stammen die Vertonungen der Mignon-Lieder in Goethes *Wilhelm Meister*-Roman, aber auch viele Kompositionen zu romantischen Gedichten. Arnim und Brentano waren mit Reichardt eng befreundet und besuchten ihn mehrfach in seinem Domizil bei der Burg im Saaletal, die heute zum Stadtgebiet Halles gehört.

Die unmittelbare Wirkung der *Sternbald*-Lektüre auf den Studenten Eichendorff ist schwer zu belegen. In seinem eher lakonischen Tagebuch sind romantische Anklänge am ehesten in der Beschreibung einer Reise auszumachen, zu der die Brüder mit ihrem Diener Jakob Schöpp in den Ferien aufbrachen. Ein neuer Blick auf die Landschaft des Harzes, die Faszination von Gipfelblicken und bizarren, schroffen Tälern mit Burgruinen etwa könnten durch das Lesen des romantischen Romans beeinflußt sein.

Am 10. September 1805 meldet das Tagebuch: »Traten wir beyde u. Schöpp unsere hamburger Reise an. Früh nach 7 Uhr verließen wir mit Extrapost unsere verwünschte Residenz.« Am Abend erreichen sie Mansfeld am Rande des Harzes: »Ernst u. schauerlich schauten die alten Ruinen der Burg Mannsfeld, der Schloßhof, die Kirche, die Citadelle, die Ringmauern mit ihren Ziergärten etc. aus vergangene[n] Zeiten in unsere Seele; zu unseren Füßen das Städtchen mit seinen

Ludwig Richter: Aussicht von der Roßtrappe in den Kessel

rothen Ziegeldächern, u. ein unübersehbares lachendes Thal,
zur Seyte die Anfänge des dunkelen Hartzes, rings um uns ein
lieblicher Park –. Das schöne Burgfreylein u. ihr niedlicher
Knix nicht zu vergeßen.« Das klingt schon wie eine Mischung
von Tieck- und Eichendorff-Prosa, der Talblick auf ein deutsches Städtchen aus »vergangenen Zeiten« erinnert an den
Blick auf Nürnberg in Tiecks *Sternbald*, Park und Gärten
mit einem geheimnisvollen »Burgfreylein« (eine schlesische
Form von »Fräulein«, die Eichendorff in seinem Tagebuch
häufig verwendet) gehören zu den später von ihm bevorzugten Motiven von Lyrik und Prosa.

Zu einem ›romantischen Erlebnis‹ wird dann die Fußwanderung zum Brocken. Das Tagebuch berichtet von »2 Führerinnen, die unser Gepäck trugen, u. uns über den Mädchen-
sprung u. die Teufelsmühle nach der Drahtmühle leiten sollten«. Bereits »die Ansicht des ächtschweitzerischen Thales
des Dörfchens Mägdesprung überraschte. [...] mit Schauder
blikten wir hinab in die heilige Einsamkeit des schwartze[n]

berühmten Selkethal«. »Bald darauf hatten wir das Vergnügen, eine Heerde weidender Rehe auf einer ganz nahen Wiese
zu belauschen. Nun ging es immer tiefer in die grause Nacht
des unendlichen Waldes hinein. Schon blikte der Mond durch
die ernsten Gipfel der Eichen, u. rings um uns war es still.«
Eine Wildschweinfamilie, vor der sich Eichendorff auf einen
Baum flüchtet, stört die Wald- und Mondscheinidylle, die
hier schon ähnlich geschildert wird wie in Eichendorffs De-
büt-Roman *Ahnung und Gegenwart*. Die Führerinnen gestehen, »sich gäntzlich verirrt zu haben […]. So abgeschieden von
aller Welt, irrten wir, oft nach Lubowitz denkend, hin u. her,
u. lauschten oft vergebens, ob wir nicht etwa durch die stille
Nacht den Hammerschlag der Drathmühle hören möchten,
bis wir endlich nach langem Umherirren eine Schenke erreichten.« Die Szenerie erinnert nun an das Märchen von den
Bremer Stadtmusikanten, denn die Schenke war »voll wilder
bärtiger Männer«, und die Reisegruppe hält es »nicht für
rathsam, hier mit unserem Gelde zu übernachten«, und landet
»an diesem abentheuerlichen Tag« schließlich in Sudero. Dort
»wekte uns ein reitzender Morgen«, und bereits »nach 9 Uhr
des Morgens erreichten wir das romantische Dörfchen: Thale
mit dem schönen Schloße, u. dem Gebirgsstrom daneben«.

Eichendorff benutzt hier nach Art der Zeit das Wörtchen
»romantisch« zur Beschreibung einer schroff-bizarren Na-
turlandschaft, die ihren besonderen Reiz beim Blick in ein tie-
fes Flußtal entwickelt. Relikte einer alten Zeit wie Burgen
oder Schlösser gehören in den meisten Fällen zu diesem *locus
amoenus* der Romantik, den Eichendorff auch bei Heidelberg
entdecken wird. Bei der Beschreibung einer Wanderung ins
enge Neckartal benutzt er dann sogar das Intensivum »ächt-
romantisch« in seinem Tagebuch.

Auf der Reise durch den Harz wird die Wirkung der Tieck-
Lektüre erneut deutlich, als die Wanderer Schloß Blankenburg erreichen. Eichendorff nimmt die »Erinnerungen an alte
deutsche Zeit« und die »herrliche Bildergallerie, die meistens
Stüke aus dem deutschen Mittelalter enthält«, aufmerksam

wahr. Die in Tiecks frühen Schriften als Muster gepriesenen
Maler Albrecht Dürer und Lucas Cranach werden von ihm
besonders hervorgehoben. Von Blankenburg aus steigen die
Brüder zum Brocken auf; »aus dem unendlichen Walde, der
die gantze Straße von Blankenburg einschließt, [...] überraschte uns plötzlich und zum erstenmale der längstersehnte
Anblik des alten Vater Broken«. Bei der Beschreibung des
Aufstiegs durch dunkle Täler benutzt Eichendorff noch einmal das Wort »romantisch«, es bezeichnet hier die Reaktion
auf die Landschaft, das Gefühl sich schaudernd der nächtlichen Naturstimmung hinzugeben: »Bald wurde die Natur
rings um uns immer nächtlicher, [...] doch immer neue Abgründe, neue Höhen trennten uns von Elbingerode. (Mein
romantisches ängstliches Zurükbleiben in dem lezten Thale).«

»Durch wilde schauerliche Wald-Gegenden« nähern sich
die Brüder »in Gesellschaft eines Bergmannes, der uns an-
führte u. die Sachen trug«, nach einer Übernachtung in Elbingerode »allmählig diesem altdeutschen Riesengreise. [...]
Betäubt von den zauberischen Mährchen unserer Umgebun-
gen erreichten wir endlich gegen Abend, das große neue Bro-
kenhaus [...] Rings um uns starrte eine grausenvolle unbe-
schränkte Nacht, schwartze Wolken durchkreuzten einander
in wilder Eile zu unseren Füßen, aus fernen tiefen Klüften
heulte ein fürchterlicher kalter Sturm heraus. Augenblikelang
zerriß oft der Sturm die düstre Wolkendeke über uns: dann
fuhr plötzlich der helle Schein des Mondes, wie ein langer
Blitz über den gantzen Himmel, u. beleuchtete auf eine Se-
cunde mit matter Dämmerung die öde Einsamkeit. Staunend
u. nicht ohne inneres Leben fühlt ich in diesen Augenbliken
die Abgeschiedenheit von aller Welt, die furchtbare Nähe des
Himmels, u. jezt erst verstand ichs, warum gerade hier auf
dem Bloksberge die Hexen tanzen sollen.«

Der nächste Morgen bietet einen weiten Blick bis Braunschweig und Wolfenbüttel, einen Besuch auf dem »Hexen-
altar, wo die Hexen den Walpurgisabend feyern«, und den
Abstieg. Zum Mittag kehrte die Wandergruppe »in dem klei-

nen romantisch gelegenen Städtchen Ilsenburg« ein. In Wolfenbüttel endet die Wanderung, und es geht weiter mit der Kutsche über Braunschweig und die Lüneburger Heide nach Hamburg.

Ein »niegefühlter Schauer« ergreift Eichendorff dann bei einem Ausflug nach Travemünde, wo er zum erstenmal »das *Meer* zu Gesicht« bekommt. »Endlich, als wir den Gipfel der lezten Anhöhe von Travemünde erreicht hatten, lag plötzlich das ungeheure Gantze vor unseren Augen, u. überraschte uns so fürchterlich-schön, daß wir alle in unserem Innersten erschraken. Unermeßlich erstreckten sich die grausigen Fluthen in unabsehbare Fernen. In schwindlichter Weite verfloß die Riesen-Waßerfläche mit den Wolken, und Himmel u. Waßer schienen Ein unendliches Gantze zu bilden.«

Eichendorff ist hier ähnlich ergriffen wie Clemens Brentano, der seine »Empfindungen vor Friedrichs Seelandschaft« mit einer vergleichbaren Hymne auf das Meer beginnt: »Es ist herrlich in unendlicher Einsamkeit am Meeres Ufer, unter trübem Himmel auf eine unbegränzte Waßerwüste hin zu schauen.« Beide Texte sind völlig unabhängig voneinander entstanden, denn Eichendorffs Tagebuch wurde erst posthum veröffentlicht, und das Bild Caspar David Friedrichs, *Mönch am Meer*, und die darauf bezogene Bildbeschreibung datieren fünf Jahre später. Dennoch läßt sich Eichendorffs Tagebuchbeschreibung in die Tradition romantischer Meeresbeschreibungen einfügen: Es ist das gleiche romantische Grundgefühl von Schauer und Begeisterung beim Anblick einer ins Unendliche reichenden Wasserlandschaft, das Friedrichs Bild und die Beschreibungen von Eichendorff und Brentano beherrscht. Alle drei: Eichendorff, Friedrich und Brentano, hatten ihre Sensibilität für solche tiefgreifenden Naturerlebnisse bei der Lektüre von Novalis und Tieck gewonnen.

Wir wissen nicht, wann Eichendorff Novalis' 1800 im *Athenaeum* publizierte *Hymnen an die Nacht* und seinen 1802 erschienenen *Heinrich von Ofterdingen* las, auch eine Lektüre der frühen Märchenerzählungen Tiecks ist im Tage-

buch nicht belegt, doch besteht kein Zweifel, daß diese frühromantischen Werke ihre Spuren in Eichendorffs Werken
hinterließen, und wir können davon ausgehen, daß er – ver-
mittelt durch seinen Lehrer Steffens in Halle – manches
bereits gelesen hatte und ein literarisch inspirierter »romantischer Blick« bereits im Tagebuch seiner Studienzeit nach-
wirkt.

Nach der Reise kehren die Brüder noch einmal nach Halle
zurück. Unter dem 27. September 1805 lesen wir: »Kamen wir
endlich gegen Mittag in dem freien Halle an, wo wir alsobald
in unserem neuen Logis: den drei Königen auf der kleinen
Ulrichstraße einkehrten.«

Die weiteren Berichte über das Wintersemester und das
folgende Sommersemester 1806 sind recht lakonisch. Zweimal besucht er im Sommer den Giebichenstein – am 5. Juli
1806 mit zwei Kommilitonen – und notiert: »Den schönen
Abend mit Klein u. Thiel auf dem giebichensteiner Felsen
zugebracht. Die Clarinette aus dem Thale in den Ruderschlag
des Kahnes unter uns.« Dann sucht er Reichardts Garten
noch einmal am 18. Juli auf: »Nachmittag mit Wilhelm im giebichensteiner Kirschgarten. Unser Ausruhen dem Felsen-
thale gegenüber an Reichhards Garten. – Romantische Erin-
nerungsblike nach Tost.« Schloß Tost gehörte von 1791 bis
1797 zum Besitz von Eichendorffs Vater. Mehrfach erinnert
sich der Sohn an das eindrucksvolle, auf einem Fels erbaute
Schloß, vom dem er »so oft gesungen«. In den autobiogra-
fischen Entwürfen erwähnt er den Brand des Schlosses im
Jahre 1811.

Kaum zwei Wochen nach dem Besuch im Giebichensteiner
Kirschgarten notiert er: »Traten wir unsere längstersehnte
Ferien-Reise nach Schlesien an.« Die Lubowitzer Verwandten und Angestellten bereiten den Brüdern einen überraschenden Empfang mit einer Kanonade, wie sie zum Ritual
der ländlichen Gemeinschaft bei Geburten und ähnlichen
freudigen Ereignissen gehörte. Die Rückkehr der beiden Studenten aus Halle bietet Anlaß für ein solches Spektakel, bei

Die Ruine der Burg Giebichenstein über der Saale

dem die Kanonen eigens in den Wald gebracht werden, um die
Ankömmlinge zu überraschen. Zunächst entdeckt Joseph
aber seinen Vater, der seinen Söhnen entgegengeritten war:
»Das Herz pochte uns immer mehr je näher wir Lubowitz
kamen. Schon sahen wir linkerhand den Annaberg in trübe
Nebel gehüllt, es begann zu regnen die Luft war kühl, in unserm Innern aber brannte ein Feuer, das nicht zu verlöschen
war. [...] Siehe! da standen oben auf dem Gipfel die weißen
Pferde, und der Papa kam uns schon entgegen. Ich hätte
mögen umsinken vor lauter Freude. Wir liefen was wir konnten, und fielen athemlos in die Arme des Vaters.«

Adolph Freiherr von Eichendorff war mit einem Gefährt
eingetroffen, das »Wurst« genannt wurde, weil es aus einem
wurstartig langgestreckten, lederbezogenen Gebilde bestand,
auf dem die Passagiere rittlings hintereinander saßen. Wie
eine Kutsche wurde diese mit Rädern versehene Wurst von
Pferden gezogen, wobei die vornehmen Schimmel hier in
Kontrast stehen zu dem eher primitiven Gefährt: »alles begrüßte sich, und nun setzten wir uns auf die Wurst hin zum

Papa, und fuhren mit ihm; dem Slawikauer Walde zu. Auf einmal fiel ein Schuß, und noch einer, und dann eine Canonen Salve; Die Pferde wurden wild, wir sprangen ab vom Wagen. Es war uns zu Ehren; je näher wir dem Walde kamen, je mehr wurde der Kanonendonner vervielfältiget. Ich und Forche schnalten die Hieber um und zogen vom Leder. Nun kam H. Pientak der Urheber und Schöpfer der Knalle, und des Getöses im Walde, uns feyerlich zu salutiren. Wir dankten ihm, neigten die Hieber, und begleiteten, diesen Artilleriehauptmann mit gezuktem Stahl, bis hinter die Canonen und Bombenkeßel. Nun fuhren wir nach Lubowitz zu. Die weite Herrliche Ebene, welche der Oderstrom durchströmt, und die Carpaten begräntzen, eröffnete sich uns; jenseits erhoben sich die blauen alten Wälder, und vor uns lag das väterliche Schloß. Noch waren wir eine halbe Meile entfernt, als uns H. Lieutnant Poser vom Büntingschen Cavalerie-Regiment entgegensprengte, um uns zu empfangen. Als wir uns Lubowitz nahten, erhob sich ein fürchterlicher Kanonend⟨onn⟩er, welchen von allen Wällen der Veste Lubowitz Bombenkeßelschlünde spien. Pauken und Trompeten schmetterten, und die gantze Gemeinde sah zu. Nun kam uns unser lieber H. Caplan entgegen, dem wir recht hertzlich um den Hals fielen, und der der Comandeur der großen Canonade war. Nun sahen wir auch den H. Pächter Adametz über das Feld gesprungen kommen, welcher gleich auf den ersten Knall, den er hörte, herbeylief. – Wir gingen nunmehr unter dem Freudengeschrey aller Anwesenden weiter bis zum Zaun, wo sich der Weg nach Rattibor und Slawikau kreutzt. Hier stand ein Triumphgerüste, mit der Ueberschrift Salve. Der alte Koch und der alte Lorentz standen als Kosaken verkleidet, mit großen Zwickel und Schnurrbärten; diese praesentirten vor uns das Gewehr, und fragten uns aus gleich einer Thorwache; hinter uns feuerte man immer fort, rührte die Trommeln, und die Trommetten, schmetterten, wie die Posaune vor Jericho, welche die Mauern zusammenbrach. So zogen wir also im Triumphe ein, in unsere Heymath, nachdem wir ein ½ Jahr auf der

alten jetzo aufgehobenen Universität, Fridericiana genannt,
zu Halle im Magdeburgischen gelebt hatten. –«

Wie bei der Geburtsszene ist das gesamte Schloßpersonal
an dem Empfangs-Ritual beteiligt, das mit seinem militärischen Gebaren ein seltsames Gegenstück zu den immer mehr
um sich greifenden Gefechten mit napoleonischen Truppen
bildet. Ganz unbekümmert setzt man hier eine Kanonade in
Szene, als sei das Lubowitzer Idyll völlig ungefährdet. Bereits
zwei Monate später dringt die Kunde von der verlorenen
Schlacht bei Jena und Auerstädt nach Lubowitz und löst dann
doch Bestürzung aus: »Abends verursachte die Nachricht von
der Niederlage der preuss. Armee großen Rumor in Lubowitz«, heißt es unter dem 26. Oktober 1806. Doch der Schreck
wird schnell vergessen. Bereits an den folgenden Tagen taucht
die Gesellschaft wieder in das ländlich-kunterbunte Leben
ein, bei dem der Caplan stets eine führende Rolle spielt und
zu jedem Scherz aufgelegt ist. Die Fischteiche werden ausge-
lassen: »Herr Caplans Petri Fischzüge im Graben u. unzählige Beynah-Waßerstürze, mit fürchterlichem Feldgeschrey;
H. Caplan dabey auf allen Vieren am Ufer kreuchend, u. wir
beyde ihn an den Rokflügeln haltend. – Um 5 Uhr wurde erst
großes Mittagsmahl gefeyert, nachdem kurtz vorher der H.
Pfarrer Wodarz aus Slawikau angekommen war. Nach dieser
Mittag- et Abendtaffel großer burlesquer Ball in höchster
Carricatur. – Kosak der Fr. v. Smizcall mit H. Pientack, den
ich aus dem Bette herabhohlte, u. mit dem H. Caplan mit
umgegürtetem Hirschfänger. – Ich, H. Caplan u. Wilhelm als
musici auf den Tischen sitzend.«

Weitere zwei Monate später wird der Kanonendonner von
Napoleons Armee in Lubowitz sogar hörbar. Breslau wird
belagert. Joseph ist beeindruckt von »dieser männlich starken
Donnerwolke«, aber die laufende Jagd mit anschließendem
Gelage wird nicht einmal unterbrochen.

Auch Berichte über Kämpfe in Halle und die Schließung
der Universität durch Napoleon dringen nach Lubowitz.
Beide Nachrichten scheinen die beiden in Halle immatriku-

lierten Studenten Eichendorff nicht sonderlich zu beeindruk-
ken. Die geringe Resonanz auf die Erzählungen eines Au-
genzeugen, der von heftigen Kämpfen berichtet, lassen vermuten, daß ihnen das wilde, selbstbewußte Gebaren ihrer
Kommilitonen nicht besonders gefallen hatte. Das Tagebuch
jedenfalls zeigt keine Regungen von Solidarität. Es ist ein
Herr von Porembsky, der in Lubowitz über die Kämpfe in
Halle berichtet, und am Schluß seines Berichts die Verluste
summiert, um dann auch einige Worte über die Rolle der Studenten zu verlieren, die anfangs von den Franzosen sehr
freundschaftlich behandelt wurden, dann aber die Stadt verlassen mußten – offensichtlich, weil die Stadtoberhäupter sich
für das friedliche Verhalten der Studenten nicht verbürgen
wollten: »Printz Eugen v. Würtemberg stand mit 17 000 Mann
2 Tage lang in Halle. Am 3^t Tage erscholl die Nachricht, die
Franzosen seyen in der Nähe. Er postirte also seine Mannschaft auf dem Galgberge u. ein Observationscorps auf die
passendorfer Brüke (ein Bataillon Grüner) Da aber die Franzosen (40 000 unter Bernadotte) wieder alle Erwartung aus
der Döhlauer Heyde kamen, so schoßen sie das Battaillon bis
auf 50 Mann darnieder, u. rükten zum Klausthore ein. […] Es
sind 5000 Fr[anzosen] u. 3000 Pr[eußen] geblieben. Die Studenten bekamen alle Sicherheitskarten auf die Hüte, u. wurden sehr gut behandelt, wurden Kameraden genannt, u. bekamen von franz. Offizieren sogar zu eßen u. Geld. Als aber am
3^t Tage Napoleon mit seiner Garde, mit Printz Murat u. Pr v.
Baaden in Halle ankam, u. der Praesident ihm versicherte, er
könne nicht für die Ruhe der Studenten stehen, befahl er allen
Studiosen binnen 24 Stunden die Stadt zu räumen. Leztere
wanderten denn auch in Hauffen von 3-400 auf einmal, alle
zu Fuß u. sans Spieß aus, begleitet von dem Jammergeschrey
der hallischen Philister, die bey ihrem Ausmarsche mehr
weinten, als beym Einmarsche der Franzosen. – Abends mit
Poremsky u. Poser oben bey Taback u. Bier Erinnerungen an
Halle bis gen 1 Uhr.«
  Die Brüder Eichendorff können nicht an diese Universität

Heidelberg, Kornmarkt mit dem Gasthof »Prinz Karl«

zurückkehren, da Napoleon sie schließen läßt. Sie wechseln den Studienort und gehen nach Heidelberg. Viel mehr gibt das Tagebuch nicht her, doch es zeigt in vielen Einzelschilderungen, daß dem jungen Eichendorff das studentische Treiben in Halle nicht behagte und er den rauhen Sitten dort nichts abgewinnen konnte. Vieles, was hier vorging, löste bei ihm Unbehagen aus. Die Besuche auf dem »romantischen« Giebichenstein und im Lauchstädter Theater – verbunden mit einer Lektüre von Tiecks *Sternbald* – hatten ihn bereits Abstand gewinnen lassen von dem gelegentlich brutalen Auftreten der Studenten im Stadtbereich. Vielleicht ist bei ihm sogar der Eindruck entstanden, daß ein energisches Durchgreifen gegen das rücksichtslose Treiben der Studenten geradezu geboten war. Denn wenn wir seinen Darstellungen im Tagebuch trauen dürfen, so konnte von Ruhe und Ordnung in dieser Stadt kaum die Rede sein. Die in Landsmannschaften organisierten Studenten terrorisierten nicht nur die verschüchterte Stadtbevölkerung, die sogenannten Philister, sie legte sich auch mit den Ordnungshütern, den »Häschern« und dem Militär, an.

So trauert Eichendorff dem Studentenleben in Halle nicht nach und nimmt die Notwendigkeit, den Studienort zu wechseln, vielleicht sogar mit Erleichterung auf. Tatsächlich betont er in seinem Essay »Halle und Heidelberg«, daß es in Heidelberg »fröhlicher und gesitteter« zuging als in Halle.

5. Kapitel: »Eine prächtige Romantik«
Studium in Heidelberg

Zu den wenigen Abschnitten seiner geplanten Autobiographie, die Eichendorff ausgearbeitet hat, gehört das Kapitel »Halle und Heidelberg«. In dem essayartig aufbereiteten Abschnitt zu den beiden Universitätsstädten ist jedoch wenig über die persönlichen Erlebnisse des Autors zu erfahren. Mit anderen Worten: Eichendorff verfaßt einen geistreichen Essay über das deutsche Universitätswesen im allgemeinen und über das Lehrangebot und den Umgangston der Studenten in Halle und Heidelberg im besonderen und ist darüber hinaus bestrebt, die Entwicklung der romantischen Bewegung nachzuvollziehen. Zwar gehen die Erfahrungen des Studiums indirekt in die Darstellung ein, denn Eichendorff beschäftigt sich unter anderem mit den Professoren, deren Vorlesungen er gehört hatte, aber ein Ich ist in diesen Schilderungen kaum greifbar.

Die Linie, die Eichendorff als Autor dabei verfolgt, hat er in einigen Notizen, die vermutlich erst 1856/1857 rückblickend entstanden, selbst beschrieben:

Ich bin weit entfernt von der Einbildung, daß meine Persönlichkeit oder meine Schicksale von allgemeinem Intereße seyn könnten, aber Streiflichter p. Man erwarte daher etwa nicht meinen Lebenslauf, aber *Erlebtes:**

*Ich will nicht mein Leben beschreiben, sondern die Zeit | u. ihre Wechsel |, in der ich gelebt, mit Einem Wort: Erlebtes im weitesten Sinne. Wenn dennoch meine Person vorkommt, so soll sie eben nur der Reverbére seyn, um die Bilder p: schärfer zu beleuchten. [...]

die Welt in der Vogelperspective, Betrachtungen p.

Ein Reverbére ist eine mit Spiegeln versehene Straßenlaterne, die das Umfeld beleuchtet, aber von den Passanten selbst

nicht unbedingt wahrgenommen wird, geht es doch schließlich um die Erhellung in einem bestimmten Lichtkreis. In allen kommentierten Ausgaben – auch in dem jüngsten Band
der historisch-kritischen Ausgabe und der Edition im Deutschen Klassiker Verlag – wird die französische Bezeichnung
falsch übersetzt. Dabei ist im zeitgenössischen Lexikon, dem
Ergänzungsband zum Adelung, in dem Campe 1813 die Erläuterungen zu Fremdwörtern nachträgt, nachzulesen: »eine
Lampe, deren Licht von einem glänzenden Metall oder Spiegel zurückgeworfen wird«. Als deutsche Entsprechung schlägt
Campe vor: »Spiegelleuchte würde unverwerflich dafür sein,
weil eine Leuchte dadurch bezeichnet wird, die durch innere
spiegelnde Flächen […] dadurch bezeichnet wird.«

So ist Eichendorffs Idee, »Erlebtes« in dieser Form wie eine
Laterne zu erhellen – ohne, daß seine Person vorkommt! –, pa-
radox. Der Autor selbst fungiert nur als unsichtbares Medium, bleibt selbst im Hintergrund und trägt nur dazu bei, die
Zeitumstände zu beleuchten. Er gibt selbst nicht preis, was
ihn im tiefsten Innern bewegt. Zum Erlebten aber gehört der
Erlebende. Diese Person, die in der Regel im Zentrum einer
Autobiographie steht, soll jedoch nach Eichendorffs Worten
möglichst gar nicht in Erscheinung treten.

Offenbar war es August Reichensperger, der ihm vorge-
schlagen hatte, eine »Rundschau« zu »machen«. Aus Neisse
hatte sich Eichendorff am 7. Oktober 1856 nach Vollendung
seiner Literaturgeschichte an den Freund gewandt: »Nach
diesem vollbrachten Tagewerk aber sitze ich nun wieder rath-
und thatlos. Müßig will und kann ich nicht bleiben. […] Er-
lauben Sie daher, daß ich auch in meiner jetzigen Noth zu
Ihnen meine Zuflucht nehme mit der herzlichen Bitte, mir aus
Ihrer gedankenreichen Umsicht irgend eine Arbeit andeuten
zu wollen.« Die Antwort hat sich nicht erhalten, doch blieb
der Rat des Freundes nicht aus, denn Eichendorff schreibt
ihm am 17. Dezember: »Ihr lieber Brief endlich war mir um so
erfrischender, als dort der mir ertheilte Rat und meine eigenen Wünsche merkwürdigerweise einander begegneten. Sie

haben das Gebiet, das Sie mir zugewiesen, so geistvoll, klar und scharf nach allen Richtungen hin umrissen, daß mir die Aufgabe sogleich lebendig wurde. Und so will ich [...] mich denn wohlgemuth an diese Rundschau machen.«

Seiner auf dieser Grundlage gewonnenen Idee, lediglich als Reverbère zu dienen, folgt Eichendorff in den ausgearbeiteten Kapiteln so konsequent wie nur möglich. Das Ergebnis ist daher keine Autobiographie. Der Autor formuliert »Betrachtungen«, wobei er zwar den Fokus bestimmt, aber alles »Erlebte« nur sehr indirekt wiedergibt. Es entstehen geist- und kenntnisreiche kulturhistorische Essays, die Eichendorff nach Quellenstudium zum Revolutionsthema und zur Geschichte der deutschen Universitäten formuliert und mit den griffigen Überschriften »Der Adel und die Revolution« und »Halle und Heidelberg« versieht.

Der Unterschied zwischen autobiographischem Erlebnisbericht und kulturhistorischer Darstellung wird besonders deutlich, wenn die Tagebuchaufzeichnungen zur Studienzeit mit dem rückblickend geschriebenen Essay *Halle und Heidelberg* verglichen werden. In den »Betrachtungen« lesen wir: »die Opposition der jungen Romantik gegen die alte Prosa war keineswegs auf Halle beschränkt, sondern ging wie ein unsichtbarer Frühlingssturm allmählich wachsend durch ganz Deutschland. Insbesondere aber gab es dazumal in Heidelberg einen tiefen, nachhaltenden Klang. Heidelberg ist selbst eine prächtige Romantik; da umschlingt der Frühling Haus und Hof und alles Gewöhnliche mit Reben und Blumen, und erzählen Burgen und Wälder ein wunderbares Märchen der Vorzeit, als gäb' es nichts Gemeines auf der Welt. Solch' gewaltige Szenerie konnte zu allen Zeiten nicht verfehlen, die Stimmung der Jugend zu erhöhen und von den Fesseln eines pedantischen Komments zu befrein; die Studenten tranken leichten Wein anstatt des schweren Bieres, und waren fröhlicher und gesitteter zugleich als in Halle. Aber es trat grade damals in Heidelberg noch eine ganz besondere Macht hinzu, um jene glückliche Stimmung zu vertiefen.«

Wie anders klingt das im Tagebuch. Hier sieht und fühlt
man die beiden Studenten in der Kutsche zum Stadttor hin-
einfahren. Unter dem 17. Mai 1807 ist zu lesen: »Endlich um
4 Uhr Morgens fuhren wir mit Hertzklopfen durch das
schöne Triumphthor in *Heidelberg* ein, das eine über alle
unsere Erwartung unbeschreiblich wunderschöne Lage hat.
Enges blühendes Thal, in der Mitte der Neckar, rechts u. links
hohe felsigte laubigte Berge. Am linken Ufer Heidelberg,
groß u. schön, fast wie Karlsbad. Nur Eine Hauptstraße mit
mehreren Thören u. Märkten. Links überschaut von dem Ab-
hange eines Berge[s] die alte Pfaltzburg, gewiß die größte u.
schönste Ruine Deutschlands majestätisch die gantze Stadt.
Alles schlief noch. Nur Studenten, wie überall gleich zu erkennen, durchzogen mit ihren Tabakspfeiffen schon die Straßen. Wir kehrten im Carlsberge auf dem Paradeplatze ein, u.
legten uns noch einige Stunden schlafen.« Am nächsten Tage
besuchen die Brüder diese alte »Pfaltzburg«, die wir heute
Heidelberger Schloß nennen, weil ein Teil schloßartig aus-
gebaut ist. Wieder springt die Begeisterung des Studenten
unmittelbar auf den Leser über: »Nachmittags schwärmte ich
oben in dem paradisischen Hofgarten herum, wo sich eine
Terasse über der anderen erhebt voll Alleen u. Brunnen u.
Klüften etc. (auch Cofféhaus) u. durchkroch alle Treppen u.
Winkel der alten herrlichen Burg. Eine Brüke über ein blühendes Thal führt durch ein antiques Thor in einen weiten
gepflasterten Hof. 2 Hauptgebäude, eines von Friedrich, eines von Ott Hainrich, voll alter Statuen. Herrliche Altane,
von wo man die gantze Stadt etc. übersieht. Alter Thurm,
deßen eine Hälfte abgerißen u. gesunken, so daß man in alle
Gewölbe sieht. Herrlich, himmlisch.«
    Am folgenden Vormittag hören die Brüder eine Vorlesung
von Joseph Görres, der als Gastdozent in Heidelberg lehrte,
und statten ihm einen Antrittsbesuch ab: »Von 11-12 bey
Proff. Görres über den Himmelsbau hospitirt. Blaß, jung
wildbewachsen, feuriges Auge, fast wie [Henrik] Steffens,
aber monotonen Vortrag. Nach dem Collegium führte uns

Joseph Görres

H. Julius bey ihm auf, wobey wir uns lange über Steffens u. über die Franzosen (er wahr u. witzig) unterhielten. Darauf eingeladnerweise sich mit Pror. Martin über unsere Collegia besprochen. Nachmittag besuchte ich H. Julius, der eine seltne uralte Bibliothek (Ulphilas, alte franz. Roman etc. Zum Theil von Brentano) hat. Darauf in unser eigentliches Logis: Printz Carl (Aussicht auf die Burg) umgezogen.«

Im Tagebuch zum Heidelberger Semester ist dies die einzige Stelle, an der Clemens Brentano genannt wird. Dessen Freund Achim von Arnim wird in diesem Abschnitt der Aufzeichnungen überhaupt nicht namentlich erwähnt. Tatsächlich geht die Eichendorff-Forschung heute davon aus, daß Eichendorff mit den beiden ›Heidelberger Romantikern‹ während der Studienzeit gar keinen Kontakt hatte; das Tagebuch bestätigt diese Auffassung, denn an der zitierten Stelle

ist nur davon die Rede, daß der Kommilitone und Freund
Nikolaus Heinrich Julius Bücher von Brentano erhalten hat.
Jegliche Beschreibung einer persönlichen Begegnung mit
Brentano oder Arnim fehlt.

Was Eichendorff dann in seinem skizzierten Memoirenka-
pitel über das romantische Dreigestirn in Heidelberg schreibt,
ist aus zweiter Hand und widerspricht allen Erkenntnissen zu
Aufenthaltsort und Zusammenarbeit der drei berühmten Vertreter der Heidelberger Romantik. Durch Kontakte mit dem
Lehrer Görres erfuhr Eichendorff einiges über die Projekte
von Arnim und Brentano, später las er auch die *Zeitung für
Einsiedler* und *Des Knaben Wunderhorn* – diesen Titel der
Sammlung »alter Lieder« notiert er Anfang Dezember 1807 in
seinem Tagebuch –, die angeblich gemeinsame Wohnung der
beiden aber, die er in seinem Essay von Arnim und Brentano
so anschaulich beschreibt, hatte es während seiner Studienzeit nicht gegeben. Und auch die gemeinsamen Abende mit
Görres zur Planung der Zeitschrift sind Erfindung des
romantischen Dichters Eichendorff, der bei den Einzelheiten
seines Essays alles andere als ein objektiver Spiegel ist.

Als lebendig geschriebene Kulturgeschichte zur »Heidelberger Romantik« wird Eichendorffs Darstellung des vermeintlich »Erlebten« bis heute vielfach zitiert, doch ist es
zunächst allein Joseph Görres, den die Brüder als charismati-
schen Dozenten an der Universität kennenlernten. Die Beschreibung im Essay beginnt mit einer Charakteristik des
Dozenten, die der Niederschrift im Tagebuch ähnelt:

> Es hauste dort ein einsiedlerischer Zauberer, Himmel
> und Erde, Vergangenheit und Zukunft mit seinen magi-
> schen Kreisen umschreibend – das war *Görres*.
> Es ist unglaublich, welche Gewalt dieser Mann, damals
> selbst noch jung und unberühmt, über alle Jugend, die
> irgend geistig mit ihm in Berührung kam, nach allen
> Richtungen hin ausübte. Und diese geheimnisvolle Ge-
> walt lag lediglich in der Großartigkeit seines Charakters,
> in der wahrhaft brennenden Liebe zur Wahrheit und ei-

nem unverwüstlichen Freiheitsgefühl, womit er die einmal erkannte Wahrheit gegen offene und verkappte Feinde und falsche Freunde rücksichtslos auf Tod und Leben verteidigte; denn alles Halbe war ihm tödlich verhaßt, ja unmöglich, er wollte die *ganze* Wahrheit. Wenn Gott noch in unserer Zeit einzelne mit prophetischer Gabe begnadigt, so war Görres ein Prophet, in Bildern denkend und überall auf den höchsten Zinnen der wildbewegten Zeit weissagend, mahnend und züchtigend, auch darin den Propheten vergleichbar, daß das ›Steiniget ihn!‹ häufig genug über ihm ausgerufen wurde. Drüben in Frankreich hatte er bei den Banketten der bluttriefenden Revolution, hier in den Kongreßsälen der politischen Weltweisen das Mene Tekel kühn an die Wand geschrieben, und konnte sich nur durch rasche Flucht vor Kerker und Banden retten, oft monatelang arm und heimatlos umherirrend. – […] Sein durchaus freier Vortrag war monoton, fast wie fernes Meeresrauschen schwellend und sinkend, aber durch dieses einförmige Gemurmel leuchteten zwei wunderbare Augen und zuckten Gedankenblitze beständig hin und wider; es war wie ein prächtiges nächtliches Gewitter, hier verhüllte Abgründe, dort neue ungeahnte Landschaften plötzlich aufdeckend, und überall gewaltig, weckend und zündend fürs ganze Leben.

Die in *Halle und Heidelberg* dann folgende Darstellung des Zusammenlebens von Arnim und Brentano ist eine poetisch ausformulierte Legende zur Heidelberger Romantik: »Neben ihm [Görres] standen zwei Freunde und Kampfgenossen: *Achim von Arnim* und *Clemens Brentano*, welche sich zur selben Zeit nach mancherlei Wanderzügen in Heidelberg niedergelassen hatten. Sie bewohnten im ›Faulpelz‹, einer ehrbaren aber obskuren Kneipe am Schloßberg, einen großen luftigen Saal, dessen sechs Fenster mit der Aussicht über Stadt und Land die herrlichsten Wandgemälde, das herüberfunkelnde Zifferblatt des Kirchturms ihre Stockuhr vorstellte;

sonst war wenig von Pracht oder Hausgerät darin zu bemerken. Beide verhielten sich zu Görres eigentlich wie fahrende
Schüler zum Meister, untereinander aber wie ein seltsames
Ehepaar, wovon der ruhige mild-ernste Arnim den Mann, der
ewig bewegliche Brentano den weiblichen Part machte.«
    Eindrücke vom Zusammenleben der beiden *Wunderhorn*-
Herausgeber mag Eichendorff 1810 bei einem Besuch in Berlin gewonnen haben, in Heidelberg konnte er die beiden
»Schüler« von Görres nicht gemeinsam beobachten, den luftigen Saal mit Ausblick nie betreten. Brentano hatte viel früher – im Herbst 1804 – in Heidelberg eine Wohnung bezogen,
aber nicht mit dem Freund Arnim zusammen, sondern mit
seiner Frau Sophie Mereau. Am 31. Oktober 1806 – ein halbes
Jahr vor dem Eintreffen der Brüder Eichendorff – kam es zu
einer dramatischen Geburt in dieser Heidelberger Wohnung,
bei der Mutter und Kind starben. Görres – in Heidelberg
Gastdozent auf Zeit – traf an diesem Tag überhaupt erst in
Heidelberg ein und wurde Zeuge dieses schrecklichen Ereignisses in Brentanos Leben. Vergeblich versuchte er, seinen
Freund zu trösten. Der verzweifelte Brentano reiste wenige
Tage später zu seinen Verwandten nach Frankfurt, und im
April 1807 löste er die Heidelberger Wohnung auf. All das
geschah vor Ankunft der Brüder Eichendorff, und Arnim
hielt sich währenddessen überwiegend in Berlin auf, um dann
vor den anrückenden napoleonischen Truppen nach Königsberg auszuweichen. Im Mai 1807, als das Semester der Brüder
Eichendorff in Heidelberg begann, schrieb er aus Königsberg
an seinen Freund Clemens, der aus Frankfurt am Main antwortet.
    Die beiden Freunde hatten sich demnach längst getrennt;
ihre Korrespondenz wird wegen der kriegerischen Entwicklung immer wieder verzögert und unterbrochen. Arnim war
entschlossen, für sein Heimatland Preußen zu kämpfen, und
war – wie die Königsfamilie – auf der Flucht vor den napoleonischen Truppen bis nach Königsberg gelangt. Brentano
sollte aus ganz anderen Gründen aus Frankfurt fliehen: Er

war spontan mit einer jungen Geliebten, die sich ihm angeblich an der Hals geworfen hatte, nach Kassel gereist. Auf Druck der Familien Bethmann und Brentano in Frankfurt heiratete er am 21. August 1807 die sechzehnjährige Auguste Bußmann in Fritzlar.

Sein Freund Arnim hat von diesen Ereignissen sehr spät erfahren, und erst zu Weihnachten 1807 trafen sich die beiden in Kassel wieder und arbeiteten dort gemeinsam mit den Brüdern Grimm an den Fortsetzungsbänden des *Wunderhorns*. Zwischendurch hielten sich Arnim und Brentano auch zu Stippvisiten in Heidelberg auf, aber zur gemeinsamen Arbeit am *Wunderhorn* und der *Zeitung für Einsiedler* kommt es dort nicht mehr, und die Sommerwohnung der beiden, die sie für kurze Zeit im Sommer 1808 bezogen, befand sich nicht *im*, sondern *gegenüber* der Gaststätte »Zum faulen Pelz«. Eichendorff hat sie zweifellos nie gesehen. Es handelte sich um eine Wohnung, die nur vorübergehend vermietet wurde. Sie bot »die ersten vier Zimmer mit vollständigen Möbeln«, wie es in der Zeitungsannonce hieß. Daß sie als »Gartenwohnung« die von Eichendorff beschriebene Aussicht hatte, ist äußerst unwahrscheinlich. Eher war der Blick auf die Kirchen der Stadt aus dem höheren Teil des Gartens möglich, der sich am Steilhang zum Schloß erstreckte. Das Gartenhaus blickte auf diesen Hang. Arnim und Brentano zogen am 12. Mai 1808 dort ein. An diesem oder dem folgenden Tag reisten die Brüder, die sich nach einer Parisreise nur wenige Tage in Heidelberg aufgehalten hatten, endgültig aus Heidelberg ab. Gemeinsame Beratungen des Trios Görres-Arnim-Brentano in der angeblich nahezu möbelfreien Wohnung können daher nur in der Zeit zwischen dem 12. Mai und dem 23. Juni 1808 in Heidelberg stattgefunden haben, und dieses Zusammentreffen hat Eichendorff zweifellos nicht »erlebt«, sondern imaginiert und phantasiert, um seine Vorstellung von »romantischem Dichten« in dem »romantischen Heidelberg« unter der »romantischen Ruine« zu entfalten. Sein Essay ist nichts anderes als eine Probe romantischer Dichtung.

Eichendorff nimmt Arnim – als stattliche Figur mit einem Pelz – im Februar 1808 in Heidelberg wahr, Brentano kam erst am 12. April wieder nach Heidelberg. Zu diesem Datum befanden sich die Brüder gerade auf ihrer Forschungsreise in Paris. So kommt es, daß sich im Tagebuch Eichendorffs kein Hinweis auf eine Begegnung mit Clemens Brentano findet. Genau wie Loeben hat Eichendorff Brentano offenkundig erst ein Jahr später in Berlin persönlich kennengelernt.

Sein Tagebucheintrag deutet darauf hin, daß es auch mit Arnim in Heidelberg nicht zu einem persönlichen Kontakt kommt: »unser Spaziergang mit Isidorus [Graf Loeben] bey mildem Frühlingswetter nach Neuenheim zu, wo wir H. v. Arnim begegneten. Grüner polnischer Peltz. Groß, schön u. bedeutend, fast wie Leyßring« – August Christian Leyßring war Schauspieler in Weimar, den Eichendorff vermutlich vom Sommertheater in Lauchstädt kannte. Vierzehn Tage nach der Begegnung in Neuenheim sieht er Arnim bei einer Rodelpartie mit dem Verleger der Romantiker, Johann Georg Zimmer: »v. Arnim mit Zimmer etc. zu Schlitten«, heißt es lakonisch unter dem 14. Februar 1808.

Arnim wechselte zu dieser Zeit mit seinem »Herzbruder« Brentano in Kassel Briefe, in denen es um den Satz der *Wunderhorn*-Bände II und III und die *Zeitung für Einsiedler* sowie um die Trennung oder Scheidung Brentanos von seiner jungen Frau Auguste geht. Die Beziehung war seit der Flucht aus Frankfurt problematisch, die Ehe nach wenigen Tagen zerrüttet, aber erst im Februar 1809 trennt sich das Paar in Landshut.

Das Bild einer harmonisch in Heidelberg zusammenwirkenden Trias Görres-Arnim-Brentano ist demnach eine schöne Erfindung, teils von Görres, teils von Eichendorff. Gemeinsam hielten sich die drei während Eichendorffs Aufenthalt jedenfalls nicht in der beschriebenen Heidelberger Wohnung auf. Wo sich das von Eichendorff als »Klause« beschriebene Zimmer von Görres befand, ist unklar. Görres war in Koblenz für seinen Lehrauftrag in Heidelberg nur beurlaubt

Otto Heinrich Graf von Loeben

worden, kam jedoch mit Frau und zwei Kindern nach Heidelberg – ein drittes wurde ihm dort im Juni 1808 geboren. Die »mageren Kolleggelder« und kleinen Erträge aus den schriftstellerischen Arbeiten zwangen ihn zu einem bescheidenen Leben, worauf Eichendorffs Bezeichnung »Klause« wohl hindeuten soll. Das Verhältnis der beiden Studenten Eichendorff zu ihrem Lehrer Görres entwickelte sich während der Heidelberger Zeit zu einer Freundschaft, wobei einzig der Altersunterschied – Görres war 12 Jahre älter als Eichendorff – und die Funktion von Görres als Universitätsdozent distanzierend wirkten.

Im Auftrag ihres Lehrers reisten die Brüder nach Abschluß
der Heidelberger Studienzeit vom 5. April bis 4. Mai 1808
nach Paris, um dort die französische Ausgabe des Volks-
buches von den Heymonskindern einzusehen. Eine Über-
sicht mit kurzen Inhaltsangaben zu den »deutschen Volksbüchern« hatte Görres bereits 1807 in einem schmalen Bändchen veröffentlicht, das er seinem Freund Brentano gewidmet
hatte. Nun plante er wohl eine Publikation von einzelnen
Volksbüchern und schickte die beiden Studenten auf die Forschungsreise.

Die Charakteristik von Arnim und Brentano als »fahrende
Schüler« von Görres in Eichendorffs Essay dürfte auf Erzählungen ihres Dozenten beruhen, speisen sich jedoch auch aus
den späteren Kontakten Eichendorffs mit Arnim und Brentano in Berlin sowie aus der Lektüre der Dichtungen und
des Geschwisterbriefwechsels von Clemens und Bettine, der
1844 unter dem Titel »Clemens Brentanos Frühlingskranz«
erschien. Eichendorff bewundert an Arnim die menschliche
Reife und ist fasziniert von der genialischen Art Brentanos:

Arnim gehörte zu den seltenen Dichternaturen, die, wie
Goethe, ihre poetische Weltansicht jederzeit von der
Wirklichkeit zu sondern wissen, und daher besonnen
über dem Leben stehen und dieses frei als ein Kunstwerk
behandeln. Den lebhafteren Brentano dagegen riß eine
übermächtige Phantasie beständig hin, die Poesie ins Leben zu mischen, was denn häufig eine Konfusion und
Verwickelungen gab, aus welchen Arnim den unruhigen
Freund durch Rat und Tat zu lösen hatte. Auch äußerlich
zeigte sich der große Unterschied. Achim von Arnim
war von hohem Wuchs und so auffallender männlicher
Schönheit, daß eine geistreiche Dame einst bei seinem
Anblick und Namen in das begeisterte Wortspiel: ›Ach
im Arm ihm‹ ausbrach; während Bettina, welcher, wie sie
selber sagt, eigentlich alle Menschen närrisch vorkamen,
damals an ihren Bruder Clemens schrieb: ›Der Arnim
sieht doch königlich aus, er ist nicht in der Welt zum

zweiten Mal.‹ – Das letztere konnte man zwar auch von
Brentano, nur in ganz anderer Beziehung sagen. Während Arnims Wesen etwas wohltuend Beschwichtigendes hatte, war Brentano durchaus aufregend; jener erschien im vollsten Sinne des Worts wie ein Dichter, Brentano dagegen selber wie ein Gedicht, das, nach Art der Volkslieder, oft unbeschreiblich rührend, plötzlich und ohne sichtbaren Übergang in sein Gegenteil umschlug und sich beständig in überraschenden Sprüngen bewegte. Der Grundton war eigentlich eine tiefe, fast weiche Sentimentalität, die er aber gründlich verachtete, eine eingeborene Genialität, die er selbst keineswegs respektierte und auch von andern nicht respektiert wissen wollte. Und dieser unversöhnliche Kampf mit dem eigenen Dämon war die eigentliche Geschichte seines Lebens und Dichtens, und erzeugte in ihm jenen unbändigen Witz, der jede verborgene Narrheit der Welt instinktartig aufspürte und niemals unterlassen konnte, jedem Toren, der sich weise dünkte, die ihm gebührende Schellenkappe aufzustülpen, und sich somit überall ingrimmige Feinde zu erwecken. Klein, gewandt und südlichen Ausdrucks, mit wunderbar schönen, fast geisterhaften Augen, war er wahrhaft zauberisch, wenn er selbstkomponierte Lieder oft aus dem Stegreif zur Gitarre sang.
Was Eichendorff in Berlin erlebte und voller Begeisterung im Tagebuch beschrieb – die faszinierenden Vorträge Brentanos zur Gitarre –, verlegt er in seinem Essay nach Heidelberg und behauptet: »Dies tat er am liebsten in Görres einsamer Klause, wo die Freunde allabendlich einzusprechen pflegten; und man könnte schwerlich einen ergötzlicheren Gegensatz der damals florierenden ästhetischen Tees ersinnen, als diese Abendunterhaltungen, häufig ohne Licht und brauchbare Stühle, bis tief in die Nacht hinein: wie da die Dreie alles Große und Bedeutende, das je die Welt bewegt hat, in ihre belebenden Kreise zogen, und mitten in dem Wetterleuchten tiefsinniger Gespräche Brentano mit seinem witzsprühenden Feuerwerk

dazwischen fuhr, das dann gewöhnlich in ein schallendes
Gelächter zerplatzte.«

Die Ausführungen zur Entstehung der *Zeitung für Einsiedler* sind ebenfalls reine Fiktion, auch diese kurzlebige
Programmzeitschrift der Heidelberger Romantik, für die Arnim als Herausgeber verantwortlich zeichnete und Brentano
zeitweise die Redaktion übernahm, entstand nicht an gemeinsamen Abenden in Heidelberg, wie Eichendorff behauptet.
»Das nächste Resultat dieser Abende war die Einsiedlerzeitung, welche damals Arnim und Brentano in Heidelberg
herausgaben«, heißt es in *Halle und Heidelberg.* Tatsächlich
vollzog sich die Zusammenarbeit von Arnim und Brentano
sowohl bei der Zusammenstellung und Überarbeitung der
Lieder in der Sammlung *Des Knaben Wunderhorn* als auch
bei der Redaktion der Beiträge zur *Zeitung für Einsiedler*
hauptsächlich im Briefwechsel und kurzen Treffen außerhalb
von Heidelberg.

Zutreffend dagegen ist Eichendorffs Darstellung zum Inhalt dieser Zeitschrift: »Das selten gewordene Blatt war eigentlich ein Programm der Romantik; einerseits die Kriegs-
erklärung an das philisterhafte Publikum, dem es feierlich
gewidmet und mit dessen wohlgetroffenen Porträt es verziert
war; andrerseits eine Probe- und Musterkarte der neuen Bestrebungen: Beleuchtung des vergessenen Mittelalters und
seiner poetischen Meisterwerke, sowie die ersten Lieder von
Uhland, Justinus Kerner u. a. Die merkwürdige Zeitung hat
nicht lange gelebt, aber ihren Zweck als Leuchtkugel und
Feuersignal vollkommen erfüllt. Übrigens standen ihre Verfasser in der Tat einsiedlerisch genug über dem großen Treiben und Arnim und Brentano, obgleich sie neben Tieck, die
einzigen *Produzenten* der Romantiker waren, wurden doch
von der Schule niemals als vollkommen zünftig anerkannt.
Sie strebten vielmehr, die Schule, die schon damals in über-
künstlichen Formen üppig zu luxurieren anfing, auf die ursprüngliche Reinheit und Einfachheit des Naturlauts zurück-
zuweisen. In diesem Sinne sammelten sie selbst auf ihren

Fahrten und durch gleichgestimmte Studenten überall die
halbverschollenen Volkslieder für *des Knaben Wunderhorn*,
das, wie einst Herders Stimmen der Völker, durch ganz
Deutschland einen erfrischenden Klang gab.«

Mit dieser Darstellung der Sammel- und Reiseaktivitäten
wird Eichendorff erneut zum Stifter einer bis heute lebendi-
gen Legende: Niemals waren die beiden Freunde gemeinsam
unterwegs, um Material für *Des Knaben Wunderhorn* zusam-
menzutragen. Nahezu der gesamte Bestand der gesammelten
Lieder des *Wunderhorns* stammt aus schriftlichen Quellen.
Als gemeinsame Fahrt der Freunde käme nur die Rheinfahrt
von Mainz nach Koblenz im Jahre 1802 in Frage, eine Reise,
die Arnim und Brentano in ihrem anschließenden Briefwechsel als Beginn einer romantischen Freundschaft verklären,
ohne dabei das Sammeln von Volksliedern auch nur zu erwähnen. Erst 1805 entsteht dann im Briefwechsel der kon-
krete Plan zum »Volksliederbuch«: »Ich habe dir und Reichard einen Vorschlag zu machen, bei dem ihr mich nur nicht
ausschließen müßt, nehmlich ein Wohlfeiles Volksliederbuch
zu unternehmen«, schreibt Brentano am 15. Februar 1805 aus
Heidelberg an seinen Freund in Berlin. Bis zur Veröffentlichung des ersten Bandes am Ende des gleichen Jahres bleibt
dann gar keine Gelegenheit zu einer gemeinsamen Reise. Um
Material für weitere Bände zu gewinnen, versenden die beiden
gedruckten Briefe und publizieren Annoncen in Zeitschriften, um so weitere Quellen zu erschließen. Die gemeinsame
Wander- und Sammeltätigkeit gehört also zu den Erfindun-
gen Eichendorffs, die möglicherweise durch Andeutungen
von Joseph Görres ausgelöst wurden.

Ein negatives Bild zeichnet Eichendorff in seiner Heidel-
berg-Retrospektive von Otto Heinrich Graf von Loeben; dabei war Loeben der Mentor und engste Freund der Brüder
Eichendorff in Heidelberg gewesen: »die Romantik […] hatte
auch damals schon ihren sehr bedenklichen Afterkultus«,
behauptet er.

Graf von Löben war in Heidelberg der Hohepriester

dieser Winkelkirche. Der alte Goethe soll ihn einst den
vorzüglichsten Dichter jener Zeit genannt haben. Und
in der Tat, er besaß eine ganz unglaubliche Formenge-
wandtheit und alles äußere Rüstzeug des Dichters, aber
nicht die Kraft, es gehörig zu brauchen und zu schwingen. Er hatte ein durchaus weibliches Gemüt mit unendlich feinem Gefühl für den salonmäßigen Anstand der
Poesie, eine überzarte empfängliche Weichheit, die nichts
Schönes selbständig gestaltete, sondern von allem Schönen wechselnd umgestaltet wurde. So durchwandelte er
in seiner kurzen Lebenszeit ziemlich fast alle Zonen und
Regionen der Romantik; – bald erschien er als begeiste-
rungswütiger Seher, bald als arkadischer Schäfer, dann
plötzlich wieder als asketischer Mönch, ohne sich jemals
ein eigentümliches Revier schaffen zu können. In Heidelberg war er gerade ›Isidorus Orientalis‹ und novali-
sierte, nur leider ohne den Tiefsinn und den dichterischen Verstand von Novalis. In dieser Periode entstand
sein frühester Roman ›Guido‹, sowie die ›Blätter aus
dem Reisebüchlein eines andächtigen Pilgrims‹; jener
durch seine mystische Überschwenglichkeit, diese durch
ein unkatholisches Katholisieren, ganz wider Wissen und
Willen, die erstaunlichste Karikatur der Romantik dar-
stellend.
Er hatte in Heidelberg nur wenige sehr junge Jünger, die
ihn gehörig bewunderten; aber die Gemeinde dieser
Gleichgestimmten war damals sehr zahlreich durch ganz
Deutschland verbreitet. Es wäre eine schwierige, ja fast
unmögliche Aufgabe, jenes wunderliche Gewirr von Talent und Zopf, Lüge und Wahrheit mit wenigen Worten
in einen Begriff zusammenzufassen; und doch ist dieses
Treiben insofern von literarhistorischer Wichtigkeit, als
dasselbe den schmählichen Verfall der Romantik vorzüglich verschuldet hat.
Dieser vernichtenden Kritik, die verschweigt, daß die Brüder
Eichendorff selbst zu den ›wenigen Jüngern‹ Loebens gehör-

ten, folgt die »aus dem Leben gegriffene Darstellung der damaligen Salonwirtschaft«. Verräterisch, daß Eichendorff in diese Szene, die er aus seinem ersten Roman *Ahnung und Gegenwart* in das Memoiren-Kapitel *Halle und Heidelberg* übernimmt, ein eigenes Gedicht einmontiert. Der Loeben seines Romans – der »Schmachtende« genannt – trägt ein süßliches Assonanzengedicht vor, um sich bei der Salonière einzuschmeicheln, und dieses Gedicht stammt von seinem »Jünger«, dem Heidelberger Studenten Joseph von Eichendorff.

Wie sah die Realität in Heidelberg aus? Die Brüder Eichendorff hatten sich dem Grafen Loeben angeschlossen und bildeten mit den Kommilitonen Heinrich Wilhelm Budde und Gerhard F. Abraham Strauß einen »eleusischen Bund«. Alle vier dichteten in dem von Eichendorff später so herablassend beschriebenen Loeben-Stil: »Da bezieht sich Alles mit einer Art von priesterlicher Feierlichkeit auf den Beruf des Dichters und die Göttlichkeit der Poesie, aber die Poesie selbst, das ursprüngliche, freie, tüchtige Leben, das uns ergreift, ehe wir darüber reden, kommt nicht zum Vorschein vor lauter Komplimenten davor und Anstalten dazu.« Nicht nur bei Novalis, auch bei dessen Bruder Karl (»Rostorf«), bei Ludwig Tieck und Friedrich Schlegel werden Anleihen gemacht. Dem Meister selbst und seiner Novalis-Verehrung gilt das folgende Sonett von Joseph, das in der Heidelberger Studienzeit entstand:

An Isidorus Orientalis
zu den Sonetten an Novalis

Erwartung wob sich grün um alle Herzen
Als wir die blaue Blume sahen glühen,
Das Morgenrot aus langen Nächten blühen,
Da zog Maria ihn zu ihrem Herzen.

Die Treuen schlossen sich in tausend Schmerzen,
Erfüllung betend wollt'n sie ewig knien;

Da sahn sie neuen Glanz die Blume sprühen,
Ein Kind stieg licht aus ihrem duft'gen Herzen. –

Solch' Glühen muß der Erde Mark durchdringen,
In Flammen alle Farben jauchzend schwingen,
Ein Gotterklungner unermeßner Brand!

Wie ruft es mich! – Reich' fester mir die Hand –
Hinunter in den Opfertod zu springen!
Du wirst uns all' dem Vater wiederbringen!

Es ist ein Freundschaftskult mit Anklängen an die Ideale
der mittelalterlichen Kreuzritter und provenzalischen Troubadoure, der im Loeben-Kreis gepflegt wird. In einem von
Eichendorffs Sonetten an den Meister ist vom »heilgen
Kampf« und »Liebessturm«, von »alter Zeit« und »ewigen
Gedanken« die Rede, die von der Menge nicht verstanden
werden. Wie hundert Jahre später der Stefan-George-Kreis,
so bildet sich hier eine elitäre Dichtergruppe, die gegen den
Zeitgeist angehen will. Man gibt sich Künstlernamen, die in
ihrer Vielfalt das Eklektizistische dieser »mystischen liebe-
reichen Loge« bereits markieren. Isidorus orientalis nannte
sich Loeben, Budde erhielt den Namen Astralis, Strauß
den Namen Dionysius. Nach einer Figur in Tiecks histori-
schem Schauspiel *Kaiser Octavianus* von 1804 wurde Joseph
Eichendorff »Florens« genannt. Loeben selbst schrieb diesen
Namen unter einige von Eichendorffs Gedichthandschriften,
die er für die Veröffentlichung vorsah. Durch seine Vermittlung erschien zwischen 1808 und 1810 tatsächlich eine Reihe
von frühen Eichendorff-Liedern unter diesem Künstlernamen in Asts *Zeitschrift für Wissenschaft und Kunst*.
    Auf den meisten Gedichten, die in dieser Runde entstan-
den, lastet ein gekünstelter, süßlicher Ton, der zugleich ge-
quält oder gespreizt wirkt. Da ist von der »Wirrung süßer
Lieder«, von »linden blauen Tagen«, von »Waldhorns-Klang«
und von Sternen, die »vor großer Sehnsucht golden klangen«,

Sonett-Entwurf Eichendorffs für das Stammbuch
von Heinrich Wilhelm Budde (1786-1860)
(»Es ist ein innig Ringen …«). Loeben sah für eine
Publikation den Titel »Der Minnesänger« vor und
unterschrieb das Gedicht mit »Florens«.

die Rede. Grün und golden sind die vorherrschenden Farben dieser Lyrik, deren Naturbilder an ein Gewächshaus mit
schwüler Atmosphäre erinnern. Als Eichendorff zu seinem
eigenen Ton gefunden hatte, sah er diese »Poesien in ihrer
durchaus polierten, glänzenden wohlerzogenen Weichlich-
keit« sehr kritisch und vergleicht sie mit dem »faden unerquicklichen Teedampf« der Salongesellschaften.

Ein Vergleich mit dem schlichten Mühlen-Gedicht »In einem kühlen Grunde«, das im Erstdruck von 1813 noch unter
dem Künstlernamen »Florens« erscheint, zeigt den Durchbruch, die Änderung im Ton seiner Lyrik, die sich trotz
der Anleihen bei der Heidelberger Romantik – nämlich beim
Wunderhorn – erst nach der Studentenzeit in Heidelberg vollzog. Im »Deutschen Dichterwald« erschien das kleine Mei-

sterwerk – ebenfalls durch Vermittlung Loebens – unter dem
Titel »Lied«, später wählte Eichendorff die an die Volkslied-
diktion anklingende Überschrift »Das zerbrochene Ringlein«:

In einem kühlen Grunde,
Da geht ein Mühlenrad,
Mein' Liebste ist verschwunden,
Die dort gewohnet hat.

Sie hat mir Treu versprochen,
Gab mir ein'n Ring dabei,
Sie hat die Treu gebrochen,
Mein Ringlein sprang entzwei.

Ich möcht' als Spielmann reisen
Weit in die Welt hinaus,
Und singen meine Weisen
Und gehn von Haus zu Haus.

Ich möcht' als Reiter fliegen
Wohl in die blut'ge Schlacht,
Um stille Feuer liegen
Im Feld bei dunkler Nacht.

Hör' ich das Mühlrad gehen,
Ich weiß nicht, was ich will,
Ich möcht' am liebsten sterben,
Da wär's auf einmal still.

Das Lied, das in einer Vertonung von Friedrich Glück rasch
populär wurde und gelegentlich auch für ein Volkslied gehalten wurde, soll 1810 entstanden sein. Es ist das erste Lied aus
Eichendorffs Feder, das den Einfluß von *Des Knaben Wunderhorn* deutlich erkennen läßt. Mit der ausgedruckten Jahreszahl 1806 hatten Arnim und Brentano den ersten Band dieser »alten deutschen Lieder« zum Jahresende 1805 veröffent-

licht. Hier findet sich eines der Lieder, das Eichendorff als Vorbild diente: »Müllers Abschied«. Es beginnt mit einer Eingangszeile, die in zahlreichen Volksliedern überliefert ist und später in zahlreichen Spottliedern übernommen wurde: »Da droben auf jenem Berge«. Eichendorff zitiert sie im Tagebucheintrag unter dem 13. März 1808, und das könnte ein Ergebnis der *Wunderhorn*-Lektüre sein: »Mit Isid[orus], Str[auß] u. B[udde] gegen Handschuchsheim spazieren. Mein Singen: Da droben auf jenem Berge u. polnische Lieder.« Der formelhafte Liedeinsatz ist jedoch vielfach bereits vor der *Wunderhorn*-Publikation überliefert. Goethe benutzte die Zeile in seinen Gedichten »Schäfers Klagelied« und »Bergschloß«; in den »Bergreihen« von 1533 findet sie sich und in Elwerts *Ungedruckten Resten alten Gesangs* von 1794, der im *Wunderhorn* benutzten Quelle, die als Überschrift »Ein Volkslied« angibt und damit das Ubiquitäre dieses Motivs bereits andeutet.

Es ist also zweifelhaft, ob Eichendorff bei seinem Spaziergang mit den Freunden des »eleusischen Bundes« bereits aus dem *Wunderhorn* singt. Noch unwahrscheinlicher ist es, daß die folgende Tagebuchnotiz einen autobiographischen Bezug von Eichendorffs Mühlenlied belegt. Unter dem 19. März 1808 heißt es: »Nachmittags schreklich nachgelauffen nach Rohrbach. Den Nahmen in den Schnee. Herausguken bey meinem Hinaufgehn in der langen Straße. Beym Vater. Uralte Großmutter. Wein u. Nüße.«

In Rohrbach – unweit von Heidelberg – hatte Eichendorff eine Freundin: Katharina Barbara Förster. Der Zwillingsbruder ihres Vaters besaß dort die Förstermühle, die Eichendorff kannte. Der Tagebucheintrag scheint zu belegen, daß der Student Eichendorff seinem Kätchen an diesem Tage nachläuft, vielleicht sogar aus Liebeskummer ihren Namen in den Schnee schreibt. Als er in der Wohnung des umworbenen Mädchens eintrifft, findet er nur dessen Vater und die »uralte Großmutter« vor – vermutlich in der Förstermühle –, und es werden ihm Wein und Nüsse serviert.

August Lucas: Rohrbach bei Heidelberg

Aber wir wollen die alten Legenden zur Heidelberger Romantik nicht durch eine weitere ergänzen – was in der Eichendorff-Forschung mit der Lokalisierung der Mühle des
Gedichts in Rohrbach bereits versucht wurde. Das Datum
der Niederschrift von Eichendorffs berühmtem Mühlenlied
ist nicht bekannt, und die Behauptung, daß die Erinnerung an
die frustrierenden Liebesabenteuer in Heidelberg dieses Lied
auslöste, ist reine Spekulation, denn Mühlen gab es damals an
jedem Bach- und Flußlauf in großer Zahl, und die Verbindung des Motivs der Liebesenttäuschung mit dem Rauschen
und Drehen des Mühlrads ist alles andere als originell; wir
finden sie vielfach in der Volksliedtradition. Offensichtlich
führte die oft einsame Lage der Mühlen dazu, daß dieser Ort

seit je mit Liebesbegegnungen in Verbindung gebracht wurde. Arnim und Brentano halten sich in dieser Hinsicht an ihre Vorlage bei Elwert, die ihrerseits im Titel behauptet, ein »Volkslied« aufzuzeichnen.

Über Eichendorffs Lied wissen wir nur, daß Loeben das Lied zum Druck an den Herausgeber des *Dichterwalds*, Justinus Kerner, indirekt vermittelte. In einem Brief vom 16. Dezember 1811 kündigt Loeben Kerner an, daß er seinen »gefühlvollen Freund Florens« veranlassen werde, »einiges« zum Abdruck im *Dichterwald* zu schicken. Kerner wählte das Mühlenlied und »Heimkehr« für die Publikation aus, zwei Lieder, die von Liebesleid handeln.

Eichendorff übernimmt den formelhaften Eingang des *Wunderhorn*-Liedes nicht, doch findet er dort die Verbindung von Mühlen- und Liebesthematik, die er ins Zentrum seines »zerbrochenen Ringleins« stellt. Die zweite Strophe lautet im *Wunderhorn*:

> Da unten in jenem Thale,
> Da treibt das Wasser ein Rad,
> Das treibet nichts als Liebe,
> Vom Abend bis wieder an Tag;

> Das Rad das ist gebrochen,
> Die Liebe, die hat ein End,
> Und wenn zwey Liebende scheiden,
> Sie reichen einander die Händ.

Die *Wunderhorn*-Herausgeber folgen auch hier weitgehend der Quelle, und nur die letzten vier Zeilen sind eine Zutat.

Es gibt jedoch weitere *Wunderhorn*-Lieder, die Einfluß auf Eichendorffs Lied gewannen. Es ist insbesondere die Technik, alte Volksliedformeln und -bilder mit modernen, ambivalenten, romantischen Emotionen zu verbinden, die er aus dem *Wunderhorn* lernte. Wie Brentano bei der Bearbeitung vorging, wird zum Beispiel in dem geradezu synthetisch kom-

ponierten Lied »Laß rauschen Lieb, laß rauschen« deutlich.
Er montiert in diesem Lied Strophen ganz verschiedenartiger
Quellen zusammen und faßt in einer hinzugedichteten Stro-
phe des Liedes zusammen:

> Laß rauschen Lieb, laß rauschen,
> Ich weiß nicht, wie mir wird,
> Die Bächlein immer rauschen,
> Und keines sich verirrt.

Eichendorff formuliert in seinem Mühlenlied: »Ich weiß
nicht, was ich will« und bietet ein seltsames Gemisch an möglichen Betätigungen des enttäuschten Liebhabers, der sich
ablenken will in seinem Liebeskummer: Spielmann oder Reiter will er werden und schließlich den Tod suchen, nur um das
Rauschen der Mühle zu vergessen, das ihn an seine treulose
Geliebte erinnert. Spielmann und Reiter assoziieren Mittelalter und gehören zu volksliedtypischen Motiven; die ambiva-
lente Stimmung dagegen gehört nicht zum tradierten Volkslied, das in der Regel in Liebesdingen eher deftig und direkt
ist. Schon die Bearbeitungen Brentanos fügen behutsam mo-
dern-romantische Stimmungen ein; Eichendorff aber schafft
es, sich gänzlich von den Volksliedvorlagen zu lösen und zugleich einen Ton zu finden, der rasch populär wurde und bis
heute als typisch für das Volkslied gilt. Seine Lieder sind bewußt allgemein gehalten; sie lassen viel Spielraum für Ahnungen, Phantasien, Erinnerungen des Lesers und beschreiben in
Andeutungen die Stimmung eines Liebenden – auch deshalb
ist es völlig verfehlt, nach konkreten Bezügen im Leben des
Dichters zu suchen.

Die Nachwirkungen der Heidelberger Romantik – insbesondere das Dichten im *Wunderhorn*-Ton – dürften erst in
gebührendem Abstand vom Loeben-Zirkel wirksam geworden sein. Das Mühlengedicht und weitere Meisterwerke aus
Eichendorffs Feder erschienen im Kontext des Romans *Ahnung und Gegenwart*, der 1810 bis 1812 während der Wie-

ner Semester der Brüder entstand, aber erst 1815 erscheinen
konnte, als Joseph von Eichendorff aus den Befreiungskriegen zurückgekehrt war. Erst danach setzt auch die Wirkung
der vertonten Neo-Volkslieder ein, die Goethe bereits in seiner Rezension des ersten *Wunderhorn*-Bandes erhofft und
prophezeit hatte: »Von Rechtswegen sollte dieses Büchlein in
jedem Hause, wo frische Menschen wohnen, am Fenster,
unterm Spiegel, oder wo sonst Gesang- und Kochbücher zu
liegen pflegen, zu finden seyn, um aufgeschlagen zu werden
in jedem Augenblick der Stimmung oder Unstimmung, wo
man denn immer etwas Gleichtönendes oder Anregendes
fände, wenn man auch allenfalls das Blatt ein paarmal um-
schlagen müßte. Am besten aber läge doch dieser Band auf
dem Clavier des Liebhabers oder Meisters der Tonkunst, um
den darin enthaltenen Liedern entweder mit bekannten her-
gebrachten Melodien ganz ihr Recht widerfahren zu lassen,
oder ihnen schickliche Weisen anzuschmiegen, oder, wenn
Gott wollte, neue bedeutende Melodien durch sie hervorzu-
locken. Würden dann diese Lieder, nach und nach, in ihrem
eigenen Ton- und Klangelemente von Ohr zu Ohr, von Mund
zu Mund getragen, kehrten sie, allmälich, belebt und verherr-
licht, zum Volke zurück, von dem sie zum Theil gewissermaßen ausgegangen: so könnte man sagen, das Büchlein habe
seine Bestimmung erfüllt, und könne nun wieder, als geschrieben und gedruckt, verloren gehen, weil es in Leben und
Bildung der Nation übergegangen.«

Der erste hier formulierte Wunsch ging nicht in Erfüllung.
Weder *Des Knaben Wunderhorn* noch die Gedichtausgaben
von Eichendorff wurden im 19. Jahrhundert so populär, daß
sie wie Koch- und Gesangbücher behandelt wurden. Aber
der zweite von Goethe skizzierte Rezeptionsweg – über die
Komposition zum Volk zurück – war der erfolgreiche Weg,
den – wie u. a. die Memoiren von Hyazinth Holland zeigen –
einige der Lieder zurücklegten. Eichendorffs Lieder waren
dabei nicht minder erfolgreich als die »Restaurationen und
Ipsefakten« von Arnim und Brentano im *Wunderhorn*.

Es war freilich ein langer Weg; denn erst Jahrzehnte später wurde über die Liedertafeln und Männergesangsvereine weniges von dem verwirklicht, was Arnim und Brentano sich unter einer »Sprach- und Singeschule« der Nation vorgestellt hatten. Erst im Brockhaus von 1832 wird darauf hingewiesen, daß Lieder aus dem Roman *Ahnung und Gegenwart* »glücklich in Musik gesetzt sind«. Damals war lediglich die Vertonung des Liedes »In einem kühlen Grunde« bekannt. Es wurde 1814 von dem Tübinger Studenten Friedrich Glück (1793-1840) komponiert und 1826 von Friedrich Silcher für vier Männerstimmen gesetzt.

Erst ein Jahr nach dem Erscheinungsjahr des Lexikonartikels erschienen im *Liederbuch für deutsche Künstler* (Berlin 1833) weitere Lieder Eichendorffs aus *Ahnung und Gegenwart*. Erst etwa 10 Jahre später, mit den Kompositionen von Robert Schumann und Felix Mendelssohn-Bartholdy in den 40er Jahren des 19. Jahrhunderts, setzt die starke, nachhaltige Resonanz ein.

6. Kapitel: Luise und die Choristin
Wiener Erfahrungen und der erste Roman

Im Mai 1808 endet die Heidelberger Studienzeit der Eichendorff-Brüder. Tagebucheintragungen, die über den Abschied aus Heidelberg und die ersten acht Monate des Jahres 1809 Auskunft geben könnten, fehlen. Mit Aufzeichnungen zu einem Aufenthalt in Breslau beginnt die Fortsetzung des überlieferten Tagebuchs erst wieder im November 1809.

Wichtiges ist inzwischen geschehen: Eichendorff hat sich in Luise von Larisch verliebt, die auf dem Gut Niewiadom geboren wurde und mit ihren Eltern in Pogrzebin nahe Ratibor lebte. Die Familie des »Marschkommissars und späteren Landesältesten des Kreises Ratibor« Johann Nepomuk von Larisch »aus schlesischem Uradel« gehörte zu den Freunden der Familie von Eichendorff, und Eichendorffs Mutter hatte bereits bei einem Besuch ihrer Söhne im Januar 1805 »Freyle von Larisch« mit nach Breslau gebracht: »Die Mama und ihre Gesellschaft« bleiben drei Wochen, und man geht gemeinsam ins Theater und zum Rodeln. Obwohl im Tagebuch auch ein Tanz bis Mitternacht erwähnt wird, gibt es keine Hinweise darauf, daß der fast 17jährige Schüler bereits von der vier Jahre jüngeren Luise fasziniert gewesen wäre. Erst nach der Rückkehr aus Heidelberg – im Jahre 1808 – scheint sich eine tiefere Zuneigung entwickelt zu haben, und in der ersten Jahreshälfte 1809 verlobten sich die beiden. »Das erste Briefchen an L.« notiert er am 16. Oktober 1809.

Die Eltern waren mit dieser Brautwahl des Sohnes nicht einverstanden. Sie hätten es lieber gesehen, wenn Joseph eine Frau mit Vermögen gewählt hätte. Sogar eine Kandidatin, die für Joseph eine gute Partie bedeutet hätte, war bereits ausgeguckt. Eichendorff macht im Tagebuch unter dem 7. November 1809 entsprechende Andeutungen, wenn er die Gesprächsthemen mit Heinke nennt: »in freundschaftl. Gesprä-

chen über Oeconomie, Heurath (Julie), Lubowitz, unsre
Liebschaften«. Julie Gräfin von Hoverden war die von der
Mutter vorgesehene gute Partie, und Eichendorff diskutiert
die von der Familie erhoffte »Heurath« mit seinem ehemaligen Hauslehrer in unmittelbarem Zusammenhang mit Fragen
der »Oeconomie« und dem, was ihn mehr bewegt: seine Her-
zensneigungen, die »Liebschaften«.

Hintergrund des – schließlich erfolglosen – Versuchs, den
Sohn zu einer Vernunftehe im Sinne der Ökonomie zu bringen, war die extreme Verschuldung der Eichendorffschen
Güter. Durch spekulative Käufe hatte der Vater Adolph von
Eichendorff seinen Besitz an Gütern immer mehr erweitert.
Die Erträge reichten nicht aus, um die anwachsenden Schulden zu decken, und so war es schon mehrfach zu konkurs-
artigen Entwicklungen gekommen, die nur durch die Flucht
des Vaters vorübergehend aufzuhalten waren. Der bereits
zitierte verzweifelte Brief an »Carolinel« – seine Frau – aus
dem Jahre 1801 zeigt, wie prekär die Lage zu diesem Zeitpunkt bereits war und wie naiv Adolph von Eichendorff in
Geldangelegenheiten dachte und handelte: »An meiner Arbeit
hat es nicht gelegen. Slawikau laße Dir nicht übergeben, cas-
sire lieber die Käufe. Was in meinen Kräften seyn wird, werde
ich arbeiten. Wenn wir wenigstens Lubowitz für uns behalten könnten. Ich werde jetzo vielleicht in 14 Tagen nicht
schreiben, deswegen kümmere Dich nicht. [...] Unser Herr
Gott wird wohl noch ein Mittel treffen, daß wir wieder bey-
sammen seyn werden. Glaube mir, ich habe so eine Sehnsucht
nach Hause zu Euch, das ist eine entsetzliche Marter. Ich
habe niemandem was gethan, nur bezahlen kann ich nicht
[...] ich bitte Dich, allerliebstes Carolinel, verbrenne diesen
Brief sogleich. [...] Ich bin bis in den Tode Dein getreuester
A. B. v. Eichendorff. Breslau, d. 22. Juni 1801.« Ein Dreivier-
teljahr war er nach diesem Brief auf der Flucht vor seinen
Gläubigern und hielt sich unter anderem in Hamburg und
Wien auf.

1809 spitzte sich die Lage erneut derart zu, daß die Söhne

Karl Joseph Raabe:
Joseph von Eichendorff, 1809

zu einem Brotstudium gezwungen waren. Das heißt, sie mußten ihr Studium rasch abschließen, um mit einem Juraexamen
Aussichten auf berufliche Betätigung zu finden, eine Situation, die bei adligen Familien mit Grundbesitz eher unge-
wöhnlich war. Als »Ökonom« bei der Verwaltung des eigenen Besitzes mitzuwirken, der ansonsten meist Pächtern
anvertraut wurde, die ihrerseits Bauern und Knechte beschäf-
tigten, war die Regel bei betuchten Grundbesitzern; ein Studium diente dem guten Ruf, mußte aber nicht unbedingt mit
einem Examen abgeschlossen werden. In der Regel schloß
sich eine Kavalierstour durch Europa an, die zur Kontakt-
pflege im europäischen Adel dienen konnte, aber auch Bil-
dungshorizont, Weltläufigkeit und Lebenserfahrungen der
jungen Adligen erweiterte. Bei den Eichendorffs war jedoch
absehbar, daß die Generation der Söhne von den Erträgen der
überschuldeten Güter nicht mehr würde leben können. In
einem Brief an Loeben vom 27. Dezember 1812 sprechen die

Brüder offen von der finanziellen Situation: »Unterdeß führte der allgemeine Gang der Dinge eine solche Veränderung in unserer Familie herbey, daß unsre Aeltern für jezt durchaus außer Stande sind, uns länger zu unterstützen.« Zehn Jahre später sollte es noch schlimmer kommen: Nach dem Tode der Mutter (1822) wurden 1823 Lubowitz, 1824 Radoschau und 1831 schließlich Slawikau zwangsversteigert.

Allenfalls eine reiche Partie der Söhne konnte die Situation 1809 noch retten, und so ließen die Eltern nichts unversucht, um das Einheiraten von Joseph in eine begüterte Familie zu erwirken. Vergeblich: Die Wahl der vergleichsweise armen Luise von Larisch aus der Nachbarschaft eröffnete diese Perspektive einer Sicherung des Familienbesitzes durch entsprechende Mitgift nicht, und so steht die Entscheidung, Joseph von Eichendorff zum Studium nach Wien zu schicken, das als Ort zielstrebigen, fleißigen Studierens galt, sicher auch in Zusammenhang mit der Verlobung. Vielleicht dachten die Eltern insgeheim auch daran, daß ihr Sohn auf Reisen und beim Studieren in der Ferne seine Braut aus den Augen verlieren könnte – eine Entwicklung, die dann auch tatsächlich eintrat. Zu einer Auflösung der Verlobung kam es allerdings nicht.

Es fällt auf, daß die Brüder trotz der unklaren Zukunftsaussichten mit Billigung der Eltern weite Reisen unternahmen: Gemeinsam mit Loeben ging es im Mai 1808 von Heidelberg aus über Frankfurt am Main und Aschaffenburg nach Würzburg und Nürnberg, eine Stadt, die Eichendorff schon bei der Durchreise im Mai 1807 mit den Augen von Tiecks Romanhelden Sternbald wahrgenommen hatte: »Mit Ehrfurcht schritten wir über diesen (auch durch Tiecks Sternbald) klaßischen Boden, u. es war, als müßte überall ein Ritter mit wehendem Helmbusch die Straße herabgesprengt kommen«, notiert er im Tagebuch. Ende Mai 1808 begaben sich die Brüder auf eine Schiffsreise von Regensburg nach Wien, die Eichendorff später im ersten Kapitel seines Romans *Ahnung und Gegenwart* verarbeiten wird. Im November 1809 schließlich reisen die beiden immer noch unzertrennlichen Brüder

Luise von Eichendorff, geb. von Larisch

auf dem Kohlenschiff von Breslau bis Frankfurt an der Oder, um von dort nach Berlin zu gelangen.

Bei dieser Reise muß bereits gespart werden, darauf deutet nicht nur Brentanos Beschreibung als »gute arme Schlucker«, die zu dritt (mit dem ebenfalls ausgereisten Grafen Loeben) nur über »zwei Röcke« verfügen – sie findet sich in einem Brief an Wilhelm Grimm –, sondern auch der Reiseweg der Eichendorff-Brüder. Die winterliche Reise auf dem Flußkahn nach Frankfurt an der Oder ist besonders preisgünstig, bedeutet aber eher eine Strapaze als ein romantisches Reiseerlebnis. Im Tagebuch heißt es am 10. November 1809: »ich aber mit Wilh. schliefen zusammen in *Einem* ziemlich engen

Bettgestelle auf Stroh, mit den Mänteln zugedekt, in der Vor-
derkajütte, wo Wind u. Regen durch die Löcher u. Ritze kam,
u. wo auch der Knecht schnarchte. Im Tage waren wir fast
immer allein in der düstern Kajütte mit den kleinen Gitterfen-
stern, die d[urch] eine Bretterwand in 2 Hälften getheilt war,
u. d[urch] Einen eisernen Kochofen geheizt wurde. Unser
Schiffherr, Giercke bekam von uns bis Frankfurt: 9 rth. So
wahrhaft soldatisch war unser Seeleben.« Zahlreiche Pannen
und gefährliche Situationen sind zu bestehen. Einmal reißt
das Seil vor einem gefährlichen Wehr, dann strandet das Schiff
auf einer Sandbank, danach kommt es zu einer Kollision mit
den folgenden Schiffen des Konvois. Nach einem plötzlichen
Wintereinbruch am 18. November »war die ganze Gegend in
Schnee gehüllt, und die Schiffsleute gaben nun selbst die
Hoffnung auf, dieses Jahr noch weiter zu kommen. Wir faßten also schnell den Entschluß, uns von den Schiffen zu trennen, und giengen daher mit Schöpp gleich frühmorgens durch
Sturm und fürchterliches Schneegestöber, rechts die ganz
schwarze Oder, auf einem Damme in das nahgelegne Dorf:
Neudorff, wo wir bei einem Bauer, deßen Weib bei unserem
martialischen, verwilderten Eintritt in die Stube die Flucht
ergreiffen wollte, auf Morgen eine Fuhre bis Frankfurth für
9 rth Müntze mietheten. Den heutigen Tag über hausirten wir
noch auf dem Schiffe. Gen Abend aber schikte der Bauer einen Wagen zu unserem Hafen, wir pakten unsere Gerätschaf-
ten aus den Schiffen darauf, nahmen Abschied.«

Als die Brüder zu dieser Berlin-Reise aufbrachen, so
scheint es, war die Beziehung zu Luise noch ungetrübt. Bevor
Joseph sich in Breslau einschiffte, hatte er von dem Maler Karl
Joseph Raabe »ein Porträt en Miniature als schwarzer Ritter
mit goldner Kette u. Stikkerei für L[uise] mahlen« lassen und
nimmt mit Freude zur Kenntnis, daß seine Verlobte das Medaillon wie einen Schatz behandelt und mit ins Bett nimmt.
Zurück aus Berlin wird er jedoch – im April 1810 – von der
Familie Larisch quasi vorgeladen und muß in Gegenwart ein-
flußreicher Verwandter Rede und Antwort stehen, weil er

sich um seine Braut zu wenig kümmere. Offensichtlich wird
mit Nachdruck die Einlösung des mit dem Verlöbnis gegebenen Heiratsversprechens eingefordert: »Nach einigen Gesprächen kam eine Bitte von Fr. v. Larisch an mich, mich in das
obere Sprachzimmer zu verfügen, wo ich Frau von L[arisch]
nebst Louise fand. (schwartzes Kleid u. Mantel. Blaß.) Vor-
würfe über Nichtkommen u. Nichtschreiben.« Dann wird
ihm ein »Brief von Lippa«, dem ehemaligen Besitzer von dem
1785 erworbenen Radoschau, übergeben, dessen Inhalt unbe-
kannt ist. Die Tagebuchnotizen, die sich dem kurzen Bericht
zur denkwürdigen, von den zukünftigen Schwiegereltern
zweifellos arrangierten Aussprache anschließen, sind schwer
zu deuten. »Auf dem Markte vorbei gelauffen, nicht die Courage, zu rufen, und Weinen. Trauer. Auf der Fensterbank. Medaillon«, heißt es. Werden hier vergangene Episoden der Liebesbeziehung wiederaufgerollt? Oder gehen die Verlobten
nun zu zweit auf den Markt in Ratibor? Wem fehlt es an
»Courage, zu rufen«? Endet die Aussprache der Verlobten
nun damit, daß Luise weint und die beiden auf der Fensterbank sitzend noch einmal das Medaillon betrachten und sich
wieder versöhnen? Eher klingen die apokryphen Tagebucheintragungen wie Stichworte einer quälenden Aussprache;
das verkrampfte Verhältnis der Verlobten kann sich unter den
gegebenen Umständen nicht entspannen.

Erst im Sommer 1810 scheint sich die Situation zu klären –
oder spielt Eichendorff lediglich den braven, treuen Schwiegersohn für die Familie von Larisch? Zunächst heißt es am
14. Juni 1810: »nach Pogrzebin, wo bloß Frau u. Louise zu
Hause. Herumsielungen im Garten. Schlummern mit Einem
Tuche zugedekt. Athem. Lachen u. Schütteln. G. N. Nachmittags Toilette am Zaune. Als Abends H. v. L[arisch] kam,
ich wieder abmarschiert. Fr. v. L[arisch] (voraus) u. Louise
mit mir begleiteten mich bis weit hinter das Lindenvorwerk.
Louisens hingebend offenherzige Entdekungen.«

Was verbirgt sich hinter den »offenherzigen Entdekungen«? Hat Luise ihm nun ihre Liebe offen bekannt – worauf

Der Wohnsitz der Schwiegereltern in Pogrzebin

das Wort »hingebend« deuten könnte, oder verrät sie ein Familiengeheimnis, das den Druck erklärt, der auf den Bräutigam ausgeübt wird? Aus den lakonischen Tagebuchnotizen können wir auch hier keine sicheren Erkenntnisse gewinnen, lediglich die Szene im Garten scheint eine erneute Annäherung der beiden anzudeuten. Der Hinweis, daß Luise sich bei einem weiteren Treffen am 21. Juni auf seinen Schoß setzt, muß allerdings nicht unbedingt auf eine Intensivierung der Beziehung hindeuten. Denn wieder ist die Familie anwesend: »im Regen bis Pogrzebin, wo eben Frau v. L[arisch], Louise, Frau u. H[err] v. Poremski aus der Kirche angefahren kamen. Auf mein Ueberreden zieht sich Louise noch einmal um. Klavier-Spielen, Guitare, Singen etc. Nach Tische L[uise] auf m[einem] Schooß. – Soll ich bleiben?« Er bleibt offensichtlich nicht.

Ein weiteres Treffen zu zweit wird im Juli erwähnt. Hier gehen die jungen Menschen zunächst so miteinander um, wie man es bei Verlobten erwarten kann, aber diesmal ist es Joseph, der seine offensichtlich eher philiströsen Vorstellungen zum richtigen Verhalten seiner zukünftigen Ehefrau vorträgt: »Nachmittags ich mit L[uise] über der Rasenbank auf dem Zaune geseßen. L. sehr munter u. außerordentlich liebenswürdig. Ueber den Zaun gestiegen. (nicht hinsehn) Lagerung daselbst. Die Schafferin hohlt ab. L. kommt wieder. Im Korn. Darauf im Hause, während gebuttert etc wird, mit L. ängstlich lange geseßen, oft in Keller etc gegangen. Meine Predigten über Sanftmuth, Demuth u. Weiblichkeit etc wohlbegriffen. Zulezt Vesper allgemein im Gartenhäuschen von Schlikermilch, Braten etc. Meine Weste in der Stube gelaßen. L. will mir die Pfeiffe stopfen, in Folge meiner Predigt.«

Als der Bräutigam am 18. erneut nach Pogrzebin kommt, ist »Louise etwa[s] unpaß. Ich mit ihr in der Schlafstube, während der Praelat, der seit einigen Tagen hier, Meße las.« Nachmittags lockert sich die Verspannung: »Darauf den ganzen Nachmittag mit ihr allein in der Tafelstube geseßen. Proj. mit Summin. – Sehr lieb. Endlich Abschied genommen.«

Beim Aufenthalt in Berlin kommt es zum ersten Mal zu freundschaftlichen Kontakten Eichendorffs mit Arnim und Brentano. Brentano berichtet in einem Brief an Wilhelm Grimm vom Frühjahr 1810 recht lakonisch und zugleich witzig-ironisch über seine Begegnung mit den Eichendorff-Brüdern und Loeben, der ebenfalls nach Berlin kam: »Sodann ist an unserm Horizont aufgetreten der Lyricus misticus – Graf Loeben – sonst Isidorus orientalis genannt mit zwei ihm noch von Heidelberg anhängenden Freunden, zwei Herren von Eichendorf, sämtlich sehr gutmüthige etwas sehr üblige gute arme Schlucker, sie stecken in einer kleinen Stube haben abwechselnd das Fieber, daß immer einer zu Haus bleibt; ich möchte schier fürchten, weil die drei Leute nur zwei Röcke haben [...] auf ihrem Tisch liegt Rosdorf Dichtergarten und Görres Schriftproben [Schriftproben von Peter Hammer, 1808], und dazwischen brennen zwei Rauchkerzen, weil es so ungeheuer stinckt, daß selbst die Violen, erster Gang des Dichtergartens nicht zu riechen sind, doch da sind ja Hundsviolen die riechen nicht, und die Herrn von Eichendorf scheinen gute Bauernviolen herumzulegen.«

Achim von Arnim

Der herablassende Ton in diesem Brief gehört zu der von
Eichendorff beschriebenen satirischen Art, mit der sich Brentano oft genug Feinde schaffte. Liest man genau, so ist zu erkennen, daß die Satire hauptsächlich Loeben und der von
diesem geschätzten Publikation *Dichtergarten* von Novalis'
Bruder gilt und dessen »Violen« – so werden die Abschnitte
in Rostorfs Sammlung genannt. Diese Veilchen-Sammlung
und den Grafen Loeben umgibt der Geruch von Räucherker-
zen, ein Hinweis auf den Kult, der in dieser Gruppe um
Loeben zelebriert wird. Die Charakteristik von Eichendorffs
Dichtungen als »Baurenviolen« ist in diesem Zusammenhang
ein Lob der volkstümlichen Schlichtheit von Eichendorffs
Liedern im *Wunderhorn*-Ton, die sich deutlich von Rostorfs
und Loebens Gedichten abheben.

In den Tagebuchaufzeichnungen Eichendorffs finden wir
Genaueres über die Begegnungen mit Brentano. Hier fehlt
jegliche Kritik, und es ist die Faszination spürbar, die von
dem zehn Jahre Älteren ausgeht. Eichendorff bewundert ihn,
er bleibt für ihn sein Leben lang das nicht erreichte Vorbild
eines genialen Dichters und Sängers, der wegen seiner satirischen Ader zwar stets gefährdet ist, seinen inneren »Dämon«
aber immer wieder bezwingt. Bereits die erste Tagebuchnotiz
zum Februar 1810 beschreibt ihn als »herrlichen«, vom »göttlichen Wahnsinn« erfüllten Menschen: »Im Februar besuchte
uns einmal der herrliche Brentano. Sein Weltauslachen und
sogenannte Grobheit bis zum göttlichen Wahnsinn. Er spielte
Guitarre. Sein Bettler, blau, blau, König v. Thule etc. himmlisch. Er schikte mir Bücher, als: Cellini, 2 Theile des herrl.
Simplicissimi einen chines. Roman etc.«
    Der Besuch in der Mauerstraße, wo Brentano gemeinsam
mit Arnim bei dem Postrat Pistor zwei Zimmer bewohnte,
läßt das kreative Chaos der beiden Dichter anschaulich werden, die in Berlin endlich ihren Traum des gemeinsamen
Schaffens verwirklichen konnten. Hier sieht Eichendorff
die »fahrenden Schüler« des Meisters Görres, die er in seinen späteren Schriften in eine Wohnung unter dem Heidelberger Schloß verlegt. Unter dem März 1810 notiert er im
Tagebuch: »Gieng ich früh in die weit entlegene Mauerstraße
allein zu Arnim u. Brentano. Arnim in der dunklen Vorstube
mich empfangend u. bald zu Brentano ins Nebenzimmer
führend, der bei Versen tabakschmauchend hinterm Tisch an
der spanischen Wand (mitten durch die Stube) saß. Chaos
von Guitarren, Büchern etc. Durchaus treuherzig. Gespräche über Görres (Vergleichung mit den indian. Fetischen
in Kupfern) über Schlesien. Arnim dabei auf dem Ofen sitzend.«
    Von diesen beiden Zimmern in Berlin hat auch Wilhelm
Grimm eine anschauliche Beschreibung gegeben. Seinem
Bruder Jacob berichtet er in einem Brief: Brentano »richtete
sich [...] die Stube so ein, daß das eine Fenster vollends zuge-

Clemens Brentano

hängt wurde, daß nur eine Scheibe offen blieb, darnach stellte
er die Commode mitten in die Stube, ein paar Kasten darum,
welche als Tisch und Stuhl dienen mußten, denn den einzigen
Stuhl, der sich darin befand, hatte er zerbrochen und festge-
bunden, um bequem sitzen zu können, und so waren alle
Geräthschaften zur Dichtung vorhanden. [...] Freilich beim
Arnim wars am schlimmsten und so arg, daß Brentano, der
doch eine gute Unordnung verträgt, es nicht mehr aushalten
konnte und drei Tage lang an der Ordnung der Bibliothek
arbeitete. Allein Arnim klagte nun über die entstandene
Unordnung, und wie er nichts mehr finden könne. Die Com-

mode war mit Röcken, Wäsche, Büchern pyramidenförmig
aufgehäuft, alle Schubladen waren herausgezogen, in den
Ecken waren Gewehre aller Art aufgepflanzt, die zwei vor-
handenen Stühle waren besetzt mit Büchern, Briefschaften,
Hausgeräth, z. B. Gläsern, Messern, wozwischen rothe Tü-
cher als Friedensfahnen heraushingen und Ruhe unter dem
verschiednen Zeug hielten. Der einzige Tisch war auf dieselbe
Art versorgt. Arnim sitzt nie und schreibt an einem Pult, auf
einem Brett, auf dem nichts liegen konnte, aber hier schreibt
er mitten in dieser Unordnung die herrlichsten und göttlich-
sten Dinge.«

Gemeinsam mit Brentano besichtigt Eichendorff die trans-
parenten Gemälde Schinkels, die wie riesige Diapositive von
hinten beleuchtet wurden. Es waren die Vorläufer der Pa-
noramabilder, einem Publikumsmagneten in Berlin, zumal
Musik dazu geboten wurde und italienische Traummotive im
Zentrum standen. Eichendorff spricht von »Theater« und
berichtet: »Brentano getroffen […] u. mit ihm, Wilh. u. Watzdorf Abends ins Theater des talentvollen Mahlers Schinkel. –
Bloß Parterre. Das plötzl. (Brentano so gefallende) Zuklap-
pen der erleuchteten Avisos zu beiden Seiten. Mehrere Vorstellungen (die hintere Wand nemlich ein perspectivisches,
herrliches Gemälde) mit Kirchenmusik. Die einsame Ansicht
des morgenrothen Aetnas (im tiefen Vordergrunde die öde
Ruine) mit Waldhorns-Echo. Das Innere der alten Domkir-
che zu Mantua (die unzählige Menge von Menschenfiguren
unten (d.s Fernglas) ganz täuschend.) Kreuzeserleuchtung in
der Peterskirche etc. Von hier gieng Wilh. zu Sander, wo auch
Loeben, Brentano aber mit mir u. Watzdorf wieder zu uns in
Loebens Stube. Tabak geschmaucht. Thee, Rum etc. Brentano
ganz lebendig und treuherzig. Ergreiffende, komische Darstellung der moralischen Mißverhältniße.«

Den Plan zu den *Romanzen vom Rosenkranz*, die Brentano nie zum Abschluß bringen sollte, trägt er seinem Be-
wunderer in allen Einzelheiten vor: »Er erzählt mir fast
2 Stunden lang in einem fort den Plan zu seinen Romantzen.

(Rosa blancha, nera e rosa. Studenten zu Bologna. Talmud
von der Entstehung der Welt. Der Engel Gabriel über die
arme, weinende Erde schwebend. Proffessor Abo etc.) [...]
Ich begleitete Brentano noch bis an die Eke des königl.
Schloßes. [...] Bitte, gewiß bald zu schreiben. Herzlicher
Abschied.«

Obwohl die Brüder Eichendorff nach Brentanos Eindruck
noch in Berlin wie »anhängende Freunde« Loebens erscheinen, so sind Zeichen der Ablösung vom Heidelberger Mentor
unverkennbar. Loeben hat offensichtlich Zweifel, ob sich die
Brüder beim Dichten nach seinen Vorstellungen entwickeln.
Bereits vor der Berlin-Reise, am 3. Dezember 1808, hatte er
im Tagebuch festgehalten, daß sechs Gedichte Eichendorffs,
die er bekommen hatte, ihm »keine Freude machen, weil sie
neue Wirrung und Nachlässigkeit der Sprache bezeugen«. In
dem Konzept eines Briefes an Loeben aus dem gleichen Jahr
entwirft Eichendorff neue Perspektiven der Poesie, scheint
aber das Wiederfinden des Freundes in die Ferne Italiens zu
verlegen: »mit jedem deiner Briefe liebe ich Dich u. mich u.
die Kunst unendlicher u. freier. Alle diese Gedichte, und
meine ganze bisherige [?] Poesie, könnten eben auch Sehnsucht überschrieben werden. Aber dieß giebt mir Muth u.
Stolz in meiner Demuth. [...] Ich komme mir vor wie in einer
alten dunklen Kirche. Alle Fenster gehn nach Osten; drauß
vor den Fenstern liegt Italia u. andere unzählige blizende
Gefilde in herrlicher Morgenpracht. Du unabhängig [?] bist
lange fort u. weit hineingezogen in die Pracht [...] ich trete
befreit hinaus in die überschwengliche Ferne, u. finde Dich
wieder im großen Zaubergarten.«

In einem weiteren, ebenfalls nur als Entwurf überlieferten
Brief an Loeben, der auf Juni 1809 datiert wird, weist Eichendorff auf den Abstand hin, den er von seinen Heidelberger
Gedichten gewonnen hat, und deutet vorsichtig an, daß er
den gemeinsamen Weg mit seinem Mentor verlassen wird:
»was wir leisten, wird freilich verschieden seyn«, ist das Fazit
einer längeren Darstellung zur Entwicklung seiner Dichtung

Titelblatt der Erstausgabe von »Des Knaben Wunderhorn«, Band II, 1808.
In der Biege ein ›restauriertes‹ Heidelberger Schloß

seit seinen Anfängen unter dem Einfluß Loebens: »Du hast
aber, wie mir scheint, die wahre Ursach meines jezigen, allgemeine[n] Verstummens richtig erraten. […] Fast möcht' ich
sagen, daß meine ersten Gedichte jener schönen Unschuld (der
Seele aller Poesie) nicht ermangeln. Jenes süße Lied der Maria,
es war keine Tendenz, es war eine Blume, die aus Liebe, Früh-

ling, Errinnerung u. Hoffnung, kurz aus allem was mir werth
u. teuer war auf Erden, dem Himmelslichte entgegensproßte.

Diese meine erste Liebe u. lebendige Religion des Lebens
wurde aber gar bald gestört, indem ich, ebenfalls irregelei-
tet von der herrschenden Idee von Religion, einging in allerlei Bestrebungen, Absichten u. die Armut der Entsagung. Ich
wagte nicht mehr, was ich empfand, liebte u. dachte, unmittelbar u. an und für sich zu geben, sondern bemühte mich, aller
ursprünglichen Freiheit unwürdig, meine freien Eingebungen
zu Trägern gewißer Ideen zu machen, u. nach diesen so lange
zu verallgemeinern, bis sie mir selber und andern unkenntlich
wurde[n], u. mein Wesen, einmal von dem eigentlichen Leben
losgelöst, ohne allen Gehalt (u. fast sich selber ironisierend)
nach allen 4 Winden hin verduftete. Ich malte, wie, glaub' ich,
Jean Paul sagt, mit Aether in Aether. Ich fühl' es nun, dieser
einförmige Selbstmord der Poesie muß aufhören, oder ich höre
auf zu seyn, aber ich fühle es ohne Angst u. Betrübniß, wie
sonst jede Veränderung in mir, sondern mit jener farbenreichen
Heiterkeit u. lebenstrunknem Blick in die Zukunft, mit dem
ich in meiner Rettung in den farbigen Morgen hinaussprang.

Es ist unmöglich, Dir zu sagen, welchen Eindruck Dein
ganzer letzter Brief auf mich gemacht hat. Nein, dieses unendliche Streben, Gott hat es nicht bloß darum in die Brust
der Dichter gesenkt, damit sich diese wenigen daran erfreuen,
es soll, wie es in lebendiger Freiheit triumphiert, die Welt
umarmen, u. ihr die Freiheit wiedergeben. Das ist kein
Zweck, sondern die Natur der Poesie. Laß uns denn, liebster
Freund, uns immer fester verbinden; was wir leisten, wird
freilich verschieden seyn; aber ich bete allein u. einzig zu
Gott: Laß mich das ganz seyn, was ich seyn kann!«

Die Begegnung mit Loeben in Berlin ist demnach so etwas wie eine Bewährung für die Freundschaft. Eichendorff
löst sich allmählich von seinem Mentor, und dazu könnte
auch Brentano beigetragen haben, der niemals davor zurück-
schreckte, ein schroffes Urteil über Dichter auszusprechen,
die er für minderwertig hielt.

Wien von der Schwarzenberg-Terrasse

Nach der Rückkehr aus Berlin muß die Entscheidung gefallen sein, daß die Eichendorff-Brüder in Wien weiterstudieren sollten. Sicher wurde sie im Familienrat aufgrund der bedrohlichen finanziellen Lage gefällt, aber über die Einzelheiten sind wir nicht informiert, da für diesen Zeitabschnitt Tagebuchaufzeichnungen fehlen. Nach einem Polizeibericht trafen die Studenten im November 1810 in Wien ein, am 29. dieses Monats wurden sie immatrikuliert.

Im Juli 1811 setzen die Tagebuchaufzeichnungen wieder ein. Sie zeigen, daß Joseph seine Braut mehr und mehr aus den Augen verlor. Insbesondere eine Choristin hatte es ihm in Wien angetan, und nach den dezenten Andeutungen im Tagebuch scheint er bei ihr gefunden zu haben, was er bei Luise vermutlich vermißte: sinnliche Ausstrahlung und Zweisamkeit ohne Aufsicht von Verwandten und quälende Aussprachen. Bereits die erste Erwähnung vom 25. Oktober 1811 ist verfänglich: »Gieng ich Abends mit der [...] Choristin vom Wiener Theater, die ich auf der rothen Thurmstraße fand

in ihr schönes Quartier auf dem Mehlmarkte.« Die Selbst-
verständlichkeit, mit der Eichendorff über diese Begegnung
berichtet, verdeutlicht, daß man in der Großstadt Wien, jedenfalls im Umfeld der Studenten und Theaterleute, anders
miteinander umging als auf dem Lande in Schlesien – in Ratibor, Breslau oder Lubowitz. Eichendorff wirkt wie von einer
Last befreit, und die Begegnung mit der Choristin gehört
offensichtlich bald zum normalen Tagesablauf, denn er formuliert: zum 16. November: »Diese gantze Zeit über folgende Lebensweise. Früh von 7-1 Uhr Röm. Recht. Dann geschwind Brodt mit Saltz u. Loebens Hespero als Desert dazu.
Darauf einen girò [vermutlich der sardische Rotwein]. Dann
französ. Stunde u. Dr. Zas. Um 5 Uhr wieder ein girò u.
Castanien auf dem Graben vom Weibe. Darauf am Roman
geschrieben bis 9 Uhr, wo Souper beim Lothringer. Theater-
zeitung vom Bäuerle. Schneekönig das Potscherl promenirt
gegen Mittag in der Stube, besucht uns auf dem Tisch etc. –
Choristin. –« Zum Nikolaus-Abend, dem 6. Dezember, lesen
wir: »wieder um 5 bei Ch[oristin]. Sehr lieb. Am kleinen
eisernen Ofen. Schwartze lange Haare aufgelöst.« »Alle Wochen 2mal um 5 Abends zu Ch[oristin] auf dem Mehlmarkte«, notiert er drei Tage später.

Wie lange diese Beziehung zu der offenbar attraktiven
Schwarzhaarigen danach noch andauerte und wer sich hinter
dieser Choristin verbirgt, wissen wir nicht. Im Februar 1812
jedenfalls blickt Eichendorff wehmütig auf die Begegnungen
mit ihr zurück und bekennt im Tagebuch, daß er glücklich
war: »Ich streiche mit Philipp Veith im Sale u. den Stuben, wo
ich vorigen Winter so glüklich, herum. Vergebnes Suchen der
Choristin, die nicht gekommen.«

Demgegenüber wird die Verlobte Luise von Larisch überhaupt nur dreimal im Tagebuch der Wiener Studienzeit erwähnt. Beim erstenmal wird sie – anläßlich eines Besuchs im
Wiedner Theater – mit Aschenbrödel verglichen, dann die
Ankunft eines Briefes der Verlobten kommentarlos erwähnt
und schließlich nach Ankunft eines weiteren »herrlichen«

Maskenball im Großen Redoutensaal der Wiener Hofburg. An derartigen Veranstaltungen nahmen die Brüder Eichendorff und Veit häufig teil.

Briefes von ihr die »beiderseitige Freude über ihre Bildung« hervorgehoben. Offensichtlich hatten die Brüder diesen Brief gemeinsam gelesen, was ebensowenig auf einen intimen oder gar leidenschaftlichen Briefwechsel mit der Verlobten hindeutet wie das Thema des brüderlichen Gesprächs: der Bildungsgrad der Geliebten.

Im Vergleich zu der schwarzhaarigen Choristin war Luise das brave, biedere, treue Mädchen vom Lande, und die Überlegung, daß Eichendorff den Gegensatz der beiden Frauen, die ihn auf verschiedene Weise anziehen, in seiner Dichtung immer wieder zur Darstellung bringt, ist nicht von der Hand zu weisen. Bereits in dem in Wien geschriebenen Roman *Ahnung und Gegenwart* – Eichendorff erwähnt im Tagebuch die tägliche Arbeit daran – ist eine solche Gegenüberstellung konstitutiv, und es gilt: Die faszinierende, sinnliche, südländische Frau trägt in Eichendorffs Dichtung stets dämonische Züge und ist dem Untergang geweiht; die brave, treue, deutsche Frau, die bescheiden im Hintergrund bleibt, ist schließlich die Wahl des Helden.

Möglicherweise wird der mit dieser Aufspaltung des Weiblichen verbundene Verdrängungsmechanismus erst während des Schreibprozesses des ersten großen Werkes wirksam. Denn zunächst ist Romana in *Ahnung und Gegenwart* eine durchaus positiv dargestellte, höchst attraktive Frau, die bei Friedrich und Leontin, den beiden Helden des Romans, einen nachhaltigen Eindruck hinterläßt. Erst im Verlauf der Handlung wird deutlich, daß es eine gefährliche, verführerische, schließlich teuflische Kraft ist, die diese Wirkung auslöst und nur durch Gebet abgewehrt werden kann.

»Wer ist die Dame? fragte Friedrich. – Eine junge reiche Witwe, antwortete Leontin, die nicht weiß, was sie mit ihrer Schönheit und ihrem Geiste anfangen soll [...], eine tollgewordene Genialität, die in die Männlichkeit hineinpfuscht.« Dem konventionellen Frauenbild der Zeit entspricht sie nicht, da sie sich den Männern überlegen gibt: »Ich weiß gar nicht, was wir uns putzen, sagte das schöne Weib endlich und lehnte den schwarzgelockten Kopf schwermütig auf den blendendweißen Arm, was wir uns kümmern und noch Herzweh haben nach den Männern: solches schmutziges, abgearbeitetes, unverschämtes Volk, steifleinene Helden, die sich spreizen und in allem Ernste glauben, daß sie uns beherrschen, während wir sie auslachen, fleißige Staatsbürger und eheliche Ehestandskandidaten, die, ganz beschwitzt von der Berufsarbeit und das Schurzfell noch um den Leib, mit aller Wut ihrer Inbrunst von der Werkstatt zum Garten der Liebe springen, und denen die Liebe ansteht, wie eine umgekehrt aufgesetzte Perücke.«

Eine Gleichsetzung dieser Romangestalt mit der Wiener Choristin wäre sicher verfehlt, eher wird man bei den ersten Auftritten der Romana an eine andere Romanfigur und deren Modell denken müssen, das Eichendorff ebenfalls in Wien kennengelernt hatte: Mit ihren emanzipatorischen Reden und ihrer freizügigen Erotik erinnert Romana an die

Lucinde Friedrich Schlegels. Eichendorff kritisierte später dieses Werk der Frühromantik heftig und stufte das kleine Bändchen, das Friedrich Schlegel als Prototyp des modernen, »romantischen« Romans gedacht hatte, als Skandalroman ein. Mit diesem Urteil stand er nicht allein, denn selbst Heinrich Heine äußert sich in der *Romantischen Schule* abfällig über das Werk. In Wien begegnete Eichendorff nicht nur dem Autor Schlegel, sondern auch dem Modell der Romanfigur: Dorothea Schlegel.

Die Brüder Eichendorff hielten sich gern bei der Schlegelfamilie »auf der Bastei« auf, und der Sohn Dorotheas aus erster Ehe – Philipp Veit – wurde zum engsten Freund von Joseph in Wien. Dorothea fungierte als literarische Beraterin der Brüder, und sie tauschten ihre Meinung über Loeben aus, den sie als »zu süß« empfand. Dorothea wird Joseph auch ermuntert haben, selbst ein größeres Werk zu schreiben, und möglicherweise gingen auch Charakterzüge von ihr in die Gestalt der Romana ein. Denn wie die literarischen Figuren Romana und Lucinde, so zeichnete sich Dorothea durch einen überlegenen Intellekt und weiblich-sinnliche Ausstrahlung aus.

Das Manuskript zu seinem in Wien geschriebenen Roman übergab Eichendorff vertrauensvoll seiner Mentorin, die das Werk durchsah, korrigierte und auch den Titel *Ahnung und Gegenwart* formulierte. Leider wissen wir nicht, wo sie im einzelnen eingriff, da das Korrekturexemplar nicht erhalten ist, doch weist Eichendorff bei der Übergabe des Manuskripts an Friedrich de la Motte-Fouqué ausdrücklich darauf hin: »Ich [...] theilte ihn Friedr. Schlegeln und seiner Frau mit. Der Beifall dieser beiden Vortrefflichen überraschte und entzükte mich. Sie ermunterten mich, ihn drucken zu laßen und von der Letzteren Hand rühren zu diesem Endzweke die vielen Korrekturen her, die sich in diesem Manuskripte befinden und mir als ein Andenken an ihre liebevolle Sorgfalt theuer sind.«

Welches Bild von Dorothea verrät sein Tagebuch? War sie mehr als nur eine literarische Beraterin? Als »äußerst freund-

schaftlich u. einladend« schildert Eichendorff die Aufnahme
bei den Schlegels,»Mad. Schlegel immer wüthend für die gute
Sache u. kampfrüstig. Der pater familias Schlegel discurirend
über politica, übers Kasperl (Kreutzerkomödie, Mll. Krüger,
Schuster) über Napoleon (er ist erschreklich liederlich) etc.«
Von einer Situation, die ein wenig an die Auftritte der Romana im Roman erinnert, berichtet das Tagebuch am 13. Februar 1812. In einer größeren Runde, in der Philipps Geburts-
tag gefeiert wird, geht es zu wie in den Salons, die in *Ahnung
und Gegenwart* geschildert werden, und Dorothea tritt – wie
Romana – als Sängerin auf: »Da war: der kleine bukklichte
Mahler Frikk mit Sakk u. Pakk, der praetiöse Mahler Olivier
aus Dessau, Theodor Körner, der sich über meine unerwartete Baronschaft wundert etc. Schlegel sizt recht wie ein deutscher Künstler hinter dem gedekten mit Brodten belegten
Tische mit ihr, wie auf alten Bildern, u. ist unbeschreiblich
heiter und liebenswürdig. Torte, Braten, Wein, Punsch. Philipp singt Lieder, wozu Eggers Guitarre spielt, Körner singt
u. spielt durch dikk u. dünn Lieder aus des Knaben Plunder-
horn u. Burschenlieder (es wohnt ein Müller etc), die Schlegel
durchaus geistreich findet. Seine Hartnäkkigkeit gegen seine
Frau, durchaus keine welschen, nur deutsche Lieder singen
zu laßen. Mad. Schlegel singt eine altenglische Melodie vom
König Richard ohne Text u. ein Lied von Tieck, worüber
Schlegel zu Thränen gerührt. Körner spielt den himmlischen
Cadixer Fandango, wobei Schlegel aufsteht u. viva l'Espagna
trinkt, wozu alle anstießen. Lustig. Nach 11 Uhr alle fort, ich
Körnern noch bis auf die rothe Thurmstraße begleitend.«
    Bei Wein und Punsch erlebt der junge Eichendorff den
Pater familias des öfteren: »Gieng ich gleich vom Eßen aus
dem Bierhaus zu Schlegels, die ich noch bei Tisch und Fried-
rich, wie gewöhnlich, etwas illuminirt fand«, heißt es einmal
anzüglich, und auch die Diskussion über den Selbstmord
Heinrich von Kleists findet erst ihr Ende, als Friedrich, vom
Wein gerötet, einnickt: »Schrekliche Geschichte von Kleist,
der sich u. eine Frau erschoßen. Schlegels große Gesinnung

Friedrich Schlegel

über dieses Unsittliche u. über das Ehrenvolle der Preußen, wenn sie mit Rußland halten. Caffé getrunken. Der angenehme junge Schlegel. Schlegel von Wein roth, nikt u. ich gehe fort.«

Dorothea ist für die Eichendorff-Brüder so etwas wie eine mütterliche Freundin. »Mad. Schlegel ist recht vertraulich u. hertzlich mit uns«, heißt es einmal. An den Vergnügungen der jungen Generation in Wien nimmt sie meist nicht teil. Während ihr Sohn Philipp mit den beiden Eichendorffs häufig auf die Redoute zum Tanzen geht, wo Joseph gelegentlich auch seine Choristin antrifft, ist die Mutter, »die einen dégoût vor der Redoute hat«, in der Regel nicht dabei, die Generation der Studenten zieht allein durch die Lokale: »Beim Lothringer beim Souper mit dem göttinger u. hiesigem Studenten von dem Bierhaus-Kleeblatt gesprochen u. in die Redoute. Unausstehliches erdrükendes Gedränge [...] gen 5 Uhr mit Wilhelm ziemlich mal content à casa«, notiert Joseph am 24. November 1811.

Es dürften demnach nur einige Charakterzüge von Dorothea und ihrem Abbild, der Lucinde, sein, die Eichendorff bei der Schilderung der changierenden Romana in seinem Roman übernimmt. »Höchstanziehend und zurückstoßend zugleich« erscheint diese dem Helden Friedrich, der sie »sogleich für die griechische Figur in dem Tableau erkannte, und die daher heute allgemein die schöne Heidin genannt wurde. Ihre Schönheit war durchaus verschwenderischreich, südlich und blendend und überstrahlte Rosa's mehr deutsche Bildung weit, ohne eigentlich vollendeter zu sein. Ihre Bewegungen waren feurig, ihre großen, brennenden, durchdringenden Augen, denen es nicht an Strenge fehlte, bestrichen Friedrich'n wie ein Magnet.«

Rosa ist der Gegenpol, das brave deutsche Mädchen, das die Augen niederschlägt oder errötet, wenn sie Männerblicke spürt oder wenn schlüpfrige Themen angesprochen werden. Im Roman bezeichnet sie sich selbst einmal als Frau Friedrichs. Das geschieht in einer Szene, die Eichendorffs Situation beim Schreiben des Romans in Wien entspricht: Angezogen wird er von der schwarzhaarigen Choristin und möglicherweise auch von der sinnlich-mütterlichen Dorothea, verlobt ist er mit der braven Deutschen. Und so schildert er den Romanhelden Friedrich, wie er immer mehr der Anziehungskraft Romanas erliegt und zwischen die gegensätzlichen Frauen gerät: »Nur die einzige Gräfin Romana zog ihn an«, heißt es vom Helden des Romans. »Er erstaunte über die Freiheit ihres Blicks, und die Keckheit, womit sie alle Men-

Dorothea Schlegel

schen aufzufassen und zu behandeln wußte. [...] Es war in ihrem Geiste, wie in ihrem schönen Körper, ein zauberischer Reichtum; nichts schien zu groß in der Welt für ihr Herz, sie zeigte eine tiefe, begeisterte Einsicht ins Leben wie in alle Künste, und Friedrich unterhielt sich daher lange Zeit ausschließlich mit ihr, die übrige Gesellschaft vergessend. Das Gespräch der beiden wurde endlich durch Rosa unterbrochen, die zu der Gräfin trat und verdrüßlich nach Hause zu fahren begehrte. Friedrich, der eine große Betrübnis in ihrem Gesichte bemerkte, faßte ihre Hand. Sie wandte sich aber

schnell weg und eilte in ein abgelegenes Fenster. Er ging ihr
nach. Sie sah mit abgewendetem Gesicht in den stillen Garten
hinaus, er hörte, daß sie schluchzte. Eifersucht vielleicht und
das schmerzlichste Gefühl ihres Unvermögens, in allen diesen Dingen mit der Gräfin zu wetteifern, arbeitete in ihrer
Seele. Friedrich drückte das schöne trostlose Mädchen an
sich. Da fiel sie ihm schnell und heftig um den Hals und sagte
aus Grund der Seele: Mein lieber Mann! Es war das erstemal
in seinem Leben, daß sie ihn so genannt hatte.«

Im Roman wird der Held gar nicht heiraten, er geht ins
Kloster und erkennt die verschleierte Rosa am Schluß des
Romans nicht mehr. Vielleicht ist dies der Ausweg, den sich
auch der noch unverheiratete Autor Eichendorff als Lösung
während seiner Wiener Zeit vorstellen konnte? Um die ero-
tische Ausstrahlung, die sinnliche Frauen auf ihn ausübten,
abzuwehren, verlieh er Romana in *Ahnung und Gegenwart*
dämonische Züge. An einem weiteren Abend, an dem sie eigene Dichtungen und Kompositionen vorgetragen hatte, die
»durchaus wunderbar, unbegreiflich und oft beinahe wild«
waren, »ergriff [die Zauberei] auch Friedrichs Herz, und in
diesem sinnenverwirrenden Rausche fand er das schöne Weib
an seiner Seite zum erstenmale verführerisch. Wahrhaftig,
sagte sie endlich aus tiefster Seele, wenn ich mich einmal recht
verliebte, es würde mich gewiß das Leben kosten! [...] Friedrich folgte der Gräfin mit ihren herausfordernden Augen. Sie
war schwarz angezogen und fast furchtbarschön anzusehen.
[...] Romana antwortete nichts, sondern setzte sich an den
Flügel und sang ein wildes Lied, das nur aus dem tiefsten Jam-
mer einer zerrissenen Seele kommen konnte. Ist das nicht
schön? fragte sie einigemal dazwischen, sich mit Tränen in
den Augen zu Friedrich'n herumwendend, und lachte ab-
scheulich dabei.«

Eichendorff spricht sein Urteil im Roman als auktoria-
ler Erzähler zum Schluß immer deutlicher aus. Er wertet im
Sinne der ihm anerzogenen christlich-bürgerlichen Moral:
»Wenn uns der Wandel tugendhafter Frauen wie die Sonne

Philipp Veit

erscheint, die in gleichverbreiteter Klarheit, still und er-
wärmend, täglich die vorgeschriebenen Kreise beschreibt, so
möchten wir dagegen Romana's rasches Leben einer Rake-
te vergleichen, die sich mit schimmerndem Geprassel zum
Himmel aufreißt und oben unter dem Beifallsgeklatsch der
staunenden Menge in tausend funkelnde Sterne ohne Licht
und Wärme prächtig zerplatzt.

Sie hatte die Einfalt, diese Grundkraft aller Tugend, leichtsinnig verspielt; sie kannte gleichsam alle Schliche und Knif-

fe der Besserung. Sie mochte sich stellen, wie sie wollte, sie
konnte, gleich einem Somnambulisten, ihre ganze Bekeh-
rungsgeschichte wie ein wohlgeschriebenes Gedicht Vers vor
Vers inwendig vorauslesen und der Teufel saß gegenüber und
lachte ihr dabei immerfort ins Gesicht. In solcher Seelenangst
dichtete sie oft die herrlichsten Sachen, aber mitten im Schreiben fiel es ihr ein, wie doch das alles eigentlich nicht wahr
sei – wenn sie betete, kreuzten ihr häufig unkeusche Gedanken durch den Sinn, daß sie erschrocken aufsprang.«

Bei seiner letzten Begegnung vor dem Selbstmord der
»schönen Heidin« liest Friedrich ihr die Leviten: »Er trat an
das eine Fenster, setzte sich in den Fensterbogen und sah in
die vom Monde beschienenen Gründe hinab. Romana setzte
sich zu ihm. Sie sah noch immer blaß, aber auch in der Verwü-
stung noch schön aus, ihr Busen war unanständig fast ganz
entblößt; sie hielt seine Hand, er bemerkte, daß die ihrige bis-
weilen zuckte.

Heftiges, unbändiges Weib, sagte Friedrich, der sich nicht
länger mehr hielt, sehr ernsthaft, geh'n Sie beten! Beschauen
Sie recht den Wunderbau der hundertjährigen Stämme da
unten, die alten Felsenriesen drüber und den ewigen Himmel,
wie da die Elemente, sonst wechselseitig vernichtende Feinde
gegeneinander, selber ihre rauhen, verwitterten Riesennacken
und angeborene Wildheit vor ihrem Herrn beugend, Freundschaft schließen und in weiser Ordnung und Frommheit die
Welt tragen und erhalten. Und so soll auch der Mensch die
wilden Elemente, die in seiner eignen dunklen Brust nach
der alten Willkür lauren und an ihren Ketten reißen und bei-
ßen, mit göttlichem Sinne besprechen und zu einem schönen,
lichten Leben die Ehre, Tugend und Gottseligkeit in Eintracht verbinden und formieren. Denn es gibt etwas Feste-
res und Größeres, als der kleine Mensch in seinem Hochmut, das der Scharfsinn nicht begreift und die Begeisterung
nicht erfindet und macht, die, einmal abtrünnig, in frecher,
mutwilliger, verwilderter Willkür wie das Feuer alles ringsum
zerstört und verzehrt, bis sie über dem Schutte in sich selber

ausbrennt – Sie glauben nicht an Gott!« Nach diesem Gespräch entschließt sich Romana zum Selbstmord: »Sie stand auf und ging, ohne ein Wort zu sagen, nach der einen Seite fort.

Friedrich blieb noch lange dort sitzen, denn sein Herz war noch nie so bekümmert und gepreßt, als diese Nacht. Da fiel plötzlich ganz nahe im Schlosse ein Schuß. Er sprang, wie vom Blitze gerührt, auf, eine entsetzliche Ahnung flog durch seine Brust. Er eilte durch mehrere Gemächer, die leer und offen standen, das letzte war fest verschlossen. Er riß die Türe mit Gewalt ein: welch' ein erschrecklicher Anblick versteinerte da alle seine Sinne! Über den Trümmern ihrer Ahnenbilder lag dort Romana in ihrem Blute hingestreckt, das Gewehr, wie ihren letzten Freund, noch fest in der Hand.

Ihn überfiel im ersten Augenblick ein seltsamer Zorn, er faßte sie in beide Arme, als müßte er sie mit Gewalt noch dem Teufel entreißen. Aber das wilde Spiel war für immer verspielt, sie hatte sich grade ins Herz geschossen. Der müde Leib ruhte schön und fromm, da ihn die heidnische Seele nicht mehr regierte. Er kniete neben ihr hin und betete für sie aus Herzensgrunde.«

Erst nach und nach zeigt sich, daß die »frische Fahrt«, die Romana in einem der berühmtesten Eichendorff-Lieder beschreibt, im Abgrund enden wird. Der Autor stilisiert sie mehr und mehr zur heidnischen Verführerin und läßt sie in den Trümmern ihres Besitzes zusammen mit ihren Ahnenbildern in einem großen Feuer untergehen. Solche Frauenschicksale werden in zahlreichen Erzählungen Eichendorffs geschildert, und immer wieder wird verführerische Sinnlichkeit mit Sünde und Dämonie gleichgesetzt und eine eher nichtssagende Frau als positives Leitbild dagegengesetzt und vom Helden schließlich akzeptiert. Auf der mythologischen Ebene ist es die heidnische Venus oder Diana, die der christlichen Maria gegenübergestellt und von ihr schließlich verdrängt wird, im *Marmorbild* ebenso wie in der Erzählung *Die Entführung*.

Die Diana der *Entführung* entscheidet sich selbst für den
Lebensweg der Nonne und ermöglicht damit Gaston, »Leon-
tinens unschuldiges Bild«, das sie »so lange wetterleuchtend
verdeckt« hatte, wiederzufinden. »Hier lebte er in glückli-
cher Abgeschiedenheit mit seiner schönen Frau«, heißt es am
Schluß. Im *Marmorbild* wird diese Wendung in zwei allego-
rischen Gedichten dargestellt, die Eichendorff später unter
dem Titel »Götterdämmerung« veröffentlichte. Das Venus-
bild wird in einem dieser Texte von dem Bild der christlichen
Maria abgelöst:

> Da will sich's unten rühren,
> Im stillen Göttergrab,
> Der Mensch kann's schaudernd spüren
> Tief in die Brust hinab.
> […]
> Frau Venus hört das Locken,
> Der Vögel heitern Chor,
> Und richtet froherschrocken
> Aus Blumen sich empor.
> […]
> Doch öd sind nun die Stellen
> Stumm liegt ihr Säulenhaus,
> […]
> Sie selbst muß sinnend stehen
> So bleich im Frühlingsschein,
> Die Augen untergehen,
> Der schöne Leib wird Stein. –
>
> Denn über Land und Wogen
> Erscheint, so still und mild,
> Hoch auf dem Regenbogen
> Ein andres Frauenbild.

Ein Kindlein auf den Armen
Die Wunderbare hält,
Und himmlisches Erbarmen
Durchdringt die ganze Welt.

Die verführerische Macht sinnlicher Lust, die Eichendorff schon durch die Benutzung der antiken Götternamen Venus und Diana als heidnisch einordnet, wird durch die Kraft der christlichen Lehre gebrochen. Das Bild der Gottesmutter, in dem nicht nur das Ideal der unschuldigen, ungeschlechtlich-platonischen Liebe, sondern zugleich die vorbildliche Mutterliebe und Opferbereitschaft sowie (im Jesuskind) auch die Idee der christlichen Nächstenliebe aufscheinen, lösen das aus der Antike stammende Idealbild der Frau und die damit symbolisierte sinnliche Liebe, den Kult des Eros, ab.

Dementsprechend wenden sich die Helden seiner Erzählungen nach Phasen des inneren Kampfes von den dämonischen Frauen ab. Florio im *Marmorbild*, Raimund in der *Zauberei im Herbste*, der Student Don Antonio in der *Meerfahrt*, Gaston in der *Entführung* und Klarinett und Suppius in den *Glücksrittern*. Selbst der Taugenichts wird vorübergehend von der geheimnisvollen Venusgestalt bedroht.

Der Autor Eichendorff schreibt sich in der Wiener Zeit frei von dem, was er als Bedrohung empfindet. Seine Entscheidung für die brave, daheim gebliebene Luise ist damit gefallen. Er wird sie heiraten – allerdings erst, als sie schwanger ist. Am 7. April 1815 ist die Hochzeit in Breslau, am 30. August kommt der Sohn Hermann in Berlin zur Welt.

7. Kapitel: Die Befreiungskriege –
»lebendiggewordene Romantik«?

Am 2. Februar 1812 erhält Eichendorff seine Bestätigung zum Examen in »römischem Zivilrecht« mit der Note: »Erste Klasse mit Vorzug«. Ein weiteres Examen zum Kirchenrecht wird einen Monat später (am 6. März) ausgestellt, und das Zeugnis zum österreichischen Privatrecht trägt das Datum des 30. September. Zu diesem Zeitpunkt waren die Brüder längst in die Semesterferien aufgebrochen. Das heißt, alle drei mit der Bestnote absolvierten Prüfungen müssen vor dem Hochsommer stattgefunden haben, denn im Juli halten sich die Brüder bereits wieder in Lubowitz auf, um dann im November erneut nach Wien zu reisen.

Dort scheint sich eine Möglichkeit zu eröffnen, als Lehrer am Maximilianeum in Wien zu wirken. Adam Müller, dem bekannt war, daß die Brüder von ihren Eltern nicht mehr unterstützt werden konnten, hatte sie für diese Aufgabe vorgesehen und brachte sie »sehr bequem, gut und unerhört wohlfeil« im Gräflich Karolyschen Gartenpalais unter. Der Beginn des Lehrbetriebs an diesem geplanten Erziehungsinstitut verzögerte sich jedoch, und Eichendorff versuchte zunächst, mit Unterstützung Friedrich Schlegels einen Verlag für seinen Roman zu finden. Der Plan mißlang, und als sich nach dem Rußlandfeldzug Napoleons eine patriotische Stimmung in Österreich und Deutschland entwickelte und im März 1813 der Aufruf des preußischen Königs zum Widerstand erfolgte, brach Joseph von Eichendorff gemeinsam mit seinem Freund Philipp Veit zum Lützowschen Freicorps auf.

Mit welch romantischen Vorstellungen Eichendorff in den Krieg zieht, ist in seinen Gedichten an die Tiroler ablesbar. Unter dem frommen Gastwirt Andreas Hofer hatte ein kleiner Trupp tapfer und erfolgreich gegen Napoleons Truppen gekämpft, die wohl überwiegend aus Bayern bestanden, die der bayrische König dem verbündeten Napoleon zur Verfügung gestellt hatte. Die Vorstellung einer kleinen, von christlichem Bewußtsein und Traditionen des Stammes geprägten Kampfgruppe, die ihre Heimat verteidigt, indem sie vom Berg Isel bei Innsbruck Lawinen auslöste, faszinierte viele Deutsche. Eichendorff ist es gegeben, diese Stimmung in Worte zu fassen – von den Entbehrungen, die ihn angesichts der Übermacht Napoleons und der schlecht ausgerüsteten Kräfte Preußens in den sogenannten Befreiungskriegen erwarteten, hatte er keine Ahnung. Freiheitskampf wie in der Schweiz oder in Tirol schwebte ihm vor, und so konnte er 1810 dichten:

Der Tiroler Nachtwache

In stiller Bucht, bei finst'rer Nacht,
Schläft tief die Welt im Grunde,
Die Berge rings steh'n auf der Wacht,
Der Himmel macht die Runde,
Geht um und um
Ums Land herum
Mit seinen goldnen Scharen
Die Frommen zu bewahren.

Kommt nur heran mit Eurer List,
Mit Leitern, Strick und Banden!
Der Herr doch noch viel stärker ist,
Macht Euren Witz zu Schanden.
Wie war't Ihr klug! –
Nun schwindelt Trug
Hinab vom Felsenrande –
Wie seid Ihr dumm! o Schande!

Gleichwie die Stämme in dem Wald,
Woll'n wir zusammenhalten,
Ein' feste Burg, Trutz der Gewalt,

Das Lützowsche Freicorps

Verbleiben treu die alten.
Steig', Sonne, schön!
Wirf von den Höh'n
Nacht und die mit ihr kamen,
Hinab in Gottes Namen!

Nach seinem Aufbruch zu den Lützower Jägern hören wir
ein Jahr lang wenig von ihm. Doch gibt er rückblickend seinem Freund Loeben einen ausführlichen Briefbericht, der
verdeutlicht, daß es ein entbehrungsreiches, deprimierendes
Jahr war. Am 8. April 1814 schreibt er aus Torgau:
      Ich verließ den 5ᵗ April vorigen Jahres mit Philipp Veit
      das geliebte Wien und ließ mich mit demselben bei Dr.
      Lange in Breslau als freiwilliger Jäger im Lützowschen
      Corps anwerben. Da dieses corps aber damals schon
      längst aufgebrochen war, so eilten wir über Dresden und
      Meissen nach und holten es endlich in Grimma bei Leip-
      zig ein. Hier war unsere erste Bewegung – eine höchst-
      beschwerliche Retirade bis gegen Dresden, denn die

Schlacht von Lützen war eben verloren, als wir bei Leipzig ankamen. Während nun unsere große Armee sich nach Bautzen zurückzog, marschirten wir über Cottbus, als ein ächtes Freykorps, in den Rücken der Franzosen. Hier von allen befreundeten Truppen, selbst von dem größten Theile unseres Corps getrennt und verlaßen, ohne Geld, Reiterey und Canonen, trieb sich unser Bataillon (unter dem Commando des interessanten Jahns [dem »Turnvater«]) bey Tag und Nacht in Wäldern und Sümpfen umher, mit Hunger und unbeschreiblichem Elend unaufhörlich kämpfend. Fast stündlich einem uns wohl 50 fach überlegenem feindlichen Corps gegenüber hatten wir doch für unsere ungeheueren Strapatzen nicht die Satisfaction, uns nur einmal mit ihm herumzuschlagen. Denn die Franzosen mochten es wahrscheinlich nicht für rathsam halten, uns in unseren abentheuerlichen Schlupfwinkeln anzugreifen, aus welchen wir sie beständig schrekten und nekten, obgleich wir Gelegenheit genug dazu gaben und z. B. einmal bei Lübben in der Niederlausitz – 20 Mann und einige Kosaken stark – die ganze Nacht im Angesicht des Lauristonschen 10 000 M[ann] starken Corps tolldreist bivouaquirten. So manövrirte uns der immer andringende Feind nach und nach endlich bis Berlin zurück, als es plötzlich Waffenstillstand wurde. Wir marschirten nun in die Gegend von Havelberg, wo der andere Theil unseres Corps stand, und cantonnirten dort in dem Dorfe Schönhausen an der Elbe, Tangermünde gegenüber. In diesem Abgrunde von Unthätigkeit und langer Weile fingen wir bald an, über unser Schicksal nachzusinnen und zu grübeln.«

Gute Gründe, das Freicorps nicht in Kämpfe zu verwickeln, gab es auf beiden Seiten. Die Strategen auf preußischer Seite wußten von der mangelhaften (bei Eichendorff und Veit gänzlich fehlenden) Ausbildung dieser Freiwilligen und vermieden es, die bunt zusammengewürfelte Schar von Kriegsbegeisterten in der vordersten Linie einzusetzen. Denn nicht

wegen seiner militärischen Schlagkraft, sondern wegen der
illustren Intellektuellen, die mit viel Begeisterung, einer
selbstgekauften Uniform und ohne fundierte Ausbildung in
den Kampf gingen, war die Gruppe berühmt, deren Vorbild
vermutlich Hofers romantisch verklärte Kampfgemeinschaft
war. Gegen die große Armee Napoleons – mochte sie auch in
Rußland geschwächt sein – konnten Idealisten wie Joseph
von Eichendorff und Philipp Veit, deren Kommandant der
Turnvater Jahn war, wenig ausrichten. Das wußte man aber
auch auf französischer Seite, und so kam es, daß Eichendorff
mit den Lützower Jägern stets im Windschatten der eigentlichen Kriegshandlungen blieb – eine Tatsache, die der patriotische und pflichtbewußte junge Eichendorff offenbar als
Fluch empfindet.

Seine Entscheidung, dieses Freicorps dann zu verlassen, hat
allerdings noch andere Gründe als die Frustration, in der
Etappe eingesetzt zu werden. Er sieht keine Aussicht auf
Beförderung zum Offizier: »Das Lützowsche Corps war mit
Officieren fast überfüllt, also wenig Aussicht zu avancement
für uns. Und noch einen Feldzug, zumal im Winter, als
Gemeiner mitzumachen – was das heißt, weiß nur, wer es einmal empfunden. Am meisten aber schmerzte uns, daß wir bei
allen Strapazen die Schlachten von Görschen, Bautzen etc:
nicht mitgefochten, daß unser ganzes Corps bis zum Waffen-
stillstande nicht zum Schuß gekommen (denn der schändliche
Überfall während dem Waffenstillst[and] traf nur unsere
Cavallerie) und daß wir überhaupt unverdienterweise den
anderen Truppen nachgesetzt wurden.«

Die weiteren Abenteuer, die Eichendorff dann nach der
Darstellung in seinem Brief zu bestehen hat, erinnern an das
Schicksal von Uhlands »Unstern«. Er kommt immer gerade
zu spät oder zu früh und verpaßt seine Chancen, obwohl er
sein nächstes Ziel – in reguläre Einheiten der preußischen
Armee aufgenommen zu werden – nach einer strapazen- und
enttäuschungsreichen Odyssee schließlich erreicht. Die Bezeichnung »regulär« für diese preußischen Verbände ist aller-

Carl Schaeffer: Joseph von Eichendorff während
der Befreiungskriege (1814)

dings euphemistisch. Bei der Zusammenstellung der Einheiten ging es ähnlich chaotisch zu wie bei den Freiwilligenverbänden: Erneut muß Eichendorff selbst Mittel für seine Ausrüstung aufbringen. Wie er Loeben in seinem Brief berichtet, folgt er zunächst einer »Einladung vom Baron Fouqué, ins Hauptquartier nach Schlesien zu kommen, wo er (Fouqué) im Generalstabe angestellt werden, und somit auch uns beiden [Eichendorff und Veit] einen größeren Wirkungskreiß verschaffen werde«.

Die ehrenhaft Entlassung aus dem Lützowschen Corps ist mit dieser Einladung Fouqués kein Problem, doch als die beiden nach Zwischenstationen in Berlin und Neisse schließlich in »Strehlen, wo früher das Hauptquartier war«, eintreffen, muß Eichendorff feststellen: »ich fand es nicht mehr dort, und – niemand wußte mir zu sagen, wo es gegenwärtig wäre.«

Veit, dem er bei seinen Irrwegen offenbar zufällig wieder begegnet, hat erfahren, daß Fouqué den versprochenen Posten im Generalstab gar nicht erhalten hat, eine Entscheidung, die nachzuvollziehen ist, denn auch der Herausgeber des Frauentaschenbuchs und Verfasser der *Undine* war sicher kein erfahrener Soldat, wie man ihn in einem preußischen Generalstab benötigte.

Veit und Eichendorff reisen nun getrennt Fouqué nach, Veit zu Pferde, Eichendorff offenbar zu Fuß auf »einer unsäglich mühseligen Reise«, die tief nach Böhmen führt. Zu einer Offiziersstelle kann ihm Fouqué nicht verhelfen, und Eichendorff beschließt nun, »Veiten nicht zu verlaßen und mich ebenfalls unter die Curassier-Jäger zu begeben. Aber bei einer näheren Beleuchtung meiner Barschaft fand ich zu großem Schrecken, daß ich nicht Geld genug mehr hatte, um mir eine neue Uniform zu schaffen, geschweige denn ein Pferd.«

Als Offizier hätte er »Vorschuß und Gehalt« bekommen, allein: es gibt keine dotierte Stelle für ihn, und er erreicht es auch nicht, als Offizier bei der österreichischen Landwehr in Prag aufgenommen zu werden. »Von aller Welt verlaßen […] entschloß ich mich nun, nicht ohne tiefen Groll im Herzen, – nach Schlesien zurückzukehren, um mir dort das Geld zu holen und so zur nächsten Armee zurückzueilen.« Bei den Eltern in Lubowitz »langte ich endlich ganz entkräftet […] an, bekam hinreichend Geld und eilte in 3 Tagen mit Vorspann wieder fort, um mich als Jäger zur Blücherschen Armee zu begeben, die sich so eben in Nieder-Schlesien herumschlug«.

Ein Onkel in Breslau, Graf Hoverden, ermöglicht ihm, im Infanterie-Regiment in Glatz als Leutnant endlich die erwünschte Position in der militärischen Rangordnung zu finden. Die nächste Enttäuschung folgt jedoch: »Doch wie groß war mein Schrecken, als ich dieses Regiment fast erst im Entstehen fand.« Sein Plan, wieder abzureisen, wird durch die offizielle Ernennung zum »wirklichen Lieutenant« durch den preußischen König unterlaufen. »Es war die bitterste Täuschung in meinem Leben. […] Es mißglückte alles, und ich mußte beinahe 3 Monathe lang Garnisonsdienste in Glatz thun. Gegen Ende Decembers endlich erhielt unser Regiment Marschordre, um zum 4-ten Armeencorps zu stoßen. Neuaufgelebt ging ich nun wieder freudiger, würdiger Arbeit entgegen; aber wir langten grade in hiesiger Gegend an, als Torgau capitulirte, und – wurden sogleich zur Besatzung von Torgau bestimmt, wo wir noch heute schmachten. Das ist mein Lebenslauf während diesem Kriege. Ich weiß nicht, soll ich mich mehr ärgern über das hartnäckige, fast beyspiellose Mißlingen aller meiner Pläne und heißesten Wünsche, oder Gott für die unverkennbare freilich wunderliche und schmerzliche Leitung danken, durch welche mein Leben erhalten ward.«

Der Brief endet mit dem Zitat aus einem Gedicht, das Eichendorff vor dem Aufbruch in die Freiheitskriege seinem Bruder geschrieben hatte. Kindheit, Schul- und Studienzeit hatten die beiden wie ein Zwillingspaar miteinander verlebt, nach der Wiener Zeit gingen sie in entgegengesetzte Richtungen auseinander. Joseph wandte sich den Preußen zu und Wilhelm den Österreichern.

Das vor der Trennung 1813 geschriebene Abschiedsgedicht an den Bruder beginnt sehr zuversichtlich und fröhlich:

> Steig' aufwärts, Morgenstunde!
> Zerreiß' die Nacht, daß ich in meinem Wehe
> Den Himmel wiedersehe,
> Wo ew'ger Friede in dem blauen Grunde!
> Will Licht die Welt erneuen;
> Mag auch der Schmerz in Tränen sich erfreuen.

> Mein lieber Herzensbruder!
> Still war der Morgen. –
> Ein Schiff trug uns beide,
> Wie war die Welt voll Freude!

Am Schluß geht es um das erhoffte Wiedersehen, und trotz aller Zuversicht kommt Trennungsschmerz und Todesangst

auf, denn die Heimat – wie so oft in Eichendorffs Lyrik – ist
nicht das Lubowitzer Idyll, sondern die himmlische Heimat
der Seele. Ein Wiedersehen scheint erst nach dem Tode möglich:

> Aus *Einem* Fels geboren,
> Verteilen kühle rauschend sich zwei Quellen,
> Die eigne Bahn zu schwellen.
> Doch wie sie fern einander auch verloren:
> Es treffen echte Brüder
> Im ew'gen Meere doch zusammen wieder.
>
> So wolle Gott Du flehen,
> Daß Er mit meinem Blut und Leben schalte,
> Die Seele nur erhalte,
> Auf daß wir freudig einst uns wiedersehen,
> Wenn nimmermehr hienieden:
> So dort, wo Heimat, Licht und ew'ger Frieden.

Nur die vorletzte Strophe aus diesem Gedicht zitiert Eichendorff am Schluß seines Briefes an Loeben. Damit ist das positive Element des Neuanfangs ohne den Bruder und die am
Schluß des Gedichts noch einmal aufscheinende Möglichkeit
eines freudigen Wiedersehens »hienieden« getilgt. Während
sich beim Aufbruch in den Krieg Hoffnungen und Ängste
noch die Waage hielten, befürchtet Eichendorff noch in Torgau: Erst jenseits des Todes wird wieder Gemeinsamkeit und
Frieden sein. »Es bewähre sich an uns, was ich letzthin in
einem Gedichte an den Bruder schrieb«: So leitet Eichendorff sein Zitat am Schluß des Briefes an Loeben ein und
bezieht es damit auch auf den »innigstgeliebten Freund«
Loeben.

Eichendorff hat seine Illusionen nach seinen Kriegserleb-
nissen abgelegt, er ist grenzenlos enttäuscht, ist aber dennoch
nach wie vor von dem Bewußtsein getragen, »aus diesem großen herrlichen Kampfe, in jedem Augenblicke streng gethan

zu haben, was Pflicht und Ehre mir geboten«. Er fühlt die
»stolze Freude, für das Vaterland in diesem Jahre Kreutz
genug, und zwar recht eisernes, getragen zu haben. Und
somit: Herr, dein Wille geschehe!«

Ein Krieg, wie er ihn bei seinen Gedichten an die Tiroler
Kämpfer imaginiert hatte, war das nicht, eher das Desaster
eines schlecht organisierten, dilettantisch anmutenden Kampfes gegen die geschwächte, aber immer noch gefährliche
Streitmacht Napoleons. Wie die zuletzt zitierten Formulie-
rungen im Brief an Loeben zeigen, hatten all diese Erlebnisse
Eichendorffs feste Überzeugungen von Pflicht, Ehre und
Gottvertrauen nicht im mindesten erschüttert. Die Ideale
einer auf Gottvertrauen gegründeten Kampfgemeinschaft,
die er in seinen Gedichten zum Aufstand der Tiroler formuliert hatte, galten nach wie vor, doch ist der frische Kampfes-
mut einer eher melancholischen Erinnerung gewichen. Er
beginnt im Spätsommer 1814, die »Begebenheiten als Jäger
im Lützowschen Corps, die nun in der Erinnerung kräftiger
hervortreten, ganz einfach aufzuschreiben«, wie er Loeben
schreibt, und wählt dafür wieder die Gedichtform. Der zu-
versichtliche Ton der Tiroler-Gedichte ist verflogen, statt dessen wird der allgegenwärtige Tod noch in der Erinnerung an
die Kriegserlebnisse spürbar.

An die Lützowschen Jäger

Wunderliche Spießgesellen
Denkt ihr noch an mich,
Wie wir an der Elbe Wellen
Lagen brüderlich.

Wie wir in des Spreewalds Hallen,
Schauer in der Brust,
Hell die Hörner ließen schallen
So zu Schreck wie Lust?

Mancher mußte da hinunter
Unter den Rasen grün,
Und der Krieg und Frühling munter
Gingen über ihn.

Wo wir ruhen, wo wir wohnen:
Jener Waldeshort
Rauscht mit seinen grünen Kronen
Durch mein Leben fort.

»Windsgleich kommt der wilde Krieg geritten, / Durch das
Grün der Tod ihm nachgeschritten«, beginnt ein weiteres dieser Erinnerungsgedichte, und das mehrteilige Gedicht aus der
gleichen Zeit mit dem Titel »Der Soldat« endet nach einer
flüchtigen Begegnung mit einem Mädchen, das der berittene
Soldat entführt, mit einer Strophe, die am Ende einen Wett-
lauf mit dem Tod schildert, die an Goethes Ballade vom »Erl-
könig« erinnert:

Wagen mußt du und flüchtig erbeuten,
Hinter uns schon durch die Nacht hör' ich's schreiten,
Schwing' auf mein Roß dich nur schnell
Und küß' noch im Flug mich, wildschönes Kind,
Geschwind,
Denn der Tod ist ein rascher Gesell.

Bereits in Torgau hatte sich Eichendorff über seine Zukunft
nach dem Kriege Gedanken gemacht. Er sucht eine Anstellung in der Zivilgesellschaft und bittet seinen Bruder Wilhelm
in einem Brief vom 11. Mai 1814, er möge ihm »irgend eine
Stelle im österr. Civile zu verschaffen suchen«. Sein nach
Lienz gerichteter Brief ist nicht erhalten, er erreichte den Bruder nur auf Umwegen, während dieser gerade an einem Brief
an Joseph schreibt, in dem er weitläufig von seinen Kriegs-
Erlebnissen berichtet, die ihn bis nach Paris geführt hatten.
Sein Leben hat ihn auch innerlich vom Bruder weit entfernt,

und so formuliert er als Antwort auf Josephs vermutlich eher poetisch-nostalgischen Brief: »[Meine] Lebensart, die jetzt sogenannt praktisch ist […] macht es, daß ich Dich zwar nie vergesse, aber in dem Getöse aller dieser Dinge öfter überhöre, und daß mein Gefühl einer Quelle ähnlich wird, die zuweilen versiegt, dann aber wieder strömt.« Danach setzt er seine wortreichen Erzählungen von amourösen Abenteuern fort, die den gesamten Brief beherrschen und an einen Liebesroman minderer Qualität erinnern. »Mich zieht es unwiderstehlich nach Italien«, heißt es, und dann – in der überlangen Nachschrift: »Ich bitte dich […] kritisiere die Schreibart nicht zu scharf. Ich mußte alles zu kurz fassen.«

Die Bitte um Übermittlung einer Stelle im österreichischen Staatsdienst beantwortet Wilhelm nicht; offensichtlich kann er nichts für seinen Bruder tun. An eine geregelte Zukunft im Staatsdienst scheint er selbst noch keinen Gedanken zu verschwenden, und die dichterischen Ambitionen, die ihn früher mit Joseph verbanden, sind verflogen: »Die Poesie in Versen hat sich seit ¾ Jahren von mir getrennt. Ich glaube nicht, daß wir Feinde sind und hoffe daher, wieder mit ihr zusammenzutreffen«, heißt es am Schluß des überlieferten Fragments.

Im Dezember erhält Eichendorff den beantragten Abschied von der Armee. Anfang März 1815 wird er auf Empfehlung von Gneisenau im Berliner Kriegsministerium angestellt. Damit ist immerhin ein Einstieg in den öffentlichen Dienst Preußens geglückt.

Allerdings hatte Eichendorff seine Referendarzeit noch nicht absolviert, und die Einstellung in Berlin war ein Provisorium ohne nennenswerte Bezahlung. Eichendorff mußte von einer kleinen Erbschaft leben, da die Eltern ihn nicht regelmäßig unterstützen konnten. Im Januar 1816 wurden die Güter des Vaters einer Wirtschaftsaufsicht unterstellt.

Das Manuskript seines Romans gelangt nun über Loeben an Fouqué, dem es gelingt, einen Verleger für *Ahnung und Gegenwart* zu finden. Fouqué selbst schreibt ein Vorwort: »Der Verfasser hatte diesen Roman vollendet, ehe noch die

Franzosen im letzten Kriege Rußland betraten. Eine notwendig fortlaufende Berührung des Buches mit den öffentlichen Begebenheiten verhinderte damals den Druck desselben. Später faßte die gewaltige Zeit den Dichter selbst, er focht in den Reihen der Vaterlandsretter rühmlich mit, und alle seine Muße, Gedanken und Kräfte wandten sich auf den gemeinschaftlichen Zweck.« Dann zitiert er aus den »Mitteilungen« des Verfassers, um sich danach den patriotischen Parolen Eichendorffs anzuschließen: »Alle Kräfte, die in uns aufgewacht, schlummerten oder träumten schon damals. Aber Rost frißt das Eisen. Die Sehnsucht hätte sich langsam selbst verzehrt, und die Weisheit nichts ausgesonnen, hätte sich der Herr nicht endlich erbarmt, und in dem Brande von Moskau die Morgenröte eines großen herrlichen Tages der Erlösung angezündet. Und so laßt uns Gott preisen, Jeder nach seiner Art! Ihm gebührt die Ehre, uns ziemet Demut, Wachsamkeit und frommer, treuer Fleiß.« Als Kernworte, »wie aus dem Innersten und Besten meiner Seele gesprochen«, sieht Fouqué die Worte Eichendorffs, um dann den »herzlichen Wunsch« auszusprechen: »möchten sie und das ganze jugendlich frische Dichterwerk unsern teuern Landsleuten nach Verdienst lieb werden und bekannt.

Geschrieben am 6. Januar 1815.   La Motte Fouqué«

Kurz nach diesem Datum sollte der Patriotismus der Europäer noch einmal auf eine Probe gestellt werden. Am 20. März trifft Napoleon – aus der Verbannung in Elba kommend – in Paris ein und unternimmt den Versuch, sein Imperium wiederaufzubauen. Erneut folgt Eichendorff dem Aufruf zu den Waffen; am 22. April verläßt er Berlin, um sich dann in Lüttich den Blücherschen Truppen anzuschließen und bis nach Paris zu gelangen. Zeitweise ist er bei diesem Feldzug Ordonanzoffizier im Stab Gneisenaus. Mit dem Satz: »Mein Biwak auf dem Pont-neuf« schließt Eichendorff in den Entwürfen zur Autobiographie seine Stichworte zum Kapitel *Der Krieg* ab. Das Kriegsende ist mit dem Einzug in Paris erreicht.

In Notizen zur Ausführung dieser Stichworte versucht er,

Friedrich Freiherr de la Motte Fouqué

die Kriegsbegeisterung am Anfang der Befreiungskriege zu erklären. Der Aufbruch scheint ihm nun im Rückblick seiner Memoirenentwürfe wie ein ›romantisches Abenteuer‹, auf das sich die junge Generation einließ, um der Langeweile zu entfliehen. »Die Welt war trunken, u. wollte sich nicht bloß an Napoleon, sondern zugleich auch an aller miserablen Philisterei, rächen, die sie bis dahin auf das tödtlichste gelangweilt hatte. Es war die lebendiggewordene Romantik, die schon in den Zügen des Herzogs v[on] Braunschweig, Schills, u. im Tiroler Volkskriege vorspukte.« Daß dieser romantische Aufbruch dann in frustrierende Kriegerfahrungen mündete, scheint Eichendorff zu verdrängen. Lediglich ein seltsam anmutender Vergleich mit der »Aufregung« des Aufstands von 1848 läßt erkennen, daß Eichendorff die Kriegsbegeisterung als Zeichen einer spontanen, gefährlichen Entgleisung ansieht. Revolutionäre Umbrüche wie die Französische Revolution oder die Aufstände von 1848 setzen nach seiner Auffassung kaum kontrollierbare Kräfte und Emotionen frei, und so deutet der Vergleich mit den Unruhen von 1848 auf eine distanziert-skeptische Betrachtung der Kriegsbegeisterung von 1814 hin: »Die damal[ige] Aufregung hatte die frappanteste Aehnlichkeit mit [18]48, nur mit dem Unterschiede, daß damals das Volk mit der Regierung, oder vielmehr die Regierung mit dem Volke ging.«

8. Kapitel: »Es zogen zwei rüst'ge Gesellen«
Die problematische Frühlingsfahrt des
Beamten Eichendorff

Ich wollt in Liedern oft dich preisen,
Die wunderstille Güte,
Wie du ein halbverwildertes Gemüte
Dir liebend hegst und heilst auf tausend süße Weisen,
Des Mannes Unruh und verworrnem Leben
Durch Tränen lächelnd bis zum Tod ergeben
Doch wie den Blick ich dichtend wende,
So schön in stillem Harme
Sitz'st du vor mir, das Kindlein auf dem Arme,
Im blauen Auge Treu und Frieden ohne Ende,
Und alles laß ich, wenn ich dich so schaue –
Ach, wen Gott lieb hat, gab er solche Fraue!

Dieses Gedicht an seine Frau Luise schrieb Eichendorff 1816,
nachdem er – halbverwildert – von dem letzten Kriegsaben-
teuer in Paris in den Schoß seiner frisch gegründeten Familie
zurückgekehrt war. Als Schwangere hatte er Luise, mit der er
seit dem 7. April 1815 verheiratet war, verlassen, um sich dem
preußischen Vaterland noch einmal als Kämpfer gegen Napoleon zur Verfügung zu stellen. Bei der Rückkehr fand er Luise
mit Hermann, seinem ersten Kind, auf dem Arm, das sie am
30. August 1815 geboren hatte.
    Die Intrigen von Eichendorffs Mutter gegen die Ehe mit
Luise von Larisch hatten bis kurz vor der Hochzeit angedau-
ert. Darauf deutet jedenfalls ein Brief Eichendorffs an seine
Braut vom Dezember 1814 hin: »An die Luise. *Aus Berlin.* Du
hast recht gehabt. Meine Mutter hat cabaliert«, heißt es in
dem überlieferten Konzept. In diesem Zusammenhang an
Schillers Drama *Kabale und Liebe* zu denken ist nicht abwe-
gig, denn die Mutter hat offensichtlich fragwürdige Mittel

eingesetzt, um einen Liebesbesuch des Bräutigams bei seiner
Braut zu verhindern. Ihr Sohn mußte seinen geplanten Abschiedsbesuch bei Luise ausfallen lassen, weil seine Mutter
diesen Plan hintertrieb und vermutlich auch den Vater beeinflußte. Die zu einem Ritt von Lubowitz nach Pogrzebin notwendigen Pferde standen nicht zur Verfügung. Eichendorff
schreibt: »Deine Ahnungen, an die ich damals nicht glauben
wollte, sind eingetroffen, man hat mir Schwierigkeiten mit
den Pferden gemacht, der Regen, und vor allem, die Bitten des
Papas, dem ich in unschuldigen Dingen nie widerstehe. –
Gern hätte ich noch einen Kuß von Dir geholt, wenn Gedanken Flügel wären. – Meine Bangigkeit nach Dir ist nicht zu
beschreiben. Mein liebes hübsches Laubfröschchen welches
Wetter?«

Wann es zu einem weiteren Treffen mit dem »Laubfröschchen« kam, ist auch aus dem Geburtstermin von Eichendorffs
Sohn nicht zu erschließen – rechnet man nämlich vom Datum
der Geburt neun Monate zurück, so wird klar, daß es zu der
Liebesbegegnung mit Folgen bereits vor dem unterbundenen
Abschiedsbesuch und vor seinem Brief aus Berlin gekommen
war. Demnach reiste Eichendorff mit dem Bewußtsein in die
preußische Metropole, möglicherweise ein Kind gezeugt zu
haben – vielleicht ist das ein Grund dafür, daß er in seinem
Brief von »Bangigkeit« spricht?

Lediglich zwei weitere Briefe von ihm sind aus der Zeit-
spanne bis zur Hochzeit überliefert: Seinen Freund Philipp
Veit bittet er am 28. Januar 1815 um Nachsendung einiger
Zeugnisse aus Wien und um Mitwirkung des Stiefvaters Friedrich Schlegel bei der Suche nach einer Stelle im österreichischen Staatsdienst. Und Carl Schaeffer, der ihn 1814 in Lubowitz vor der Berlin-Reise besucht hatte, teilt er am 25. März
mit: »Sodann aber muß ich selber aus einer Ursache, die Du
weiter unten erfahren wirst, auf das baldigste eine Reise nach
Breslau unternehmen.« Die Ursache, die er am Anfang des
Briefes noch verschweigt, ist: Luise ist schwanger, und selbst
die »Cabale« der Mutter kann nun nichts mehr ausrichten; die

Verbindung muß ihren kirchlichen Segen bekommen. Im Brief an den Freund ist Eichendorff nicht so offen, diese Ursache für die Familiengründung direkt zu benennen. Er behauptet vielmehr, nun durch Anstellung im Staatsdienst hinreichend abgesichert zu sein, um eine Ehe begründen zu können: »Ich bin nemlich durch Empfehlungen des herrlichen Gneisenaus, der sich meiner sehr warm annimmt, beim Kriegs Commissariat angestellt und dieses sezt mich endlich in den Stand – meine Louise heirathen zu können, welches – künftigen Monath geschehen wird.«

Vielleicht aber hatte der Freund doch mehr über die Beziehung zu Luise erfahren, als er zuvor in Lubowitz war – oder hatte auch er Vorbehalte gegen die Braut? Eichendorff jedenfalls rechnet mit einer ironischen Reaktion seines Freundes auf seine Enthüllung und schließt der Hochzeitsnachricht den Satz an: »Ich sehe ordentlich Deinen ironischen Glückwunsch auf Deinen Lippen schweben!«

Tatsächlich eröffnete diese Anstellung »beim Kriegs Commissariat« noch keine klare Perspektive, denn es handelte sich mehr oder weniger um ein Notprogramm für verdiente preußische Bürger, die sich in den Freiheitskriegen militärisch engagierten. Eichendorff hatte sich um die eher provisorische, kaum hinreichend honorierte Beschäftigung im Dezember zuvor erfolgreich beworben.

Bereits während der Rückkehr vom Paris-Feldzug schreibt Eichendorff an eine weitere Persönlichkeit, von der er sich Unterstützung bei einer Karriere im öffentlichen Dienst Preußens erhofft. Seine Bewerbung geht an den Herrn »KammerGerichtsRat« Johann Albrecht Friedrich Eichhorn. In Paris hatte er Eichhorn, den späteren preußischen Kultusminister, kennengelernt. Als »Lieutnant im 1ten Bataillon des 2ten Rheinischen Landwehr-Infanterie-Regiments« schreibt er am 26. Oktober 1815 aus Hamm seinen Brief und erwähnt zunächst das mit »besten Zeugnißen« abgeschlossene Studium der »Rechte und der cameralistischen Wißenschaften«. Damit hat er genau die Fächer studiert, die für eine Laufbahn im

öffentlichen Dienst optimal waren: Jura und »Camaralistik« –
ein Begriff, der mit Finanzwissenschaft nur ungenau übersetzt ist. Es geht um die Verwaltung von Staatsfinanzen, ein
Fachgebiet, das nicht mit den Universitätsfächern Betriebs-
oder Volkswirtschaft gleichzusetzen ist und heute an Fach-
hochschulen des öffentlichen Dienstes unterrichtet wird.

Eichendorff macht keinen Hehl daraus, daß er eine Anstellung mit Gehalt sucht, die ihm ermöglichen würde, eine Familie zu ernähren. Die reguläre Laufbahn über ein weiteres,
zweites Staatsexamen will er vermeiden, weil einem Referendar und Assessor im Staatsdienst allenfalls Kostgeld, doch
kein zum Lebensunterhalt einer Familie hinreichendes Gehalt zusteht. Offen bekennt er in seinem Bewerbungsbrief:
»Da ich aber verheirathet und Vater bin und mein Vermögen
durchaus nicht hinreicht, um mit meiner Familie noch längere
Zeit auf eigene Kosten zu leben, so ist es mir unmöglich, nunmehr in die gewöhnliche juristische Laufbahn einzutreten
und vielleicht Jahrelang ohne Gehalt zu arbeiten. Als das
Wünschenswertheste unter diesen Umständen erscheint mir
daher die Anstellung in irgend einem Bureau (Z. B. der Poli-
zey) in Berlin oder als expedirender Secretair bei einem der
Oberlandes-Gerichte in den neupreußischen Provintzen am
Rheine, welche mir für den Augenblick eine sichere Zuflucht
und Gelegenheit darböte, mich für den Dienst des Staates
weiterzubilden.« Einen Antwortbrief kennen wir nicht, doch
bleibt der Erfolg offensichtlich aus, Eichendorff wird weder
bei der Polizei in Berlin noch bei einem Gericht in den Rhein-
provinzen angestellt. Er kommt nicht umhin, das zu begin-
nen, was er vermeiden wollte: die reguläre Laufbahn im Staatsdienst mit einer Durststrecke ohne Gehalt.

So beißt er in den sauren Apfel, zieht im Juni 1816 nach
Breslau und bewirbt sich in Schlesien um ein Referendariat.
Am 9. Dezember des gleichen Jahres besteht er dort die Referendarprüfung und leistet am 24. Dezember den Diensteid
auf den preußischen König Friedrich Wilhelm III. Das Assessorexamen wird dann zwei Jahre später – Ende 1818 – einge-

leitet. Als Thema für die schriftliche Probearbeit wurde fest-
gelegt: »Was für Nachteile und Vorteile hat der katholische
Religionsanteil in Deutschland von der Aufhebung der Landeshoheit der Bischöfe und Äbte, desgleichen von der Entziehung des Stifts- und Klostergutes mit Wahrscheinlichkeit zu
erwarten?« Er hatte also über die Auswirkungen der nach
1803 vollzogenen Säkularisation zu schreiben, was für einen
überzeugten Katholiken, der in einem eher protestantisch ausgerichteten Staat angestellt werden wollte, eine prekäre Aufgabe war. Denn selbstverständlich konnte er in dieser Arbeit
nicht ausführen, daß die Übertragung kirchlicher Güter an den
Staat nach dem berühmten Reichsdeputationshauptschluß von
1803 ihn als überzeugten Katholiken schmerzen mußte. Viele
Klöster wurden aufgelöst, das Inventar und die Schätze der
Bibliotheken oft verschleudert, der Grundbesitz vielfach von
dem Staat übernommen, dem der Prüfling in Zukunft dienen
wollte.

Eichendorff ahnt, daß ihm, dem Vertreter einer konfessionellen Minderheit in Preußen, eine Falle gestellt wurde. Ausführlich berichtet er seinem Heidelberger Lehrer Joseph Görres 1828 im Rückblick über seine Situation: »Da ich, Gott
sey Dank, mein Gewißen u. meine Ehre jederzeit höher gehalten habe, als meinen Magen, so beantwortete ich diese
Frage, die ich mit gutem Grund nur für eine Art von heimlicher Fußangel halten mußte, mit besonderem Fleiß u. mit aller hier nöthigen Freimüthigkeit u. Rücksichtslosigkeit. Aber
Gott wandte es anders, als ich dachte. Der Geheime Ober-
Regierungsrath Schmedding in Berlin, selbst ein Katholik,
von deßen Existentz ich damals noch nichts wußte, wurde
durch diese Abhandlung aufmerksam auf mich, u. durch seine
Vermittelung wurde ich einige Zeit darauf, zur Bearbeitung
der katholischen geistlichen Angelegenheiten in Preußen, als
Regierungsrath nach Königsberg berufen«. Von Schmedding
stammte auch das positive Gutachten zu seiner Arbeit, er
attestierte »Adel der Gesinnung und Tiefe historischer Forschung«. Eichendorff besteht die Prüfung und ist ab Novem-

ber Assessor in Breslau, was aber immer noch keine Absicherung der Familie durch Gehaltszahlung bedeutet.

Daß ihm das Überdauern ohne Gehalt für einige Jahre
überhaupt möglich war, verdankt er einer überraschenden
Erbschaft, von der das Tagebuch zum erstenmal am 26. Februar 1812 berichtet. Von 60 000 Talern für die beiden Brüder ist dort nach Erhalt eines Briefes von einer Tante die Rede,
und die beiden armen Studenten sind zum Feiern aufgelegt.
Drei Tage später reduziert sich diese Summe: Ein Brief der
Eltern trifft ein, der besagt, »daß uns nur 11,000 rth. legirt
wären«. Auch dies ist noch eine ansehnliche Summe. Etwa ein
Zehntel, 1200 Reichstaler, sollte Eichendorff als preußischer
Regierungsrat ab September 1821 jährlich verdienen. Wenn
jeder der Brüder die genannte Summe aus der Erbschaft erhielt, so war damit bei sparsamem Haushalten als Einzelper-
son mehr als zehn Jahre auszuhalten, zumal das Kapital ja
auch Zinsen abwarf.

Doch als Familienvater brauchte Eichendorff mehr, wenn
er nicht sein kleines Vermögen durch Ausgaben für das alltägliche Leben verzehren wollte, und so ist es verständlich, daß
er auch in der Zeit als Referendar weitere Vorstöße unternimmt, um an eine bezahlte Planstelle zu kommen. Im Mai
1817 – am 9. dieses Monats wurde bereits sein zweites Kind,
Marie Therese Alexandrine, geboren – wendet er sich an Friedrich Karl von Savigny und bittet ihn um eine Professur für
Geschichte in den rheinischen Provinzen. Diese Bewerbung
ist ebenso erfolglos wie der Versuch, als Landrat angestellt zu
werden.

Zwischen August und Anfang Oktober 1817 kommt es bei
einem Urlaub in Lubowitz zu einem Treffen mit dem Bruder Wilhelm. Unter dem Eindruck dieser Begegnung faßt
Eichendorff den Plan, eine bereits vorher begonnene autobiographisch gefärbte Geschichte, *Das Wiedersehen*, weiterzuschreiben. »Das Wiedersehen geschieht aber in Lubowitz.
Ludwig wird verrückt, da er Leonhardten auf einmal wiedersieht etc.« Wahnsinnig wird Joseph von Eichendorff zwar

Wilhelm von Eichendorff

nicht, als er seinen Bruder nach fünf Jahren wiedersieht, aber der dann nicht ausgeführte Plan mit der Idee, das Alter ego Ludwig in der Novelle so enden zu lassen, zeigt, wie bewegend diese Begegnung gewesen sein muß.

Auch der überlieferte Anfang der Novelle, der die Geschichte der miteinander aufgewachsenen Brüder wenig verschlüsselt erzählt, zeigt die tiefe innere Zuneigung der beiden: »Leonhardt und Ludwig entfernter Verwandten Söhne wuchsen miteinander auf in der träumerischen Stille einer schönen Landschaft, die ein einsames Schloß heiter umgab, und sahen mit ihren kindisch sinnigen Augen sehnsüchtig nach den fernen blauen Bergen, wenn der Frühling wie ein zauberischer Spielmann durch ihren Garten ging und von der wunderbaren Ferne verlockend sang.

Ihre Wünsche wurden reichlich erfüllt. Vielfache Studien und damit verbundene Reisen führten die beiden Freunde frühzeitig in die weite Welt hinaus und sie lernten viel; aber mitten in dem Glanze des großen Lebens deckte oft ein Lied,

ein Vöglein das einsam vom Dache sang, und alle Jahr der
Frühling die alte Heimat mit ihren gewaltigen Erinnerungen
vor ihnen auf, wie ein Meer von Stille, in dem das Herz vor
Wehmut untergehen möchte.
    Es gibt in dem Leben jedes tüchtigen Menschen einen Gip-
fel, wo die ganze Seele plötzlich vor dem Morgenrot und der
unermeßlichen Aussicht umher innerlichst erjauchzt, wo sie
aufeinmal erwachend liebt, dichtet, kühne Entwürfe macht
und das Größte ernstlich will, und die Welt langt ihnen überall liebend entgegen. [...] Die lange Gewohnheit des Zusammenlebens hatte sich dabei in eine unwiderstehlich gewaltige
Liebe zu einander verwandelt.« Durch den Verlust des Ver-
mögens kommt es zur Trennung der beiden: »Da erfolgte
plötzlich ein Riß durch ihr ganzes Leben. Ludwigs Vater
hatte durch unerwartete Unglücksfälle sein Vermögen verloren und Ludwig, dichterisch und der mildere von beiden,
mußte die Residenz, wo er sich damals mit Leonhardt auf-
hielt, verlassen. Beide fühlten nur ihre Trennung und wußten
nicht, wie das Leben nun noch weiter dauern sollte.« Ludwig
hinterläßt dem Freund bei seiner Abreise ein trauriges Lied
»Steig aufwärts Morgenstunde«, aus dem Eichendorff in seinem Brief an Loeben die Strophe »Auf *Einem* Fels geboren«
zitiert hatte. Der »Befreiungs-Krieg« führt dann in der Novelle zur dauerhaften Trennung der beiden Protagonisten,
und als Leonhardt wieder in die Heimat zurückkehrt, fahndet
er zunächst vergeblich nach seinem Herzensbruder. Schließlich erhält er einen Hinweis und trifft zunächst auf die Frau
Ludwigs und zwei Kinder. Als Muster der jungen Familie
wählt Eichendorff hier offensichtlich die frisch gegründete
eigene Familie, und er wird sich auch an seine Rückkehr vom
Einzug in Paris erinnert haben, der ebenfalls in dem Novel-
len-Fragment erwähnt wird: »Da öffnete sich die Türe und
eine unendlichfrische kräftigweibliche Gestalt in einfacher
reinlicher Kleidung mit still verständigen Augen trat, vor dem
unerwarteten Fremden leicht errötend und sich verbeugend,
herein. Es war Ludwigs Frau. Die Kinder lächelten und lang-

ten mit den Ärmchen ihr entgegen, der Tumult legte sich
plötzlich von allen Seiten, und so war sie Leonhardten wie
eine ruhig beschwichtigende Zauberin erschienen. [...] Sie
hatte viel mit dem Kinde in der Wiege zu schaffen, er konnte
daher gar noch nicht recht zum Fragen kommen, und ach, er
hatte so viel, so unendlich viel zu fragen! Er bemerkte, daß
das Kind verwüstend mit einem alten Blatte spielte, worauf
sich Verse von Ludwigs Hand befanden. Er bat darum. ›Ich
verstehe nicht viel von Gedichten und gelehrten Sachen‹, sagte
die schöne Mutter mit einem, wie es ihm schien, schmerzlichen
Lächeln, und reichte ihm das Blatt. Leonhardt freute sich innig,
das Gedicht war an ihn selbst gerichtet und nach dem oben
bemerkten Datum bereits bei Ausbruch des Krieges geschrieben. Er las still für sich: Ach, daß auch wir schliefen!«

Nur noch das Eintreffen Ludwigs wird in dem Fragment
kurz berichtet, so daß wir über den Verlauf der realen Begegnung in Lubowitz nur spekulieren können. Zu einem
gemeinsamen Leben der Brüder Eichendorff kommt es auch
in den folgenden Jahren nicht mehr, und die weiteren Gedichte an den Bruder, die wir kennen, bleiben ähnlich wehmütig wie das Blatt, das Leonhardt aus der Hand des Kindes
rettet.

Vermutlich um 1833 entstand das Erinnerungsgedicht, in
dem die harmonisch-idyllische Welt durch verstörende Bilder gebrochen erscheint: Das Reh auf der Waldwiese steht am
Abgrund, ein »unnennbar Weh« ergreift den Betrachter:

> Denkst du des Schlosses noch auf stiller Höh?
> Das Horn ruft nächtlich dort, als ob's dich riefe,
> Am Abgrund grast das Reh,
> Es rauscht der Wald verwirrend aus der Tiefe –
> O stille! wecke nicht! es war, als schliefe
> Da drunten unnennbares Weh. –
>
> Kennst du den Garten? – Wenn sich Lenz erneut,
> Geht dort ein Fräulein auf den kühlen Gängen

Still durch die Einsamkeit
Und weckt den leisen Strom von Zauberklängen,
Als ob die Bäume und die Blumen sängen,
Von der alten schönen Zeit.

Ihr Wipfel und ihr Brunnen, rauscht nur zu!
Wohin du auch in wilder Flucht magst dringen:
Du findest nirgends Ruh!
Erreichen wird dich das geheime Singen,
In dieses Sees wunderbaren Ringen
Gehn wir doch unter, ich und du!

Im Jahre 1819, als Eichendorffs drittes Kind das Licht der Welt
erblickt und auf den Namen Rudolf getauft wird, bewirbt sich
der Vater noch einmal um eine Landratsposition, diesmal in
Pleß. Doch erst 1821, nach bestandener Assessorprüfung, findet sich eine Stelle im preußischen Staat, und im Januar übernimmt Eichendorff zunächst die »kommissarische Verwaltung« eines »katholischen Kirchen- und Schulrats« in Danzig.
Wenige Tage nach dem Dienstantritt, am 6. Januar, wird sein
viertes Kind – Agnes – geboren. Es lebt nur ein Jahr.
    Mit der Ernennung zum »Regierungsrat für die Bearbei-
tung der katholisch-geistlichen und Schulangelegenheiten«
im September 1821 erhält er dann endlich ein reguläres jährliches Gehalt von 1200 Reichstalern. Ein wichtiges Ziel aller
seiner Bemühungen ist geschafft: Eichendorff ist preußischer
Beamter, er hat eine Absicherung seiner mittlerweile auf sechs
Personen gewachsenen Familie erreicht.

Doch entspricht die damit erreichte Lebensform und -per-
spektive seinen Hoffnungen und geheimen Wünschen? Zeigt
nicht sein parallel entstandenes dichterisches Werk, daß er
gerade das geworden ist, was er innerlich verachtete und in
der Dichtung stets negativ dargestellt hat: ein »Philister«?
Hat er bei seiner pflichtgemäß ausgeführten Verwaltungstä-
tigkeit überhaupt eine Chance zu dichten?

Das königliche Regierungshaus in Danzig

Letzteres ist jedenfalls für die Zeit als Referendar und Assessor ohne Umschweife zu bejahen. Bedeutende Werke entstehen: *Das Marmorbild* wird 1817 fertiggestellt und erscheint in dem von Fouqué herausgegebenen *Frauentaschenbuch auf das Jahr 1819*. Seit 1817 arbeitet er auch am *Taugenichts*, für den er zeitweise den Titel »Der neue Troubadour« vorsieht; 1823 erscheint in den *Deutschen Blättern für Poesie, Litteratur, Kunst und Theater* diese Troubadour-Fassung allerdings bereits unter dem Titel »Ein Kapitel aus dem Leben eines Taugenichts«; sie erstreckt sich über die ersten beiden Kapitel der fertigen Novelle. 1825 bereitet Eichendorff eine kleine Werkausgabe vor, die – auf Anregung des Verlegers – das Populärste enthält, was Eichendorff bis dahin geschaffen hatte: *Das Marmorbild* als Wiederabdruck, *Aus dem Leben eines Taugenichts* im Erstdruck und eine Auswahl an Gedichten, die verstreut in Almanachen erschienen waren.

»Taschenbücher« nannte man diese besonders auf ein weibliches Lesepublikum zielenden kleinen Bändchen, die in der

Regel ein Kalendarium sowie weitere nützliche Angaben für
das alltägliche Leben enthielten – wie Posttage, Reiserouten
oder Angaben zu den Fürstenhäusern –, aber auch Lyrik und
Erzählungen zeitgenössischer Dichter sowie Illustrationen
zu bekannten Werken oder Aufführungen. Es war nicht un-
gewöhnlich, daß Eichendorff diesen Publikationsweg wählte,
denn das Niveau war hoch: Auch Goethe und Schiller veröffentlichten ihre Gedichte oft zunächst in »Taschenbüchern«
und traten als Herausgeber solcher Bändchen auf dem Buch-
markt in Erscheinung. Die Bezeichnung »Markt« ist an dieser Stelle angemessen, denn allein mit Veröffentlichungen in
Almanachen konnten die Autoren zur Goethezeit angemessen Geld verdienen, und das war für Eichendorff geradezu
lebenswichtig. Und so gab er einzelne Gedichte und Erzählungen gern an den befreundeten Herausgeber des »Frauentaschenbuchs«, an Fouqué, oder bot sie anderen »Taschenbuch«-Herausgebern an.

Es bleibt Eichendorff also neben seiner Tätigkeit in der
preußischen Verwaltung genügend Spielraum, um seine dichterischen Pläne zu verwirklichen. Er genoß das Wohlwollen
seines Dienstherrn Theodor von Schön, der Schulkamerad
des Kronprinzen Friedrich Wilhelm gewesen war und als Ver-
waltungsfachmann in Preußen große Autorität besaß. Bereits
im ersten Dienstjahr Eichendorffs bedankte sich Schön in
Berlin dafür, daß er einen so kompetenten Beamten für seine
Behörde gewonnen hatte. Von der Nebenbeschäftigung seines Untergebenen als Schriftsteller wußte er und förderte sie
sogar, wo er konnte. Er las Eichendorffs Dichtungen, wußte
aber auch, daß auf den Fleiß und das Pflichtbewußtsein des
preußischen Beamten Verlaß war. Treu vollzog der Poet jeden
Dienstauftrag seines Vorgesetzten.

Ob Eichendorff selbst – eingebunden und eingeschränkt in
Beruf und Familie – mit seinem Leben zufrieden war, bleibt
jedoch zweifelhaft. Allzu deutlich zeigen sich in seiner Dichtung das negative Bild des beengten Philisters und das in der
Romantik entworfene Gegenbild des kreativen, »romanti-

Theodor von Schön; im Hintergrund die Marienburg

schen« Menschen, der frei ist von allen bürgerlichen Zwängen.

Wir finden diese Kritik des Philisters zuerst in einem Aphorismus von Novalis, den Eichendorff aus der von den Brüdern Schlegel herausgegebenen Programmzeitschrift *Athenaeum* aus dem Jahre 1798 kannte. Novalis beschreibt den Philister als stumpfen, unpoetischen Menschen, der sein Leben akribisch ordnet und keinen Sinn für romantische Ideen entwickeln kann: »Philister leben nur ein Alltagsleben. […] Poesie mischen sie nur zur Nothdurft unter, weil sie nun einmal an eine gewisse Unterbrechung ihres täglichen Laufs gewöhnt sind. In der Regel erfolgt diese Unterbrechung alle sieben Tage, und könnte ein poetisches Septanfieber heißen. Sonntags ruht die Arbeit, sie leben ein bißchen besser als gewöhn-

lich und dieser Sonntagsrausch endigt sich mit einem etwas
tiefern Schlafe als sonst; […] Den höchsten Grad seines poetischen Daseyns erreicht der Philister bey einer Reise, Hochzeit, Kindtaufe, und in der Kirche. Hier werden seine kühn-
sten Wünsche befriedigt, und oft übertroffen.«

In der Studentensprache des 18. Jahrhunderts wurden Zim-
mervermieter und andere brave Bürgersleute in Universitäts-
städtchen wie Halle, Heidelberg oder Göttingen Philister
genannt. In einem Lexikon von 1781 heißt es: »Philister, heist
in der Sprache der Studenten alles, was nicht Student ist; in-
sonderheit werden Bürger, welche Studenten im Hause wohnen haben, so genannt […]. Sobald der Bursche die Universität
verläst und Kandidat wird, sobald wird er auch Philister.«

In der Romantik wird der Begriff im Anschluß an Novalis'
Definition – ähnlich wie schon in Goethes *Werther* – auf alle
Bürger angewandt, die von aufklärerischem und utilitaristi-
schem Denken geprägt sind. Gegentyp ist der »poetische«,
empfindsame, phantasievolle Mensch, der Sinn für die nicht-
rationalen Elemente des Lebens hat, der schöpferisch und
»romantisch« ist. Clemens Brentano rückte den Erzfeind des
Romantischen zum erstenmal als Hauptfigur in das Zentrum
eines satirischen Pamphlets, das Eichendorff in der gedruckten Fassung von 1811 kannte und schätzte.

Im zentralen Kapitel des Textes, den Brentano vermutlich
bereits in seiner Jenaer Zeit um 1800 formulierte und vortrug,
wird ein Musterphilister vorgestellt, der in Wetzlar wohnt,
dort, wo auch Goethe und sein Alter ego Werther an der philiströsen Beamtengesellschaft des Reichskammergerichts Anstoß nehmen. Brentano karikiert den philiströsen Bürger, indem er ihn mit Schlafrock, Schlafmütze und Pfeife darstellt
und sein idyllisch-spießiges Familienleben schildert: »Wenn
der Philister morgens aus seinem traumlosen Schlafe […] her-
auftaucht, […] bleibt er ruhig liegen, und dem anpochenden
Bringer des Morgenblattes ruft er zu, er solle es in der Küche
abgeben […]. Wenn er aufgestanden, so wechselt er das Hemd
[…] sodann geht es an ein gewaltiges Zungenschaben und

Ohrenbohren [...] und irgendeine absonderliche Art, sich zu
waschen. [...] er hält seinen Kindern eine Abhandlung vom
Gebet [...].[schickt] sie zur Schule [...]. Sodann raucht er Tabak, wozu er die höchste Leidenschaft hat« [...].»Zweifels-
ohne zieht der Philister nun auch alle Uhren des Hauses auf
[...]; sehr kränkend würde es ihm sein, wenn seine Frau ihm
nicht halbdutzendmal sagte: ›Trinke doch, er [der Kaffee] ist so
schön warm, trinke doch, eh er kalt wird etc.‹; wenn er ihm
aber nicht warm gebracht wurde, wehe dann der armen Frau!«
     Das Berufsleben des merkantilen Philisters wird in der
Satire durch das Bild einer »breiten Treckschuite« dargestellt.
Die Besitzer dieser schweren Lastkähne, die am Seil gezogen
wurden, sind nach Brentano Philister, die »mit guten Pässen
versehen [...] auf ihrer Reise vom Buttermarkt nach dem
Käsemarkt begriffen sind«.
     Die Gewohnheiten im Familienleben der Eichendorffs
sind nicht bekannt, doch gehört vieles von dem, was Brentano
satirisch übertrieben darstellt, zum regelmäßigen Tagesablauf
wohl jeder bürgerlichen Familie, die eingebunden ist in die
alltäglichen Pflichten der Kindererziehung und des Berufs-
lebens. Was blieb Eichendorff anderes übrig, als nach der
notwendigen Körperpflege und der Verabschiedung von den
Kindern täglich seinen Weg in seine Dienststelle anzutreten?
Ein Händler war er nicht, und so fühlt er sich durch Brentanos Bild vom Lastkahn nicht betroffen und zitiert es mehrfach in seinen Schriften. Er leitet damit zum Gegenbild des
›anderen Lebens‹ über, das bereits bei Brentano als »leichter
Kahn« der Jugend erscheint. Dieses romantische Leben kann
er als Familienvater jedoch nicht mehr führen. Von dieser
Jugend, die Brentano mit dem überlegenen Feind der Philister, mit Simson, vergleicht, heißt es, daß sie sich »weltensuchend, den treibenden Winden des Himmels übergiebt und,
rasch auf den Flügeln der Begeisterung über das Meerspiel
des Gottes hinfliehend, häufig die bedächtige, breite Treckschuite der Philister in den Grund segelt«.
     Viele der in Brentanos Satire geschilderten Eigenarten der

Philister, insbesondere die Verachtung der Kunst und das Bekenntnis zur platten Aufklärung, nahm Eichendorff sicher
auch als Familienvater nicht an, doch wenn man sein anfangs
zitiertes Gedicht an Luise daraufhin genau liest, so ist das
Festhalten an den in der philiströsen Familie festgelegten Rollen von Mann und Frau durchaus erkennbar. Bereits die Verlobte hatte er – wie das Tagebuch verrät – auf die Pflichten der
Frau aufmerksam gemacht, und die Reaktion von Luise ähnelt der Darstellung in Brentanos Satire: Sie ist ihm zu Dien-
sten, stopft ihm die Pfeife. Bei aller Sehnsucht nach einem
romantischen, kreativ gestalteten Leben: Viel Spielraum blieb
dem verheirateten Beamten mit vier Kindern nicht, der nicht
genug Geld verdiente, um sich und seiner Frau das Leben
durch Einstellung von Hausangestellten zu erleichtern. An
spontanes, freies Reisen bis in italienische Gefilde, wie sie
Eichendorffs Taugenichts unternimmt, war gar nicht zu denken. Es bestand also die Gefahr, daß der von Natur aus
pflichtbewußte und eher brave Eichendorff nolens volens
philiströse Züge annahm, und wir finden in seiner Dichtung
Hinweise darauf, daß er diese Gefahr selbst sah und darunter
litt, daß es für ihn keinen Ausweg in ein selbstgestaltetes,
freies Leben gab.

Das berühmte Gedicht von den zwei Gesellen ließe sich so
interpretieren. Es knüpft zunächst an die von Novalis und
Brentano geschilderte Gegenüberstellung von zwei Lebens-
möglichkeiten an. Einer der beiden Gesellen wird zum Philister, der andere bemüht sich, wie ein »Romantiker« zu leben.
Er weicht dem städtischen Leben aus, zieht in die Natur und
führt ein Leben ohne Bindungen und Enge. Unter dem Titel
»Frühlingsfahrt« erschien dieses Lied im *Frauentaschenbuch
auf das Jahr 1818* zum erstenmal, es dürfte demnach in den
ersten Ehejahren entstanden sein. Unter dem gleichen Titel
nahm der Dichter es in seine Lyrikauswahl von 1826 auf und
publizierte es im selben Jahr parallel noch einmal in der popu-
lären Berliner Zeitschrift *Gesellschafter oder Blätter für Geist
und Herz*. Die Gedichtüberschrift »Die zwei Gesellen« er-

scheint erst in dem Gedichtband von 1837, doch zieht Robert
Schumann bei seiner Vertonung von 1840 den ersten Titel –
»Frühlingsfahrt« – vor.

Das während der kritischen Zeit vor der Beamtung mit
regulärem Gehalt entstandene Lied reflektiert die verschiedenen Perspektiven, die sich für Eichendorffs weiteren Lebensweg eröffnen, und die Mehrfachpublikation verdeutlicht zugleich, daß er mehr oder weniger darauf angewiesen ist, mit
seinen Dichtungen auch Geld zu verdienen.

> Es zogen zwei rüst'ge Gesellen
> Zum ersten Mal von Haus
> So jubelnd recht in die hellen
> Klingenden, singenden Wellen
> Des vollen Frühlings hinaus.

> Die strebten nach hohen Dingen,
> Die wollten trotz Lust und Schmerz,
> Was Recht's in der Welt vollbringen,
> Und wem sie vorübergingen
> Dem lachten Sinnen und Herz. –

> Der Erste, der fand ein Liebchen,
> Die Schwieger kauft' Hof und Haus;
> Der wiegte gar bald ein Bübchen,
> Und sah aus heimlichen Stübchen
> Behaglich in's Feld hinaus.

> Dem zweiten sangen und logen
> Die tausend Stimmen im Grund,
> Verlockend' Sirenen, und zogen
> Ihn in der buhlenden Wogen
> Farbig klingenden Schlund.

> Und wie er auftaucht vom Schlunde
> Da war er müde und alt,

Sein Schifflein das lag im Grunde,
So still war's rings in die Runde
Und über die Wasser weht's kalt.

Es singen und klingen die Wellen
Des Frühlings wohl über mir;
Und seh ich so kecke Gesellen,
Die Tränen im Auge mir schwellen –
Ach Gott, führ' uns liebreich zu Dir!

Die gebetsartige Schlußwendung, wie sie sich in zahlreichen
Gedichten Eichendorffs findet, führt aus der konkreten Situation des Gedichts heraus und entspricht seiner Überzeugung, daß alle Vorgänge auf dieser Erde letztlich von Gott
bestimmt werden und vom Menschen anzunehmen sind. Ob
es sich um Lebensentscheidungen handelt, einen Rückblick
auf das frustrierende und entbehrungsreiche Jahr im Kriege
oder – später – die Bewertung der 1848er Revolution: Was wir
heute als Ergebnis menschlicher Irrtümer und Fehler verstehen, ist bei dem überzeugten katholischen Konservativen ein
weiser Ratschluß Gottes. In dessen Hand liegt nach Eichendorffs Überzeugung auch die Entscheidung, wie es den »Gesellen« ergehen wird, die in jedem Frühling und in jeder Generation frohgemut in den Frühling ziehen.

Beide dargestellten Lebenswege allerdings – so lernen wir
aus dem Gedicht – nehmen im Diesseits kein erfreuliches
Ende. Dem Betrachter dieser Entwicklung bleibt nur zu beten. In diesem Zusammenhang ist es besonders bemerkens-
wert, daß dem lyrischen Ich bei den Gedanken an das traurige
Schicksal die Tränen in den Augen stehen. Das könnte ein
Hinweis darauf sein, daß Eichendorff – trotz seines Gottver-
trauens – nicht gerade glücklich ist in seiner Haut.

Denn die Situation des ersten Gesellen weist deutliche
Parallelen zur Situation des Autors auf. Eichendorff selbst
wiegte »gar bald ein Bübchen«. Vielleicht war ihm klargeworden, daß die eheliche Bindung und die Geburt eines Kin-

des seine »Frühlingsfahrt« allzufrüh beendet hatte und er selbst – und nicht allein Gottes Wille – dafür verantwortlich war. Schließlich war es seine Entscheidung gewesen, eine romantische Liebe auszuleben und einer Vernunftheirat vorzuziehen. Die daraus resultierenden Folgen hatte er in Kauf zu nehmen. Ob er beim Schreiben diese Entscheidung bereute, wissen wir nicht, doch stehen ihm die Tränen in den Augen, wenn er an die beiden hier vorgestellten Lebensläufe denkt. Ausweglos und traurig ist die Situation im Grunde für beide jungen Menschen, denn eine weitere Lebensmöglichkeit oder ein Ausweg wird in dem Gedicht nicht aufgezeigt.

Überraschender als die Erkenntnis der eingeschränkten Entfaltungsmöglichkeiten eines »Philisters«, dem als Familienvater allein die behagliche Stube noch begrenzte Freuden bringen kann, ist die vorgeführte Alternative, wird doch ein poetischer Mensch vorgestellt, der sich im Sinne der romantischen Ideale ganz seinen Frühlingsgefühlen in der Natur ergibt. Sein Schicksal ist noch viel schlimmer als das des Hausvaters: Er geht mit seinem Lebensschiff unter. Die Verlockungen haben sich als Trug erwiesen. Wie haben wir das zu verstehen?

Literarhistorisch gesehen handelt es sich um eine Kritik der Frühromantik. Nach Eichendorffs Auffassung, die er in seinen beiden Romanen durch die Darstellung von fehlgeleiteten, scheiternden Dichterpersönlichkeiten verdeutlicht, kommt es darauf an, die Natur als bedeutungsträchtige Schöpfung Gottes wahrzunehmen. Das Buch der Natur, ihr »stilles ernstes Wort«, ist zu entziffern. Eichendorff denkt hier nach Art der barocken Emblematik: Jeder Naturerscheinung – sei es der Anbruch des Tages, der Aufstieg der singenden Lerche oder die Gemeinschaft der Baumstämme im Wald – wohnt ein tieferer Sinn inne, der im christlichen Sinne entschlüsselt werden muß. Das Gefühl ist dabei eher hinderlich, und es nützt auch nichts, wenn ein Dichter mit der Schiefertafel in die Natur geht, um unmittelbar seine Eindrücke

aufzuzeichnen. Auf das »rechte«, christliche Bewußtsein
kommt es an. Vermutlich denkt Eichendorff bei seiner Kritik
der »falschen« Romantik in diesem Gedicht an Autoren wie
Ludwig Tieck, dem er später in seinen literarhistorischen
Schriften mangelnde Religiosität vorwarf, oder Loeben, den
gefühligen »After-Romantiker«, den er bereits in *Ahnung
und Gegenwart* verspottete. Wer sich an diesen Vorbildern
orientiert, der ist nach seiner Auffassung nicht nur literarisch
dem Untergang geweiht.

Aber unabhängig von der literarhistorischen ist auch eine
psychologische Deutung möglich. Eichendorff verdrängt, was
er selbst nicht verwirklichen kann. So wie er die sinnlichen
Frauen dämonisiert und in der Dichtung zugrunde gehen
läßt, weil er selbst Angst hat, seinen Gefühlen freien Lauf zu
lassen, so läßt er hier den »Gesellen« untergehen, weil seine
Lebenssituation ihm, dem Autor, diesen Weg ins Freie, die
Segelpartie der Jugend, versperrt und er im Grunde darüber
höchst unglücklich ist.

Ein weiteres Gedicht, das später entstand und zuerst in
dem 1824 erschienenen Drama *Krieg den Philistern* gedruckt
wurde, nimmt das Thema der Gegenüberstellung der beiden
Lebenswege noch einmal auf. Doch diesmal gibt es ausschließlich für den Philistertyp ein böses Ende. Das heißt,
Eichendorff folgt wieder dem Modell von Brentano, verlegt
allerdings das wahre Glück des »romantischen« Menschen
nun ins Jenseits: »Von Engeln und von Bengeln« ist dieses
Gedicht überschrieben, das zunächst an die Kinderfabel vom
Storch, der die Kinder bringt, anknüpft:

> Im Frühling auf grünem Hügel
> Da saßen viel' Engelein,
> Die putzten sich ihre Flügel
> Und spielten im Sonnenschein.

> Da kamen Störche gezogen,
> Und jeder sich eines nahm.

Und ist damit fortgeflogen,
Bis daß er zu Menschen kam.

Die Kinder entwickeln sich unterschiedlich. Die einen geraten zu Philistern:

Die machten bald wichtige Mienen
Und wurden erstaunlich klug,
Die Flügel gar unnütz ihn'n schienen,
Sie schämten sich deren genug.

Und mit dem Flügelkleide
Sie ließen den Flügelschnack,
Das war keine kleine Freude:
Nun stattlich in Hosen und Frack!

So wurden sie immer gescheuter
Und applizierten sich recht; –
Das wurden ansehnliche Leute,
Befanden sich gar nicht schlecht.

Dieser Gruppe der bürgerlichen Anpasser, die sich »applizieren«, wird – dem von Brentano gelieferten Muster entsprechend – die begeisterungsfähige, kreative Jugend gegenübergestellt:

Den Andren war's, wenn die Aue
Noch dämmert' im Frühlingsschein,
Als zöge ein Engel durch's Blaue
Und rief' die Gesellen sein.

Die suchten den alten Hügel,
Der lag so hoch und weit;
Und dehnten sehnsüchtig die Flügel
Mit jeder Frühlingszeit.

> Die Flügeldecken zersprangen,
> Weit, morgenschön strahlt' die Welt,
> Und über's Grün sie sich schwangen
> Bis an das Himmelszelt.

> Das fanden sie droben verschlossen,
> Versäumten unten die Zeit: –
> So irrten die kühnen Genossen
> Verlassen in Lust und Leid.

Die Schlußformel dieser Strophe – »Lust und Leid« – erinnert an das Lied von den zwei Gesellen, aber es bleibt nicht beim Herumirren und Verlassensein: nur eine der beiden Gruppen geht unter. Am Ende des Lebens finden die ›Poetischen‹, wie sie in Eichendorffs Drama auch genannt werden, ihr Glück, während die Gruppe der Philister unerlöst bleibt:

> Und als es nun kam zum Sterben,
> Gott Vater zur Erden trat,
> Seine Kinder wieder zu werben,
> Die der Storch vertragen hat.

> Die Einen konnten nicht fliegen,
> So wohlleibig, träg und schwer,
> Die mußt' er da lassen liegen,
> Das tat ihm leid so sehr.

> Die Andren streckten die Schwingen
> In den Morgenglanz hinaus,
> Und hörten die Engel singen,
> Und flogen jauchzend nach Haus.

Anders als in dem Gedicht von den zwei Gesellen wird hier die positive Perspektive der wirklich »romantischen« Menschen dargestellt, die nicht einem vagen Gefühl nachjagen, sondern mit ihren Flügeln bereits im irdischen Leben in

jedem Frühling bis an den Rand des Himmelszeltes zu fliegen vermögen. Nach dem Tode finden sie mit Gottes Hilfe
auch ihre Heimat im Himmel wieder, können also auch diese
Grenze überwinden und ihr Glück schließlich im Jenseits
finden. Den Philistern, die ihre Flügel bereits zu Lebzeiten
abgelegt haben, ist diese Möglichkeit genommen. Träge und
schwer bleiben sie auf der Erde zurück.

Auch dieses Gedicht ist zweifach deutbar: Einmal geht es
Eichendorff in dem Drama um die Auflösung der literarhistorisch unfruchtbaren und perspektivlosen Konfrontation
von Philistern und »Poetischen«. Die Kämpfer finden zu einem friedlichen Arrangement. Zum anderen steckt die Anlage zu beiden Lebensformen, die Eichendorff in seinem
Gedicht schildert, in jedem Menschen, und die Handlung des
Dramas zielt darauf ab, bereits im Diesseits zu Versöhnung
und Toleranz zu finden. Beide Parteien handeln in mancher
Hinsicht absurd und könnten sich am Ende verständigen.

Diese Versöhnung hat sicherlich auch mit Eichendorffs
Lebensperspektiven zu tun. Er empfindet die Einbindung in
Beamtenlaufbahn und Familienleben nicht mehr als bedrohlich und hat sich mit seiner Situation abgefunden; er sieht sich
nicht mehr als unglücklichen Philister wider Willen. Die Lebensumstände haben ihn zum beamteten Philister gemacht,
der sich – ähnlich wie der Friedensrichter in Brentanos Satire – »in alle seine Futterale« stecken muß, wenn er zum
Dienst geht. Doch er ist damit – so versucht er sich einzu-
reden – nicht unglücklich, weil er entdeckt hat, daß er das
›andere‹, das künstlerisch-kreative Leben eines Dichters auch
als Staatsdiener und Familienvater entfalten kann.

Zugleich hat er erkannt, daß es auch für die poetischen Menschen, die sich von allen Zwängen frei entfalten können, im irdischen Leben grundsätzlich Grenzen gibt. Den Himmel auf
Erden kann niemand erreichen. Behält der Mensch jedoch seine Flügel – so seine Überzeugung, die ihm Trost und Zuversicht
zu geben scheint –, so kann er die wahre Heimat und wirkliches
Glück erreichen, wenn auch erst am Ende seines Lebens.

In der Gedichteinlage »Von Engeln und von Bengeln« gelingt also eine Art Versöhnung der beiden Welten, doch der Schluß des Dramas zeigt, wie gefährdet der Frieden zwischen Poetischen und Philistern ist. Ein Riese schlägt alles kurz und klein, und beide Parteien gehen unter. Offensichtlich fürchtet Eichendorff den Umsturz, der von den unteren Schichten ausgeht und alle Bemühungen der Beamten und ›Poeten‹ um Versöhnung zunichte macht. Darauf deuten Parallelen in der Satire zur 1848er Revolution *Libertas und ihre Freier.*

9. Kapitel: Der *Taugenichts*
Ein Alter ego Eichendorffs –
ein typischer Deutscher?

»Du Taugenichts! da sonnst du dich schon wieder und dehnst und reckst dir die Knochen müde, und läßt mich alle Arbeit allein tun. Ich kann dich hier nicht länger füttern. Der Frühling ist vor der Türe, geh auch einmal hinaus in die Welt und erwirb dir selber dein Brot.« Mit diesen Worten wirft der Müller seinen Sohn am Anfang der berühmten, 1826 veröffentlichten Novelle Eichendorffs aus dem Haus. Dem Taugenichts – von dem wir weder Tauf- noch Familiennamen erfahren – scheint der Rauswurf gerade recht zu kommen. Er versteht die Bezeichnung nicht als Schimpfwort und ist seinem Vater nicht gram: »›wenn ich ein Taugenichts bin, so ist's gut, so will ich in die Welt gehen und mein Glück machen.‹ Und eigentlich war mir das recht lieb; denn es war mir kurz vorher selber eingefallen, auf Reisen zu gehn.«

Ohne konkreten Plan beginnt er seine abenteuerliche Lebensreise, die ihn schon am ersten Tag auf die Spur einer geheimnisvollen Dame lenkt. Bis nach Italien und wieder zurück in die Heimat folgt er dieser »hohen Fraue«, und am Schluß der Novelle *Aus dem Leben eines Taugenichts* steht seine Hochzeit mit dieser Frau, deren Stand so hoch nicht ist, wie er anfangs angenommen hatte.

Genaugenommen ist es zwar ein Happy-End – denn die letzten Worte des Erzählers lauten: »und es war alles, alles gut« –, doch wird die Hochzeit nur in Aussicht genommen, und die Reise- und Abenteuerlust des Taugenichts scheint immer noch ungebrochen. Statt ein bürgerliches Leben zu planen, schwebt ihm ein erneuter Aufbruch nach Italien vor: »›gleich nach der Trauung reisen wir fort nach Italien, nach Rom, da gehn die schönen Wasserkünste, und nehmen die Prager Studenten mit und den Portier!‹ – Sie [seine Braut] lächelte still und sah mich recht vergnügt und freundlich an, und von fern schallte immerfort die Musik herüber, und Leuchtkugeln flogen vom Schloß durch die stille Nacht über die Gärten, und die Donau rauschte dazwischen herauf – und es war alles, alles gut!«

Ob hier kaum realisierbare Träume und geheime Wünsche des Taugenichts angedeutet werden oder der Plan einer Hochzeitsreise entwickelt wird, nach der das Paar dann in »das weiße Schlößchen […] samt dem Garten und den Weinbergen« zieht? Fast sieht es so aus, als wolle sich der Taugenichts mit seinem Reiseplan der Gefahr entziehen, zum Familienvater und Philister zu werden – ist er zur Ehe gar nicht bereit? Eichendorff läßt die weitere Entwicklung seines Helden offen. Wenn der Portier – ein Abbild des Philisters in dieser Novelle – und die Prager Studenten – Vertreter des freien, ungebundenen Lebens – nach Italien mitgenommen werden sollen, wie der Taugenichts spontan vorschlägt, so könnte auch dies eine Idee sein, die dem von der Heiratsidee überraschten Helden unversehens in den Sinn kommt, es könnte aber auch eine bewußte Absage an eine konventionelle Hochzeitreise zu zweit sein. Wir wissen es nicht.

Eindeutig ist nur, daß sich die aktuelle Lebenssituation des Dichters Eichendorff weder in dieser Offenheit des Schlusses noch in den Einzelheiten dieser *Taugenichts*-Geschichte spiegelt. Wenn wir die Tagebuchaufzeichnungen des Dichters richtig lesen, so enthält die Erzählung auch keine Auseinandersetzung mit der eignen Phase der Adoleszenz. Niemand hat Eichendorff – wie der Müller am Anfang des Buches – vor die Tür gesetzt. Das Verhältnis zu den Eltern blieb bei den Brüdern Eichendorff harmonisch – trotz des »Cabalierens« bei der Brautwahl des jüngeren. Solange es möglich ist, unterstützen die Eltern ihre beiden Kinder, die immer wieder den Weg nach Hause suchen und freundlich in der Heimat aufgenommen werden. Bereits für die Eingangssituation der *Taugenichts*-Geschichte gibt es demnach keine Parallele im Lebenslauf des Dichters.

Auch Temperament und Lebenshaltung von Autor und Held können gegensätzlicher kaum sein. Niemals ließ sich Joseph von Eichendorff treiben wie der Taugenichts seiner Erzählung, niemals reiste er wie ein vagabundierender Musikant einer vermeintlichen Gräfin ins ferne Italien nach; allenfalls die schüchterne Zurückhaltung, die heimliche, distanzierte Verehrung einer Frau paßt zu Charakter und Lebensgeschichte des Autors. Doch aus der Rolle eines wohlerzogenen Sohnes mit guter Kinderstube, der als Schüler und Student die kühnen Streiche seiner Mitschüler und Kommilitonen oft nur beobachtete und im Tagebuch protokollierte, wagte er sich nie heraus. Zum Taugenichts fehlte ihm einfach das Temperament, und selbst einen Lausbuben Eichendorff sucht man in seinem Tagebuch vergeblich.

Die Novelle ist nur insofern auf die Lebenssituation des Autors zu beziehen, als all das geschildert wird, was Eichendorff selbst sich vermutlich – durch Lektüre romantischer Bücher angeregt – erträumt hatte, aber aufgrund seiner Mentalität, seiner Herkunft, seiner Begabungen und seiner Erziehung niemals hätte erleben können. Schon gar nicht in der Situation des geplagten Beamten und Familienvaters, in der er sich befand, als er dieses Buch schrieb. Es ist die – vielleicht sogar ironisch gedachte – Darstellung eines literarischen Modells der Romantik. Das Leben des ›poetischen‹, ›romantischen‹ Menschen wird in nahezu reiner Form in dieser Novelle dargestellt, die ihresgleichen in der Welt sucht – tendieren doch fast alle Dichter dazu, die Geschichte der eigenen Adoleszenz mehr oder weniger unmittelbar in ihren Werken aufzuarbeiten. Alles, was Eichendorff als jungen Menschen tief bewegt hatte, wie der Tod eines Mitschülers und einer Schwester – im Leben des Taugenichts kommt es nicht vor. »Mir war es wie ein ewiger Sonntag im Gemüte«, bekennt der Held der Novelle bereits am ersten Tag seiner Wanderschaft.

Der Taugenichts kennt auch keine bohrenden Selbstzweifel, keine Tiefschläge, keine tiefgreifenden Lebenskrisen. Nur vorübergehend ist er in Gefahr, zum Philister zu werden;

doch es bleibt eine kurze Episode in seinem Wanderleben,
er widersteht der Versuchung, auf Dauer das bequeme Leben
eines Zolleinnehmers mit Gärtchen am Haus und Pfeife im
Mund zu führen, und macht sich wieder frei, um erneut –
ohne festes Ziel – in die weite Welt aufzubrechen. Ganz anders als Eichendorff selbst ist der Taugenichts ein Mensch, der
sich glücklich und frei dabei fühlt, wenn er seinen spontanen
Wünschen folgen, wenn er ohne dringende Pflichten leben
kann, keine Verantwortung in Beruf oder Familie tragen muß
und mit seinem Geigenspiel seine Weggefährten und Zufalls-
bekanntschaften erfreuen kann. Der Weg ist sein Ziel, das
Wandern und Musizieren machen sein Glück aus: »Ach, wer
da mitreisen könnte«, fällt dem Leser unwillkürlich bei der
Lektüre ein, und diese Zeile aus einem späteren Gedicht
dürfte auch die innere Situation des Autors beim Schreiben
der Novelle treffend beschreiben. »Sommernacht«, »Sehnsucht«, »Wanderlied« sind die Titel, die Eichendorff für dieses
Lied erfand. Es handelt von der ungestillten Sehnsucht, die
sich der Autor auch bei der Formulierung der Novelle vom
Herzen schrieb:

> Es schienen so golden die Sterne,
> Am Fenster ich einsam stand
> Und hörte aus weiter Ferne
> Ein Posthorn im stillen Land.
> Das Herz mir im Leib entbrennte,
> Da hab' ich mir heimlich gedacht:
> Ach wer da mitreisen könnte
> In der prächtigen Sommernacht!

Eichendorff selbst konnte nicht mitreisen; Italien sah er nicht.
Bei seinen Beschreibungen zur Rom-Reise seines Helden war
er auf Darstellungen anderer angewiesen, wobei neben Goethes *Italienischer Reise* auch Bilder von namhaften Malern
wichtig wurden. Hummels Darstellung einer italienischen
Locanda in dem Bild »Die Fermate« kennt er allerdings nur

Der Verleger und Mitglied der »Mittwochsgesellschaft«
Friedrich Wilhelm Gubitz

aus der Erzählung E.T.A. Hoffmanns, wie er im Text des *Taugenichts* selbst betont: »du rennst da mitten in das sinnreiche Tableau von der schönen Beschreibung hinein, welche der selige Hoffmann, Seite 347 des Frauentaschenbuchs für 1816, von dem schönsten Hummelschen Bilde gibt, das im Herbst 1814 auf der Berliner Kunstausstellung zu sehen war!« Ob er Bilder der Nazarener bereits im Original gesehen hatte, bleibt offen, doch hatte er von seinem Studienfreund Veit bereits von dieser Kolonie deutscher Maler und ihren christlichen Sujets gehört. Veit selbst schloß sich ja 1815 dem Lukasbund an.

Die Nazarener und ihre Bilder wurden zum Vorbild einer Bildbeschreibung im *Taugenichts*, wobei das Ambiente der römisch-deutschen Bohemiens auch auf Goethes Darstellung zurückgehen könnte.

Literarische Vorbilder spielten schon bei der Wahl des Titels eine wichtige Rolle. Die für den Vorabdruck eines ersten Kapitels in Erwägung gezogene Überschrift »Der neue Troubadour« stellt die Verbindung zur Tradition der Troubadoure her. Ein fahrender Sänger, der um die Gunst adeliger Frauen wirbt, wäre dann der Held dieser Geschichte geworden. An die Stelle eines ritterlichen Galans, der im ausklingenden Mittelalter von Hof zu Hof zog und adligen Frauen in kunstvollem Minnegesang huldigte, tritt bei Eichendorff ein Bursche aus dem Müller-Handwerk. Das entspricht den Vorstellungen der Romantik, die insbesondere Arnim in seinem *Wunderhorn*-Essay »Von Volksliedern« vorgetragen hatte: Von den Handwerksgesellen, den Schiffern, den Mägden, den reisenden Sängern – also aus dem untersten Stand der Gesellschaft – erwartete Arnim eine Erneuerung der Liedtradition, die bei den höheren Ständen, im Adel und bei den Bildungsbürgern, längst abgestorben war. In diesem Sinne konnte der singende Müllerssohn als »neuer Troubadour« bezeichnet werden. Volkslieder traten nun an die Stelle der »Minnelieder«, der herumziehende Ritter hatte sich in einen Mann aus dem Volke verwandelt: ein Müllerssohn ist der Prototyp des zeitgenössischen, des *neuen* Troubadours im 19. Jahrhundert.

Eichendorff sah sich in seinen frühen Dichtungen der Heidelberger Zeit zwar in der Tradition des provenzalischen Minnesangs und schrieb Sonette in hohem Ton, wie wir sie von Dante und Petrarca kennen, hatte jedoch diese von seinem Mentor Loeben stark beeinflußte Phase längst überwunden, als er am *Taugenichts* arbeitete, und so legt er ihm denn ausschließlich selbstgeschriebene Lieder im *Wunderhorn*-Ton in den Mund und nimmt damit die in Arnims Aufsatz beschriebene Entwicklung auf.

Der Titel, den Eichendorff nach Fertigstellung der Novelle vorzog, hat eine vergleichsweise kurze literarische Tradition, die aber ebenfalls auf den *Wunderhorn*-Essay »Von Volksliedern« zurückweist. Dort hatte Achim von Arnim zum ersten Mal den zuvor eher negativ besetzten Begriff »Taugenichts« mit den Ideen der Romantik in Verbindung gebracht: »[...] weil der Nährstand eines festen Hauses bedarf, so wurde jeder als Taugenichts verbannt, der umherschwärmte in unbestimmtem Geschäfte, als wenn dem Staate und der Welt nicht gerade diese schwärmenden Landsknechte und irrenden Ritter, diese ewige Völkerwanderung ohne Grenzverrückung, diese wandernde Universität und Kunstverbrüderung zu seinen besten schwierigsten Unternehmungen allein taugten. Es ist genug träger Zug im Menschen gegen einen Punkt, aber selten ist die Thätigkeit, welche durch Einöden zieht und Samen wunderbarer Blumen ausstreut, zu beyden Seiten des Weges, wo er hintrifft, allen gegeben, wie der Thau, wie der Regenbogen: doch wo er, vom Winde getragen, hinreicht, da endet die unmenschliche Einöde, es kommen gewiß, die sich unter den Blumen ansiedeln, um aus ihnen Lust und Leben zu saugen.«

Der Taugenichts Eichendorffs versucht, mit seinem Blumengarten die »unmenschliche Einöde« der Philister zu beleben. Von den »Trägen, die zuhause liegen«, singt er bereits in seinem ersten Lied nach der Verbannung durch seinen Vater. Auch er macht aus der Not eine Tugend, reist in »unbestimmtem Geschäfte« und dient der »Kunstverbrüderung«, um dann die »Samen wunderbarer Blumen« auszustreuen.

Arnim konfrontiert die Menschen deutlich mit einem zu den Ständen der bürgerlichen Gesellschaft »alternativen« Lebenswandel, wobei ihm der vom Bürgertum verachtete, besitzlose Taugenichts als Muster dient. Mit Arnims Vorgaben stimmt es überein, daß Eichendorffs Held zuerst die Rolle eines Gärtnerburschen annimmt. Zwei Damen werden durch seinen Gesang auf ihn aufmerksam:

> Wem Gott will rechte Gunst erweisen,
> Den schickt er in die weite Welt.

Nach kurzem Wortwechsel nehmen sie ihn auf dem »Wagentritt« ihrer Kutsche mit. Bei der Ankunft auf einem Schloß, die der Held auf dieser Gepäckablage der Kutsche verschlafen hat, »ging es mir wunderlich«, vermerkt der Taugenichts: Da »kamen mehrere Bedienten die Treppe herauf und herunter gerannt, die sagten gar nichts, sondern sahen mich nur von oben bis unten an. Sodann kam eine Kammerjungfer (wie ich nachher hörte) grade auf mich los und sagte: ich wäre ein scharmanter Junge, und die gnädige Herrschaft ließe mich fragen, ob ich hier als Gärtnerbursche dienen wollte? – Ich griff nach der Weste; meine paar Groschen, weiß Gott, sie müssen beim herum tanzen auf dem Wagen aus der Tasche gesprungen sein, waren weg, ich hatte nichts als mein Geigenspiel, für das mir überdies auch der Herr mit dem Stabe, wie er mir im Vorbeigehn sagte, nicht einen Heller geben wollte. Ich sagte daher in meiner Herzensangst zu der Kammerjungfer: Ja [...]. Zuletzt kam endlich auch der Gärtner, brummte was von Gesindel und Bauerbengel unterm Bart und führte mich nach dem Garten, während er mir unterwegs noch eine lange Predigt hielt: wie ich nur fein nüchtern und arbeitsam sein, nicht in der Welt herumvagieren, keine brotlosen Künste und unnützes Zeug treiben solle, da könnt ich es mit der Zeit auch einmal zu was Rechtem bringen. – Es waren noch mehr sehr hübsche, gutgesetzte, nützliche Lehren, ich habe nur seitdem fast alles wieder vergessen. [...] So war ich denn, Gott sei Dank, im Brote.«

Zu einem Philister wie sein Gärtnermeister wird er bei seiner Arbeit nicht. Er liebt es, der geheimnisvollen »hohen Fraue« nachzuträumen, sie mit Blumen zu versorgen und heimlich im Morgengrauen zu beobachten: »In dem Garten war schön leben, ich hatte täglich mein warmes Essen vollauf, und mehr Geld als ich zu Weine brauchte. [...] die Tempel, Lauben und schönen grünen Gänge, das gefiel mir alles recht gut, wenn ich nur hätte ruhig drin herumspazieren können und vernünftig diskurrieren, wie die Herren und Damen, die alle Tage dahin kamen. So oft der Gärtner fort und ich allein war, zog ich sogleich mein kurzes Tabakspfeifchen heraus, setzte mich hin, und sann auf schöne höfliche Redensarten, wie ich die eine junge schöne Dame, die mich in das Schloß mitbrachte, unterhalten wollte, wenn ich ein Kavalier wäre und mit ihr hier herumginge. Oder ich legte mich an schwülen Nachmittagen auf den Rücken hin, wenn alles so still war, daß man nur die Bienen sumsen hörte, und sah zu wie über

mir die Wolken nach meinem Dorfe zuflogen und die Grä-
ser und Blumen sich hin und her bewegten, und gedachte an
die Dame, und da geschah es denn oft, daß die schöne Frau
mit der Guitarre oder einem Buche in der Ferne wirklich
durch den Garten zog, so still, groß und freundlich wie ein
Engelsbild, so daß ich nicht recht wußte, ob ich träumte oder
wachte. […] Ich stand nunmehr, ganz wider meine sonstige
Gewohnheit, alle Tage sehr zeitig auf, eh' sich noch der Gärtner und die andern Arbeiter rührten. Da war es so wunder-
schön draußen im Garten. Die Blumen, die Springbrunnen,
die Rosenbüsche und der ganze Garten funkelten von der
Morgensonne wie lauter Gold und Edelstein. Und in den
hohen Buchen-Alleen, da war es noch so still, kühl und an-
dächtig wie in einer Kirche, nur die Vögel flatterten und pick-
ten auf dem Sande. Gleich vor dem Schlosse, grade unter den
Fenstern, wo die schöne Frau wohnte, war ein blühender
Strauch. Dorthin ging ich dann immer am frühesten Morgen
und duckte mich hinter die Äste, um so nach den Fenstern zu
sehen, denn mich im Freien zu produzieren hatt' ich keine
Courage. Da sah ich nun allemal die allerschönste Dame noch
heiß und halb verschlafen im schneeweißen Kleide an das
offne Fenster hervortreten. Bald flocht sie sich die dunkel-
braunen Haare und ließ dabei die anmutig spielenden Augen
über Busch und Garten ergehen, bald bog und band sie die
Blumen, die vor ihrem Fenster standen, oder sie nahm auch
die Guitarre in den weißen Arm und sang dazu so wundersam
über den Garten hinaus, daß sich mir noch das Herz umwen-
den will vor Wehmut, wenn mir eins von den Liedern biswei-
len einfällt – […] Der Gärtner schalt mich einen faulen Bengel.«

Als der – eigentlich funktionslose – Zolleinnehmer stirbt,
bietet man ihm seine Stelle an, und er macht nicht nur Bekanntschaft mit den Philistern der Amtsstuben, sondern gerät
selbst in Gefahr, ein Philister zu werden: »Als ich in die Kanzlei trat, wo es noch gar nicht recht Tag war, sah der Amtmann
hinter einem ungeheuren Dintenfasse und Stößen von Papier

und Büchern und einer ansehnlichen Perücke, wie die Eule
aus ihrem Nest, auf mich und hob an: ›Wie heißt Er? Woher
ist Er? Kann Er schreiben, lesen und rechnen?‹ Da ich das
bejahte, versetzte er: ›Na, die gnädige Herrschaft hat Ihm, in
Betrachtung Seiner guten Aufführung und besondern Meri-
ten, die ledige Einnehmer-Stelle zugedacht.‹ – Ich überdachte
in der Geschwindigkeit für mich meine bisherige Aufführung
und Manieren, und ich mußte gestehen, ich fand am Ende selber, daß der Amtmann Recht hatte. – Und so war ich denn
wirklich Zolleinnehmer, ehe ich mich's versah.

Ich bezog nun sogleich meine neue Wohnung und war in
kurzer Zeit eingerichtet. Ich hatte noch mehrere Gerätschaf-
ten gefunden, die der selige Einnehmer seinem Nachfolger
hinterlassen, unter andern einen prächtigen roten Schlafrock
mit gelben Punkten, grüne Pantoffeln, eine Schlafmütze und
einige Pfeifen mit langen Röhren. Das alles hatte ich mir
schon einmal gewünscht als ich noch zu Hause war, wo ich
immer unsern Pfarrer so kommode herumgehen sah. Den
ganzen Tag, (zu tun hatte ich weiter nichts) saß ich daher auf
dem Bänkchen vor meinem Hause in Schlafrock und Schlafmütze, rauchte Tabak aus dem längsten Rohre, das ich nach
dem seligen Einnehmer gefunden hatte, und sah zu, wie die
Leute auf der Landstraße hin- und hergingen, fuhren und ritten. Ich wünschte nur immer, daß auch einmal ein paar Leute
aus meinem Dorfe, die immer sagten, aus mir würde mein
Lebtage nichts, hier vorüber kommen und mich so sehen
möchten.«

Zwar verwandelt er den Nutzgarten seines Vorgängers nun
in einen Blumengarten (im Sinne von Arnims Beschreibung),
aber die Insignien des Philisters deuten an, daß er in Gefahr
ist, sich zu den »Trägen« zu gesellen, die sich mit einem be-
quemem, geordneten Leben zufriedengeben: »Der Schlafrock stand mir schön zu Gesichte, und überhaupt das alles
behagte mir sehr gut. So saß ich denn da und dachte mir mancherlei hin und her, wie aller Anfang schwer ist, wie das vor-
nehmere Leben doch eigentlich recht kommode sei, und faßte

heimlich den Entschluß, nunmehr alles Reisen zu lassen, auch Geld zu sparen wie die andern, und es mit der Zeit gewiß zu etwas Großem in der Welt zu bringen. Inzwischen vergaß ich über meinen Entschlüssen, Sorgen und Geschäften die allerschönste Frau keineswegs. Die Kartoffeln und anderes Gemüse, das ich in meinem kleinen Gärtchen fand, warf ich hinaus und bebaute es ganz mit den auserlesensten Blumen.«

Bereits diese Verwandlung des Gartens in einen »nutzlosen«, lediglich »schönen« Garten bringt ihn bei den wahren Philistern in den Ruf, verrückt zu sein. Er berichtet, daß »der Portier vom Schlosse« ihn »bedenklich von der Seite ansah, und mich für einen hielt, den sein plötzliches Glück verrückt gemacht hätte«. Wenig später gerät er mit dem Portier bei einem Gespräch über den Sinn der Jägerei in Streit. Für den Taugenichts ist die Jagd eine ›romantische‹ Betätigung in der Natur, während der Portier nur an Beschwerlichkeiten und unangenehmen Folgen der Jagd denkt. Allein die nassen Füße und dadurch ausgelösten Erkältungen beschäftigen den Portier viel mehr als die Jagd selbst. Damit bricht die Distanz zur Philisterwelt wieder auf, und der Taugenichts wird wütend: »Ich faßte ihn, wie außer mir, bei der Brust und sagte: ›Portier, jetzt schert Ihr Euch nach Hause, oder ich prügle Euch hier sogleich durch!‹ Den Portier überfiel bei diesen Worten seine alte Meinung, ich wäre verrückt geworden. Er sah mich bedenklich und mit heimlicher Furcht an, machte sich, ohne ein Wort zu sprechen, von mir los und ging, immer noch unheimlich nach mir zurück blickend, mit langen Schritten nach dem Schlosse, wo er atemlos aussagte, ich sei nun wirklich rasend geworden.

Ich aber mußte am Ende laut auflachen und war herzlich froh, den superklugen Gesellen los zu sein.«

Der Streit ist ein erstes Zeichen dafür, daß sich der Taugenichts – trotz seiner Vorliebe für das beschauliche Leben und das Faulenzen – im Philistermilieu auf Dauer nicht wohl fühlen kann. Die sich ausbreitende Langeweile ist tödlich für ihn, und als er eine Extrapost vorbeifahren hört, zieht es ihn wieder in die Ferne: »Es schien mir, wie ich so saß und rauchte und spekulierte, als würden mir allmählich die Beine immer länger vor Langerweile, und die Nase wüchse mir vom Nichtstun, wenn ich so stundenlang an ihr herunter sah. – Und wenn denn manchmal noch vor Tagesanbruch eine Extrapost vorbei kam, und ich trat halb verschlafen in die kühle Luft hinaus, und ein niedliches Gesichtchen, von dem man in der Dämmerung nur die funkelnden Augen sah, bog sich neugierig zum Wagen hervor und bot mir freundlich einen guten Morgen, in den Dörfern aber ringsumher krähten die Hähne so frisch über die leisewogenden Kornfelder herüber, und zwischen den Morgenstreifen hoch am Himmel schweiften schon einzelne zu früh erwachte Lerchen, und der Postillon nahm dann sein Posthorn und fuhr weiter und blies und blies – da stand ich lange und sah dem Wagen nach, und es war mir nicht anders, als müßt' ich nur sogleich mit fort, weit, weit in die Welt.«

Als er dann auch noch bei seinen schüchternen Liebesabenteuern zu scheitern glaubt, weil seine Blumensträuße für die »hohe Frau« nicht mehr ihr Ziel erreichen und die Kammerjungfer ihn verspottet und anscheinend ›cabaliert‹, versucht er zunächst vergeblich hinter die Geheimnisse des Schlosses und seiner Bewohner zu kommen, indem er von einem Versteck im Baum aus die Gespräche von Ballbesuchern belauscht. Nicht nur an dieser Stelle der Novelle geht es zu wie in einer Verwechslungskomödie: Eine gnädige Frau nimmt ihre Maske ab und entpuppt sich als »gar nicht […] schlank und niedlich« und als durchaus verschieden von der verklärten Lichtgestalt, der die Blumengaben des Taugenichts galten. Völlig verwirrt entschließt sich nun der heimliche Lauscher auf dem Baum zur Abreise: »Da richtete ich mich in meinem Baume auf, und sah seit langer Zeit zum erstenmale wieder einmal so recht weit in das Land hinaus, wie da schon einzelne Schiffe auf der Donau zwischen den Weinbergen herabfuhren, und die noch leeren Landstraßen wie Brücken über das schimmernde Land sich fern über die Berge und Täler hinausschwangen.

Ich weiß nicht wie es kam – aber mich packte da auf einmal wieder meine ehemalige Reiselust: alle die alte Wehmut und Freude und große Erwartung. Mir fiel dabei zugleich ein, wie nun die schöne Frau droben auf dem Schlosse zwischen Blumen und unter seid'nen Decken schlummerte, und ein Engel bei ihr auf dem Bette säße in der Morgenstille. – Nein, rief ich aus, fort muß ich von hier, und immer fort, so weit als der Himmel blau ist!«

Aus seinem Häuschen nimmt er noch seine Geige mit, die »verstaubt an der Wand« hing. »Ein Morgenstrahl aber, aus dem gegenüberstehenden Fenster, fuhr grade blitzend über die Saiten. Das gab einen rechten Klang in meinem Herzen. Ja, sagt' ich, komm nur her, du getreues Instrument! Unser Reich ist nicht von dieser Welt! –

Und so nahm ich die Geige von der Wand, ließ Rechnungsbuch, Schlafrock, Pantoffeln, Pfeifen und Parasol liegen und wanderte, arm wie ich gekommen war, aus meinem Häuschen und auf der glänzenden Landstraße von dannen. Ich blickte noch oft zurück; mir war gar seltsam zu Mute, so traurig und doch auch wieder so überaus fröhlich, wie ein Vogel, der aus seinem Käfig ausreißt. Und als ich schon eine weite Strecke gegangen war, nahm ich draußen im Freien meine Geige vor und sang:

> Den lieben Gott laß ich nur walten;
> Der Bächlein, Lerchen, Wald und Feld
> Und Erd' und Himmel tut erhalten,
> Hat auch mein Sach' auf's Best' bestellt!

Das Schloß, der Garten und die Türme von Wien waren schon hinter mir im Morgenduft versunken, über mir jubilierten unzählige Lerchen hoch in der Luft; so zog ich zwischen den grünen Bergen und an lustigen Städten und Dörfern vorbei gen Italien hinunter.«

Bevor der Taugenichts das Ziel Italien erreicht, hat er noch einige kleine Abenteuer zu bestehen, wie im Traum findet er

seinen Weg. Der erste Bauer, den er fragt, kann mit der Beschreibung von Italien als Land, »wo die Pomeranzen wachsen«, nichts anfangen, dennoch wandert der Taugenichts weiter: »nach Italien, nach Italien! rief ich voller Vergnügen aus,
und rannte, ohne an die verschiedenen Wege zu denken, auf
der Straße fort, die mir eben vor die Füße kam.

Als ich eine Strecke so fort gewandert war, sah ich rechts
von der Straße einen sehr schönen Baumgarten, wo die Morgensonne so lustig zwischen den Stämmen und Wipfeln hindurch schimmerte, daß es aussah, als wäre der Rasen mit goldenen Teppichen belegt. Da ich keinen Menschen erblickte,
stieg ich über den niedrigen Gartenzaun und legte mich recht
behaglich unter einem Apfelbaum ins Gras, denn von dem
gestrigen Nachtlager auf dem Baume taten mir noch alle Glieder weh.« Prager Studenten und eine Malergruppe helfen ihm
weiter. Wenn er schließlich die Fährte seiner »hohen Frau« in
Rom wiederfindet, so ist dies das Ergebnis von vielen Zufällen – oder eine Schickung Gottes.

Als er wieder einmal einen Baum erstiegen hat, scheint er
Rom im Blick zu haben. »Da stieg ich schnell von dem Baume
herab, und lief atemlos weiter in das Tal und die Nacht hinaus«, heißt es am Schluß des sechsten Kapitels, und das siebte
beginnt: »Ich war Tag und Nacht eilig fortgegangen [...].
Unterwegs erfuhr ich, daß ich nur noch ein paar Meilen von
Rom wäre. Da erschrak ich ordentlich vor Freude. Denn von
dem prächtigen Rom hatte ich schon zu Hause als Kind viele wunderbare Geschichten gehört, und wenn ich dann an
Sonntags-Nachmittagen vor der Mühle im Grase lag und alles
ringsum so stille war, da dachte ich mir Rom wie die ziehenden Wolken über mir, mit wundersamen Bergen und Ab-
gründen am blauen Meer, und goldnen Toren und hohen
glänzenden Türmen, von denen Engel in goldenen Gewän-
dern sangen.« Das hier zunächst imaginierte Rom trägt Züge
des himmlischen Jerusalem, und das dann mit dem berühmten romantischen Blick von oben erfaßte Stadtbild hat ebenfalls mit der Realität, die Eichendorff allerdings nie in Augen-

schein nehmen konnte, wenig zu tun und erinnert an romantische Fernblicke eines Caspar David Friedrich oder Carl
Gustav Carus. Doch waren die entsprechenden Bilder nicht
so omnipräsent wie heute, und wir können kaum feststellen,
ob Eichendorff sie kannte. Öffentliche Museen waren rar,
und welche Akademie-Ausstellungen oder ähnliche Präsen-
tationen Eichendorff besucht hat, ist schwer zu ergründen.

Möglicherweise sind es wieder literarische Modelle, die bei
der Beschreibung einer romantische Mondnacht mit Stadt-
Silhouette als Muster dienten. »Die Nacht war schon wieder
lange hereingebrochen, und der Mond schien prächtig, als ich
endlich auf einem Hügel aus dem Walde heraustrat, und auf
einmal die Stadt in der Ferne vor mir sah. – Das Meer leuchtete von weiten, der Himmel blitzte und funkelte unüberseh-
bar mit unzähligen Sternen, darunter lag die heilige Stadt, von
der man nur einen langen Nebelstreif erkennen konnte, wie
ein eingeschlafner Löwe auf der stillen Erde, und Berge standen daneben, wie dunkle Riesen, die ihn bewachten.«

In deutlichem Gegensatz zur »heiligen Stadt« in der Ferne
steht »die große, einsame Heide« im Vordergrund, »auf der es
so grau und still war, wie im Grabe. Nur hin und her stand ein
altes verfallenes Gemäuer oder ein trockener wunderbar ge-
wundener Strauch; manchmal schwirrten Nachtvögel durch
die Luft, und mein eigener Schatten strich immerfort lang und
dunkel in der Einsamkeit neben mir her. Sie sagen, daß hier
eine uralte Stadt und die Frau Venus begraben liegt, und die
alten Heiden zuweilen noch aus ihren Gräbern heraufsteigen
und bei stiller Nacht über die Heide gehn und die Wanderer
verwirren. Aber ich ging immer grade fort und ließ mich
nichts anfechten. Denn die Stadt stieg immer deutlicher und
prächtiger vor mir herauf, und die hohen Burgen und Tore
und goldenen Kuppeln glänzten so herrlich im hellen Mondschein, als ständen wirklich die Engel in goldenen Gewän-
dern auf den Zinnen und sängen durch die stille Nacht herüber.«

Die Bedrohung durch »Frau Venus« und die Heiden, die

»wieder aus ihren Gräbern heraufsteigen«, erinnert an die
Erzählung *Das Marmorbild*, und tatsächlich wird auch der
Taugenichts einigen heidnisch-erotischen Anfechtungen in
der Stadt Rom ausgesetzt sein, ähnlich wie Florio im *Marmorbild*. Für Eichendorff ist Rom – anders als für Goethe –
nicht die Stadt des klassischen Altertums, sondern die Stadt
des Heiligen Vaters, das Zentrum der Christenheit. In diesem
Zusammenhang stehen auch die Anklänge an das himmlische
Jerusalem. Die Ruinen des klassischen Altertums, die Eichendorff von den weitverbreiteten Kupferstichen kannte, sieht
er als heidnische Kultstätten, von denen nach wie vor eine
magische, gefährliche Kraft ausgeht, der Florio im *Marmorbild* fast zum Opfer fällt. Einzig die Erinnerung an die Kindheit und Kirchenglocken retten ihn vor dem Verderben in den
antiken Trümmern, die sich als eine Art Venusberg entpup-
pen.

   Für den Taugenichts stellen Frau Venus und ihre Heiden
zunächst keine Versuchung dar. Er läßt sich von der Bedrohung auf dem Wege in die heilige Stadt nicht »anfechten« und
streift dann ziellos herum. Zufällig findet er sogleich Spuren seiner Bekannten aus Deutschland. »Wie ich nun eben so
weiter fort schlendere, und vor Vergnügen, Mondschein und
Wohlgeruch gar nicht weiß, wohin ich mich wenden soll, läßt
sich tief aus dem einen Garten eine Guitarre hören. Mein
Gott, denk' ich, da ist mir wohl der tolle Student mit dem langen Überrock heimlich nachgesprungen! Darüber fing eine
Dame in dem Garten an überaus lieblich zu singen. Ich stand
ganz wie bezaubert, denn es war die Stimme der schönen gnädigen Frau, und dasselbe welsche Liedchen, das sie gar oft
zu Hause am offnen Fenster gesungen hatte. [...] Ich kletterte auf den vergoldeten Zierraten über das Gittertor, und
schwang mich in den Garten hinunter, woher der Gesang
kam. Da bemerkte ich, daß eine schlanke weiße Gestalt von
fern hinter einer Pappel stand und mir erst verwundert zusah,
als ich über das Gitterwerk kletterte, dann aber auf einmal so
schnell durch den dunklen Garten nach dem Hause zuflog,

daß man sie im Mondschein kaum füßeln sehen konnte. ›Das war sie selbst!‹ rief ich aus, und das Herz schlug mir vor Freude, denn ich erkannte sie gleich an den kleinen, geschwinden Füßchen wieder.«

Doch die erträumte Frau verschwindet wie eine Fata Morgana. Er spielt sein Erkennungslied auf der Geige und legt sich schließlich auf die Schwelle des Hauses zum Schlafen, muß aber am nächsten Tag feststellen, daß der Palast verfallen und unbewohnt ist. »Da überfiel mich ein ordentliches Grausen vor dem einsamen Hause und Garten und vor der gestrigen weißen Gestalt. Ich lief, ohne mich weiter umzusehen, durch die stillen Lauben und Gänge, und kletterte geschwind wieder an dem Gartentor hinauf. Aber da blieb ich wie verzaubert sitzen, als ich auf einmal von dem hohen Gitterwerk in die prächtige Stadt hinunter sah. Da blitzte und funkelte die Morgensonne weit über die Dächer und in die langen stillen Straßen hinein, daß ich laut aufjauchzen mußte, und voller Freude auf die Straße hinunter sprang.

Aber wohin sollt' ich mich wenden in der großen fremden Stadt?«

Ein deutscher Maler nimmt sich seiner an. Das Motiv, das auf seiner Staffelei erkennbar wird, verdeutlicht, daß wir es hier nicht mehr mit der Generation von deutschen Künstlern zu tun haben, die Goethe bei seiner Italienreise 1787 besucht hatte, also nicht mit Tischbein oder Hackert, sondern mit den Nazarenern: »Auf dem Papiere war bloß mit großen schwarzen Strichen eine alte Hütte gar künstlich abgezeichnet. Darin saß die heilige Jungfrau mit einem überaus schönen, freudigen und doch recht wehmütigen Gesichte. Zu ihren Füßen auf einem Nestlein von Stroh lag das Jesuskind, sehr freundlich, aber mit großen ernsthaften Augen. Draußen auf der Schwelle der offnen Hütte aber knieten zwei Hirten-Knaben mit Stab und Tasche.«

Unversehens wird der Taugenichts zu einem Modell dieser neuen Malschule: »›dem einen Hirtenknaben da will ich deinen Kopf aufsetzen, so kommt dein Gesicht doch auch etwas

unter die Leute, und will's Gott, sollen sie sich daran noch
erfreuen, wenn wir beide schon lange begraben sind und
selbst so still und fröhlich vor der heiligen Mutter und ihrem
Sohn knien, wie die glücklichen Jungen hier.‹ – Darauf ergriff
er einen alten Stuhl, von dem ihm aber, da er ihn aufheben
wollte, die halbe Lehne in der Hand blieb. Er paßte ihn geschwind wieder zusammen, schob ihn vor das Gerüst hin,
und ich mußte mich nun darauf setzen und mein Gesicht etwas von der Seite, nach dem Maler zu, wenden. – So saß ich
ein paar Minuten ganz still, ohne mich zu rühren. Aber ich
weiß nicht, zuletzt konnt' ich's gar nicht recht aushalten, bald
juckte mich's da, bald juckte mich's dort. Auch hing mir grade
gegenüber ein zerbrochner halber Spiegel, da mußt ich immerfort hineinsehn, und machte, wenn er eben malte, aus
Langeweile allerlei Gesichter und Grimassen. Der Maler, der
es bemerkte, lachte endlich laut auf und winkte mir mit der
Hand, daß ich wieder aufstehen sollte. Mein Gesicht auf dem
Hirten war auch schon fertig, und sah so klar aus, daß ich mir
ordentlich selber gefiel.«

Als der Maler dann im Gespräch auf die »Gräfin aus
Deutschland« zu sprechen kommt, macht er sich auf, um das
Gartenhaus wiederzufinden, bei dem er bei seiner Ankunft
übernachtet hatte. Seine Suche ist vergeblich, und nach einer
wieder im Freien verbrachten Nacht taucht der Maler erneut
auf und nimmt ihn mit zu Freunden in einen Garten außerhalb der Stadt, »wo mehrere junge Männer und Mädchen im
Grünen um einen runden Tisch saßen«. Wieder gibt es Hinweise auf Verbindungen zur »hohen Fraue«; ein Mädchen
bezeichnet ihn als »abscheulichen Einnehmer« und entpuppt
sich als die Kammerzofe. Sie gibt ihm einen Zettel mit, und als
er die angegebene Adresse aufsucht, findet er tatsächlich das
Haus seines ersten Abends in Rom, sieht dort wieder die
weiße Frau und hört sie singen. Doch es ist die Alte mit der
Adlernase, die nun italienisch mit der Kammerzofe spricht.

Die Verwirrungen nehmen kein Ende, und der naive Taugenichts blickt nicht durch. Auf seine Frage nach der »schö-

Adolph Schrödter: Aus der ersten illustrierten *Taugenichts*-Ausgabe (1842):
»… mit dem Kopf-Tremulenzen, das ist einmal nicht anders,
das haben wir Virtuosen alle so an uns.«

nen gnädigen Frau« antwortet die Zofe schnippisch: »[…] die ist ja lange schon wieder in Deutschland […]. Und da lauf du nur auch wieder hin!« Der Taugenichts folgt auch diesem Hinweis, der ihn schließlich an sein Ziel führen wird. Im nächsten Kapitel finden wir ihn schon an der Grenze. »Vivat Östreich!« ist der Refrain seines Liedes, das er anstimmt.

Erneut verwandelt er sich in den reisenden Musikanten. An die Stelle des Fernwehs ist nun das Heimweh getreten, aber immer noch ist er auf der Suche nach seiner erträumten Frau. Die Lebensfreude geht ihm dabei nie verloren: Verzweiflung und Angst, ja nicht einmal starken Liebeskummer scheint er zu kennen. Als ›vagierender‹ Musikant ist er Künstler und

Lebenskünstler zugleich, er hat sein Leben im Sinne der frühromantischen Ideale ›romantisiert‹ und bleibt abseits der von
Philistern geprägten Gesellschaft der trägen seßhaften Bürger.

Als sympathisch-bescheidener Mensch mit viel Gemüt
wurde dieser Held Eichendorffs vielfach als Verkörperung
des musischen, nach innen gewandten Deutschen gedeutet –
eine problematische Identifikation, die nur als Wunschbild
verstanden werden kann. Theodor Fontane etwa behauptet:
»der Taugenichts ist after all nicht mehr und nicht weniger als
eine Verkörperung des deutschen Gemüts, die liebenswürdige Type nicht eines Standes bloß, sondern einer ganzen
Nation. Kein andres Volk hat solch Buch. Ein Buch aber, in
dem sich vor einem, auf wenigen Blättern und mit der Nai-
vität eines Märchens, die tiefsten Seiten unseres Lebens erschließen.« Die Formulierung steht in einem Brief an Paul
Heyse vom 6. Januar 1857.

Ausführlicher begründet Thomas Mann diese These vom
Prototypen des deutschen Menschen in seinen *Betrachtungen
eines Unpolitischen*, einem Essay von 1918, in dem er sich von
dem französisch orientierten »Zivilisationsliteraten«, dessen
Prototyp sein Bruder Heinrich darstellt, absetzen will. »Joseph von Eichendorffs wundersam hoch und frei und lieblich
erträumte Novelle« nennt er den *Taugenichts* und führt dann
aus: »der Roman […] ist nichts als Traum, Musik, Gehenlas-
sen, ziehender Posthornklang, Fernweh, Heimweh, Leucht-
kugelfall in nächtlichem Park, törichte Seligkeit, so daß einem
die Ohren klingen und der Kopf summt vor poetischer Ver-
zauberung und Verwirrung.« Der Held Eichendorffs ist damit nach Thomas Mann »ein Mensch, und er ist es so sehr, daß
er nichts außerdem sein will und kann: eben deshalb ist er der
Taugenichts. Denn man ist selbstverständlich ein Taugenichts,
wenn man nichts weiter prästiert, als eben ein Mensch zu sein.
Auch ist sein Menschentum wenig differenziert, es hat etwas
Abstraktes, es ist bestimmt eigentlich nur im nationalen Sinne, – dies allerdings sehr stark; es ist überzeugend und exem-

plarisch deutsch, und obgleich sein Format so bescheiden ist,
möchte man ausrufen: wahrhaftig, der deutsche Mensch!«

Thomas Manns ausführliche Charakteristik von Eichendorffs Werk und seinem Helden ist – wie könnte es anders
sein – treffend und überzeugend. Auf die »Kleinode der deutschen Lyrik«, die der Taugenichts beiläufig singt, weist er
besonders hin und nennt: »Wohin ich geh und schaue«, »›Wer
in die Fremde will wandern‹ mit dem Endruf Grüß dich,
Deutschland, aus Herzensgrund!«, »Die treuen Berg' stehn
auf der Wacht« und zitiert als »non plus ultra« und »betö-
rende Essenz der Romantik« die Strophe:

> Schweigt der Menschen laute Lust:
> Rauscht die Erde wie in Träumen
> Wunderbar mit allen Bäumen,
> Was dem Herzen kaum bewußt,
> Alte Zeiten, linde Trauer,
> Und es schweifen leise Schauer
> Wetterleuchtend durch die Brust.

Überraschend an dem Urteil der beiden berühmten deutschen Dichter ist, daß sie beide die Eigenschaften des Taugenichts für typisch deutsch erklären. Allenfalls eine musische
Komponente repräsentiert der Taugenichts. Seit Friedrich
dem Großen gab es aber auch den Gegentyp dazu: den pflicht-
treuen, fleißigen, gehorsamen und nicht selten militanten
Preußen, eine besondere Ausprägung des deutschen Philisters, die in Heinrich Manns *Untertan* beschrieben ist. Und
es gab die Gefahr, daß ein ausgeprägter Untertanengeist, der
insbesondere den Preußen zugeschrieben wurde, einen gefährlichen Nationalismus und Militarismus begünstigte, wie
Heinrich Mann in seinem Roman demonstriert.

Dem Taugenichts wäre dieser Geist gänzlich fremd. Insofern ist das Bild des Deutschen bei Theodor Fontane und bei
Thomas Mann eher ein Wunschbild, das sie von der Romantik und insbesondere von Eichendorffs sympathischer Schil-

derung des Taugenichts übernehmen. Ihre Identifikation des
Taugenichts mit *dem* Deutschen mag deshalb Ausdruck eines
gewissen Zweckoptimismus und der Hoffnung sein, daß die
musischen Eigenschaften der Deutschen, wie sie der Taugenichts ganz ausschließlich verkörpert, erhalten bleiben und
andere in den Hintergrund drängen. Das mag Fontanes
Wunsch im 19. Jahrhundert und Manns Hoffnung in der Weimarer Zeit gewesen sein, als sie beide das typisch Deutsche
an Eichendorffs Taugenichts so ausschließlich hervorhoben.
Die begründete Sorge, daß Untertanengeist und Militanz die
Oberhand gewinnen könnten, könnte bei beiden Dichtern
der Antrieb gewesen sein, positive Eigenschaften – wohl wider besseres Wissen – als Charakteristika des deutschen Menschen herauszustreichen.

10. Kapitel: »Mäusefallen aber sind nicht etatsmäßig«
Philister im Lustspiel, Helden im Trauerspiel

Seit seiner Danziger Zeit versuchte sich Eichendorff als Dramenschreiber. Eine lokale Zeitschrift, der *Aehrenleser auf dem Felde der Geschichte, Literatur und Kunst*, veröffentlichte im November und Dezember 1822 zunächst fünf Lustspielszenen von ihm unter dem Titel *Liebe versteht keinen Spaß*, die später in das Fragment *Wider Willen* eingingen und unter dem Titel *Die Freier* schließlich ihre endgültige Fassung fanden. Als Vorbild für den Handlungsablauf diente das Stück *Le jeu de l'amour et du hazard* von Pierre Carlet Chamblain de Marivaux (1688-1763). Eine deutsche Version unter dem Titel *Maske für Maske*, die von Johann Friedrich Jünger stammt, hatte Eichendorff am 21. November 1809 in Berlin gesehen.

Das ausgearbeitete Lustspiel *Die Freier*, das 1833 in Stuttgart erschien, fand als einziges Stück Eichendorffs seinen Weg ins Theater. Damit ist es auch unter den Dramen der deutschen Romantik eine Ausnahme, denn von all den Werken, die Ludwig Tieck, die Brüder Schlegel, Clemens Brentano und Achim von Arnim schrieben, erreichte kaum eines die deutsche Bühne – von Erfolgen auf dem Theater ganz zu schweigen. Auch die seltenen Aufführungen von Eichendorffs *Freier* wird man kaum als Belege einer Erfolgsgeschichte bezeichnen können.

Wovon handelt dieses Lustspiel? Neben dem üblichen Personal aus dem Adel – Graf und Gräfin gehören ebenso zu den Personen des Stückes wie ein Kammermädchen, Jäger und Gärtner – spielt Hofrat Fleder eine wichtige Rolle. Sein Auftritt in der ersten Szene läßt vermuten, daß Vorbilder für diesen Hofrat am ehesten in der Beamtenwelt Preußens zu suchen sind, und da kannte sich der Autor aus. Eichendorff macht sich über den Bürokratismus in preußischen Amtsstu-

ben lustig. Vor der Installation einer Mausefalle müssen zunächst Akten angelegt werden:

*Studierstube, Akten liegen auf den Stühlen. Hofrat Fle-
der sitzt auf einem Reitsessel vor dem Pult und schreibt.*
FLEDER   Vorwärts! vorwärts! Morgenstunde ist die stille
Saat-Zeit der Gedanken. *er schreibt:* »Das Amt hat dem
Mäusefraß mit Energie und gebührendem Ernste entge-
genzutreten.« – Ja, es ist des Mannes edelster Beruf, so
unmittelbar in das Leben, in die Welt zu greifen. Vaterland – deutsches Vaterland – ein erhabener Gedanke! *er
schreibt:* »Mäusefallen aber sind nicht etatsmäßig, und
können nicht passieren, wonach sich zu achten.« – So,
diese wichtige Angelegenheit wäre auch reguliert. Frisch
weiter! was kommt nun? *er steht auf, und wühlt in den
Akten:* Das ist fertig – hier ebenfalls – das auch. Weiß
Gott! ich habe Alles schon abgemacht! Ach, das ist
ärgerlich, die kostbare Morgenzeit! Was fange ich nun
an? – Nur nicht lange besonnen, die Zeit entflieht, man
muß jede Minute benützen, sich menschlich auszubil-
den. Harmonie der Kräfte ist das erste Gesetz.
*Er hat den Schreibesel mitten in die Stube gestellt und
macht gymnastische Übungen. Während des tritt ein Bote
herein und bleibt verwundert stehen.*
BOTE   Ih, Herr Hofrat! was machen Sie denn da?
FLEDER   *erschrocken:* Ich? wahrhaftig – ei, so früh schon
vom Büro? –
BOTE   Ich habe in meinen jungen Jahren immer so viel
vom Turnieren gelesen –
FLEDER   Turnen, turnen heißt das, guter Mann.
BOTE   Wahrhaftig, wenn Sie nichts dawider hätten, ich
möcht' das Ding einmal selbst probieren.
FLEDER   Ich bitte Sie, tun Sie Ihrer edlen Aufwallung
keinen Zwang an! Versuchen Sie, das Volk ist ja eben um
dieser Gesittungsanstalten willen da.
BOTE   Nun, in Gottes Namen. *er springt* Hopp!

FLEDER Ah – nicht doch diesen barbarischen Laut dazu! Das will mit Würde, mit geziemendem Ernst getrieben sein. Sehn Sie, so – der Schwerpunkt ruht auf den beiden Ballen, der Körper bildet einen stumpfen Winkel – *er springt.*
BOTE Nun treff' ich's auch. *er macht einen Sprung und fällt jenseits nieder.*

Eichendorff macht sich in dieser Eingangsszene nicht nur über den Bürokratismus in Preußen lustig, auch die Mode eines weltanschaulich begründeten Turnens ist Zielscheibe seines Spottes. Es ist der ›Turnvater Jahn‹, der den Volkssport als Medium des preußischen Patriotismus und Nationalismus entwickelt hatte. Bereits am 19. Juni 1811 – also noch vor den Befreiungskriegen, bei denen ihn Eichendorff als Kommandeur kennenlernte – hatte Friedrich Ludwig Jahn seinen ersten Turnplatz auf der Berliner Hasenheide eröffnet. Nach seiner Auffassung sollte der organisierte, öffentliche Sport auch zur Menschenbildung der Sportler beitragen; in diesem Sinne verwendet Eichendorff hier spöttisch die Bezeichnung »Gesittungsanstalten«.

Als Eichendorff seine *Freier* veröffentlichte, war der populäre Turner allerdings längst in Ungnade gefallen. Freie Rede, Verfassung und Einheit des Vaterlandes hatte er kurz nach der Völkerschlacht von Leipzig gefordert und danach auch die Burschenschaften mitbegründet, und so gehörte er zu dem Kreis von freiheitlich gesonnenen Deutschen, die sich gegen die Auswirkungen des Wiener Kongresses – mit der Folge einer Restauration der Kleinstaaten – wandte. Nach den Karlsbader Beschlüssen am 13. Juli 1820, die zu einer Überwachung der Universitäten und Verfolgung der sogenannten »Demagogen« führte, wurde er verhaftet und zu fünf Jahren Haft verurteilt. Im gleichen Jahr erließ man in allen deutschen Staaten ein Turnverbot, das allerdings vielfach unterlaufen und nicht ganz ernst genommen wurde – erst 1840 unter Friedrich Wilhelm IV. wurde in Preußen öffentliches Turnen wieder ge-

stattet. Jahn wurde rehabilitiert und erhielt nachträglich das
Eiserne Kreuz für seine Beteiligung an den Befreiungskriegen.

Eichendorff nutzt die Chance nicht, das Thema in seiner
politischen Brisanz zu behandeln – das Thema Demagogenverfolgung bleibt in seinem Werk weitgehend ausgespart. Das
Büro-Turnen des pedantischen Fleder und seine Rede von
den »Gesittungsanstalten« geben die Bewegung der Turner-
schaften eher der Lächerlichkeit preis. Eine vage Anspielung
auf diese politische Entwicklung gibt es auch in der ersten
Fassung des Stückes im Monolog der ersten Szene. Walther –
wie er hier noch heißt – tritt »in nachlässiger, etwas studenti-
scher, aber nicht altdeutscher Tracht« auf. Das Tragen der altdeutschen Tracht war ebenfalls 1820 verboten worden. Künstler wie Caspar David Friedrich, die dieses Verbot ignorierten,
standen unter polizeilicher Beobachtung. Dem berühmten
Maler wurde der Aufstieg in der Akademie verwehrt, weil er
das Verbot der Tracht mißachtete. Die Figur in Eichendorffs
Stück vermeidet den Konflikt und gibt sich damit als Oppor-
tunist zu erkennen. Hofrat Fleder ist ähnlich indifferent in
Fragen der Politik: Er regt den Boten zum Turnen an und
erwähnt die einstmals erzieherisch gedachte Funktion des
Turnens, bezieht jedoch nicht Position in der 1833 immer
noch politisch brisanten Frage der Unterdrückung demokra-
tisch-liberaler Bestrebungen.

Im Stück Eichendorffs bleiben solche Anspielungen auf die
Demagogenverfolgung ebenso marginal wie im *Taugenichts*,
es sind nicht einmal kleine Seitenhiebe, und der Gang der
Handlung orientiert sich bei den *Freiern* am ›zeitlosen‹ Muster der Verwechslungs- und Verkleidungskomödien, die nach
vielen Verwirrungen mit der Heirat von zwei Paaren verschiedenen Standes enden.

Einer ganz anderen literarischen Tradition ist Eichendorffs
Stück *Krieg den Philistern* verpflichtet. Ludwig Tieck, die
Brüder Schlegel und Clemens Brentano hatten zur Jahrhun-
dertwende versucht, neue Formen des Theaters zu entwik-

keln, um die Dominanz der bürgerlichen Rührstücke auf dem
zeitgenössischen Theater zu brechen. August von Kotzebue,
der fast 200 Stücke dieses Typs verfaßt hatte, war der unbe-
strittene Erfolgsautor dieser Zeit. Selbst Goethe ließ auf seinen Bühnen in Weimar und Lauchstädt mehr Stücke dieses
Autors spielen als von Schiller oder Lessing. Mit deren an-
spruchsvolleren Dramen ließen sich die Theater nicht füllen;
das Publikum und besonders die von den Romantikern ver-
spotteten Abonnenten verlangten nach leichter Kost.

Friedrich Schlegel griff den Erfolgsautor Kotzebue bereits
in den *Athenaeum*-Aphorismen scharf an. Daraufhin rächte
sich der wortgewandte Vielschreiber 1799 mit seinem Stück
Der hyperboreeische Esel oder Die heutige Bildung, in dem er
Friedrich Schlegel als Karl auftreten läßt, der nahezu ausschließlich hochgestochene Zitate aus den *Fragmenten* des
Athenaeum spricht, die im Kontext des Stückes höchst lä-
cherlich wirken. August Wilhelm Schlegel wiederum veröffentlichte 1800 eine Satire unter dem Titel *Ehrenpforte und
Triumphbogen für den Theaterpräsidenten von Kotzebue*, und
auch der gelehrige Schüler der frühromantischen Gruppe,
Clemens Brentano, schaltete sich in die Literaturfehde mit
seinem *Gustav Wasa* ein, in dem er ein Stück gleichen Titels
von Kotzebue fortsetzte und verhöhnte.

Zugleich mit diesem Schlagabtausch, der zugunsten Kot-
zebues ausfiel, da man über die Äußerungen seiner Schle-
gel-Karikatur immerhin lachen kann, versuchte insbesondere
Ludwig Tieck, mit einer Reihe von neuartigen Satiren das
Theater zu revolutionieren. Auch bei ihm wird auf Kotzebue
angespielt, doch geht es mehr um eine generelle Kritik der
platten Spätaufklärung und um den Versuch, dem Theater
phatasievoll-romantisch neue Impulse zu geben. Dem *Gestiefelten Kater* von 1797 folgten 1799 *Prinz Zerbino oder die
Reise nach dem guten Geschmack* und *Die verkehrte Welt*.
Systematisch wird in diesen drei Literatursatiren die Theater-
illusion gebrochen. Der Auftritt eines sprechenden Katers in
Stiefeln, den die Zuschauer bis heute als Zeichen für ein kind-

gerechtes Märchenspiel auf der Bühne akzeptieren, ist noch
das harmloseste dieser illusionsbrechenden Mittel. Auftritte
des Autors, sprechende Requisiten, Eingriffe von »Abonnenten« und Theaterkritikern in das Geschehen auf der Bühne
und die Erscheinung von Wiedergängern aus vergangenen
Jahrhunderten, z. B. von Shakespeare, Dante oder Jakob Böh-
me, sind Effekte, die den Zuschauer aus der Illusion der
Handlung reißen, zumal wenn über den Sinn des Stückes diskutiert wird oder gar der Spielleiter auf offener Bühne verlangt, das Stück rückwärts zu spielen.

Erst Mitte des 20. Jahrhunderts war das Theaterpublikum
in Deutschland dazu bereit, solche Kunstgriffe, wie sie etwa
Bertolt Brecht mit seinen Verfremdungseffekten einführt, zu
akzeptieren. Von den Stücken Tiecks, die solche modern anmutenden Brechungen im Theater erproben, wurde einzig
der *Gestiefelte Kater* zu seinen Lebzeiten aufgeführt, und
diese Aufführung von 1844 verdankte sich ausschließlich der
Fürsprache des Romantikers auf Preußens Thron, Friedrich
Wilhelms IV. Die Wirkung der Aufführung war damals enttäuschend, auch für den König. »Alles vereinigt sich, den
gestiefelten Kater für veraltet, langweilig, unpassend zu erklären [...]. Der König wollte gern lachen, aber langweilte sich
dabei sichtbar«, berichtete August Varnhagen von Ense unter
dem 22. April 1844 über diese Aufführung in seinem Tagebuch. Die heute gespielten Versionen des *Gestiefelten Katers*
sind für Kinder bearbeitet; die gezielte Kritik an der Aufklärung und der rührseligen Kotzebue-Tradition, die auch die
anderen genannten frühromantischen Satiren auszeichnet, ist
aus Tiecks anspielungsreichem Text getilgt.

Im Grunde blieben alle Werke dieses Typs Lesedramen,
deren Aktualität überdies nach wenigen Jahren verblaßte. Die
Wirkung ist einem politisch-literarischen Kabarett zu vergleichen, das eine ähnlich kurze Halbwertszeit hat wie diese Expe-
rimentalstücke der Frühromantiker. Nur gab es nicht einmal
eine kabarettähnliche Bühne, die seinerzeit die frühromantischen Satiren zur Aufführung hätte bringen können.

Eichendorff versucht mit seinem Stück *Krieg den Philistern* die frühromantische Tradition wiederaufzunehmen, und als Willibald Alexis in einer Rezension geschrieben hatte: »Das Ganze erinnert an die trefflichsten Scenen aus Tieck's *verkehrter Welt* und dem *Zerbino*«, antwortet er dem Rezensenten in einem Brief am 22. April 1824 mit einer Bestätigung: »Es konnte mir doch natürlicherweise niemals in den Sinn kommen, mit Tieck zu rivalisieren. Aber warum sollte mich sein Zerbino abhalten, es auf eigene Hand lustig zu finden, daß die Welt seitdem eben nicht sonderlich gescheiter geworden ist.« Auch bei Eichendorff tritt der Autor auf und beginnt eine Diskussion mit dem Publikum:

PUBLIKUM   Nein, das ist nicht auszuhalten! Solcher Unsinn! Herunter mit dem Narren!

NARR   [...] Ich kenne meinen Verfasser persönlich, ich wußte aber nicht, daß er beim Entwurf des Stückes auf Ihre gütige Mitwirkung gerechnet hätte. Vielmehr pflegte er öfters zu sagen, Sie seien eine allzu prosaische Person.

VERFASSER   *hinter der Szene:* Um Gotteswillen, plaudern Sie doch nicht alles aus!

PUBLIKUM   Ach, was geht uns der Verfasser an! Wir wollen uns für unser Geld nicht solche unlogische Sätze aufheften lassen. Was war das vorhin für eine Art zu beweisen! Welche Ungründlichkeit in den Schlüssen! O wir kennen hier Kant und Fichte so gut, wie irgend ein Narr in der Welt. So müssen Sie uns nicht kommen! Wir verlangen philosophischen Genuß! herab mit ihm!

NARR   Aber um Himmelswillen, bedenken Sie doch die Illusion!

VERFASSER   Ich werde Ihre Ungezogenheit mit abdrucken lassen!

VOLK   Untersteht Euch nur hier herauf zu kommen! Wer unsern Narren anrührt, der hat's mit uns andern zu tun. Alle für Einen!

PUBLIKUM   Das wollen wir doch wohl sehen, ob ein philosophisches Publikum nicht so ein Stück von den Brettern bringen kann. *Das Publikum stürmt die Bühne und gerät mit dem Volk ins Handgemenge. Großes Getümmel und Pfeifen.*

Auch ein »Kritikus« hat seinen Auftritt in Eichendorffs Stück. Er behauptet, mit seinen Rezensionen die Philister längst totgesagt zu haben:

> KRITIKUS   *plötzlich die Philister erblickend und auf sie losgehend:*
> Ha, hab' ich Euch! 'raus aus der Weltgeschichte!
> Wer nicht das Leben faßt, hat auch kein Recht d'rauf. […]
> BOTE   […] wir bitten um Gnade. Ihr großer Schiller sagt ja selbst:
> Auch die Toten sollen leben!
> KRITIKUS   Ach, das war nur so 'ne manière de parler. –
> Hab' ich Euch in Journalen nicht, Museen,
> Und andern Blättern, tausendmal erschlagen?
> Und immer wieder schießt Ihr schwammig nach,
> Wie fette Warzen auf dem lust'gen Grün.
> NARR   Sei ruhig Kritikus! Ich bin nur froh,
> Daß wir sie eingeholt. Nun fort, rasch fort
> In's Stück zurück, eh' noch das Publikum
> Gewahr wird, daß wir hier extemporieren!

Mit seiner Grundidee, einen Krieg zwischen den Philistern und den Poetischen anzuzetteln, ist Eichendorff zwar der Philistersatire Brentanos verpflichtet, doch gelingt es ihm zusätzlich, aus seinem Erfahrungsschatz im Umgang mit preußischen Beamten zu schöpfen. Was bei Brentano lediglich eine Auflistung absurder Philistereigenschaften ist, verwandelt sich bei Eichendorff in lebendige Bühnenfiguren und Handlungsabläufe. Keinen Zweifel läßt er daran, daß die Beamten im preußischen Staat die tragende – auch vom »Regenten« anerkannte – Kraft sind. Immerhin kam in diesem Staat Preußen zu Eichendorffs Zeit auf etwa 70 Einwohner jeweils ein Beamter.

Der Schiffsregent beherrscht in Eichendorffs Satire dieses Heer souverän mit hohl klingenden gereimten Phrasen, wobei Anspielungen auf den regierenden König in Preußen offensichtlich vermieden werden. In der Eichendorff-Forschung werden eher Staatstheoretiker wie der liberale Freiburger Professor Karl von Rotteck als Vorbild der karikierenden Darstellung des Schiffsregenten vermutet.

Während des steigen aus dem Grunde: der Schiffsregent, der Philosoph, der Narr, als Passagiere, und hinter ihm ein langer Zug von Beamten, welche sogleich hinter ihren Pulten Platz nehmen.

REGENT   *zu sämtlicher Mannschaft gewendet:*
Es hebt der Sonnenball sich aus den Fluten,
Ein Bildnis unsres rastlos regen Geistes,
Der durch das Weltall sendet seine Strahlen.
Alles klatscht. Der Philosoph verneigt sich dankend. Regent fährt fort:
So fahret denn nur rühmlich fort, Ihr Brüder,
Frei spielen mögen meines Volkes Kräfte,
In Staatswirtschaft, Mechanik, Industrie,
Gewerbe, Kunst und hoher Wissenschaft,
Ein beispielloses Volkstum neu gestaltend!
DAS SCHIFFSVOLK   Wer ist denn aber unter uns eigentlich das Volk?
DIE SOLDATEN   Welche dumme Frage!
DIE BEAMTEN   Nun wir sollen's doch nicht etwa sein? Wir bearbeiten ja eben das Volk. Wir machen den Staat aus.
REGENT
Ihr wißt, wie ich bei Tag und Nacht bemüht,
Der Menschheit Privilegien und Urrecht,
Die heimlich stille Saat, zu Tag' zu fördern,

Die Kerne hör' ich fast im Boden keimen. –
Jahrhunderte des Aberglaubens haben
Den Schatz uns überschlämmt, und auf dem Schlamm
Führt der Philister ungeschlachtes Volk
Dreifelder-Wirtschaft noch, Gewohnheitsselig,
Kultur mit zäher Dummheit niederhaltend.
Das muß nun anders werden, edle Streiter,
Das träge Volk, wir wollen's kühn vertreiben
Und selber dann mit Intelligenz rojolen
Das heil'ge Land zur neuen Menschheits-Saat.
Frisch! jeder denn zu seinem Federkiele!
Die Sonne steigt, bald sind wir an dem Ziele!
Ein Rumor und verworrenes Durcheinanderrufen: In-
dustrie, Vaterland, Intelligenz, Koppelwirtschaft! *Alles
begibt sich an seine Arbeit.*

Die Aufgabe der Beamten ist es, weißes Papier in Akten zu
verwandeln. Der Regent feuert seine Untergebenen an und ist
es zufrieden, wenn er sie emsig ihre Schreibfedern schwenken
sieht, was auf dem Schiff – in der Situation des angestrebten
Seekriegs – wenig Sinn hat, aber gemeinschaftsfördernd zu
wirken scheint.

REGENT   Fleißig, Ihr, des Ganzen Glieder!
Immer zu nur, rührt Euch munter, […]
Rascher bald die Feder schwenken,
Daß die weißen Blätter schreien!
Wie das klippt und klapp und schwirbelt,
Trommel oft dazwischen wirbelt,
All' zum Ganzen sich formieren,
O der Wonne, zu regieren! […]
CHOR DER BEAMTEN   Papier, Papier, Papier!
NARR   Die Zeit braucht viel Papier, Papier braucht
Lumpen, o lumpige Zeit!

Die emsige Tätigkeit eines wortgewaltigen Regenten und seiner Beamtenschar dient einem völlig sinnlosen Unternehmen: Die philiströsen Staatsdiener bewegen ein mächtiges
Schiff, das auf Rollen durch den märkischen Sand gezogen
wird, um die Gegner, die »Poetischen«, zum Kampf heraus-
zufordern. Die Idee, einen Krieg von zwei Parteien zu entfa-
chen, beruht auf der systematischen Gegenüberstellung von
bürgerlichen Philistern und poetisch-romantischen Menschen,
die seit Novalis das Denken der Frühromantiker bestimmte.
Eichendorff führt diesen Krieg ad absurdum. Vermutlich ist es
sein Plan, die Gegensätze zu überbrücken und eine Versöhnung darzustellen. Es geht ihm um die Auflösung der unfruchtbaren und perspektivelosen Konfrontation von Philistern und Poetischen, und die Kämpfer einer absurden Konfrontation finden schließlich zu einem friedlichen Miteinander.
Mehr und mehr nehmen die im Stück auftretenden Vertreter
der verfeindeten Gruppen dabei auch Charakterzüge der Gegner an: Den Poetischen fehlt es an wirklicher Überlegenheit,
keiner besitzt Genialität, es sind Dichterlinge, die sich nach der
Mode als altdeutsche Dichterbarden gebärden und entsprechende Künstlernamen angenommen haben.

So wirkt der Dichter Godofred bereits sehr philiströs und
hat gar keine Lust, in den Krieg zu ziehen: »[...] ich war doch
wohler in meiner Haut, als ich noch Gottfried schlechtweg
hieß und zu Hause hinter meinem Webestuhl saß, und meinen
warmen Ofen hatte und mein Glas Bier und zu essen vollauf.
[...] warum wollen wir denn eigentlich die Philister mit Krieg
überziehen.« Unter den Philistern sorgt ein auftretender Bote
für Aufregung, er scheint Eigenschaften der Gegner anzunehmen: »Er wird poetisch – greift ihm beim Schopf!« Das
heißt, wir haben es in beiden Lagern mit Doppelnaturen zu
tun, die dem von Brentano und Görres dargestellten Uhrmacher Bogs (in der gleichnamigen Satire der Heidelberger Romantik von 1807) ähneln.

Für heutige Leser bleibt jedoch der Schluß des Dramas rät-
selhaft und nur aus der Psyche des Autors deutbar. Während

der Versuch, die beiden Positionen zu vermitteln und den
drohenden Krieg zu vermeiden, nachvollziehbar ist, bleibt
unklar, was der Auftritt eines gewalttätigen Riesen am Schluß
des Dramas zu bedeuten hat, der eine friedliche Versöhnung
unmöglich macht, indem er alles kurz und klein schlägt. Es
ist ein Grobianus aus dem Sagenwald, den Eichendorff als
»Riesengeist altteutscher Kraft« einführt, der »strengwaltend
durch des Lagers Reihen« geht. »Das Volk erkennt den Urahn
und sich selbst«, heißt es dann im 5. Abenteuer des Stückes.
Gegen diese Urkraft vermag auch der »Verfasser« mit seinem
Ausruf »Ein Lustspiel ist's ja!« nichts auszurichten: »*Der
Riese Grobianus haut Philister und Poetische ohne Unterschied nieder* [...] *der Turm fliegt mit ungeheurem Gekrach in
die Luft und begräbt die Stadt, den Riesen und beide Heere
unter seinen Trümmern.«*

Die Bühne erreichte auch dieses Stück Eichendorffs nicht,
es teilt das Schicksal der frühromantischen Lesesatiren. Daß
Kollegen im preußischen Staatsdienst wie sein Vorgesetzter
Theodor von Schön, der mächtige Oberpräsident von Ost-
und Westpreußen, von den Anspielungen auf das Beamtenda-
sein mehr verstand als wir heute, ist selbstverständlich, doch
ist es ohnehin mehr die im Titel angedeutete Situation eines
absurden, zu nichts führenden Kampfes, die komisch wirkt.
Krieg den Philistern wurde in der preußischen Verwaltung zu
einem geflügelten Wort, das wir z. B. im Briefwechsel Eichendorffs mit Theodor von Schön häufig lesen können. »Die
Sache hat etwas durchaus Dramatisches, und gäbe oft das
köstlichste Thema zu einem neuen Philisterkriege«, schreibt
Eichendorff ihm am 24. Januar 1850. Schön übernimmt diese
Bemerkung in seinem Brief an Brünneck wenig später, und so
wird der Titel zur Chiffre für alle Absurditäten des preußischen Beamtenlebens.

Eine weiteres Drama, das mit der Danziger Zeit Eichendorffs zu tun hat, aber erst 1830 publiziert und aufgeführt
wurde, gehört in die Tradition der historisierenden Dramen,
der auch Brentanos *Gründung Prags* von 1815 verpflichtet ist.

Der Ort, mit dem sich Eichendorffs Trauerspiel verbindet, liegt in der Nähe von Danzig, es ist die mächtige Marienburg an der Nogat unweit von deren Mündung in die Weichsel. *Der letzte Held von Marienburg* ist der Titel von Eichendorffs Trauerspiel, das eine Wende in der Geschichte der Ordensburg darstellt.

Theodor von Schön persönlich hatte Eichendorff 1827 zu diesem Werk angeregt; auf seine Anordnung wurde es 1830 in Königsberg gedruckt und 1831 ebendort aus Anlaß der Eröffnung des Landtages im Stadttheater uraufgeführt. Ein Erfolg wurde diese Aufführung nicht. Im Gegenteil: Im geladenen Publikum kam es zu Tumulten; weitere Aufführungen gab es nicht. Und so teilte auch dieses Werk das Schicksal seiner Vorbilder, denn auch *Die Gründung Prags* von Brentano blieb Lesedrama. Es gelang den Romantikern nicht, Geschichte bühnenwirksam dramatisch umzusetzen. Dabei hatte man in den Dramen Shakespeares, deren epochale Übersetzungen im Kreis der Romantiker entstanden, die besten Vorbilder für eine anspruchsvolle und zugleich publikumswirksame Umsetzung geschichtlicher Ereignisse.

Im Falle von Eichendorffs Stück zur Geschichte der Marienburg und den Kämpfen der Helden des Deutschen Ordens ist ein Grund für die mangelnde künstlerische Qualität auszumachen, der vielleicht sogar auf andere Versuche der Geschichtsverarbeitung in der Romantik zu übertragen ist: Eichendorff ist beim Blick auf die Geschichte einer bestimmten Ideologie verpflichtet. Er will die Rolle der Preußen in der Geschichte der Ordensburg herausstreichen, verklärt die Heldentaten der Deutschen und stellt die überaus komplexe Geschichte der Kolonisation im Namen Christi simplifizierend dar. In wechselnden Koalitionen – mit den Prussen, den Polen und baltischen Stämmen – hatte der militärisch durchorganisierte Ritterorden in kriegerischen Auseinandersetzungen seine Unabhängigkeit immer wieder erkämpft, wobei Mission und vorbildlich-christlicher Lebenswandel der Ordensritter je nach dem gerade herrschenden Hochmeister und der politischen Konstellation mehr oder weniger in den Hintergrund traten.

In Preußen wurde zu Eichendorffs Lebzeiten begonnen, die Geschichte des eigenen, ursprünglich heidnischen Stammes der Prussen für die Politik der Gegenwart nutzbringend darzustellen. Die Geschichte des Ordens wurde als Heldengeschichte Preußens verklärt. In dieser Situation hatte Eichendorff kaum eine andere Wahl, als sich wie ein Hofpoet zu verhalten, und war in Gefahr, zum Hagiographen zu werden – eine denkbar ungünstige Ausgangsposition für einen Dichter. Tatsächlich unterschied sich sein Geschichtsbild, das mit dem Gedanken einer goldenen Urzeit im Gedankengut der romantischen Bewegung verwurzelt ist, von dem offiziellen preußischen auch nur in Nuancen. Er hält die christlichen Werte hoch und beschreibt aus seiner Position sowohl den sittlichen Verfall des Ordens wie das »heidnische« Gebaren der einzelnen Stämme. Den Erwartungen des geladenen Theaterpublikums entsprach diese Darstellung offensichtlich nicht. Für die kirchlich-katholische Sicht hatte man in Preußen wenig Sinn; gefragt war eher ein Hurra-Patriotismus, den Eichendorff nicht vermitteln wollte und konnte.

11. Kapitel: Ein Hexensabbat
Eichendorffs geheimer politischer Auftrag
als »Hilfsarbeiter«

Als 1824 das Oberpräsidium der neugeschaffenen Verwaltung
von Ost- und Westpreußen eingerichtet wird, ist auch der
preußische Beamte Joseph von Eichendorff betroffen. Sein
Dienstherr wird Oberpräsident der neuen Behörde, die in
Königsberg ihren Sitz erhält. Dort an der Pregel hatte der
Deutsche Orden bereits 1255 eine Burg errichtet; 1286 erhielt
die Siedlung Stadtrecht.

Königsberg ist von der preußischen Metropole Berlin noch
viel weiter entfernt als Danzig, und Eichendorff empfindet
den Umzug als Verbannung in die kulturelle Provinz. Angesichts der bedeutenden geistigen Tradition der Universitäts-
stadt Königsberg mag dieses Urteil überraschen. Immerhin
spricht Eichendorff selbst im E.T.A. Hoffmann-Kapitel seiner Abhandlung zur romantischen Poesie von den »berühmten Männern Königsbergs« und nennt »Kant, Hamann, Hip-
pel, Kraus«, doch lebte von diesen Geistesgrößen längst
keiner mehr, als es Eichendorff in diese Stadt verschlug. Königsberg lag am östlichen Rand Preußens, dort war das Klima
rauh und – wie Eichendorff in einigen Briefen bemerkt – für
seine Gesundheit schädlich. Um mit der Postkutsche nach
Berlin zu gelangen, waren etliche Tagesreisen erforderlich,
und so unternahm der Dichter Ende der zwanziger Jahre
große Anstrengungen, wieder nach Westen versetzt zu werden. Zum Beispiel schrieb er am 30. August 1828 an Joseph
Görres, den er seit seiner Heidelberger Studienzeit kannte,
nach München: »Euer Hochwohlgeboren kennen […] die
Preußische Wirthschaft so gut wie ich. Ich habe ehrlich gekämpft, so gut ich's vermag, aber ich bewege mich hier wie
in Feßeln, ohne Hoffnung lohnenden Erfolgs, u. sehe mit Ge-
wißheit voraus, mich in diesem Verhältniße nicht lange mehr

Königsberg, Zentrum

halten zu können. Auch die Dichtkunst kommt mir läppisch vor in Zeiten, wo der Herr wieder einmal unmittelbar die Sprache der Poesie redet. Denn *so* erscheint mir jezt die tiefe Bewegung, der junge König, und das gantze großartige Walten in Baiern [...]. Ich wage daher zunächst die inständigste u. ergebenste Bitte an Ew. Hochwohlgeboren, mir gütigst ihre Meinung darüber mittheilen zu wollen, ob Aussicht für mich vorhanden wäre, möglichst mit gleichem Range u. Gehalt wie hier (ich habe hier 1,600 Thaler) in Baiern angestellt zu werden.« Eichendorffs Initiative blieb ohne Erfolg, doch ließ er sich nicht entmutigen.

Seine Bewerbungsbriefe paßte er den Adressaten an. Ein Schreiben an Karl von Stein zum Altenstein vom 16. Juli 1831 mit der Bitte, ihm in Berlin eine Stelle zu schaffen, kann selbstverständlich die konfessionelle Frage nicht ins Zentrum rücken wie die Bewerbung in Bayern. Hier argumentiert Eichendorff mit seiner »Ausschließung von allen Ansprüchen auf Beförderung an Rang und Gehalt« in Königsberg und dem »fast allen Fremden gefährlichen Klima«, das »sich fortwährend gegen mich so feindlich erwiesen, daß ich leider nicht hoffen darf, dort jemals wieder gantz gesund zu werden. Beides Umstände, die wohl geeignet sind, den eintzigen Ernährer einer zahlreichen Familie muthlos zu machen.«

Altenstein antwortet zehn Tage später und betont, daß in seinem Ministerium keine geeignete Stelle frei sei. »Um jedoch [...] einen Beweis meiner Teilnahme zu geben, [...] habe ich beschlossen, Sie vom 1ten August ab zwei Monate hindurch gegen 3 Taler Diäten hier kommissarisch zu beschäftigen.« Das war ein hoffnungsvoller Anfang, auch wenn die zwei von Altenstein skizzierten Aufgaben für Eichendorff nicht von großem Reiz gewesen sein dürften. Es ging um Gutachten zu einem Streitfall mit dem Fürstbischof von Ermland und zu den Bildungseinrichtungen für die katholische Jugend. Eichendorff willigt ein und beantragt am 26. September 1831 eine Verlängerung des Urlaubs mit dem Hinweis, daß er nun Aussichten auf eine Planstelle in Berlin habe: »Bis jezt ist es mir leider noch nicht gelungen, hier eine feste Stellung zu gewinnen, wohl aber haben sich Aussichten dazu eröffnet, welche indeß für immer verloren wären, wenn ich jezt in mein früheres Dienstverhältniß nach Königsberg zurückkehren müßte.

Euer Excellenz wage ich daher gantz gehormsamst zu bitten, mir vom 1ten October c. [dieses Jahres] ab noch einen unbestimmten, oder doch dreimonathlichen Urlaub gnädigst bewilligen zu wollen.« In einem persönlichen Gespräch wird ihm die Bewilligung zugesagt, aber wir erfahren zunächst nicht, welche Aufgaben ihm nun übertragen wurden. Die offizielle Nachricht zur Verlängerung des »Urlaubs auf eine unbestimmte Zeit« mit dem Datum des 4. Oktobers hüllt sich – was die Aufgabenstellung betrifft – ebenfalls in Schweigen: »Mit den besten Wünschen für das Gelingen ihres Unternehmens« schließt der überlieferte Briefentwurf des Ministers, was angesichts der präzisen Angaben zu Aufgabenstellung und Befristung in dem früheren Bewilligungsschreiben überraschen muß. Schließlich handelt es sich nicht um einen Erholungsurlaub, der dem Antragsteller zusteht, sondern um die Abordnung eines Königsberger Beamten aus dem bezahlten Dienstverhältnis nach Berlin.

Das hat zu Spekulationen in der Eichendorff-Forschung geführt. Von »Hilfsarbeiten« in verschiedenen Ministerien war lange Zeit die Rede, zumal Eichendorff selbst sich im »Mandelkerngedicht« als »letzten Balkentreter [...] / In des Staates Symphonie« bezeichnet und auch in »Der Isegrimm« das Bild einer sklavenähnlichen Tätigkeit entwirft:

> Aktenstöße Nachts verschlingen,
> Schwatzen nach der Welt Gebrauch
> Und das große Tret-Rad schwingen
> Wie ein Ochs, das kann ich auch.
>
> Aber glauben, daß der Plunder
> Eben nicht der Plunder wär',
> Sondern ein hochwichtig Wunder,
> Das gelang mir nimmermehr.
>
> Aber Andre überwitzen,
> Daß ich mit dem Federkiel
> Könnt' den morschen Weltbau stützen,
> Schien mir immer Narrenspiel.
>
> Und so, weil ich in dem Drehen
> Dasteh' oft wie ein Pasquill,
> Läßt die Welt mich eben stehen –
> Mag sie's halten, wie sie will!

Welche Aufgaben erwarteten ihn in Berlin, welche Projekte wurden ihm anvertraut?

Das Konzept zu einem Brief an den Bruder Wilhelm führt auf die richtige Spur. Eichendorff notiert »nach dem 2. September 1831«: »Meine jetzige Stellung hier, es gibt wenigstens einen neuen Band (politische) Schriften.«

»Politische Schriften«, die Eichendorff in der fraglichen Berliner Zeit verfaßte, sind in beträchtlichem Umfang überliefert. Es gibt eine Reihe von Essays zu politischen Themen: *Preußen und die Verfassungsfrage, Preußen und die Konstitutionen, Über Garantien«*, einen fiktiven *politischen Brief* sowie eine Satire zum Hambacher Fest: *Auch ich war in Arkadien*. Diese Entwürfe, die allesamt erst nach dem Tode Eichendorffs veröffentlicht wurden, passen zu der Umschreibung im Briefentwurf an den Bruder. Weitere Briefzeugnisse belegen, daß es sich bei den genannten Titeln um Beiträge für eine geplante politisch-historische Zeitschrift handeln könnte.

Ein Brief Eichendorffs an den Geheimen Legationsrat Johann Karl Heinrich Philipsborn in Berlin vom 19. November 1831 zeigt, daß es tatsächlich Eichendorffs Hoffnung war, als Herausgeber oder Redakteur eines von der preußischen Regierung geplanten und finanzierten Publikationsorgans angestellt zu werden. Das Projekt sollte gemeinsam mit dem renommierten Historiker Leopold Ranke realisiert werden. Eichendorff schreibt an Philipsborn: »Euer Hochwohlgeboren haben mir gütigst erlaubt, meine *persönlichen* Wünsche in Beziehung auf die von mir und Herrn Ranke zu redigierende Zeitschrift ganz gehorsamst vorbringen zu dürfen. […] Nach den Erfahrungen meines bisherigen Aufenthalts hierselbst […] getraue ich mir nicht mit meiner Familie unter einer Summe von mindestens 2000 Talern jährlich in Berlin auszukommen. Ich hoffe daher nicht unbescheiden zu erscheinen, wenn ich meine ganz gehorsamste Bitte dahin richte, daß mir vom 1. Januar k[ünftigen] J[ahres] ab zu meinem bisherigen Einkommen von 1500 Talern noch eine jährliche Zulage von 500 Talern in vierteljährlichen Raten gewährt werden möchte, worauf ich jedoch alles, was ich an Honorar oder sonst in Beziehung auf jene Zeitschrift einnehme, abrechnen werde.«

Als Ranke von diesem Brief erfährt, beklagt er sich – nur zwei Tage später – in einem Brief an Eichhorn, daß »mein Herr Mitgenosse in der Arbeit für dieselbe ganz allein besol-

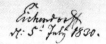

Franz Kugler: Joseph von Eichendorff.
Bleichstiftzeichnung vom 5. Juli 1830

det wird« und stellt seinerseits Forderungen: »Unbescheiden würde es sein, sie selber zu bestimmen und anzugeben. Auch könnte ich nicht eigentlich mein Bedürfnis schätzen, wie Herr Baron von Eichendorff. Ich überlasse dies ganz Sr. Exzellenz.« Ob dieser Brief den Ausschlag dafür gab, daß schließlich Ranke als einziger Herausgeber der neuen Zeitschrift ernannt und vermutlich auch honoriert wurde, ist unklar. Liest man die Entwürfe zu Eichendorffs Zeitschriftenbeiträgen, so fällt auf, daß er sich in seinen Aufsätzen vielfach wiederholt und seine Bewertung der politischen Positionen in poetischen Bildern darstellt – die historisch-politischen Themen eben nach Art eines romantischen Dichters behandelt. Im Vergleich dazu waren von dem Universitätsprofessor Ranke eher wissenschaftlich abwägende Beiträge zu erwarten. Es könnten daher neben der Gehaltsfrage auch inhaltliche Kriterien dafür verantwortlich sein, daß schließlich Ranke allein zum Herausgeber der neuen Zeitschrift ernannt wurde.

Einen Aufsatz Eichendorffs, der für das erste im Februar 1832 erschienene Heft der Zeitschrift vorgesehen war und dann nicht erschien, ist möglicherweise aus politischen Gründen ausgeschieden worden. Darauf deutet jedenfalls ein Brief des bei der Konzeption beteiligten Berliner Buchhändlers Karl Duncker an Perthes vom 28. Januar 1832 hin: »Eichendorff scheint nicht der rechte Mann. Seinen Aufsatz für das erste Heft läßt der richtige Takt Rankes und auch wohl E[ichhor]ns wegfallen. Dieser Aufsatz *Über Garantien* mag allzusehr die Absicht verraten haben darzuthun, daß Preußen keiner Konstitution bedürfe und man muß daher – wie überzeugend das auch deducirt seyn mögte – der öffentlichen Meynung wegen Diejenigen loben, die mit dem richtigem Gefühl erkannten, daß man gerade damit die Zeitschrift nicht eröffnen kann.«

Was hatte Eichendorff in dem genannten Aufsatz zur Frage der Konstitution geschrieben? »Das Papier tut es nicht. Nicht auf dem toten Buchstaben beruht ja überall die Kraft und Heiligkeit des Vertrages, sondern einzig und allein auf der

Leopold Ranke

Treue, auf dem, eben nicht zu versiegelnden Willen, ihn zu
erfüllen. [...] Eine Verfassung kann nicht *gemacht* werden,
denn Willkür bleibt Willkür und unheilbringend, sie komme
woher sie wolle; es ist aber gleich willkürlich, ob man den
Leuten sagt: ihr sollt nicht frei sein, oder: ihr sollt und müßt
grade auf diese und keine andere Weise frei sein! Weder das
müßige Geschwätz des Tages, noch die Meinung der Gelehrten oder irgend einer Kaste darf hier entscheiden, sondern
allein die innere Notwendigkeit, als das Ergebnis der eigen-
tümlichen, nationalen Entwickelung. Nicht vom Verfasser
nennt man es Verfassung, sondern weil es alle Elemente des
Volkslebens umfassen, der physiognomische Ausdruck der
Individualität eines bestimmten Volkes sein soll. Mit und in
der Geschichte der Nation muß daher die Verfassung, wenn
sie nicht ein bloßes Luftgebilde bleiben will, organisch em-
porwachsen wie ein Baum, der, das innerste Mark in immer-
grünen Kronen dem Himmel zuwendend, sich selber stützt

und hält, und den mütterlichen Boden beschirmt, in welchem er wurzelt.«

Zur politisch brisanten Frage einer schriftlich fixierten Verfassung, die ja die Rolle gewählter Repräsentanten der Bürger hätte festschreiben müssen, erläutert Eichendorff am Bild des Baumes: Die Ansätze einer organischen Entwicklung »schon jetzt mit dem Notdach einer Konstitution überbauen, was wäre es wohl anders, als den frischen Wuchs, der eben erst Wurzel faßt, eilfertig am Spalier allgemeiner Formen wieder kreuzigen und verknöchern, und mit neumodiger Pedanterie an die Stelle lebendiger, progressiver Bewegung den stereotypen Begriff der Freiheit setzen wollen? So mag wohl ein Federkünstler seinen Münster-Bau auf dem Papier frischweg von der Spitze anfangen und sehen, wie er nachher mit der Grundlage zurecht kommt, aber jeder Verständige weiß wohl, daß man keinen Turm und keine Konstitution a priori in die Luft hängen kann. [...] Die einfachste und kräftigste aller Garantien indes ist endlich überall nur das historische Ineinanderleben von König und Volk zu einem untrennbaren nationalen Ganzen, das seit Jahrhunderten in gemeinschaftlicher Lust und Not bewährte Band wechselseitiger Liebe und Treue, mit einem Wort: nicht der tote Begriff des abstrakten Königs mit zu regierenden arithmetischen Zahlen, sondern der lebendige individuelle König, der nicht dieser oder jener sein kann, sondern eben *unser* König ist in allem Sinne. Gleichwie es sich aber in einer unentarteten Familie ganz von selbst versteht, daß der Vater den Sohn liebreich zum Besten leite und der Sohn den Vater ehre, so bedarf auch jenes gesunde Staats-Verhältnis zu seiner Bürgschaft nicht des Vertrages, dieser Arznei erkrankter Treue.«

In deutlichem Gegensatz zur erstarkenden liberalen Bewegung in Deutschland wendet sich Eichendorff vehement gegen eine schriftliche Verfassung nach dem Muster der Franzosen. Insofern ist seine Stellungnahme, die mit einer Verbeugung vor dem König einen Höhepunkt findet, äußerst loyal und uneingeschränkt konservativ.

Die Gründung der Zeitschrift sollte jedoch offensichtlich gerade eine liberale Offenheit Preußens demonstrieren, und dieses von der Regierung lancierte und finanzierte Publikationsorgan sollte vermutlich in der Öffentlichkeit nicht als Sprachrohr der Regierung erscheinen; darauf zielt die Argumentation Dunckers in seinem Brief. Die Weigerung der preußischen Regierung, dem Staat eine Konstitution zu geben, wird allzu offensichtlich und uneingeschränkt von Eichendorff befürwortet. Gefragt ist aber im Kontext der Zeitschriftengründung eher diplomatische Geschmeidigkeit und Opportunismus. In diesem Sinne fehlte Eichendorff das »erforderliche Zeug«, wie Friedrich August von Stägemann am 9. April 1832 – nach dem Erscheinen des ersten Heftes – an Ignaz von Olfers schreibt: »Rankes Zeitschrift haben Sie ja wohl schon mitgenommen. Ein zweiter Band ist noch nicht erschienen, und schwer zu erwarten, wenigstens nicht binnen Kurzem, weil sich findet, daß sein Mitarbeiter (v. Eichendorf) nicht das erforderliche Zeug hat.« Der gewöhnlich gut unterrichtete Staatsrat Stägemann scheint zu wissen, daß ein Beitrag Eichendorffs abgelehnt wurde und dieser als Mitarbeiter des Projektes bereits ausgeschieden war.

Eichendorff muß sich also nach einer anderen Aufgabe und nach freien Stellen in Berlin umsehen, um eine Verlängerung seines »Urlaubs« zu erwirken. Am 22. Mai 1832 schlägt er Altenstein in einem Brief vor, ihm das frei werdende Amt des Geheimen Finanzrats beim Königlichen Generalpostamt anzuvertrauen. Im Herbst des gleichen Jahres – am 16. Oktober – bittet er ihn, »bei der neuen Organisation des Censurwesens, die vielleicht zum Theil auch die Mittel zu meiner Besoldung darbieten dürfte, hochgeneigtest auf mich Bedacht zu nehmen«. Um seine Eignung für eine neu zu konstituierende Zensurbehörde zu belegen, erwähnt er in diesem Brief auch, daß ihn seine »letzte Beschäftigung bei dem auswärtigen Ministerium [...] recht speziell mit den politischen Kämpfen der gegenwärtigen Zeit vertraut gemacht [habe], so daß ich mich hiernach schmeicheln darf, auf dem in Rede stehenden Felde der Wirksamkeit vielleicht vor manchem andern nützlich seyn zu können«.

Worauf spielt Eichendorff an? Worum ging es bei der »letzten Beschäftigung«, die nach anderen Quellen eine Beschäftigung als »Hilfsarbeiter« für die Zeit vom 1. Oktober 1831 bis zum 30. Juni 1832 war? Wieso ist es das »auswärtige Ministerium« und nicht das Kultusministerium, für das er nun arbeitet?

Der Referent der Deutschlandabteilung, der Eichendorff wohlgesonnene Geheimrat Johann Albrecht Friedrich Eichhorn (1779-1856), gab ihm den Auftrag, ein Gutachten zur »konstitutionellen Preßgesetzgebung« in Deutschland und den Entwurf eines Pressegesetzes zu formulieren. Dieses Pressegesetz befaßte sich hauptsächlich mit der in den Ländern Deutschlands sehr unterschiedlich gehandhabten Zensur. »Pressefreiheit« und Verfassung, das waren die wichtigsten Schlagworte der liberalen Opposition, und so war Eichendorff mit den brisantesten Themen der aktuellen Politik befaßt – die auch die anderen Staaten Deutschlands betraf und deshalb in der »Deutschlandabteilung« des auswärtigen Ministeriums von Preußen diskutiert wurde. Die Geheimniskrämerei um seinen Auftrag in Berlin hat etwas damit zu tun, daß auch in den Berliner Ministerien divergierende politische Auffassungen herrschten und keinesfalls Entwürfe dem Metternichschen Geheimdienst frühzeitig in die Hände fallen durften. Denn die von Metternich betriebene extrem konservative Restaurationspolitik wurde durch den Entwurf eines Pressegesetzes mit liberalen Elementen unterlaufen, die Karlsbader Beschlüsse möglicherweise zum Teil außer Kraft gesetzt.

Von einigen liberal gesonnenen Ministern in Berlin war daran gedacht, eine Brücke zu den Staaten im Südwesten Deutschlands zu bilden. Die Julirevolution in Frankreich hatte 1830 zu einer Belebung der liberalen Strömungen in Deutschland geführt und die Diskussion über die Pressefreiheit erneut entfacht. Ungeachtet der Karlsbader Beschlüsse vom 20. September 1819, in denen die scharfe Anwendung aller Zensurbestimmungen grundsätzlich beschlossen worden war, gab es in den einzelnen Ländern differierende Pressegesetze und in der Praxis keine einheitliche Handhabung der Zensur. Im süddeutschen Raum – in Württemberg und Baden – gab es längst eine Verfassung und liberale Pressegesetze. Dort erschienen auch – kaum von der Obrigkeit behelligt – zahlreiche kritisch-liberale Zeitschriften, die auch in die Länder mit restriktiverer Auslegung der Zensurbestimmungen, nach Österreich und Preußen, gelangten. In öffentlichen Lesehallen konnte man sie auch in Berlin lesen.

Und so gab der preußische König Friedrich Wilhelm III. am 24. Oktober 1831 an die drei betroffenen Ministerien den Auftrag, einen entsprechenden Entwurf zu erarbeiten. Es ging darum, Kompromißformeln zu finden, um die unterschiedliche Zensurpraxis in den Ländern Deutschlands durch ein Mustergesetz zu vereinheitlichen. Wäre nun Preußen in dieser Situation mit einem auch für die süddeutschen Staaten akzeptablen Pressegesetz hervorgetreten, so hätte dies den Einfluß Metternichs untergraben. Insofern war es eine politisch prekäre Angelegenheit, mit der eines der betroffenen Ministerien nun Eichendorff beauftragt hatte. Ein Gesetz mit richtungsweisender Kompromißformel aber kam einer politischen »Gratwanderung zwischen liberalen und reaktionären Optionen« gleich. Eichendorff war für ein solches Meisterstück diplomatischer Formulierungskunst wohl eher ungeeignet, wurde auch schließlich von der politischen Realität überholt.

Sein Schriftsatz geht von der grundsätzlichen Freiheit der Presse aus, formuliert jedoch für die Tagespresse und politische Publikationen gravierende Ausnahmen. Der Entwurf, der nicht für die Publikation gedacht war, erregt bei den Regierungsstellen Aufsehen, wurde aber rasch als zu liberal ad acta gelegt – eine Bewertung, die wir heute kaum nachvollziehen können, da selbstverständlich die Zensur in Eichendorffs Gesetzesentwurf nach wie vor eine entscheidende Rolle spielte. Die liberalen Kräfte in Preußen wurden jedoch durch politische Ereignisse, die Revolutionsfurcht bei den Regierenden in Berlin aufkommen ließen, entscheidend geschwächt. Eine mächtige Demonstration der liberalen Kräfte, das Hambacher Fest vom 28. bis 30. Mai 1832, auf dem Handwerker und Studenten gemeinsam für ein geeintes Deutschland und eine freie Presse demonstrierten, lehrte die Regierenden das Fürchten und stärkte schließlich die Reaktion. Im sogenannten Maßregeln-Gesetz vom 5. Juli 1832 wurden die Vereins-, Versammlungs- und Pressefreiheit noch stärker eingeschränkt; die liberalen badischen Pressegesetze wurden revidiert. Auch in Berlin gewannen die restaurativen Kräfte wieder die Oberhand. Der Entwurf aus dem Außenministerium, dessen Autor Eichhorn offensichtlich geheimhalten konnte, hatte keine Chance, zumal der preußische König ihn einen Tag vor dem Hambacher Fest, am 27. Mai 1832, bereits ausdrücklich verworfen hatte.

Eichendorff konnte bei seinen Bewerbungen um eine Position in Berlin auf seinen Geheimauftrag keinen Bezug nehmen, so daß noch im 20. Jahrhundert unklar war, daß die mittlerweile als »politische Schriften« Eichendorffs veröffentlichten Entwürfe zum Teil im Auftrag eines Ministeriums entstanden waren. Der Entwurf des Pressegesetztes gehörte zu seinen geheimnisvollen »Hilfsarbeiten«. In der Berliner Verwaltung wußten nur wenige Eingeweihte, daß der Dichter Eichendorff die Entwürfe zu dem Gesetzestext verfaßt hatte, und die Germanisten ahnten auch hundert Jahre später noch nicht, daß diese politischen Schriften eines romantischen Dichters Ergebnis eines offiziellen Regierungsauftrags waren.

Altenstein wußte sicherlich von diesem Auftrag und seinem Ergebnis, Theodor von Schön, der persönlichen Kontakt mit ihm hatte und zur liberalen Fraktion in der preußischen Verwaltung gehörte, war sicherlich auch eingeweiht, doch beide vermieden es, im amtlichen Schriftwechsel zum Berliner »Urlaub« Eichendorffs präzise Angaben zu seinem Aufgabenbereich zu machen.

Das »Hambacher Fest«

Wieweit die liberalen Ansätze in dem Entwurf zum Pressegesetz Eichendorffs Überzeugungen entsprachen, ist schwer zu
sagen. Nach dem Hambacher Fest jedenfalls zeigt er sich eindeutig auf der Seite der Konservativen, das belegt seine Satire
zu dieser Demonstration der Liberalen, die erst von Eichendorffs Sohn veröffentlicht wurde. Hermann von Eichendorff
ließ die ersten beiden Absätze der Handschrift weg und ver-
tuschte damit den zeitgeschichtlichen Kontext. Er gab der
Dichtung auch den heute eingeführten Titel, der den letzten
Satz aus Eichendorffs Satire aufnimmt, aber zugleich auf das
Motto von Goethes *Italienischer Reise* anspielt: »Auch ich
war in Arkadien«.

Die gewaltige Demonstration der liberalen Opposition, die
von den Veranstaltern als Volksfest mit Festessen angemel-
det werden mußte, weil politische Demonstrationen auch in
Baden untersagt waren, mündet bei Eichendorff in einen
Hexensabbat, womit ein zweiter Goethe-Bezug entsteht. Als
Modell diente hier die Brockenszene aus dem *Faust*:

    Mir ward ganz unheimlich; ich sah unwillkürlich in

meinen Taschenkalender und gewahrte mit Schauern, daß heute Walpurgis war. – Nur der Professor allein hatte sich aufrecht erhalten, der konnte was vertragen. Er schritt mächtig im Saale auf und nieder, seine Augen rollten, sein Kopf dampfte sichtbar aus den emporgesträubten Haaren. […] dann sagte er plötzlich: Kurz und gut, solche Stunde kehrt so leicht nicht wieder. Wollen Sie mit mir auf den Blocksberg? […] Ich trat an das Fenster und bemerkte – obgleich wir uns im zweiten Stockwerk befanden – dicht vor den Scheiben ein gewaltiges, störriges und sträubiges Roß, das mit flatternder Mähne in der Luft zu schweben schien. […] Ich hätte es ohne Bedenken für den Pegasus gehalten, wenn es nicht Schlangenfüße und ungeheuere Fledermaus-Flügel gehabt hätte. – Jetzt nur nicht lange gefackelt, es ist die höchste Zeit!, rief der Professor, schlug mit *einem* Ruck die Scheiben ein, schob mich durch's Fenster auf das Roß, schwang sich hinter mich, und, wie aus einer Bombe geschossen, flogen wir plötzlich zwischen den Giebeln und Schornsteinen in die stille Nacht hinaus.
Mir vergingen Atem und Gedanken bei diesem unverhofften Ritt; ich war es ganz ungewohnt, mich so ohne weiteres über alles Bestehende hinwegzusetzen und zwischen Himmel [und] Erde im leeren Nichts zu schweben. Mein Begleiter dagegen, wie ich wohl bemerken konnte, schien sich hier erst recht zu Hause zu befinden. Zwischen Schlaf und Wachen die Marseillaise sumsend, schmauchte er behaglich eine Zigarre, und bollerte nur von Zeit zu Zeit ungeduldig mit seinen Stiefeln an die Rippen unserer geflügelten Bestie. […] Vor uns aber im Grau der Nacht stand, allmählich wachsend, eine große, dunkele Wolke; ich erkannte bald, daß es der Blocksberg war, auf den wir zuflogen. Je näher wir kamen, je mehr füllte die Luft sich ringsumher mit seltsamem Sausen, fernem Rufen und dem Geheul vaterländischer Gesänge. Zahllose Gestalten huschten überall durch den Wind, an

denen wir aber, da sie schlechter beritten waren, pfeifend vorüberrauschten. Mit Verwunderung bemerkte ich unter ihnen bekannte Redakteurs liberaler Zeitschriften, sie ritten auf großen Schreibfedern, welche manchmal schnaubend spritzelten, um den guten Städten unten, die rein und friedlich im Mondglanze lagen, tüchtige Dintenkleckse anzuhängen.

Die Anregung, das Hambacher Fest mit einer Walpurgisnacht in Verbindung zu bringen, fand Eichendorff vermutlich im *Berliner Politischen Wochenblatt.* Sein Freund Karl Ernst Jarcke, ein 1824 zum Katholizismus konvertierter Ultramontaner, gab dieses konservativ orientierte Blatt heraus und hatte das Hambacher Fest am 9. Juni 1832 darin so bezeichnet. Weitere Einzelheiten zur Hambacher Veranstaltung konnte Eichendorff den zahlreichen Veröffentlichungen in Zeitungen und Zeitschriften entnehmen. So waren die Namen der beiden Hauptredner Georg August Wirth, der die *Deutsche Tribüne* herausgab, und Philipp Jakob Siebenpfeiffer, verantwortlich für *Rheinbayern* und den *Westenboten*, weit über die Grenzen Badens bekannt. Die entsprechenden Anspielungen in der Satire waren deshalb für Zeitgenossen ebenso leicht zu entschlüsseln wie die Parolen der Liberalen, die Eichendorff auch in seinen Zeitschriften-Aufsätzen aufgreift.

Die Forderungen nach Freiheit, Konstitution und Garantien bringt er in der Satire unmittelbar mit der Französischen Revolution in Verbindung: »*Sieben Pfeifer* saßen zur Seiten auf einem Stein und bliesen das ça ira von Anfang bis zu Ende und wieder und immer wieder von vorn, so langweilig, als bliesen sie schon auf dem letzten Loche. Auf der *Tribüne* der Restauration aber stand der *Wirt* und schrie mitten durch das Geblase mit durchdringender Stimme seine Wunderbüchsen und Likör-Flaschen aus: Konstitutionswasser, doppelt Freiheit! u. s. w. […] Hatte ich nun aber den Professor schon im goldenen Zeitgeist bewundert, so mußte ich ihn jetzt fast vergöttern. Stürzte er doch fünf, sechs Flaschen abgezogener Garantie hinunter, ohne sich zu schütteln, und fand zuletzt

Karl Ernst Jarcke, Vertrauter Metternichs
und Anreger von Eichendorffs
literaturgeschichtlichen Arbeiten

alle das Zeug noch nicht scharf genug! Auch ich mußte davon
kosten, konnte es aber nicht herunterbringen, so widerlich
fuselte der Schnaps. Alles Pariser Fabrikat!, rief mir der Professor zu. – Muß auf dem Transport ein wenig gelitten haben,
erwiderte ich bescheiden. – Kleinigkeit!, mengte sich der Wirt
herein, man tut etwas gestoßenen Pfeffer daran, die Leute
mögen's nicht, wenn es sie nicht in die Zunge beißt.«

Auf dem »berühmten Hexen-Altar« des Blocksbergs –
Eichendorff hatte ihn bei der Beschreibung seiner Harzreise
im Tagebuch erwähnt – erscheint »in bläulicher bengalischer
Beleuchtung [...] plötzlich ein ziemlich leichtfertig angezoge-
nes Frauenzimmer zierlich auf einem Bein, beide Arme über
sich emporgeschwungen [...]. Die öffentliche Meinung!, rief
da leise eine Stimme hinter mir, und zugleich fühlte ich ein

Paar Fäuste so derb in beiden Kniekehlen, daß ich gleichfalls
auf meine Knie hinstürzte.

Als ich einigermaßen wieder zur Besinnung gekommen war,
stand mein Professor schon vor dem Altar und hielt eine gutgesetzte Rede an die öffentliche Meinung. Er sprach und log
wie gedruckt: von ihren außerordentlichen Eigenschaften,
dann von den Volkstugenden, von Preßfreiheit und dem allgemeinen Schrei darnach. Ich aber wußte wohl, was sie ge-
schrien hatten und wer eigentlich gepreßt worden war. [...]
Viele junge Autoren umschwärmten sie von allen Seiten und
suchten sich durch elegante Konversation und politische
Witze bei ihr zu insinuieren, während sie jeden Laut aus dem
Munde der Angebeteten eifrig in ihre Etuikalender notierten.
Mehrere ernstere Männer dagegen schritten nebenher und
lasen ihr mit lauter Stimme die schönsten Paragraphen ihrer
neuen Kompendien vor.«

Als schließlich eine große Schlägerei einsetzt und der Erzähler zu Boden geht, wacht er auf, und alles scheint ihm nur
ein böser Traum gewesen: »Als ich die Augen wieder aufschlug, lag ich ruhig in dem Gasthofe zum goldenen Zeitgeist
im Bett. Die Sonne schien schon hell in's Zimmer, der fatale
Kellner stand neben mir und lächelte wieder so ironisch, daß
ich mich schämte, nach dem Professor, dem Pegasus und dem
Blocksberg zu fragen. Ich griff verwirrt nach meinem Kopf:
ich fühlte so etwas von Katzenjammer. Und in der Tat, da
ich's jetzt recht betrachte, ich weiß nicht, ob nicht am Ende
alles bloß ein Traum war, der mir, wie eine Fata Morgana, die
duftigen Küsten jenes volksersehnten Eldorados vorgespie-
gelt. Dem aber sei nun wie ihm wolle, genug: auch ich war in
Arkadien!«

Möglicherweise war auch diese literarische Aufbereitung
der zeitgenössischen politischen Parolen in Form einer Satire
für die geplante historisch-politische Zeitung gedacht. Darauf deutet die Tatsache, daß Eichendorff dieses Werk nicht
in die Reihe seiner literarischen Publikationen aufnahm, so
wie er auch die politischen Aufsätze nicht veröffentlichte.

Schließlich handelte es sich um einen Dienstauftrag, angefertigt für ein Publikationsorgan, das vom preußischen Staat initiiert und finanziert wurde.

Wie aber ging es in der Frage der Anstellung in Berlin weiter? Die Vorschläge, die Eichendorff nach dem Scheitern der Vorlage zum Pressegesetz Altenstein gemacht hatte, führten nicht zu einer klaren Berufsperspektive. Weder als Finanzrat bei der Post noch als Vorstand einer Zensurbehörde wurde er in Berlin berufen, obwohl Altenstein in den folgenden Jahren gerade die letzte Anregung noch einmal aufnahm und intern eine Berufung Eichendorffs in das Zensurgremium vorschlug.

In einem längeren Brief legt Altenstein am 26. März 1832 dar, daß er sich mit dem Königsberger Vorgesetzten Eichendorffs, Theodor von Schön, bei dessen Besuch in Berlin ausführlich über die Zukunft von Eichendorff unterhalten habe. Beide sind sehr bemüht, Eichendorffs Wunsch, endgültig nach Berlin versetzt zu werden, zu erfüllen, doch hat Altenstein keine freie Beamtenstelle oder setzt sich mit seinen Vorschlägen in der Behörde nicht durch. Nach dem Gespräch mit Schön scheint sich jedoch eine Perspektive aufzutun, denn er deutet an, »daß des Herrn Geh. Staats und Kabinetts Ministers Grafen von Bernstorf Exzellenz, welcher Euer etc. itzt beschäftigt, geneigt sein wird, Sich zu diesfalligen Schritten mit mir zu vereinigen [...]. Sehr in Ihrem Interesse scheint es mir endlich zu sein, daß Sie in dem Ihnen itzt übertragenen Geschäft noch eine längere Zeit ausharren mögen.«

Der provisorische Zustand sollte noch bis kurz vor der Pensionierung Eichendorffs anhalten. Er lebt in Berlin, bewirbt sich immer wieder um freie Stellen, 1834 um eine vakante Ratsstelle im Außenministerium, 1835 im Kultusministerium, 1836 beim Oberzensurkollegium, 1837 um eine frei werdende Ratsstelle im Kultusministerium.

Am 8. Mai 1840 schließlich beantragt der Kultusminister Altenstein – wenige Tage vor seinem Tode – Eichendorffs Ernennung zum Geheimen Regierungsrat und seine Anstellung beim Oberzensurkollegium. Der Antrag wird allerdings von allerhöchster Stelle, von Friedrich Wilhelm IV., kurz nach dessen Regierungsübernahme abgelehnt. Er »stellt ihn vor die Alternative: Rückkehr nach Königsberg oder weiter Hilfs- arbeiter unter dem neuen Kultusminister Eichhorn«. Wieder entscheidet sich Eichendorff für Berlin und hofft weiter auf eine Planstelle. Anfang 1841 wird er auf Antrag Eichhorns zum Geheimen Regierungsrat ernannt, 1843 stellt er wegen gesundheitlicher Zerrüttung ein erstes Pensionierungsgesuch. Nach dem dritten Gesuch wird er im Alter von 56 Jahren zum 1. Juli 1844 tatsächlich in den Ruhestand versetzt.

12. Kapitel: »Mich brennt's an meinen Reiseschuh'n«
Dichter und ihre Gesellen

Ein persönlicher Schicksalsschlag trifft Eichendorff im Jahres 1832. Am 24. März stirbt seine jüngste Tochter, die 1830 geborene Anna. In einem Gedichtzyklus unter dem Titel »Auf meines Kindes Tod« versucht er den Schock zu verarbeiten:

> Das Kindlein spielt' draußen im Frühlingsschein
> Und freut sich und hatte so viel zu sehen,
> Wie die Felder schimmern und die Ströme gehen –
> Da sah der Abend durch die Bäume herein,
> Der alle die schönen Bilder verwirrt.
> Und wie es nun ringsum so stille wird,
> Beginnt aus den Tälern ein heimlich Singen,
> Als wollt's mit Wehmut die Welt umschlingen,
> Die Farben vergeh'n und die Erde wird blaß.
> Voll Staunen fragt's Kindlein: ach, was ist das?
> Und legt sich träumend in's säuselnde Gras;
> Da rühren die Blumen ihm kühle an's Herz
> Und lächelnd fühlt es so süßen Schmerz,
> Und die Erde, die Mutter so schön und bleich,
> Küßt das Kindlein und läßt's nicht los,
> Zieht es herzinnig in ihren Schoß
> Und bettet es drunten gar warm und weich
> Still unter Blumen und Moos. –

> »Und was weint ihr, Vater und Mutter, um mich?
> In einem viel schöneren Garten bin ich,
> Der ist so groß und weit und wunderbar,
> Viel Blumen steh'n dort von Golde klar
> Und schöne Kindlein mit Flügeln schwingen
> Auf und nieder sich drauf und singen. –
> Die kenn' ich gar wohl aus der Frühlingszeit,

Wie sie zogen über Berge und Täler weit
Und mancher mich da aus dem Himmelblau rief,
Wenn ich drunten im Garten schlief. –
Und mitten zwischen den Blumen und Scheinen
Steht die schönste von allen Frauen,
Ein glänzend Kindlein an ihrer Brust. –
Ich kann nicht sprechen und auch nicht weinen,
Nur singen immer und wieder dann schauen
Still vor großer, seliger Lust.«

Obwohl hier die dem Kind zugedachte Antwortstrophe Trost zu spenden scheint, so ist doch die Erfahrung, sein zweijähriges Kind sterben zu sehen, für Eichendorff so einschneidend, daß sich der Ton seiner gesamten Lyrik deutlich verändert. »Im Garten« schildert die Erfahrung einer weinenden Natur:

Als ich nun zum erstenmale
Wieder durch den Garten ging,
[…]
Tränen in dem Grase hingen,
Durch die abendstille Rund
Klagend nun die Quellen gingen,
Und ich weint' aus Herzensgrund.

Auch die beiden Gedichte »Am Abend« und »Nachts« nehmen auf den Tod von Anna Bezug, und Eichendorff schreibt einen zweiten Zyklus von fünf Gedichten, den er unter dem Titel »Auf den Tod meines Kindes« im *Deutschen Musenalmanach* 1835 veröffentlicht. Weitere Gedichte, die erst in der Sammelausgabe von 1837 erscheinen, belegen die seelische Erschütterung des Vaters: »Mein liebes Kind, Ade!«, »Angedenken«, »Sterbeglocken«, »Es wandelt, was wir schauen«, »Das kranke Kind« und schließlich das zweistrophige »Liedchen«, in dem er sich wieder durchringt zu der tröstlichen Perspektive, das Kind im Himmel wiederzusehen:

Sing', Lerche, singe, singe!
Mir ist so weh, so weh! –
Vielleicht daß sich erschwinge
Mein' Seele mit in die Höh'.

Mein Kindlein ist schon in der Höhe
Und wartet droben mein –
Ach, wenn ich sie wiedersehe,
Das wird eine Freude sein!

Auf die Fertigstellung des großen Romans *Dichter und ihre Gesellen*, das wohl ehrgeizigste und größte Projekt, das Eichendorff in der Phase seines Urlaubs abschloß, wirkte sich die Erfahrung, die in der Lyrik so große Spuren hinterläßt, wohl nicht mehr aus. Die Konzeption stand lange fest, und eine erste Fassung, die mit einem Entwurf zur Satire *Viel Lärmen um nichts* verbunden ist, war schon vor dem Tod des Kindes fertig. Der Brief vom 12. April 1833 an Schön dürfte geschrieben sein, als das Romanprojekt bereits in der Endphase war: »Was meine Poesie anbetrifft, so schreibe ich jetzt […] an einem größeren Roman, der die verschiedenen Richtungen des Dichterlebens darstellen soll.« Schon im Oktober 1834 wird der Band ausgeliefert.

Eichendorff schildert in diesem Roman die ineinander verwobenen Lebensläufe von Personen, die auf jeweils verschiedene Art ihre (in einigen Fällen fixe) Idee umsetzen, Poeten zu werden. Es ist, als wollte Eichendorff Exempel vorführen, indem er die meisten seiner Protagonisten scheitern läßt. Während die Formel vom »poetisierten Leben« in der Jenaer Romantik – bei Novalis, Tieck und den Brüdern Schlegel – recht abstrakt blieb, nimmt Eichendorff die Frage, wie denn der »poetische Mensch« sein Leben unter den gegebenen historischen Umständen gestalten könne, sehr konkret und ernst. Dabei geht es stets auch um eine Art Selbstrechtfertigung, um existentielle Fragen der eigenen Biographie.

Die Helden seiner Epik und das Ich seiner Lyrik kehren der

›bürgerlichen Prosa‹ des Alltäglichen in der Regel verächtlich den Rücken und wenden sich in die Natur, um sich dort frei zu machen von allen Zwängen der bürgerlichen, mehr und mehr arbeitsteiligen Gesellschaft. So verhält sich der Taugenichts, aber auch Dryander in dem Roman *Dichter und ihre Gesellen*, dessen erstes Lied die Parole für den Aufbruch zum unbeschwerten Wandern ausgibt. Es gehört zu den bekanntesten Liedern Eichendorffs, das in der Vertonung von Cesar Bresgen in Schulen und Wandergruppen bis heute gern gesungen wird:

> Mich brennt's an meinen Reiseschuh'n,
> Fort mit der Zeit zu schreiten –
> Was wollen wir agieren nun
> Vor so viel klugen Leuten?

> Es hebt das Dach sich von dem Haus
> Und die Kulissen rühren
> Und strecken sich zum Himmel raus,
> Strom, Wälder musizieren!

> Und aus den Wolken langt es sacht,
> Stellt alles durcheinander,
> Wie sich's kein Autor hat gedacht:
> Volk, Fürsten und Dryander.

> Da gehn die einen müde fort,
> Die andern nah'n behende,
> Das alte Stück, man spielt's so fort
> Und kriegt es nie zu Ende.

> Und keiner kennt den letzten Akt
> Von allen die da spielen,
> Nur der da droben schlägt den Takt,
> Weiß, wo das hin will zielen.

Die dritte Strophe wird oft weggelassen, weil sie ohne den Kontext des Romans schwer verständlich ist. In der Gedichtsammlung Eichendorffs klärt die Überschrift »Dryander mit der Komödien-Bande« immerhin die Grundsituation, denn es ist ja nicht ein einzelnes lyrisches Ich, das zu einer Wanderung in die Natur aufbricht, sondern eine Theatertruppe, der sich Dryander angeschlossen hat.

Dryander und der ebenfalls im Gedicht genannte Fürst gehören zu den im Roman vorgestellten Dichterpersönlichkeiten. Dryander ist der Typ des Poeta doctus, des gelehrten Dichters. Er beherrscht die Sprache virtuos, ist jedoch ständig im Kampf mit sich selbst. Das macht ihn bei seinen »Gesellen« nicht unsympathisch. Seine genialisch-komische Vergeßlichkeit läßt ihn vielmehr als einen liebenswerten Wirrkopf mit menschlichen Schwächen erscheinen, der auch beim Leser Mitleid und Verständnis findet. Eine Entwicklung im Sinne eines Reifungsprozesses macht er allerdings nicht durch, er ist am Anfang ebenso schlau wie am Ende des Romans, versteht es jedoch, den Gefahren auszuweichen, die anderen Gestalten des Romans (Otto, dem Maler Albert und dem Fürsten) zum Verhängnis werden.

Nach Eichendorffs Verständnis ist seine Entscheidung, sich als Hofpoet dem Fürsten zur Verfügung zu stellen, falsch. Denn damit gerät er in Abhängigkeit, wird zu einer Art Berufsdichter und ist nicht das nachahmenswerte Muster des Romans, sondern eben nur Beispiel für einen mittelmäßigen Dichter, dem es an Tiefe, Genialität und Frömmigkeit fehlt.

Eichendorff ordnet ihn einer Wandertruppe von Schauspielern zu, und so ähnelt seine Lebensart den Mitgliedern der Schauspielergesellschaft, die Goethe in seinem *Wilhelm Meister*-Roman schildert. Für den Helden von Goethes Werk ist die Zeit bei den Schauspielern lediglich ein Durchgangsstadium auf seinem Lebensweg. Nur in der ersten Fassung seines Romans, der sogenannten ›Theatralischen Sendung‹, ist das Künstlerdasein außerhalb der bürgerlichen Gesellschaft das Ziel seines Weges. In der veröffentlichten, endgültigen Fas-

sung des Entwicklungsromans steuert eine geheime Gesellschaft – die sogenannte Turm-Gesellschaft – Wilhelms Lebensweg und führt ihn zurück in den Schoß der Gesellschaft.

Eichendorff setzt sich – ebenso wie die Frühromantiker –
mit Goethes Werk intensiv auseinander. Die Anklänge an das
Werk des Klassikers sind so deutlich, daß ein zeitgenössischer
Rezensent den Roman *Dichter und ihre Gesellen* als »Nachahmung von *Meisters Lehrjahren*« bezeichnet und behauptet:
»[…] die Nachahmung geht auffallender Weise sogar ins Einzelne.« Der anonyme Kritiker in der *Deutschen Nationalzei-
tung* übersieht dabei, daß Eichendorff trotz der Anspielungen auf Goethes Roman ganz andere Vorstellungen von der
Entwicklung des Künstlers hat als Goethe. Seine Dichtung
gehört in die Rezeptionsgeschichte von Goethes berühmtem
Entwicklungsroman, die innerhalb der romantischen Bewegung zwischen begeisterter Anerkennung und radikaler Ablehnung schwankte.

Anfangs galt der *Wilhelm Meister* Friedrich Schlegel als
Vorbild, er sah Goethe als »Stifter und Haupt einer neuen
Poesie«. Auch Novalis bezeichnete Goethe zunächst als »wahren Statthalter des poetischen Geistes auf Erden«. Doch der
Tod von Mignon, einer zentralen Figur des Romans, die von
den Romantikern zu Recht als Verkörperung der von der Romantik angestrebten »Naturpoesie« verstanden wurde, und
die Abwendung Wilhelm Meisters von der Welt des Theaters
irritieren, und Novalis formuliert eine scharfe Kritik, die sich
auf die Wendung von Goethes Protagonisten ins Bürgerliche
bezieht. Er vergleicht das Werk mit dem Gebrauchsgeschirr
der Engländer, mit Wedgwood-Porzellan, das aus Ton bestand, also edles Porzellan lediglich imitierte. Novalis behauptet in seinem provokativen Aphorismus: »Goethe ist
ganz practischer Dichter. Er ist in seinen Werken – was der
Engländer in seinen Waaren ist – höchst einfach, nett, bequem
und dauerhaft. Er hat in der deutschen Litteratur das gethan,
was Wedgewood in der englischen Kunstwelt gethan hat – Er
hat, wie die Engländer, einen natürlich oeconomischen und

einen durch Verstand erworbenen edeln Geschmack.« Als Gegenstücke zum *Wilhelm Meister* geraten die Romane von Tieck und Novalis, denn Ziel dieser Lebensläufe ist die Verwirklichung im Reich der Kunst – abseits der bürgerlichen Sphäre.

Eichendorffs Roman scheint sich bereits mit dem Titel seines Romans *Dichter und ihre Gesellen* dieser Tradition von Künstlerromanen anzuschließen. Doch geht es ihm primär darum, die Gefahren aufzuzeigen, denen sich die Menschen aussetzen, die gerne Dichter sein oder werden wollen. Seine Helden wandeln auf den Spuren von Franz Sternbald oder Heinrich von Ofterdingen, sie kehren der bürgerlichen Welt oft leichtsinnig den Rücken – scheitern dann aber vielfach. Einen für Eichendorff richtigen, vorbildlichen Weg wählt in seinem Roman allein Victor, und der wird zum dichtenden und missionierenden Eremiten.

Zugleich stellt der Roman – wie zahlreiche weitere Dichtungen Eichendorffs – den Versuch dar, die Konfrontation von bürgerlicher und poetischer Existenz aufzulösen. Grundsätzlich scheint ihm dabei die ›frühromantische Lösung‹ einer sprunghaften Wendung aus der bürgerlichen Welt in ein freies Dichterleben problematisch und geradezu lebensgefährlich. Die Entscheidung, sich ausschließlich und dann auch »berufsmäßig« dem Schreiben zu widmen, korrumpiert den Menschen und macht ihn vom Auftraggeber abhängig – zu Eichendorffs Zeit ein Fürst oder ein Verleger und nach Einführung der Schnellpresse auch das Publikum. Zugleich besteht die Gefahr, daß dieser Dichter, wenn er den frühromantischen Idealen unkritisch folgt, den Boden unter den Füßen verliert und seinen eigenen Gestalten und Phantasien verfällt.

Eichendorff exemplifiziert diese Gefahren mehr oder weniger drastisch an den meisten Figuren seines Romans. Der Leser erfährt, wie sie in Sackgassen geraten und scheitern oder in einem entbehrungsreichen Reifungsprozeß ihr Ziel schließlich erreichen oder verfehlen. Bereits der erste zeitgenössische Rezensent seines Romans – zugleich der Sohn des

Verlegers – äußert die Vermutung, »der Hr. Verfasser habe die
höchst sublime Idee gehabt, durch den Untergang aller, die
sich in dieser Erzählung der Poesie ergeben haben, von diesem gefährlichen Handwerk abzuschrecken«. Tatsächlich ist
mit dieser spaßig gemeinten Formulierung Eichendorffs Intention recht genau getroffen. Fast alle Kandidaten werden
nicht zu vorbildlichen Dichtern, oder – was schlimmer ist –
sie gehen in ihrem Wahn, genial zu sein, unter.

Nicht nur mit dem Verfahren, die Helden auf begrenzter
Strecke ihres Weges mit einer herumziehenden kleinen Theatertruppe zu verbinden, knüpft Eichendorff an Goethes *Wilhelm Meister* an. Ihm geht es wie Goethe um die Ausbildung
des Kunstverständnisses und die anschließende Bewährung
im praktischen Leben. Er wendet sich bewußt von der spezifisch romantischen Tradition des Künstlerromans, wie er im
Franz Sternbald Tiecks oder dem *Heinrich von Ofterdingen*
des Novalis gestaltet ist, wieder ab und schreibt die Lebensgeschichte des romantischen Künstlers auf seine Weise zu Ende.
Die Lebenswege enden – trotz aller Anleihen bei einzelnen
Motiven der romantischen Romantradition – nicht in einem
Märchenreich, sondern in einer diesseitigen Bewährung. Victor von Hohenstein (alias Vitalis) verschreibt sich weder einer
theatralischen Sendung noch einem abstrakt-radikalen Poe-
siebegriff. Er gestattet sich auch nicht das vagabundierende
Leben des Taugenichts oder den Aufbruch in ein fernes Reich
der Sehnsucht wie Heinrich von Ofterdingen. Solche Ziele
sind für Victor – ebenso wie für Goethes Wilhelm Meister – allenfalls Durchgangsstadien, sie werden im Lauf eines wechsel-
vollen Lebens relativiert, als Scheinlösungen bzw. Denkmo-
delle eines Lernenden vorgeführt, die es zu überwinden gilt.

Ähnlich wie bei Goethes Roman erfolgt auch bei Eichendorff die Steuerung dieser Lebenswege durch geheimnisvolle
– letztlich immer pädagogisch sinnvolle – Eingriffe, die bei
oberflächlicher Betrachtung zunächst Zufälle scheinen. Bei
Goethe ist es die geheime Gesellschaft vom Turm, deren se-
gensreiche Mitwirkung dem Leser im nachhinein deutlich

wird. Bei Eichendorff ist es eine höhere Instanz, die das Leben aller Figuren zu ihrem Besten steuert. »Der Mensch denkt, Gott lenkt«, heißt es einmal im Romantext, und es bleibt für Eichendorff kein Zweifel, daß der Mensch allein sein Geschick nicht bestimmen und die geheimnisvolle Steuerung von oben auch nicht durchschauen kann: Ohne die Lenkung Gottes und seine Gnade ist der einzelne hilflos. Und wer sich als Dichter dieser Kraft nicht unterordnet und sich einer religiös indifferenten Schreibart hingibt, erliegt den Verlockungen des Venusbergs und den heidnischen Gottheiten, die in verschiedenster Gestalt den Roman bevölkern.

Auch in Goethes *Wilhelm Meister* bedeutet die Verführung durch Sinnlichkeit eine große Gefahr, doch fehlt ihr die dämonische Komponente – bei Eichendorff ist sie schon in *Ahnung und Gegenwart* in der Figur der Romana präsent. Es ist keine Todsünde, wenn sich Wilhelm Meister den Verlockungen des amoralischen Theaterlebens der Theatertruppe hingibt. Als er in Gefahr ist, den Weg in die bürgerliche Gemeinschaft zu verfehlen und sich auf Dauer dem leichtfertigen Leben der Schauspieler anzuschließen, wird er behutsam in die bürgerliche Welt zurückgeführt, ist jedoch existentiell nicht gefährdet. Eine speziell christlich-kirchlich orientierte Weltsicht liegt Goethe fern, allenfalls freimaurerische Ideale spielen im *Wilhelm Meister* eine Rolle.

Eichendorff dagegen sieht alles menschliche Verhalten sub specie aeternitatis. Der Himmel führt seinen Helden Victor und nicht eine Geheimgesellschaft. Victors Weg führt zum Schluß in eine Gruppe der Gesellschaft, die Eichendorff für essentiell hält, in den Bereich der religiösen Gemeinschaften. Als Vitalis findet Lothario (alias Victor) zu einer Existenzform zurück, die sich im Urchristentum herausgebildet hatte und in der Romantik als Idealsituation des Dichters verklärt wird: Er wird Eremit und dient mit einer Dichtung, die alle Kraft aus dieser Existenz zieht, indirekt auch der Bürgerwelt. Zum Schluß entscheidet er sich sogar, seine Ideen kämpferisch-missionarisch in die profane Welt zu tragen.

Eine Bewährung im Sinne des *Wilhelm Meister* ist dies nicht, aber es ist auch nicht die radikale Umsetzung der frühromantischen Postulate, die sich von allem Bürgerlichen und Unpoetisch-Philiströsen abwandten und der Kunst die absolute Priorität einräumten. Vitalis nimmt sich vor, den Kampf um den rechten Glauben in die Gesellschaft zu tragen. Kunst ist dabei, wie es im Entwurf zum Roman heißt, »das Segel und der Kompaß, der nach dem Kreutze weist«. Vitalis folgt dem Kompaß, bleibt jedoch nicht in der abgeschlossenen Klosterzelle, sondern geht als Missionar in die Welt, die mit ihren Freiheitspostulaten nach Eichendorffs Auffassung unter dem Einfluß einer teuflischen Hybris steht. Das apokalyptische Bild am Schluß des Romans, das Bezug auf die liberalen Tendenzen hat, die beim Hambacher Fest deutlich geworden waren, zeigt, daß Eichendorff den Lebensweg von Victor als Antwort auf die Probleme der Zeit versteht.

Einen Naturpoeten führt Eichendorff in der Person Fortunats vor, der als Gegentyp des Philisters Walter konzipiert ist, jedoch zugleich exemplarisch die Gefahren eines vermeintlich freien Dichterlebens demonstriert. Wer sich aus der Enge der Bürgerwelt ohne innere Reife dem Dichten oder der Naturschwärmerei ergibt (und sich damit frühromantisch und nach Eichendorffs Auffassung falsch verhält), ist in hohem Maße gefährdet. Er sieht sich einem Abgrund heidnisch-dämonischer Naturgewalten gegenüber. Fortunat widersteht – wie Florio im *Marmorbild* – nur mit Mühe den Verlockungen des Venusbergs und findet dann in der Liebe zu Fiametta erst seine wirkliche Befreiung. Die kleine Italienerin wird für ihn zur Aurora (zur Muse einer erneuerten Dichtkunst), wie sie selbst am Schluß des Romans verrät. Die Art, wie Fortunat – ohne das Dichten zum Beruf zu machen – Leben und Poesie verbindet und dabei die tiefere (religiöse) Dimension der Natur erkennt, ist vorbildlich. Auf seine Weise dient er den gleichen Zielen wie Victor: »Zuletzt ist's doch dasselbe, was ich eigentlich auch meine in der Welt, ich habe nur kein anderes Metier dafür, als meine Dichtkunst, und bei der will ich

leben und sterben!« So äußert er sich selbst seinem Freund
und Mentor Victor gegenüber.

Otto gelingt ein entsprechender Durchbruch zu einer neu-
en, religiös fundierten Dichterexistenz nicht. Obwohl Victor
auch ihn zu leiten versucht, bleibt er unreif und selbstbefan-
gen. Nur wenige – so ist Eichendorffs Meinung – finden den
Weg zum reifen Dichter; Selbstdistanz und innere Festigkeit
sind eine wesentliche Voraussetzung für diesen Reifeprozeß.
Otto versucht es als Berufspoet, als einsamer Naturschwär-
mer, als Einsiedler und als liebender Ehemann, der von seiner
Frau Inspiration erhofft. Nichts glückt ihm, weil er stets auf
sich selbst fokussiert bleibt und offensichtlich auch nicht
genug Genialität besitzt. Er ist ein »halber Philister«, und den
Freunden gelingt es nicht, ihm »völlig aus dem tollen Poetenmantel« herauszuhelfen, der ihm gar nicht paßt. Sein Dichten
verfällt der Eitelkeit und Selbstbespiegelung; deshalb muß
Victor ihm auch den Weg zum Eremitendasein versperren.
Zum Schluß verfällt Otto den sinnlichen Kräften einer Melu-
sine und geht in Fieberträumen unter.

Talent und Genie allein reichen nach Auffassung Eichendorffs nicht aus, um zu einem vorbildlichen Dichter zu werden. Victor feiert wegen seiner Begabung große Anfangser-
folge als Dichter, die ihn jedoch unbefriedigt lassen, und so
reist er zunächst inkognito unter dem Namen Lothario mit
der Theatertruppe durch die Welt. Als einziger der Protagonisten scheint er der dämonischen Juanna-Figur gewachsen.
Er entführt sie und triumphiert zunächst, bis sie sich plötzlich
seinem Zugriff entzieht und wie eine Nixe im Wasser versinkt. Ein Rettungsversuch mißglückt und Juanna ist tot. Victor braucht Selbstdisziplin und Festigkeit im Glauben, um
diesen Verlust zu überwinden. Er versinkt nicht – wie ver-
wandte Figuren in Eichendorffs Dichtungen – in Wahnsinn
und Erinnerungsschmerz, sondern gibt seinem Leben eine
Wende und entscheidet sich dann, Einsiedler zu werden. Sein
Dichten versteht er seit diesem Zeitpunkt als Gottes-Dienst:
Indem er die Natur in ihrer religiösen Bedeutung erkennt und

deutet und sich einer christlichen Ethik verpflichtet, kann er
verantwortliche Dichtkunst hervorbringen, die den Bürger
nicht verwirrt und verführt, sondern ihm wirklich hilft.

Dieses Fazit kann der Leser erst am Schluß des Romans ziehen, nach einem mutwilligen Spiel von Verwechslungen und
scheinbar unmotivierten Wendungen und Zufällen. Eichendorff spielt mit den Mustern des Trivialromans und der Verwechslungskomödie, er nimmt Elemente des episodisch struk-
turierten Picaro-Romans und der Märchenerzählungen Tiecks
auf. Den Verlockungen, Verführungen und Verwirrungen wird
mehr Raum gewährt als der Darstellung des geordneten, ge-
läuterten Einsiedlerlebens, das schließlich zu dem Entschluß
führt, als Kämpfer für den Glauben in die Gesellschaft zurückzukehren.

Die Frage, wie denn nun eigentlich eine verantwortliche
Dichtung aus der Feder des Dichter-Missionars aussehen
könnte, wird nur durch den Roman selbst beantwortet: Keine Kirchengesänge oder Tugendromane, keine Lehrstücke
oder theologischen Abhandlungen können das Ergebnis eines »poetischen Lebens« Eichendorffscher Prägung sein. Die
Vielfalt des Lebens kommt in Eichendorffs Dichtung zur
Darstellung, und nur durch die Fingerzeige einer versteckten,
unaufdringlichen Natursymbolik wird der Hinweis auf den
Grund alles Daseins gegeben.

Besonderes Stilmerkmal der Dichtung Eichendorffs ist die
formelhafte Wiederholung bestimmter bedeutungsträchtiger
Sinn-Bilder. Diese Formeln und emblemartigen Naturbilder,
die von zeitgenössischen Rezensenten ebenso beobachtet wurden wie von Interpreten des 20. Jahrhunderts, entfalten in
lyrischen Texten eine große Wirkung, besonders wenn die
Aura der Worte durch Musik gestützt wird. Bei längeren Pro-
satexten – wie in Eichendorffs beiden Romanen – können sie
jedoch die Freude beim Lesen mindern. Der Sonnenaufgang,
der Aufstieg der Lerche, der Gesang der Nachtigall und das
Rauschen des Waldes, diese Fingerzeige Gottes, die durch
wenige Hinweise gedeutet werden, wiederholen sich stereo-

typ. Ihre Wirkung beziehen sie in erster Linie aus ihrem archetypischen Charakter, der durch die formelhafte Wiederholung evoziert wird.

Diese Wirkungsmechanismen Eichendorffscher Bildformeln im einzelnen zu begründen ist schwer genug. Die Bilder können den Leser gefangennehmen und anrühren, sie scheinen eigene Erinnerungen bei ihm wachzurufen, gerade weil sie so allgemein, so wenig individuell gestaltet sind. Wir sehen Wald, hören Vogelgezwitscher, erblicken makellos reine und zugleich verführerisch sinnliche Mädchengestalten, die aus dem Nichts auftauchen und wieder verschwinden, obwohl wir im Text nur geradezu spartanische Angaben finden. Kein Blick ist hier näher beschrieben, keine Baum- oder Vogelart, kaum ein individuelles Mädchen erscheint: immer sind es traum- und märchenartige Idealbilder, feengleiche Frauengestalten und Ideallandschaften, die mit fast identischen Sprachformeln beschworen werden.

Erklärbar ist diese Wirkung nur aus der Interaktion mit dem Unbewußten des Lesers. Der Leser füllt die Formeln und Bilder mit eigenen Projektionen. Er nimmt die Gestalten und Bilder als Abbilder seiner Wunsch- und Traumbilder auf, weil sie so allgemein, so wenig differenziert geboten werden. Doch diese Wirkung, die bei einem einzelnen Lied sehr intensiv sein kann, nutzt sich im Kontext eines Romans ab. »Eigenthümlich« ist in diesem Roman, bemerkt ein Kritiker, »daß die Staffage seiner Bilder immer gleich bleibt, Berg und Thal, voll singender, rauschender Quellen, heiterer Vögel, dunkelen Laubes, hin und wieder ferne Gewitter, Jagd in den Bergen, Hifthörner im Walde, reizende verschlafende Mädchen an den Fenstern, die ihre Haare strählen und sich in die frische Morgenluft hinaus dehnen, wunderliche Gesellen, die wie Schatten über die Bühne laufen und verschwinden, und dergleichen mehr.« Es entsteht der Eindruck, dem Dichter sei nichts Neues eingefallen, ihm fehle es an Phantasie.

Tieck, der ein Meister der Verwandlung war und in seiner Spätzeit zu einem realistischen Erzähler mutierte, hat einmal über Eichendorff gesagt: »Dieser Autor ist in seinen Schriften fast ganz aus meinem Sternbald hervorgegangen; er hat sich auch an dem ungesunden Namen ›Romantiker‹ vergafft, ohne was Deutliches dabei zu denken.« Tatsächlich verweigert sich Eichendorff konsequent den realistischen Tendenzen der Literatur um 1830. Seine Dichtung lebt sogar zum Teil von der kritischen Auseinandersetzung mit diesen neueren Tendenzen der Literatur.

So ist es nicht verwunderlich, daß in der zeitgenössischen Kritik zu seinem Roman *Dichter und ihre Gesellen* das Motiv des zu spät geborenen Dichters auftaucht. Es ist ein Vertreter der nachfolgenden Dichtergeneration, Karl Gutzkow, der in seiner Rezension des Romans die Formel einbringt, die Eichendorff dann ins Positive wenden wird. Bei Gutzkow, der als Vertreter des Jungen Deutschland auch politisch weit entfernt von Eichendorff steht, ist der positive Tenor der Kritik überraschend: »Es gibt einige Situationen in der Natur, welche Niemand so warm empfunden hat, als dieser Preußische Regierungsrath, welcher nahe an der Schneelinie, in Königsberg, wohnt. In diesem Manne lebt nur Wanderlust, die Natur, nicht in ihren Schauern, sondern in ihrer trauten Heimlichkeit, in seinen Gedanken blitzt Alles von Morgenthau und Sonnenschein. [...] Eichendorff spricht und singt oft von der ›guten alten Zeit.‹ Nehmt das nicht so genau! Es ist nicht bös gemeint. Die gute alte Zeit ist hier nichts, als ein Ton, der klingend durch den Wald rauscht, als eine Fee, die man im Traum an einer Quelle sieht, als ein flüchtiges Reh, das mit muntern Blicken aus dem Grün einer Waldesecke grüßt. Die gute alte Zeit ist hier nichts, als ein trauter Abend, unter Freunden genossen; ein reizender Spaziergang, den Ihr vom Schloß zu Heidelberg hinunter nach dem Wolfsbrunnen machtet; nichts als Erinnerung, Ahnung, eine Zeit, die vielleicht noch gar nicht geboren ist, oder jene geheimnißvolle Vergangenheit, wo wir noch im Schooße des Weltgeistes, in einer verklungenen Offenbarung lebten. Von allen alten guten Zeiten, die die Leute im Munde führen, ist Eichendorff's

Ludwig Tieck

vielleicht die unschuldigste. [...] Eichendorff hat nur den Fehler, daß er zu spät kömmt: er verbessert ihn vielleicht dadurch, daß er das Prinzip recht klar macht, die Tradition lebendig erhält, und uns Jüngern recht lebhaft zeigt, wie man die Weise seiner Schule mit Göthe's Classizität verbinden muß.«

Eindeutig positiv werden in allen Rezensionen die eingebetteten Lieder des Romans bewertet. In der Lyrik erringt Eichendorff, so schreibt August Kahlert, »seine größten Triumphe. Viele Lieder aus dem früheren Romane: *Ahnung und Gegenwart* sind in ganz Deutschland bekannt und beliebt geworden, viele aus dem vorliegenden Büchlein werden es in Kurzem seyn.« Damit sollte er recht behalten. Eichendorff erweist sich auch in seinem zweiten Roman als Meister des kleinen lyrischen Kunstwerks, des Liedes. Es sind die eingestreuten Lieder, die haftenbleiben und in der Geschichte der deutschen Lyrik einzigartig sind. Dazu zählen neben dem Lied von den »brennenden Reiseschuh'n« auch die beiden Gedichte, die auf jeweils verschiedene Weise den Blick in Ferne und Sterne beschreiben und zugleich eine intensive Nachtstimmung vermitteln. Unter dem Titel »Schöne Fremde« wurde das Lied bekannt:

> Es rauschen die Wipfel und schauern,
> Als machten zu dieser Stund'
> Um die halbversunkenen Mauern
> Die alten Götter die Rund'.

> Hier hinter den Myrtenbäumen
> In heimlich dämmernder Pracht,
> Was sprichst du wirr wie in Träumen
> Zu mir, phantastische Nacht?

> Es funkeln auf mich alle Sterne
> Mit glühendem Liebesblick,
> Es redet trunken die Ferne
> Wie von künftigem großen Glück! –

Unter dem Titel »Sehnsucht« tauchen noch einmal die zwei jungen Gesellen im Roman auf. Die Gefährdung ihres Lebensweges wird hier nur angedeutet, in den Bildern der »schwindelnden Felsenschlüfte« und den »Marmorbildern«, die Eichendorff in der Regel mit heidnisch-antiken Göttergestalten verbindet. Die Sängerin Fiametta drückt in diesem Lied die Sehnsucht nach ihrer Heimat Italien aus und scheint zu ahnen, daß diese Sehnsucht ungestillt bleibt: »als nun allmählich Waldhorn und Johanneslieder verklangen und alles still geworden war im Hause und im Tal, da nahm Fiametta ihre Guitarre und sang:

> Es schienen so golden die Sterne,
> Am Fenster ich einsam stand
> Und hörte aus weiter Ferne
> Ein Posthorn im stillen Land.
> Das Herz mir im Leib entbrennte,
> Da hab' ich mir heimlich gedacht:
> Ach wer da mitreisen könnte
> In der prächtigen Sommernacht!

> Zwei junge Gesellen gingen
> Vorüber am Bergeshang,
> Ich hörte im Wandern sie singen
> Die stille Gegend entlang:
> Von schwindelnden Felsenschlüften,
> Wo die Wälder rauschen so sacht,
> Von Quellen, die von den Klüften
> Sich stürzen in die Waldesnacht.

> Sie sangen von Marmorbildern,
> Von Gärten, die über'm Gestein
> In dämmernden Lauben verwildern,
> Palästen im Mondenschein,
> Wo die Mädchen am Fenster lauschen,
> Wann der Lauten Klang erwacht
> Und die Brunnen verschlafen rauschen
> In der prächtigen Sommernacht.

Fiametta legte die Guitarre schnell weg, verbarg ihr Gesicht an Fortunats Knien, und weinte bitterlich. – Wir reisen wieder hin! flüsterte ihr Fortunat zu. Da hob sie das Köpfchen und sah ihn groß an. Nein, sagte sie, betrüg' mich nicht!«

Doch Fiamettas Ängste erweisen sich als unbegründet. Anders als am Schluß des *Taugenichts* kommt es in diesem Roman am Ende noch zu einer – von Victor arrangierten – Hochzeit des Paares und dem Aufbruch nach Italien: »Fiametta aber ritt voll stiller Freude und Erwartung neben Fortunaten in den dämmernden Morgen hinein, denn er hatte ihr nun entdeckt, daß er ihren Palast in Rom angekauft habe, dort wollten sie wieder hin. – Vor ihnen glänzte schon manchmal die Landschaft unermeßlich herauf, alle Ströme zogen da hinaus, Wolken und Vögel schwangen sich durch's heitere Blau ihnen nach, und die Wälder neigten sich im Morgenwind nach der prächtigen Ferne. – Weißt du noch dein Märchen im Baum? sagte Fiametta lachend, nun bin ich wirklich Aurora.«

13. Kapitel: »… hüte dich, das wilde Tier zu wecken in der Brust«
Das Schloß Dürande und die Revolution

Bereits zur Herbstmesse 1836 – genau zwei Jahre nach dem Roman *Dichter und ihre Gesellen* – erschien eine Erzählung Eichendorffs, die neben dem *Taugenichts* zur Schullektüre in Deutschland wurde: *Das Schloß Dürande*. Eichendorff verlegt den Schauplatz dieser Novelle in die französische Provinz und zeigt die Auswirkungen der Revolution von 1789 fernab von Paris auf dem Phantasieschloß des Grafen von Dürande. Schon die Schreibung des Namens mit dem nur im Deutschen bekannten Umlaut signalisiert, daß manches in diesem entlegenen Schloß an die Verhältnisse in Deutschland erinnert. So entlegen wie das Schloß Dürande war auch Lubowitz in Schlesien, der Ort, »wo Einer glücklich war«: Joseph von Eichendorff, der dort geboren wurde und aufwuchs. Hier wie dort waren Auswirkungen der Französischen Revolution – wenn überhaupt – nur mit Verzögerung zu spüren. Vom Wetterleuchten eines Gewitters spricht Eichendorff in den Entwürfen zu seinen »Erinnerungen«, wenn er die Wirkung der revolutionären Ereignisse in Lubowitz beschreibt, und dieses Gewitter hat dann – glaubt man den Notizen zu seinen Memoiren – eher positive Auswirkungen, denn statt Blitz und Donner erscheint ein Regenbogen des Friedens am Himmel, als bliebe das revolutionäre Geschehen in der Ferne ohne negative Auswirkungen in der Provinz.

Das Schloß Dürande allerdings wird uns am Eingang der Erzählung als malerische Ruine beschrieben; im Verlauf der Ereignisse, von denen die Novelle erzählt, wurde es zerstört. Noch oder gerade in diesem ruinösen Zustand ist es ein romantischer Ort: »In der schönen Provence liegt ein Tal zwischen waldigen Bergen, die Trümmer des alten Schlosses Dürande sehen über die Wipfel in die Einsamkeit herein; von

der andern Seite erblickt man weit unten die Türme der Stadt
Marseille; wenn die Luft von Mittag kommt, klingen bei klarem Wetter die Glocken herüber, sonst hört man nichts von
der Welt.« Besonders idyllisch wirkt das Jägerhaus: »In diesem Tale stand ehemals ein kleines Jägerhaus, man sah's vor
Blüten kaum, so überwaldet war's und weinumrankt bis an
das Hirschgeweih über dem Eingang; in stillen Nächten,
wenn der Mond hell schien, kam das Wild oft weidend, bis auf
die Waldeswiese vor der Tür. Dort wohnte dazumal der Jäger
Renald, im Dienst des alten Grafen Dürande, mit seiner jungen Schwester Gabriele ganz allein, denn Vater und Mutter
waren lange gestorben.«

Märchenhaft klingt dieser Anfang von Eichendorffs Novelle, doch geht es um die Darstellung historischer Ereignisse,
die in den dreißiger Jahren des 19. Jahrhunderts auch einen
Bezug auf die Gegenwart in Deutschland hatten, und Eichendorff ist ein Meister darin, den Leser in eine idyllisch-roman-
tische Welt zu entführen, um ihn dann behutsam in den Bereich der Politik zu geleiten. Ein Übergreifen der neuerlichen
Revolution in Frankreich, der sogenannten Juli-Revolution,
auf die Länder Deutschlands wurde befürchtet. Im Hambacher Fest sah man in den konservativ ausgerichteten Ländern Preußen und Österreich bereits die Anfänge einer revolutionären Entwicklung. Eichendorffs Erzählung, die bald
nach der Demonstration von Hambach entstand, fehlt es
daher nicht an versteckter Aktualität, denn wie im Schloß seiner Erzählung so war auch in Deutschland die ständische
Ordnung noch intakt, aber die Rufe nach Freiheit und Konstitutionen nach französischem Muster waren nicht mehr zu
überhören und wurden von den Regierenden und den Konservativen als Bedrohung und Vorboten einer revolutionären
Umwälzung empfunden.

Das Unheil, das zur Zerstörung der alten Ordnung und
zum Untergang des Schlosses in Eichendorffs Novelle führte,
geht vom Jägerhaus aus. Eine heimliche Liebesbeziehung, die
Standesgrenzen überbrückt, löst eine Kettenreaktion aus, die

schließlich zur Katastrophe führt. Einer der Angestellten des Hauses Dürande, der Jäger Renald, beobachtet, wie seine Schwester sich heimlich mit dem Sohn des Hauses, dem jungen Grafen Dürande trifft: »In jener Zeit nun geschah es, daß Renald einmal an einem schwülen Sommerabend, rasch von den Bergen kommend, sich nicht weit von dem Jägerhaus mit seiner Flinte an den Saum des Waldes stellte. Der Mond beglänzte die Wälder, es war so unermeßlich still, nur die Nachtigallen schlugen tiefer im Tal, manchmal hörte man einen Hund bellen aus den Dörfern oder den Schrei des Wildes im Walde. Aber er achtete nicht darauf, er hatte heut ein ganz anderes Wild auf dem Korn. Ein junger, fremder Mann, so hieß es, schleiche Abends heimlich zu seiner Schwester, wenn er selber weit im Forst; ein alter Jäger hatte es ihm gestern vertraut, der wußte es vom Waldhüter, dem hatt' es ein Köhler gesagt. Es war ihm ganz unglaublich, wie sollte sie zu der Bekanntschaft gelangt sein? Sie kam nur Sonntags in die Kirche, wo er sie niemals aus den Augen verlor.«

Aus heutiger Sicht ist es überraschend, daß ein junger Mann seine Schwester derart bewacht, daß er ihr nachspioniert, um dann – ohne auch nur mit seiner Schwester gesprochen zu haben – einen Schuß auf den Liebhaber abzugeben, den er gar nicht kennt. Fast erschießt er bei dieser spontanen Reaktion die eigene Schwester, die sich vor ihren Liebsten wirft, als sie die Mündung des Gewehres wahrnimmt. Renald hatte lediglich einen »Schatten neben ihr über den mondbeschienenen Rasen« beobachtet. »Er konnte ihn nicht erkennen, auch sein Gang war ihm durchaus fremd; es flimmerte ihm vor den Augen, als könnte er sich in einem schweren Traume noch nicht recht besinnen. [...] Herr Jesus! schrie sie auf einmal, denn sie sah plötzlich den Bruder hinter'm Baum nach dem Fremden zielen. Da, ohne sich zu besinnen, warf sie sich hastig dazwischen, sodaß sie, den Fremden umklammernd, ihn ganz mit ihrem Leibe bedeckte. Renald zuckte, da er's sah, aber es war zu spät, der Schuß fiel, daß es tief durch die Nacht widerhallte.« Doch Gabriele ist zum Glück nicht getroffen und entwindet ihrem Liebhaber die Pistole, die ihr Begleiter seinerseits gezückt hatte.

Die voreilige, gefährliche Reaktion des Jägers ist unverantwortlich, mag auch von Eifersucht und ungezügeltem Temperament Renalds mitbestimmt sein, doch wird sich seine Ahnung, daß seine Schwester in eine gefährliche Liebesaffäre geraten ist, erfüllen. Der unbekannte Liebhaber ist der junge Graf, und Renald handelt nur an Vaters Stelle, wie der Vormund eines noch unmündigen Kindes zu Eichendorffs Zeiten handeln kann, wenn er sichere Anzeichen dafür erkennt, daß sein Mündel auf die schiefe Bahn gerät. Daß sich hier eine ehrliche, tiefe, treue Liebe anbahnt, muß er bezweifeln. Denn die nächtliche, heimliche Liebesbegegnung deutet darauf hin, daß es nicht mit rechten Dingen zugeht und die umlaufenden Gerüchte nicht aus der Luft gegriffen sind.

Liebesverhältnisse von Adligen mit ihren Angestellten aber bedeuteten für die betroffenen Mädchen noch zu Eichendorffs Lebzeiten oft großes Unglück. Bei der Geburt eines Kindes konnten sie allenfalls mit einer finanziellen Abfindung rechnen oder in die Situation einer Mätresse geraten. Eine bürgerliche Ehe war dann nahezu unmöglich. Aus der Sicht des Jägers konnte die Begegnung seiner Schwester mit dem jungen Grafen daher eine akute Gefährdung ihrer Zukunft bedeuten, und er setzt alles daran, den vermeintlichen Verführer von Gabriele zur Rechenschaft zu ziehen. Auch die weiteren Schritte, die er zur Klärung unternimmt, sind zwar voreilig und extrem, sie gehören jedoch alle zu den Maßnahmen, die noch im 19. Jahrhundert als sinnvoll und ehrenhaft galten, wenn es darum ging, die Tugend eines unmündigen Mädchens zu schützen und ihr so die Chance zu erhalten, einen geeigneten Ehemann in dem eigenen Stand zu gewinnen.

Renald schickt seine Schwester ins Kloster, um den Kontakt mit dem jungen Grafen zu unterbinden. Die Tatsache, daß Gabriele nicht einmal weiß, wer ihr Liebhaber ist, beruhigt ihn, löst aber gerade diese »Rettungsaktion« aus – eine radikale Lösung, die Gabriele erstaunlich gelassen hinnimmt: »Das schien ihm das Herz leichter zu machen, daß sie ihren Liebsten nicht kannte, er glaubte es ihr, denn sie hatte ihn noch niemals belogen. Er ging nun einige Mal finster in der Stube auf und nieder. Gut, gut, sagte er dann, meine arme Gabriele, so mußt du gleich morgen zu unserer Muhme in's Kloster; mach' dich zurecht, morgen, ehe der Tag graut, führ' ich dich hin. Gabriele erschrak innerlichst, aber sie schwieg und dachte: kommt Tag, kommt Rat.«

Als der junge Graf nach Paris geht, verfolgt Renald den mutmaßlichen Verführer seiner Schwester bis dorthin und ist erbost, als der alte Herr Dürande den Grund seines Urlaubsantrags ahnt und das Vergehen seines Sohnes als Kavaliersdelikt einstuft. Denn was der Graf ihm indirekt anbietet, ist die zeitübliche Abfindung, die Renald bei seinem Sohn einfordern soll, wie er nicht ohne Zynismus vorschlägt: »Auf die Frage des Grafen, was er dort wolle, entgegnete er verwirrt: seine Schwester sei dort bei einem weitläuftigen Verwandten – er schämte sich herauszusagen, was er dachte. Da lachte der Graf. Nun, nun, sagte er, mein Sohn hat wahrhaftig keinen übeln Geschmack. Geh Er nur hin, ich will Ihm an seiner Fortune nicht hinderlich sein; die Dürandes sind in solchen Affären immer splendid; so ein junger wilder Schwan muß gerupft werden, aber mach' Er's mir nicht zu arg. [...] Noch an demselben Tage trat er schon seine Reise an.«

Die Eindrücke, die Renald in Paris gewinnt, zeigen Eichendorffs Vorstellungen von den Akteuren der Französischen Revolution und seine Überzeugung, daß gewissenlose Rebellen den Aufruhr auslösen. Renald hat Quartier bei einem Vetter gefunden und nimmt die Gesellschaft in dessen Weinlokal als eine Art Räuberbande wahr, die einem intellektuell wirkenden Anführer gehorcht, der sie mit seinen Revolutionsparolen aufwiegelt. Gabrieles Bruder kommt »in ein langes wüstes Gemach, das von einem Kaminfeuer im Hintergrunde ungewiß erleuchtet wurde. In den roten Widerscheinen saß dort ein wilder Haufe umher: abgedankte Soldaten, müßige

Handwerksbursche und dergleichen Hornkäfer, wie sie in der Abendzeit um die großen Städte schwärmen. Alle Blicke aber hingen an einem hohen, hagern Manne mit bleichem, scharfgeschnittenem Gesicht, der, den Hut auf dem Kopf und seinen langen Mantel stolz und vornehm über die linke Achsel zurückgeschlagen, mitten unter ihnen stand. – Ihr seid der Nährstand, rief er soeben aus; wer aber die Andern nährt, der ist ihr Herr; hoch auf, Ihr Herren! – Er hob ein Glas, Alles jauchzte wild auf und griff nach den Flaschen, er aber tauchte kaum die feinen Lippen in den dunkelroten Wein, als schlürft' er Blut, seine spielenden Blicke gingen über dem Glase kalt und lauernd in die Runde. […] Wer ist der Herr? fragte Renald seinen Vetter, da der Fremde sich rasch wieder wandte. – Ein Feind der Tyrannen, entgegnete der Vetter leise und geheimnisvoll.

Dem Renald aber gefiel hier die ganze Wirtschaft nicht, er war müde von der Reise und streckte sich bald in einer Nebenkammer auf das Lager […]. Da konnte er vernehmen, wie immer mehr und mehr Gäste nebenan allmählich die Stube füllten; er hörte die Stimme des Fremden wieder dazwischen, eine wilde Predigt, von der er nur einzelne Worte verstand, manchmal blitzte das Kaminfeuer blutrot durch die Ritzen der schlechtverwahrten Tür; so schlief er spät unter furchtbaren Träumen ein.«

Gabriele ist unterdessen aus dem Kloster geflohen, auf märchenhafte Weise hat sie die Spur ihres Liebsten wiedergefunden, ist ihrem Ritter nach Paris gefolgt und hat sich als Gärtnerbursche bei ihm anstellen lassen. Als Renald den jungen Grafen Dürande endlich gefunden hat, glaubt er ihren Gesang zu hören. Auch meint er ein Taschentuch seiner Schwester auf dem Tisch des Grafen zu identifizieren, doch gelingt es ihm nicht, Kontakt mit ihr aufzunehmen. Der junge Herr aber weiß offenbar selbst noch gar nichts von seinem neuen »Gärtnerburschen«.

Die weiteren Versuche, in Paris zu seinem »Recht« zu kommen, die Renald mit Hilfe dubioser »Anwälte« und dann

auch in Versaille in direktem Kontakt mit dem französischen
König durchzusetzen versucht, erinnern an Kleists Kohlhaas.
Im Park von Versaille versucht er sich dem französischen
König zu nähern, um eine Petition zugunsten der gesuchten
Schwester abzugeben, und es ist ausgerechnet der junge Graf
Dürande im Gefolge des Königs, der dafür sorgt, daß der auf-
dringliche und lästige Bittsteller abgeführt wird. Nach Auf-
enthalten im Gefängnis und im Irrenhaus gelingt Renald die
Flucht, doch wird er seine Schwester erst einige Jahre später
nach seiner Rückkehr in die Heimat im Schloß Dürande wie-
dersehen.

Bis zu diesem Zeitpunkt scheint das Schloß Dürande von
dem revolutionären Umsturz in Paris nicht berührt; die tra-
ditionelle ständische Ordnung mit dem alten Grafen und seiner ihm treu ergebenen Dienerschaft ist augenscheinlich nicht
gefährdet. Fernab von der Hauptstadt, in der idyllischen Provence, gibt es die »Hornkäfer« der Großstadt nicht, die sich
nach Eichendorffs Darstellung zu räuberischen Banden zu-
sammenrotten und den Revolutionären ergeben sind. Auf dem
Lande, das weiß Eichendorff aus eigener Erfahrung, steht die
Bevölkerung treu zu ihrem Herrn auf dem Schloß.

Doch dann kommt das »Wetterleuchten«, das Eichendorff
auch in dieser Novelle als Zeichen der Revolution einführt,
immer näher. Zugleich signalisiert die Beschreibung des alten
Grafen und seines gespenstischen Ambiente, daß alles in diesem Schloß verstaubt und überlebt ist. Die Zeit scheint stehengeblieben; der alte Herr wirkt wie eine Museumspuppe,
und der Erzähler vergleicht ihn mit einer »geputzten Leiche«.
Die Nachrichten von revolutionären Umtrieben versucht er
zu »ignorieren« und zu unterbinden und schneidet sich so
den Zugang zur neuen Zeit selbst ab: »Während des schnurrten im Schloß Dürande die Gewichte der Turmuhr ruhig fort,
aber die Uhr schlug nicht, und der verrostete Weiser rückte
nicht mehr von der Stelle, als wäre die Zeit eingeschlafen auf
dem alten Hofe beim einförmigen Rauschen der Brunnen.
Draußen, nur manchmal vom fernen Wetterleuchten zweifel-

haft erhellt, lag der Garten mit seinen wunderlichen Baum-
figuren, Statuen und vertrockneten Bassins wie versteinert
im jungen Grün, das in der warmen Nacht schon von allen
Seiten lustig über die Gartenmauer kletterte und sich um
die Säulen der halbverfallenen Lusthäuser schlang, als wollt'
nun der Frühling Alles erobern. Das Hausgesinde aber stand
heimlich untereinander flüsternd auf der Terrasse, denn man
sah es hier und da brennen in der Ferne; der Aufruhr schritt
wachsend schon immer näher über die stillen Wälder von
Schloß zu Schloß. Da hielt der kranke alte Graf um die ge-
wohnte Stunde einsam Tafel im Ahnensaal, die hohen Fenster
waren fest verschlossen, Spiegel, Schränke und Marmortische
standen unverrückt umher wie in der alten Zeit, Niemand
durfte, bei seiner Ungnade, der neuen Ereignisse erwähnen,
die er verächtlich ignorierte. So saß er, im Staatskleide, frisiert,
wie eine geputzte Leiche am reichbesetzten Tisch vor den sil-
bernen Armleuchtern und blätterte in alten Historienbü-
chern, seiner kriegerischen Jugend gedenkend. Die Bedienten
eilten stumm über den glatten Boden hin und her, nur durch
die Ritzen der Fensterladen sah man zuweilen das Wetter
leuchten, und alle Viertelstunden hackte im Nebengemach
die Flötenuhr knarrend ein und spielte einen Satz aus einer
alten Opernarie.«

Die Nachricht von der Ankunft des inzwischen gealterten
Jägers Renald, für den es längst einen jungen Nachfolger gibt,
wirkt in dieser Situation alarmierend. Es entsteht Aufruhr,
allein durch die Meldung von seiner Ankunft: »Da ließen sich
auf einmal unten Stimmen vernehmen, drauf hörte man Je-
mand eilig die Treppe heraufkommen, immer lauter und näher. Ich muß herein! rief es endlich an der Saaltür, sich durch
die abwehrenden Diener drängend, und bleich, verstört und
atemlos stürzte der Waldwärter in den Saal, in wilder Hast
dem Grafen erzählend, was ihm so eben im Jägerhaus mit dem
Renald begegnet.«

Dann überstürzen sich die Ereignisse. Renald stellte dem
jungen Grafen schriftlich ein Ultimatum, er solle seine Heirat

mit Gabriele bis zu einer vorgegebenen Uhrzeit vollziehen. Dieses provokative Schriftstück erreicht den gerade aus Paris eingetroffenen jungen Grafen jedoch nicht rechtzeitig. Renald gibt daraufhin einen Schuß auf ihn ab, der jedoch Gabriele trifft, weil sie sich heimlich einen Mantel ihres Geliebten übergelegt hatte, um ihn vor den anstürmenden Truppen zu retten. Für einen Augeblick geht es zu wie in einer Spukgeschichte. Der junge Graf scheint in zweifacher Gestalt im Schloß zu erscheinen.

Als Gabriele – vom Schuß getroffen – niedersinkt, entschließt sich der Graf spontan, um ihre Hand anzuhalten, ohne freilich zu ahnen, daß sie bereits tödlich verletzt ist. Mitten in dem turbulenten Revolutionsgeschehen also kommt es zu einer rührenden Liebesszene mit einem die Standesgrenzen überbrückenden Eheversprechen: »Der Graf [...], in tiefster Seele bewegt, hatte sie schon fest in beide Arme genommen und bedeckte den bleichen Mund mit glühenden Küssen. [...] Ihm war's auf einmal, wie in den Himmel hineinzusehen. Die Zeit fliegt heut entsetzlich, rief er aus, dich liebte ich immerdar, da nimm den Ring und meine Hand auf ewig, und so verlaß mich Gott, wenn ich je von dir lasse! – Gabriele, von Überraschung und Freude verwirrt, wollte niederknien, aber sie taumelte und mußte sich an der Wand festhalten. Da bemerkte er erst mit Schrecken, daß sie verwundet war.« Wenig später wird er selbst von Renald erschossen, der nach wie vor auf die Erfüllung seines Ultimatums wartet und nicht ahnen kann, daß die geforderte Ehe bereits versprochen war. Der treue Diener Nicolo bringt »das stille Brautpaar in die gräfliche Familiengruft«. Er breitet »die Fahne darüber, unter der sie noch heut zusammen ausruhn.«

Nicolo ist es auch, der den verblendeten Renald informiert, aber als dieser die Wahrheit über das Liebes- und Brautpaar erfährt, ist es zu spät. Eine unglückliche Verkettung von Mißverständnissen hat dazu geführt, daß die Geschichte wie eine klassische Tragödie endet. Das Liebespaar ist tot, und Renald richtet sich wie ein Amokläufer selbst – und setzt zugleich das

Schloß in Brand, das ihm kurz zuvor die Revolutionäre zu-
gesprochen hatten.

Bewegt sich die Liebesgeschichte am Rande des Kitsches,
so ist die konstruierte Verbindung von revolutionären Ereignissen mit der Tragödie geradezu grotesk. Renald scheint ein
Anführer der Revolutionäre geworden zu sein – oder hat er
sich ihnen nur aus Trotz angeschlossen und wird erst wegen
seiner wilden Entschlossenheit beim Sturm auf das Schloß
dazu ernannt? Jedenfalls heißt es: »Da stürzte auf einmal vom
Schloß die Bande siegestrunken über Blumen und Beete daher, sie schrien Vivat und riefen den Renald im Namen der
Nation zum Herrn von Dürande aus.«

Da Renald jedoch inzwischen seine Irrtümer erkannt hat,
nutzt er seine neue Funktion allein dazu, die »Bande« aus
dem Schloß zu weisen, um sich dann selbst zu richten. Zugleich setzt er das Schloß in Brand: »Renald, plötzlich sich
aufrichtend, blickte wie aus einem Traum in die Runde. Er
befahl, sie sollten schleunig alle Gesellen aus dem Schlosse
treiben und keiner, bei Lebensstrafe, es wiederbetreten, bis er
sie riefe. Er sah so schrecklich aus, sein Haar war grau geworden über Nacht, Niemand wagte es, ihm jetzt zu widerspre-
chen. Darauf sahen sie ihn allein rasch und schweigend in das
leere Schloß hineingehen, und während sie noch überlegen,
was er vorhat und ob sie ihm gehorchen oder dennoch folgen
sollen, ruft Einer erschrocken aus: Herr Gott, der rote Hahn
ist auf dem Dach! und mit Erstaunen sehen sie plötzlich feu-
rige Spitzen, bald da bald dort, aus den zerbrochenen Fenstern schlagen und an dem trocknen Sparrwerk hurtig nach
dem Dache klettern. Renald, seines Lebens müde, hatte eine
brennende Fackel ergriffen und das Haus an allen vier Ecken
angesteckt. – Jetzt, mitten durch die Lohe, die der Zugwind
wirbelnd faßte, sahen sie den Schrecklichen eilig nach dem
Eckturme schreiten, es war, als schlüge Feuer auf, wohin er
trat. Dort in dem Turme liegt das Pulver, hieß es auf einmal,
und voll Entsetzen stiebte Alles über den Schloßberg auseinander. Da tat es gleich darauf einen furchtbaren Blitz und

donnernd stürzte das Schloß hinter ihnen zusammen. Dann wurde Alles still; wie eine Opferflamme, schlank, mild und prächtig stieg das Feuer zum gestirnten Himmel auf, die Gründe und Wälder ringsumher erleuchtend – den Renald sah man nimmer wieder.

Das sind die Trümmer des alten Schlosses Dürande, die weinumrankt in schönen Frühlingstagen von den waldigen Bergen schauen. – Du aber hüte dich, das wilde Tier zu wekken in der Brust, daß es nicht plötzlich ausbricht und dich selbst zerreißt.«

Mit diesem Satz endet Eichendorffs Erzählung, und der Leser fühlt sich aufgefordert, über die Lehre nachzudenken, die hier formuliert wird. Der Essay *Adel und Revolution* – ein Ergebnis von Eichendorffs Bemühungen, seine Memoiren zu formulieren – läßt erkennen, wie Eichendorff die Französische Revolution und die Rolle des Adels im Geschichtsprozeß bewertet. Das Bild von der Revolution als einem gewaltigen Gewitter, auf das der Mensch kaum Einfluß hat, wird hier durch ähnliche Bilder von Naturkatastrophen ergänzt und findet sein Pendant im Ausbruch der ungezähmten Bestie im Innern des Menschen. Die leitenden Ideen der Französischen Revolution wirken in diesem Zusammenhang – in der Novelle wie im Essay – als leeres Geschwätz, das den Gang der Ereignisse nicht wirklich bestimmt. Als eine Art Naturereignis, das auch die niederen, tierischen Kräfte im Menschen freisetzt, stellt Eichendorff die Französische Revolution auch in *Der Adel und die Revolution* dar: »Wenn auf den unwirtbaren Eisgipfeln der Theorie die Lawine fertig und gehörig unterwaschen ist, so reicht der Flug eines Vogels, der Schall eines Wortes hin, um, Felsen und Wälder entwurzelnd, das Land zu verschütten; und dieses Wort hieß: Freiheit und Gleichheit. Das Alte war in der allgemeinen Meinung aufeinmal zertrümmert, der goldene Faden aus der Vergangenheit gewaltsam abgerissen. Aber unter Trümmern kann niemand wohnen, es mußte notwendig auf anderen Fundamenten neugebaut werden, und von da ab begann das verzweifelte Experimentieren der vermeintlichen Staatskünstler, das noch bis heut die Gesellschaft in beständiger fieberhafter Bewegung erhält. Es wiederholte sich abermals der uralte Bau des babylonischen Turmes mit seiner ungeheueren Sprachenverwirrung, and die Menschheit ging fortan in die verschiedenen Stämme der Konservativen, Liberalen und Radikalen auseinander. Es waren aber vorerst eigentlich nur die Leidenschaften, die unter der Maske der Philosophie, Humanität oder sogenannten Untertanentreue, wie Drachen mit Lindwürmen, auf Tod und Leben gegen einander kämpften; denn die Ideen waren plötzlich Fleisch geworden, und wußten sich in dem ungeschlachten Leibe durchaus noch nicht zurechtzufinden.«

Die aufbrechenden Kämpfe sind nach Eichendorff im Grunde Religionskämpfe. Die Französische Revolution, die ja tatsächlich nicht nur gegen die Macht des Adels sondern auch gegen die Macht der Kirche vorging, ist nach seiner Ansicht im Kern heidnisch. Die gesamte neuere Geschichte Europas sieht er als einen Kampf des Christentums gegen immer wieder aufbrechende heidnische Kräfte: »Fassen wir […] diesen Kampf der entfesselten und gärenden Elemente schärfer ins Auge, so bemerken wir den der Religion gegen die Freigeisterei, als das eigentlich bewegende Grundprinzip, offenbar im Vordertreffen, denn die Veränderungen der religiösen Weltansicht machen überall die Geschichte. […] Christus galt fortan für einen ganz guten, nur leider etwas überspannten Mann, dem sich jeder Gebildete wenigstens vollkommen ebenbürtig dünkte. Es war eine allgemeine Seligsprechung der Menschheit, die durch ihre eigene Kraft und Geistreichigkeit kurzweg sich selbst zu erlösen unternahm; mit Einem Wort: der vor lauter Hochmut endlich tollgewordene Rationalismus, welcher in seiner praktischen Anwendung eine Religion des Egoismus proklamierte.

Hatte man aber hiermit Alles auf die subjektive Eigenmacht gestellt, so kam es natürlich nun darauf an, diese Eigenmacht auch wirklich zu einer Weltkraft zu entwickeln.«

Der Garten im Schloß Dürande entspricht der französi-

schen Mode und signalisiert, daß wir es bei der Familie des
Grafen mit den »Exklusiven, Prätentiösen« unter den Adligen zu tun haben, die Eichendorff in seinem Essay gegen den
schlichten ländlichen Adel abgrenzt. Französische Gärten
mit abgezirkelten Wegen und Hecken, antikisierenden Statuen und Wasserspielen kommen vielfach in Eichendorffs
Werken vor. Sie stehen stets für ein erstarrte höfische Welt, die
jeglichen Kontakt zur ursprünglichen Natur verloren hat. In
seinem Essay beschreibt er die Atmosphäre eines solchen
Gartens in einem Gedicht, das er 1840 im *Deutschen Musenalmanach* unter dem Titel »Sonst« veröffentlicht:

Es glänzt der Tulpenflor, durchschnitten von Alleen,
Wo zwischen Taxus still die weißen Statuen stehen,
Mit goldnen Kugeln spielt die Wasserkunst im Becken,
Im Laube lauert Sphynx, anmutig zu erschrecken.

Die schöne Chloe heut spaziert in dem Garten,
Zur Seit' ein Kavalier, ihr höflich aufzuwarten,
Und hinter ihnen leis Cupido kommt gezogen,
Bald duckend sich im Grün, bald zielend mit dem Bogen.

Es neigt der Kavalier sich in galantem Kosen,
Mit ihrem Fächer schlägt sie manchmal nach dem Losen,
Es rauscht der taftne Rock, es blitzen seine Schnallen,
Dazwischen hört man oft ein art'ges Lachen schallen.

Jetzt aber hebt vom Schloß, da sich's im West will röten,
Die Spieluhr schmachtend an, ein Menuett zu flöten,
Die Laube ist so still, er wirft sein Tuch zur Erde
Und stürzet auf ein Knie mit zärtlicher Gebärde.

»Wie wird mir, ach, ach, ach, es fängt schon an zu dunkeln –«
»So angenehmer nur seh' ich zwei Sterne funkeln –«
»Verwegner Kavalier!« – »Ha, Chloe, darf ich hoffen? –«
Da schießt Cupido los und hat sie gut getroffen.

Im Essay legt Eichendorff die Gartenform kulturgeschichtlich aus. Die Gärten im französischen Stil »sollten eben nur eine Fortsetzung und Erweiterung des Konversations-Salons vorstellen. Daher mußte die zudringlich störende Natur durch hohe Laubwände und Bogengänge in einer gewissen ehrerbietigen Form gehalten werden. […] es ist nicht zu leugnen, daß in dieser exklusiven Einsamkeit, wo anstatt der gemeinen Waldvögel nur der Pfau courfähig war, die einzigen Naturlaute: die Tag und Nacht einförmig fortrauschenden Wasserkünste, einen um so gewaltigeren, fast tragischen Eindruck machten. […] Überdies war das Ganze im Grunde […] nur eine Nachahmung der Versailler Gartenpracht.«

In der Novelle ist es eine besondere Form der Spieluhr, die zum Ambiente des Schlosses gehört und als Ikone der überlebten alten Zeit eingeführt wird, eine Flötenuhr, die alle Viertelstunden knarrend »einen Satz aus einer alten Opernarie« hackte. Bei Ausbruch der Unruhen verhält sich der alte Graf der Novelle nach dem Muster der »Prätentiösen«, die Eichendorff in seinem Essay als weitere Gruppe von Adeligen auf dem Lande beschreibt. Sie »lächelten vornehm und ungläubig und ignorierten den impertinenten Pöbelversuch, Weltgeschichte machen zu wollen; ja es galt eine geraume Zeit unter ihnen für plebejisch, nur davon zu sprechen«. In der »ungeheueren Konfusion« – so behauptet Eichendorff – »tat der Adel grade das Allerungeschickteste. Anstatt die im Sturm umherflatternden Zügel kraft höherer Intelligenz kühn zu erfassen, isolierte er sich stolzgrollend und meinte durch Haß und Verachtung die eilfertige Zeit zu bezwingen, die ihn natürlich in seinem Schmollwinkel sitzen ließ.«

Nach Eichendorff ist es die Aufgabe des Adels – den er nicht abschaffen will –, »das ewig wandelbare Neue mit dem ewig Bestehenden zu vermitteln […]. Mit […] dem bloßen eigensinnigen Festhalten des Längstverjährten ist also hierbei gar nichts getan.« Der alte Graf hängt am »Längstverjährten« fest; es fehlt ihm auch an Kraft, um die notwendige, von

Eichendorff erwartete Vermittlung zu leisten, und sein Sohn kommt zu spät, um die Ereignisse noch aufzuhalten.

Mit seiner Reise nach Paris hatte der junge Dürande sich zunächst so verhalten, wie die Gruppe der »Extremen« in Eichendorffs Essay. Dazu schreibt Eichendorff: »Die dritte und beiweitem brillanteste Gruppe endlich war die extreme. Hier figurierten die ganz gedankenlosen Verschwender, jene ›im Irrgarten der Liebe herumtaumelnden Kavaliere [...]. [D]ie ›jungen Herrschaften‹ wurden [...] auf Reisen geschickt, um insbesondere auf der hohen Schule zu Paris sich in der Praxis der Galanterie zu vervollkommnen. Da sie jedoch, bei Strafe der sozialen Exkommunikation, nirgends mit dem Volke, sondern wieder nur in den Kreisen von Ihresgleichen verkehren durften, die sich damals überall zum Erschrecken ähnlich sahen, so ist es leicht begreiflich, daß sie auf allen ihren Fahrten nichts erfuhren und lernten, und regelmäßig ziemlich blasiert zurückkehrten.«

Obwohl der junge Graf im Gefolge des französischen Königs auftritt und auch seine amourösen Abenteuer in Paris zu erleben scheint, gibt es deutliche Anzeichen dafür, daß er seine Lektion unter dem Eindruck der revolutionären Ereignisse gelernt hat. Die Begegnung mit der durch und durch treuen und reinen Gabriele tut ein übriges, und so wäre hier eine vermittelnde Position möglich geworden, doch macht die Entfesselung der Bestie im Menschen, die bei den plündernden Horden ebenso zu beobachten ist wie bei Renald, eine solche Vermittlung unmöglich.

Mit dieser Deutung der Revolution als Freisetzung heidnisch-dämonischer Triebe steht Eichendorff nicht allein. Es ist insbesondere Joseph Görres, der in seiner Schrift »Teutschland und die Revolution« 1819 ähnliche Auffassungen vertritt: »Kennst du noch nicht das finstere Reich des Abgrundes, das die Natur beschließt, glücklich du, wenn es immer beschlossen dir geblieben! alle seine dunkeln Mächte hat der Geist besiegt, und sie in jene Tiefe eingeschlossen; aber durch des Menschen Herz gehen tiefe Brunnen nieder in die Finsterniß;

um den Eingang drängen sich, Freyheit suchend alle Leidenschaften, aber ihn hält Religion und Sitte fest verschlossen
und versiegelt, und solange die Pforten im Beschlusse bleiben,
spielt oben das heitere Leben. Aber hat die Siegel eigne Schuld
oder das Unglück der Zeit erbrochen, und die Thore zum
Unterreiche aufgerissen, dann steigen alle Schrecken aus der
Tiefe auf; wie Unwetter zieht es aus dem Abgrund; es faßt den
Menschen mit dämonischer Gewalt, und der einzelne Wille
vermag nichts mehr gegen die furchtbare Macht und alle
Furien des Lebens steigen durch jenen Schlund herauf, der
Selbstmord und jeder blutige Frevel.«

Ganz im Sinne seines Mentors stellt Eichendorff in seiner
Novelle dar, wie »das Unglück der Zeit« und »eigne Schuld«
bei Renald »das wilde Tier« in der Brust freigesetzt haben.
Das »finstere Reich des Abgrundes« ist geöffnet, und mit
»Selbstmord« und »blutigem Frevel« endet die Geschichte.

14. Kapitel: »... von Preußen kommt mir
doch alles wahrhaft Aufregende und
Erfreuliche meines Lebens«
Die *Geschichte der Marienburg*

Eine Zeit des »Urlaubs« mit wechselnden »Hilfsarbeiten«
und regelmäßiger Besoldung bietet für einen Dichter, der das
Wohlwollen seiner Vorgesetzten besitzt, großartige Chancen.
Sieht man die Reihe von Dichtungen durch, die Eichendorff
in den zwanzig Jahren seines Daseins als »beamteter Urlau-
ber« zwischen 1824 und 1844 fertigstellte, so wird deutlich,
daß ihm bei Erfüllung der amtlichen Aufträge wie der Formulierung des Pressegesetzes genügend Spielraum blieb, um
vorher begonnene Arbeiten fertigzustellen – wie den *Taugenichts* – und zahlreiche Werke in Angriff zu nehmen und zu
veröffentlichen:
1826 erschien die erste kleine Auswahlausgabe seines Werkes; eine Sammlung von 48 Gedichten, die zuvor schon – integriert in Prosawerke oder einzeln in Zeitschriften und Almanachen – veröffentlicht waren, wird mit den beiden Erzählungen *Das Marmorbild* und *Aus dem Leben eines Taugenichts* in
einem Bändchen vereint. Die dramatische Satire *Meyerbeth's
Glück und Ende* erscheint 1827, und das im gleichen Jahr
begonnene Trauerspiel *Ezelin von Romana* 1828. Zwei weitere Dramen, *Der letzte Held von Marienburg* und das Lustspiel *Die Freier* bietet er 1829 Verlegern zum Druck an, auch
sie waren demnach fertig. 1832 erscheint dann in der Zeitschrift *Der Gesellschafter* und kurz darauf in einem separaten
Druck, gemeinsam mit Brentanos Geschichte *Die drei Weh-
müller*, die satirische Erzählung *Viel Lärmen um nichts*. Im
gleichen Jahr beginnt er im Herbst oder Winter mit der Arbeit
an seinem zweiten großen Roman, der dann 1834 unter dem
Titel *Dichter und ihre Gesellen* publiziert wird. 1836 folgt
Das Schloß Dürande und eine von Adolf Schöll zusammenge-

stellte und von ihm in Zyklen geordnete Ausgabe der Gedichte Eichendorffs.

1838 erscheint die Novelle *Die Entführung*, 1839 beginnt
Eichendorff mit der Niederschrift von autobiographischen
Entwürfen und dem Puppenspiel *Incognito* (beides zu Lebzeiten nicht gedruckt), 1840 publiziert er *Die Glücksritter*, ein
Jahr später erscheint eine vierbändige Gesamtausgabe. 1844
ist die *Geschichte der Wiederherstellung der Marienburg* fertig.

Das ist eine eindrucksvolle Liste von Werken, die während
einer Zeit entstehen, die trotz aller Unterstützung seiner Vorgesetzten von beruflicher Unsicherheit geprägt ist. Es gelingt
Eichendorff nicht, eine sichere Position in Berlin zu finden –
oft scheitern seine Bewerbungen, weil er das erwartet, was
auch heute noch im öffentlichen Dienst üblich ist: Besitz-
standswahrung. Das heißt, er verlangt mindestens so viel Gehalt, wie er in Königsberg erhält, und das ist offensichtlich
mehr, als der Redakteur einer Zeitung oder ein Mitglied der
Zensurbehörde in der Regel erhält – um nur zwei der von Eichendorff angestrebten Positionen in Berlin zu nennen. So
bleib es bei einer ›Beurlaubung‹, die aber jeweils befristet ist:
Mehrfach sieht es so aus, als müsse er umgehend nach Königsberg zurück. An einen Aufstieg in der Beamtenhierarchie
ist unter diesen Umständen nicht zu denken; doch bleibt
Eichendorff in Berlin – was die routinemäßige Aufarbeitung
von Akten betrifft – weitgehend vom Druck eines regulären
Dienstes verschont und ist so etwas wie ein freier Mitarbeiter
mit Gehalt, dessen Sonderstellung durch einflußreiche Gönner garantiert ist. Das läßt ihm offensichtlich genügend Spielraum zum Schreiben.

Zwei der genannten Werke, die sich mit der Marienburg
befassen, sind mit der beruflichen Tätigkeit und Aufenthalten
in Danzig eng verknüpft: Sie beziehen sich auf die Marienburg, ein gewaltiges gotisches Bauwerk, das etwa 40 km von
Danzig an der Nogat liegt. Zwischen 1309 und 1462 war die
Marienburg Hauptsitz des Deutschen Ritterordens, danach

verlor sie diese Funktion und kam zunächst unter polnische, 1722 unter preußische Herrschaft und war in dieser Zeit nicht mehr in der Obhut eines katholischen Ordens. Eine kommerzielle Nutung des Gebäudekomplexes führte zu Um- und Einbauten; Teile waren dem Verfall preisgegeben – schon in der Zeit Friedrichs des Großen.

Aus politischen Gründen wurde das Baudenkmal im 19. Jahrhundert aus Mitteln verschiedener Instanzen des preußischen Staates und zahlreicher Spender aufwendig restauriert. So wie im Westen Preußens die Fertigstellung des Kölner Doms vorangetrieben wurde – ebenfalls mit Spendenaufrufen und mit Unterstützung des preußischen Staates – so sollte im Osten ein entsprechendes Denkmal zur preußischen Geschichte wiedererstehen.

Außer dem historischen Trauerspiel *Der letzte Held von Marienburg*, das Theodor von Schön angeregt hatte, schrieb Eichendorff auch eine Geschichte der Burg unter dem Titel *Die Wiederherstellung des Schlosses der deutschen Ordensritter zu Marienburg*. In der Phase seines Berliner Urlaubs erhielt er besondere Reisespesen, um diese ebenfalls von Schön angeregte Auftragsarbeit zu realisieren.

Begeistert antwortet Eichendorff am 4. Dezember 1842 auf die Anregung seines Vorgesetzten zu diesem Projekt: »Es bleibt dabei, von Preußen – das heißt mit anderen Worten von Ew. Excellenz – kommt mir doch alles wahrhaft Aufregende und Erfreuliche meines Lebens. Eine Wiederherstellung Marienburgs schmeckt so sehr nach Idee und ist so durch u. durch poetisch, daß ich mit rechter Hertzensfreude an die Arbeit gehen will, und es soll wenigstens nicht an meinem guten Willen liegen, wenn es da nicht Funken und im Vorübergehen vielleicht manchmal auch eine gelegentliche Ohrfeige giebt.«

Die Erwähnung einer »gelegentlichen Ohrfeige« könnte sich auf die doch sehr unterschiedlichen Auffassungen zum Sinn dieser Restauration beziehen. Schön, der sich von Amts wegen schon seit 1822 vehement für die Wiederherstellung

der Ritterburg einsetzte, war nicht daran interessiert, das
Bauwerk wieder in den Besitz des noch existierenden religiös
geprägten Ordens zu bringen, der aus den Kreuzzügen hervorgegangen war und 1198 in Akko(n) gegründet wurde. Er
sah die Burg als Denkmal einer heroischen preußischen Geschichte und hatte sogar die Idee, es zugleich als Denkmal der
jüngeren deutschen Geschichte zu zeigen. Anders ist nicht
erklärbar, daß eines der neu eingesetzten Fenster einen Land-
sturmmann aus den Befreiungskriegen zeigte. Nach Schöns
Vorstellungen sollte die Burg eine Art »preußischer Westminster« werden, der Sitz einer Art Volksvertretung, die sich der
liberal gesonnene Oberpräsident erhoffte.

Für Eichendorff war das Bauwerk dagegen primär der
Stammsitz eines missionierenden katholischen Ordens, der
das Land östlich des prussischen Kernlands erschlossen und
im Kampf gegen die Slawen dann auch militärisch verteidigt
hatte. Er sieht die geschichtlichen Ereignisse mehr als Bekeh-
rungsgeschichte denn als Gründungsgeschichte des Staates
Preußen: »Nachdem die Ritterorden überhaupt durch die
Veränderungen im Orient Zweck und Aufgabe, durch Reichtum und weitzerstreuten Besitz ihre ursprüngliche Bedeutung fast überall bereits verloren hatten, waren es die deutschen Ritter allein, die, ungeduldig so unwürdige Fesseln
sprengend, sich unerwartet neue Bahnen hieben und mit
Kreuz und Schwert mitten in den nordöstlichen Wildnissen
ein neues Deutschland eroberten, ohne dessen christliche
Vormauer der ganze Norden Europa's eine andere, jetzt kaum
mehr berechenbare, geistige Gestaltung genommen hätte. Und
dieses Ordens Haupthaus, Marienburg, war Jahrhundertelang
der Mittelpunkt jenes welthistorischen Ereignisses.«

Danach erzählt Eichendorff die Geschichte der Grün-
dungskapelle mit einem »wundertätigen Muttergottesbilde«
und berichtet von den zunächst mißlungenen Versuchen der
Ordensritter, die verschiedenen heidnischen Stämme der Um-
gegend zu bekehren, zu denen auch die »Prussen« gehörten:
»allein ihr Mißlingen hatte die Preußen nur zu schrecklichen

Verwüstungen der Nachbarländer aufgereizt, so daß endlich Herzog Konrad von Masovien sich bewogen fand, den durch seine Kriegestaten berühmten Orden um Hülfe anzuflehen und ihm alles anzubieten, was er in Preußen erobern würde. Da sandte der Hochmeister Hermann von Salza im Jahre 1228 den Ritter Herrmann Balk als ersten Landmeister nach Preußen; nur 28 Brüder und 100 Reiter sollen ihn begleitet haben. So kamen die Ritter ins Land.«

Allmählich christianisiert der kleine Trupp von geharnischten Ordensleuten die benachbarten Stämme: »Schon hatten sie das Culmerland gewonnen, auch Pomesanien (die Landschaft Marienburgs) wurde bis zum Jahre 1235 erobert, aber das Heldentum der kaum gebändigten Preußen brach unwillig immer wieder in die alte Freiheit hinaus und rang in wilder Empörung mit dem neuen Lichte; es fehlte diesem noch der geistige Brennpunkt, es fehlte materiell, zur Behauptung des eroberten Landes, eine tüchtige Bewehrung des Nogatstromes. [...] Hier erbaute daher der Landmeister Conrad von Thierberg eine neue Burg, die der Mutter Gottes geweiht und Marienburg benannt wurde. Der im Jahre 1274 begonnene Bau war im Jahre 1276 schon vollendet, wo Ritter Heinrich von Wilnowe als der erste Komtur Marienburgs mit seinem Konvente in das neue Haus einzog.

Und bald erwies dieser Bau seine heilbringende Macht. Denn die alten heidnischen Götter gingen noch immer mahnend und Rache fordernd rings umher durchs Land. Doch während in Samland, in Natangen und Ermland die Flammen der Empörung von neuem aufschlugen, während das wilde Volk der Sudauer und Litthauer von Culm her plündernd, mordend und sengend vorbrach, schreckte die starke Marienburg die wüste Horde, die Wogen des Aufruhrs vertosten immer ferner und ferner; unter den Mauern der Burg erstand aus dem Dörflein Alyem die heutige Stadt Marienburg, es bildete sich durch und um die Burg allmählich ein fester Kern christlicher Gesittung, an dem die rohe Gewalt keine Macht mehr hatte.«

Obwohl in diesem kurzen geschichtlichen Abriß deutlich wird, daß die Kreuzritter und die Preußen durchaus nicht gleichzusetzen sind, kann auch Schön gegen diese Darstellung Eichendorffs kaum etwas einwenden. Als Anlaß zu einer ›Ohrfeige‹ seines Vorgesetzten und Freundes konnte diese Akzentuierung der Gründungsgeschichte nicht führen, und als Eichendorff die Zweckentfremdung des Gebäudes in der Zeit Friedrichs des Großen anprangerte, wußte er sich völlig einig mit Schön, der die entwürdigende Nutzung des Gebäudes bereits am Anfang seiner Dienstzeit beendet hatte. Zur Nutzung in der »Zopfzeit« – so die Überschrift von Eichendorffs Kapitel – heißt es darin: Das »hohe Schloß wurde ohne weiteres zur Kaserne verarbeitet. […] in dem großen schönen Kapitelsaale hatte man den Polen das Kunststück nachgemacht, ihn, wiewohl auch hier mit Bewahrung des Gewölbes, durch eingezogene Balken in zwei Stockwerke zu zerlegen, und ›da gab es denn, wie gerühmt wird, gar schöne Zimmer für die Herren Offiziere‹. […] Die weiten, luftigen Hallen des Konventsremters [des Versammlungs- und Speisesaals] dagegen wurden in ein Exerzierhaus für die Besatzung verwandelt […]. Auch die anstoßende große Konventküche, in der noch der Huldigungsschmaus zubereitet worden war, mußte sich zu einem Pferde- und Kuhstall umgestalten lassen, welchem zum Trotz das Gewölbe darunter dennoch fortgedauert und bis auf den heutigen Tag sich erhalten hat.« 1785 wurden »rings um den Pfeiler in der Mitte zwei Stockwerke übereinander, in jedem Stock vier Zimmer und ein geräumiges Vorhaus, zu Fabrikanten-Wohnungen für Baumwollenweber« umgestaltet. »Gleichzeitig, um die neue Anlage mit der älteren polnischen in würdige Verbindung zu bringen, werden die Gewölbe in Meisters Stube eingeschlagen, sämtliche Gelasse der ehemaligen Hochmeister-Wohnung aber den Industriösen eingeräumt, und in den Hallen, wo einst Winrich von Kniprode seine Tafelrunde hielt und König Jagjel auf des Ordens Pfeiler, den großen, edlen Plauen, zielte, schnurrten, sausten und klippten nun geschäftige We-

Der restaurierte Kapitelsaal (Sommerremter) der Marienburg

bestühle. Allein die Sache hatte keinen sonderlichen Segen. Von den angeworbenen, gesindelhaften Webern, nachdem sie in den Prachtsälen alle großen Erinnerungen gründlich verwohnt und verwirtschaftet hatten, waren bald mehrere fortgelaufen; ein Teil der Zimmer, die niemals alle von Fabrikanten bewohnt gewesen, wurde wiewohl vergeblich meistbietend zur Miete ausgeboten, und schon im Jahre 1788 sah sich der Staat genötigt, das ganze Unternehmen wieder aufzugeben.«

Das 19. Jahrhundert bringt dann die Wende. Der preußische »König selbst befahl mittelst Kabinets-Ordre vom 13. August 1804, daß für die Erhaltung des Schlosses, als eines so vorzüglichen Denkmals alter Baukunst, alle Sorge getragen werden solle. Aber es war zu spät. Nur der schöne Giebel an der nordwestlichen Seite des Mittelschlosses konnte noch gerettet werden«, weiß Eichendorff zu berichten. Am Anfang des Kapitels »Die Wiederherstellung« stellt er ganz im Sinne seines Auftraggebers Schön die Wende der Befreiungskriege als eigentlichen Anstoß für die Restaurierung der Burg dar, nicht ohne allerdings den Sieg Preußens über Napoleon primär der »Hand Gottes« und nicht dem Heldenmut der deut-

schen Kämpfer zuzuschreiben: »Da griff plötzlich Gottes
Hand allmächtig ordnend durch die ziehenden Verhängnisse.
Im Brande von Moskau leuchtete das blutige Morgenrot einer
neuen Zeit mahnend herüber. Das große französische Heer,
welches noch vor kurzem so übermütig durch Marienburg
gezogen, wankte einzeln, in Lumpen, von Fiebern schauernd,
der fernen Heimat zu und bettelte um die Barmherzigkeit seiner Feinde. Eine ungeheure Ahnung flog über ganz Deutschland. Das Land Marienburgs aber hatte den Umschwung der
Geschicke zuerst gesehen und von hieraus flammte jene hin-
reißende Begeisterung auf, die mit ihren Freiwilligen und
Landwehren alle deutschen Völker zu einem Siegesheer ver-
brüderte.«

Dann mündet Eichendorffs Darstellung in eine Hommage
an den Vorgesetzten: »Der damalige Oberpräsident, jetzige
Staatsminister von Schön war es, der auf seiner Durchreise
durch Marienburg im Jahre 1815 den alten, erhabenen Burg-
geist in seiner ganzen Bedeutung erkennend, den ersten Gedanken leuchtend und zündend in jenes ungewisse Volksge-
fühl warf, den Gedanken, im Stein für alle Zeiten zu bekun-
den, wie der treuen Eintracht zwischen Herrscher und Volk
die wunderbare Macht gegeben, das ewig Alte und Neue aus
dem Schutt der Jahrhunderte verjüngend wieder emporzu-
richten. Mit leerer Hand, aber im hochherzigen Vertrauen,
daß alles Große und Rechte sich immer selber Bahn schaffe,
ging er getrost an's Werk, überpfeilerte mutig manche klein-
liche Ungunst, zweifelsüchtige Gleichgültigkeit und alle die
Nachzügler der schlechten Zeit, und hat in dem wiederherge-
stellten Riesenbau, ohne es zu wissen und zu wollen, sich
selbst ein unvergängliches Denkmal gestiftet. […] Am 3. August 1817, dem Geburtstage des Königs, wurde die Wiederherstellung begonnen, nachdem das Schloß seit vollen 360 Jahren
aufgehört hatte, Sitz der Hochmeister zu sein.«

Zum Schluß seines mit einem Plan der Marienburg verse-
henen Buchs versucht Eichendorff noch einmal einen christlichen Aspekt in die Geschichte Preußens einzubringen: »Es

ist endlich der deutsche Sinn und Geist, der wie ein frischer
Waldhauch durch diese Säle weht und die auf die Vorhut ge-
stellten Preußen mit ihren Stammgenossen im Westen fort-
dauernd verbrüdert, die stete, durch den ganzen Bau und seine Geschichte hindurchgehende Hinweisung auf das Kreuz,
unter dem das Volk schon einmal für König und Vaterland
gestritten und gesiegt.«

Drei Prachtexemplare von Eichendorffs Werk schickt Schön
am 13. Mai 1844 an den preußischen König Friedrich Wilhelm
IV. Möglicherweise hat diese Gabe die Unterzeichnung der
Pensionierung des Autors durch den König am 30. Juni 1844
befördert. Vielleicht tat das Widmungsgedicht an den König,
mit dem Eichendorff im gleichen Jahr die Gesamtausgabe seiner Werke eröffnete, ein übriges. Denn es wird bei nahezu
allen Episoden der seltsamen Geschichte des Beamten Eichendorffs deutlich, daß persönliche Zu- und Abneigungen und
keinesfalls allein sachliche Gründe die Entscheidungen über
den Werdegang der einzelnen Beamten beeinflussen. In diesem Falle sah es günstig für Eichendorff aus: Nun konnte er
seine gesamte Zeit dem Dichten widmen und war nicht mehr
auf der Jagd nach einer Planstelle.

15. Kapitel: »… die Zeit der Romantik recht con amore ins detail darstellen« Eichendorffs Literaturgeschichten

»*Sie* (und grade Sie!) sollten eine deutsche Literaturgeschichte in der Weise der *Gelzer*schen schreiben, (nur ohne deren Pietismus)«, fordert Karl Ernst Jarcke am 15. Dezember 1844 aus Wien von seinem Freund Eichendorff. Er bezieht sich dabei auf den 1841 erschienenen Band Heinrich Gelzers »Die deutsche poetische Literatur seit Klopstock und Lessing« mit dem bezeichnenden Untertitel »Nach ihren ethischen und religiösen Gesichtspunkten«. Gelzer hatte aus protestantisch-pietistischer Perspektive geschrieben und wählte in seiner zweiten Auflage von 1847 einen zusätzlichen Untertitel, der diesen Blickwinkel noch verdeutlicht: »Zur inneren Geschichte des deutschen Protestantismus«.

Damit ist klar, was Jarcke – ein Vertreter der kämpferischen »transmontanen« Katholiken – von Eichendorff erwartete: eine Art Gegenstück zu Gelzers Literaturgeschichte aus katholischer Perspektive. Eichendorff nimmt diese Anregung gern auf – obwohl er grundsätzlich literarhistorische Arbeiten haßte. Möglicherweise waren es primär finanzielle Gründe, die ihn bewogen, dem Vorschlag Jarckes zuzustimmen, denn als Pensionär ohne bedeutendes Vermögen im Hintergrund war er auf zusätzliche Einnahmen mehr oder weniger angewiesen. Jedenfalls besteht er bei den Verlegern auf beträchtlichen Honoraren und Vorauszahlungen.

Wie wir aus einem überlieferten Konvolut mit Folioblättern wissen, das heute im Frankfurter Goethehaus aufbewahrt wird, exzerpierte er nicht nur die Literaturgeschichte von Gelzer, sondern auch das fünfbändige Werk *Geschichte der poetischen National-Literatur der Deutschen* von Georg Gottfried Gervinus. In einer freigehaltenen Spalte seiner Exzerpte formulierte Eichendorff in einem zweiten Arbeitsgang Zustimmung und Ablehnung und formulierte oft die Gegenposition, die er in seinem Werk einnehmen wollte. So heißt es in seinem Exzerpt aus dem 5. Band von Gervinus' Werk: »Schiller spielte in der Jungfrau mit der Mystik u. in Mar: Stuart mit dem fanatischen Katholizismus, der poet: Glaube hatte nur mentale Gültigkeit; jezt aber zog man diese Phantasmen mit aller Poesie in die Wirklichkeit hinein. Z. B. Hoffmann.«

Dazu notiert Eichendorff am Rande: »Hoffmann paßt hier gar nicht. Auch die Romantiker scheiterten an dieser inneren Kälte |: Z. B. Tiek :|, mit der sie die Religion nur als poet: Spiel benutzten, Z. B. Löben. – Die große Lüge.«

Zu den Volksmärchen Tiecks heißt es in den Exzerpten aus Gervinus auf dem gleichen Blatt: »er macht Miene, uns auszulachen, wenn wir seine Sachen etwa zu wichtig nehmen.«

Eichendorff notiert am Rande: Richtig – die große Lüge! –«

Von der Teegesellschaft in Tiecks Rahmenhandlung zum *Phantasus* heißt es wiederum am Rand:

»Wahr – große Lüge! –«

Auch den Exzerpttext »denn *Tieck*, bei seiner kälteren Natur, war es nie ein herber Ernst mit dem Kathol:« bestätigt Eichendorff mit der Randbemerkung: »Sehr wahr!«

Auf Entwurfsblättern des gleichen Konvoluts versucht sich Eichendorff über das eigene Konzept klarzuwerden: »*Meine Aufgabe wohl so zu stellen* = Was u. wie hat die deutsche Poesie seit Klopstok auf die d[eutsche] Nation, besonders in religiöser u. moralischer Beziehung gewirkt, oder resp: die Zeit abgespiegelt? Welches sind die guten u. schlimmen Einflüße? – Das Resultat wird wohl seyn: daß sie die Nation ästhetisch erzogen, d: h: frei gemacht vom Schlendrian u. allen Dingen, von bösen Feßeln u. heilsamer Beschränkung. Ihr Einfluß ist also eigentl: nur negativ, sie hat die Nation innerlich bestimmbar gemacht, wozu sich letztere aber in dieser Freiheit wirkl: bestimmen werde, ist jetzt, wo eben jene Anregung erst in ihre volle Gährung getreten, noch nicht vorauszusagen. […] = Auch bei der Romantik spielte der Cultus des Genius |: eine

Frontispiz mit dem Porträt des Dichters von Eduard Eichens (1840)
zum Musenalmanach auf das Jahr 1841, in dem vier Gedichte
von Eichendorff abgedruckt waren

Art geistig-aristokratische Selbstvergötterung :| eine bedeu-
tende Rolle. Also wieder die große Lüge der Welt. […] =
hier die Zeit der Romantik recht con amore ins detail darstellen: Löben p. – […] NB: Die Romantiker hatten also doch
im Fundamente Recht, u. sind ihre Productionen auch nicht
d[urch]aus gelungen, so hat ihre allgemeine Wirksamk[eit]
doch den Zwek erreicht.«

Dann entschließt er sich, die Darstellung von Novalis an
den Anfang der Vorstellung einzelner Dichter der Romantik

zu stellen:»Um aber nun die eigentliche Bedeutung dieser
Romantik näher zu beleuchten, muß hier Novalis |: Friedr:
von Hardenberg :| zuerst genannt werden, da grade er, wie
kein Andrer, dieselbe in nuce in allen ihren Bestrebungen
umfaßt u. darstellt. – Nun das eigentl: Grundwesen von Novalis! – Nemlich Nov[alis] ist das Morgenroth der Ro-
m[antik] er gibt die Lineamente. in ihm Alles schon in nuce. =
Wiederemporheben des vergeßenen Christenthums; s. eigne
Worte d[urch] Geltzer! aber nicht als Lutherthum, sondern
in seiner ursprünglichen Gestalt: als Katholizismus. Daher
beständige Hindeutung auf das ächtkathol[ische] Mittelalter
einerseits, u. Anwendung des Katholizismus auf die Gegenwart andererseits, katholische Durchdringung des Lebens,
namentl: der Poesie. – Ausführung dieser Lineamente: d: Wakenroder thut das Letztere insbesondere mit der bild: Kunst.
Tieck führt die Rom[antik] praktisch in die Poesie ein. Dasselbe wollten die Schlegels kritisch«, dann streicht er:»Tieck
poetisch«, um die Rolle Friedrich Schlegels zu charakteri-
sieren:»Aber – Fr[iedrich] Schlegel allein setzte es für seine
Person d[urch], was Novalis u. Wakenroder nur gahnt u. ge-
wollt.«

Die Bemerkung »Mit Tieck geht es bergab« ist wieder ge-
strichen, dann heißt es:»Nun: die Rom[antik] also in kathol.
Poesie: – Aber p. – – Tieck p. – | Später theilten sie sich in die
Aufgabe: Novalis nahm insbesondere die Poesie auf, Wackenroder die Kunst, beide beides *religiös* d[urch]dringend p.«

Zu einer grundsätzlichen Kritik an der exzerpierten Literaturgeschichte Gervinus' kommt Eichendorff, als er das Kapitel »Romantische Dichtungen« gelesen und seinen Namen –
falsch geschrieben als »Eichendorf« – entdeckt hat. Bei Gervinus heißt es kursorisch und lapidar:»bis in die 30er Jahre
kam in Stücken von Caspar, Raupach, Jos. v. Eichendorf, An-
ton Richter, Chr. Geyer, Platen, Lüdemann, in Robert's Cas-
sius und Phantasus diese antiromantische Dichtung des Lustspiels immer wieder zu Tage.« Dann erwähnt er Eichendorff

wenige Seiten später in einem Atemzug mit Grabbe als Verfasser historischer Trauerspiele, und behauptet, beide Dichter verrieten »mit jedem Worte, das aus ihrer Seele quillt«, daß sie »nicht über den Wolken des Lebens stehen und uns auf dessen heitere Höhen nicht zu führen wissen«.

Eichendorff reagiert mit einem Nota bene auf seinem Exzerptbogen: »Gervinus ein hypochondrischer Literator, sollte, als Gelehrter bei seinen Leisten bleiben, da er von Poesie gar nichts versteht. Er faßt beim Dichter *bloß* die Gesinnung auf. Mich nennt er einen Anti-Romantiker – u. scheint mich bloß als Dramatiker zu kennen, von meiner Lyrik nichts zu wißen.«

Aus Eichendorffs Randnotizen entsteht zunächst eine dreiteilige Artikelfolge, die – offensichtlich auf Initiative Jarckes – bereits 1846 in den Münchener »Historisch-politischen Blättern für das katholische Deutschland« erschien. George Phillips und Guido Görres – der Sohn von Eichendorffs Heidelberger Lehrer Joseph – waren die Herausgeber dieser Zeitschrift, die sich schon mit ihrem Titel als Organ einer katholischen Erneuerungsbewegung zu erkennen gibt. Daß Jarcke die Veröffentlichkeit erwirkt hatte, ist offensichtlich, denn er übermittelte Eichendorff das Honorar für die Zeitschriftenartikel. In seinem Brief vom 3. August 1847 bat er Eichendorff zugleich um eine Fortsetzung der literarhistorischen Arbeiten: »Ich bin beauftragt, Ihnen Gulden 59.15 zukommen zu lassen, welche in beifolgender Anweisung anschließe. Dazu füge ich (und meine Freunde!) aber zugleich die dringendste Bitte um Fortsetzung der literarhistorischen kritischen Arbeiten. Sie glauben nicht, welchen Effekt dieselben gemacht haben und machen.« Noch im gleichen Jahr kommt es dann auch zur Publikation eines selbständigen Buches mit dem Titel *Über die ethische und religiöse Bedeutung der neueren Poesie in Deutschland*, in der die drei Artikel aus der Zeitschrift im wesentlichen übernommen, aber zusätzliche Abschnitte – z. B. über Werner, Brentano, Adam Müller, Görres, Fouqué,

Uhland, Kerner, Kleist und E.T.A. Hoffmann – angefügt werden.

Eine objektive, sorgfältig abwägende Literaturgeschichte zur deutschen Romantik wird man aus Eichendorffs Feder unter der Vorgabe, einen ›Anti-Gelzer‹ aus katholischer Perspektive zu schreiben, nicht erwarten dürfen. Kein Literaturprofessor würde heute auf die Idee kommen, seinen Studenten Eichendorffs Darstellung als Lektüre für das Studium zu empfehlen, um Informationen über die deutsche Romantik zu gewinnen. Das gleiche gilt aber auch für Heines weit berühmtere Darstellung *Die Romantische Schule*. Beide haben aus ganz verschiedenen Blickwinkeln und nicht ohne Polemik eine Phase der deutschen Literaturgeschichte dargestellt, an der sie selbst beteiligt waren. Es handelt sich in beiden Fällen eher um Beispiele romantischer Tendenzdichtung, und bezeichnend ist, daß beide aus verschiedenen Lagern argumentieren und den jeweiligen Gegner recht kurz und polemisch abhandeln.

Eichendorff hat nur wenige spöttische Sätze in seiner Literaturgeschichte für seinen Kollegen übrig und hält ihn für einen Totengräber der Romantik. Er wirft ihm vor, »mit dem Heiligen zu spielen«. Wegen seiner ironischen Haltung gehöre er gar nicht mehr zur Romantik, behauptet er – dabei ist die Ironie bekanntlich schon seit den Anfängen der romantischen Bewegung in Jena eines ihrer Kernkonzepte, und die Aphorismen eines Friedrich Schlegel strotzen vor Ironie, Witz und Sarkasmus. Heine jedoch macht er sie zum Vorwurf: »*Heinrich Heine*, ursprünglich selbst noch Romantiker, macht den Übergang, indem er aller Poesie das Teufelchen frivoler Ironie anhängt, das jubelnd ausruft: Seht da, wie hübsch, Ihr guten Leute! aber glaubt ja nicht etwa, daß ich selber an das Zeug glaube! Fast jedes seiner schönen Lieder schließt mit solchem Selbstmorde.«

Auch diese Darstellung dürfte eine Replik auf eine Publikation sein, in der Eichendorff eher abfällig beurteilt worden war. Heinrich Heine hatte seinem Kollegen Eichendorff in

Joseph von Eichendorff, 1847

seiner *Romantischen Schule* von 1836 ebenfalls nur wenige
Sätze gewidmet: »In der That, welch ein vortrefflicher Dichter ist der Freyherr von Eichendorff; die Lieder die er in seinem Roman *Ahnung und Gegenwart* eingewebt hat, lassen
sich von den Uhlandschen gar nicht unterscheiden, und zwar
von den besten derselben. Der Unterschied besteht vielleicht
nur in der grüneren Waldesfrische und der kristallhafteren
Wahrheit der Eichendorffschen Gedichte.«

Heute werden Eichendorff und Heine beide zu den größten Dichtern der deutschen Romantik gezählt, aber es waren
eben *Dichter* und keine Verfasser objektiv abwägender Literaturgeschichten.

Für Eichendorff ist die Entwicklung einer christlich-ka-
tholischen Ästhetik die leitende Idee und Kern der Romantik:
»Die Romantik wollte das ganze Leben religiös heiligen«,
behauptet er: »Und das konnte auch füglich nicht anders sein.
Wir sahen, der Inhalt der Romantik war wesentlich katholisch, das denkwürdige Zeichen einer fast bewußtlos hervor-

brechenden Sehnsucht des Protestantismus nach der Kirche. Daher auch die, auf den ersten Blick befremdende Erscheinung, daß diese moderne Romantik gerade im katholischen Süden nur wenig Anklang gefunden, weil eben hier die Poesie der Religion, die sie heraufbeschwören wollten, wenigstens im Volke noch fortlebte; man erstaunte oder lächelte über solche luxuriöse Anstrengung für Etwas, das sich ja von selbst verstand. Im nördlichen Deutschland dagegen, welchem die Romantiker angehörten, waren diese fast ohne Ausnahme protestantisch geschult, und in der außerkirchlichen Wissenschaft, Lebensgewohnheit und Polemik aufgewachsen. Sie mußten daher gleichsam sich selbst erst in das katholische Idiom übersetzen, das nicht ihre Muttersprache war.«

Die Behauptung, daß die Frühromantiker allesamt Protestanten waren, ist durchaus zutreffend. Auch die Beobachtung, daß eine Sehnsucht »nach der Kirche« ausbrach, läßt sich mit Novalis' Essay *Die Christenheit oder Europa* oder seinen Marien-Hymnen gut belegen, doch ebenso wahr ist, daß bei Tieck, Novalis und Friedrich Schlegel eine geradezu inflationäre Benutzung des Begriffs »Religion« einsetzte, der mit der katholischen Kirche zunächst kaum in Beziehung zu bringen ist. Es ging in dieser frühen Phase primär um die Definition einer neuen Kunst, die eben im weitesten Sinne auch als Religion bezeichnet wurde, und Friedrich Schlegels Aphorismus zur »progressiven Universalpoesie« wird heute als Kern einer neuen Ästhetik angesehen, die zwar utopisch blieb, sich aber nach Schlegels Vorstellung erst in der Progression der Geschichte als eine unendliche Kette von Kunstwerken verwirklichen kann. Eichendorff erwähnt diese Beschreibung der neuen, romantischen Poesie nicht einmal und wählt die späteren Vorlesungen der Brüder Schlegel, von denen einige gedruckt erschienen waren, zum Ausgangspunkt seiner Definition von Romantik. Friedrich Schlegel war 1808 konvertiert und hatte von seinen kühnen, im *Athenaeum* veröffentlichten Aphorismen der Jahrhundertwende Abstand genommen.

In der Jenaer Zeit hatten Novalis, die Brüder Schlegel und
Tieck gemeinsam eine Vielzahl von Ideen entwickelt, die
Eichendorff unter der Bezeichnung ›Abkehr vom Rationalismus‹ zwar zutreffend zusammenfaßt, in seinen literarhistorischen Schriften aber nicht im einzelnen erörtert. So entsteht
das schiefe Bild, als sei die Romantik von Anfang an ausschließlich eine »katholische Bewegung« gewesen.

Von Friedrich Schlegel heißt es – was nur für seine späteren
Vorlesungen gilt: Er »erkannte, daß das Werk der Zeitigung
alles Lebens schon seit länger als einem Jahrtausend gründ-
licher und auch schöner in der alten Kirche still fortwirke,
und daß die Romantik nur dann wahr sei und ihre Mission
erfüllen könne, wenn sie von der Kirche ihre Weihe und Be-
rechtigung empfange. Durch Fr. Schlegel daher, dem eigentlichen Begründer der Romantik, ist diese in der Tat eine religiöse Macht geworden, gleichsam das Gefühl und poetische
Gewissen des Katholizismus. Jene göttliche Gewalt der Kirche aber in allen Wissenschaften und Lebensbeziehungen zu
enthüllen und zum Bewußtsein zu bringen, wurde von jetzt
ab die Aufgabe seines Lebens. ›Töricht‹, schreibt er, ›ist die
Meinung derer, die da sagen: die Lehre, die allein Heil bringt,
sei zwar durch Christum in die Welt gekommen; aber jetzt
könne man auch ohne Gemeinschaft und die Gebräuche der
Kirche, und ohne Verehrung seiner Person das Wesentliche
seiner Lehre halten, seiner Bestimmung genugtun. – Die Kirche ist allein das Gefäß jener Lehre, und diese Gemeinschaft
zu zerreißen, ist die schlimmste aller Taten.‹« Das Zitat hat
Eichendorff aus der Literaturgeschichte von Gelzer übernommen, es stammt mit Sicherheit nicht aus der Frühzeit der
romantischen Bewegung.

Als Eichendorff die Idee der romantischen Poesie zu umschreiben beginnt, nennt er bezeichnenderweise zentrale Motive aus dem eigenen Werk. Fast wörtliche Zitate aus seinen
Gedichten werden integriert, um den Kern der romantischen
Bewegung zu umschreiben. Er spricht von der »Feenzeit, da
die Romantik das wunderbare Lied, das in allen Dingen ge-

bunden schläft, zu singen anhob, wie die Waldeinsamkeit das
uralte Märchen der Natur wieder erzählte, von verfallenen
Burgen und Kirchen, die Glocken wie von selbst anschlu-
gen, und die Wipfel sich rauschend neigten, als ginge der
Herr durch die weite Stille, daß der Mensch in dem Glanze
betend niedersank. Es war, als erinnerte das altgewordene
Geschlecht sich plötzlich wieder seiner schöneren Jugend-
zeit, und eine tiefe Erschütterung ging durch alle Gemüter, da
Schelling, Steffens, Görres, Novalis, die Schlegel und Tiek ihr
Tagewerk begannen.«

> Schläft ein Lied in allen Dingen,
> Die da träumen fort und fort,
> Und die Welt hebt an zu singen,
> Triffst du nur das Zauberwort.

Diesen berühmten Vierzeiler veröffentlichte Eichendorff erst
1838 im *Deutschen Musenalmanach* unter dem Titel »Wünschelrute«, er gehört nicht zur »Feenzeit« der Romantik um
1800, als die genannten Autoren »ihr Tagewerk begannen«.
Ebenfalls aus den 30er Jahren stammen Eichendorffs Zeilen,
die in seiner Charakteristik der Romantik ebenfalls anklin-
gen: »Es rauschen die Wipfel und schauern« und »Nächtlich
macht der Herr die Rund'«.
    Das bedeutet, Eichendorff benutzt Zitate aus seiner Spät-
zeit, um die »Feenzeit« der Romantik zu beschreiben, die eine
Generationsspanne früher zu datieren ist, ein Verfahren, das
man einem Dichter nachsehen kann – überraschend nur, daß
der so bescheidene Eichendorff sich hier geradezu klamm-
heimlich in das Zentrum der Romantik rückt. Offensichtlich
will und kann er nur das als Wesen der Romantik anerkennen
und überzeugend darstellen, was er selbst vertritt.
    Und so mischt sich denn in seine »amore«, mit der er
die romantische Bewegung beschreibt, auch eine Spur von
Eigenliebe – oder sprechen wir besser von berechtigtem
Stolz. Denn es sind ja seine Lieder, die sich – bis heute – als

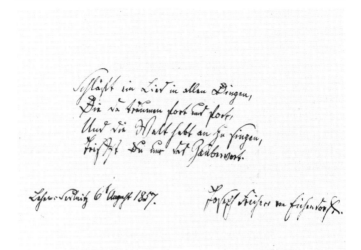

Eichendorffs berühmter Vierzeiler »Wünschelrute« als Stammbucheintrag
des Dichters für seinen Gutsnachbarn Hugo Meinert in Sedlintz

wirkungsmächtige Ikonen der deutschen Romantik erwiesen
haben.

Als objektive Wiedergabe der Geschichte der romantischen
Bewegung aber kann seine einseitig pointierte Darstellung
nicht gelten. In seinen literarhistorischen Arbeiten wimmelt
es an kühnen Thesen und einseitigen Interpretationen, und
im kulturpolitischen Kontext wird Eichendorffs Essay zu einer Kampfschrift für eine Romantik, die er selbst vertritt und
von vornherein zum Kern – auch der frühen Romatik – erklärt. Das fiel auch seinen kritischen Zeitgenossen auf. Zwar
gab es zu den drei Folgen seiner Veröffentlichung in den
Historisch-politischen Blättern noch keine Resonanz in Rezensionen, doch veröffentlichte Wolfgang Menzel noch im
gleichen Jahr in dem von ihm redigierten *Literaturblatt* eine
Rezension der erweiterten Buchfassung, die Eichendorffs
Blickwinkel der katholischen Bewegung rügt. Auf seine Kritik bezieht sich vermutlich die Bemerkung von Eichendorffs

Freund Jarcke zum »Effekt«, den Eichendorffs Publikationen gemacht hätten.

In Menzels Kritik heißt es: »Der berühmte Verfasser hat sich eine schwere Aufgabe gestellt, indem er es unternahm, der romantischen Poesie endlich wieder einmal Gerechtigkeit widerfahren zu lassen, nachdem sie Jahrelang verhöhnt und verunglimpft worden ist. Seine Kühnheit geht aber noch viel weiter, sofern er nämlich gewagt hat, die romantische Poesie direkt mit der katholischen Kirche in Verbindung zu bringen und ihre beiderseitigen Interessen als unzertrennlich zu bezeichnen. [...] Herr von Eichendorff bezeichnet von vorn herein das Auftreten der romantischen Dichter als eine Reaktion im Sinn der Kirche gegen die Aufklärerei. Er nennt die ersten Romantiker ausdrücklich ›Ritter des Christenthums‹. [...] Am Schlusse faßt Herr von Eichendorff das Resultat seiner Betrachtungen in dem Satze zusammen, daß die Romantiker zwar im Namen und Geist des Mittelalters und der katholischen Kirche aufgetreten seyen, aber nicht Muth und namentlich nicht Demuth genug gehabt hätten, sich ernstlich dieser Kirche anzuschließen.«

Menzel erkennt grundsätzlich die große Bedeutung des konfessionellen Gegensatzes an und bezieht so im aufkommenden konfessionellen Kulturkampf selbst Position: »Ohne Zweifel faßt er [Eichendorff] den großen Gegensatz, der die Welt spaltet, richtig auf und weist der romantischen Poesie die ihr gebührende Stelle an, indem er sie das poetische Heimweh der Ungläubigen nach dem verlorenen Glauben nennt. Allein er hätte doch nicht verfehlen sollen, zur Ehre der Protestanten und Norddeutschen hervorzuheben, daß sich dieser blumenreiche Vorfrühling bei ihnen entfaltet hat, ohne daß sie durch irgendwelche namhafte Sympathie von Seiten der katholischen Welt unterstützt worden sind. Ja selbst trotz des Aufschwungs katholischer Gesinnung in unsern Tagen gibt es immer noch keinen romantischen Dichter unter den Katholiken. Die alte Kirche hat treffliche Apologeten, Dogmatiker, Moralisten, Geschichtschreiber wiedergefunden, aber noch

keinen Dichter. Deßhalb darf man allerdings die Frage auf-
werfen: war die romantische Poesie bloß Heimweh nach der
alten Kirche, war sie nicht in noch höherm Grade Heimweh
nach andern Gütern, welche der Zopfzeit abhanden gekommen waren, z.B. nach frischer und gesunder Volksthümlich-
keit, nach nationalem Heroismus, nach dem alten Mährchen-
zauber etc.? und war dabei die katholische Erinnerung nicht
bloß Nebensache?

Und die noch wichtigere und bedenklichere Frage: liegt im
Geiste des Katholicismus, wie er sich seit der Reformation
ausgebildet hat, irgend eine Gewähr, daß er jemals die romantische Poesie wieder erwecken werde? Warum sind die romantischen Dichter auf dem protestantischen Gebiet aufgestanden und keiner auf dem katholischen?«

Skeptisch ist Menzel im Hinblick auf die Prognose der weiteren Entwicklung: »Der von Herrn von Eichendorff voraus
verkündete künftige Frühling der romantischen, d.h. katholischen Poesie wird also wohl noch lange auf sich warten lassen, und um so mehr, scheint es, müssen wir jene protestantischen Dichter in Ehren halten, die allein für sich wie durch
Inspiration die Wundergebilde der romantischen Poesie geschaffen haben, als gar keine katholische Poesie, noch auch
das geringste Bedürfniß darnach in der katholischen Welt
selbst vorhanden war. Das Alleinstehen, sonst ein Unglück
für die Dichter, macht unsere Romantiker gerade am interes-
santesten, und zwar kommt ihre poetische Größe weniger in
ihrem Gegensatz gegen ihre protestantischen Feinde, als in
dem Gegensatz zu Tage, in welchem sich ihre warme Leben-
digkeit der katholischen Apathie gegenüber befand.«

In einem Brief vom 10. Dezember 1847 geht Jarcke ausführlich auf die Kritik Menzels ein. Gleich zu Anfang seiner ela-
borierten Stellungnahme konzediert er, daß Menzel »in den
meisten Tatsachen recht hat« und zum Schuß seines Briefes
heißt es als Fazit: »Nur soviel: daß in diesem, beim ersten
Anblick unangenehm befremdenden Urteil Menzels *sehr viel
Wahres* liegt.«

Unter dem Titel »Ein literarischer Sonderbündler« veröffentlichte der als Ästhetikprofessor bekannt gewordene Friedrich Theodor Vischer in den *Tübinger Jahrbüchern der Gegenwart* (hg. v. Albert Schwegler) im Januar 1848 ebenfalls eine umfangreiche Rezension von Eichendorffs Buch. Vischer gehörte zur Hegelschule und ist als gemäßigter Liberaler einzuordnen. Sein Titel spielt auf den 1845 gegründeten »Sonderbund« von sieben katholischen Kantonen der Schweiz an. Im November 1747 waren die kriegerischen Auseinandersetzungen im Gefolge dieser Gründung mit einem Sieg der liberal gesonnenen Zentralisten zu Ende gegangen.

Vischer versteht Eichendorffs Buch als Antwort auf die von Theodor Echtermeyer und Arnold Ruge mit ihrem »Manifest« in den *Hallischen Jahrbüchern* (Oktober 1839 bis März 1840 unter dem Titel »Der Protestantismus und die Romantik«) ausgelöste Diskussion um die Bedeutung der Romantik. Dort habe man »vielfach das Kind mit dem Bade ausgeschüttet, statt der Romantik die Poesie selbst bekämpft. [...] Es waren Einwendungen zu erwarten [...]. Von einem Manne wie Eichendorff freilich war [...] Polemik nicht zu erwarten. Eine liebenswürdige Persönlichkeit, eine milde, freundliche Muse, die so reizend bei Waldhornklang mit schlanken Reiterinnen sich in den Sattel warf und das Dunkel der Wälder durchstreifte, so anmuthig mit träumerischen Vagabunden durch die Lande irrte: da war nicht Gift der politisch-historischen Blätter, nicht hämische Verdrehung zu besorgen. In manchen Stellen erkennt man auch sogleich das unbefangene Gemüth wieder, vor Allem in dem, was er über die falsche, die negative Moral des Pietismus in den Schlußbemerkungen sagt. Nicht nur diese Spuren altbekannter Liebenswürdigkeit, sondern durch den ganzen Standpunkt scheint dieses Büchlein den Gegner wirklich zu entwaffnen, wenigstens macht es alle Entgegnung, Widerlegung überflüssig. Es ruht einfach auf der Thatsache, daß der Verfasser katholisch ist, mit gutem Glauben in dem lebt, worin er geboren ist, und so die Poesie, die ganze Welt katholisch

haben möchte. Er beweist nicht; ganz einfach und naiv handelt er, als ob Alles, was man von Gründen gegen die Romantik vorgebracht hat, nicht existire. Geboren in der schlechtweg positiven Confession predigt er schlechtweg positiv
seine Dogmen. […] Er steht um etwa 40 Jahre hinter der Zeit,
er steht da, wo die Romantik gegen den Rationalismus auf-
trat, er steht in jener verschollenen Polemik gegen die Aufklärung.« Vischer sieht die grundsätzliche, methodische Proble-
matik von Eichendorffs Ansatz sehr scharf, wenn er beobachtet: »[…] der Verf. lobt eigentlich nicht die Romantiker, sondern das, was sie gewesen wären, wenn sie gewesen wären,
wie sie nach seiner Ansicht hätten sein sollen. Allein da dieß
denn doch gar zu dünne wäre, so muß er eine kleine Umstel-
lung der Dinge vornehmen, er muß den Begriff, den er von
der wahren Aufgabe dieser Schule hat, historisch machen.
Also: jener Begriff war wirklich ihre ursprüngliche Intention,
und der Fehler war ihr Abfall von der Intention. Dieß wäre
denn, meint man, zu belegen. Kann man es aber nicht belegen,
so kann man ja wenigstens so thun oder (daß ich mich milder
ausdrückte, da ich vollständig überzeugt bin, daß hier nicht
Betrug vorliegt) man täuscht sich, man meint, es müsse so
gewesen sein, weil man es wünscht.«
    Die besonders positive Wertung des protestantischen Au-
tors Arnim fiel Vischer auf: »Der tolle Arnim ›repräsentirt am
reinsten und gesündesten die Romantik.‹ Es ist wahr, mitten
im systematischen Wahnsinn erkennt man bei ihm einen ethischen Gehalt, namentlich in der Gräfin Dolores; eine gestörte
Ehe stellt sich durch innere Reinigung einer gefallenen Frau
her, ein edler Mann heilt sein Gemüth durch Kampf für das
Vaterland. Aber woher nimmt der Verf. das Recht, darum und
weil Arnim wie alle Romantiker gegen die Vernunft polemi-
sirt, von ihm zu sagen: obgleich er Protestant war und blieb,
seien seine Dichtungen dennoch wesentlicher katholisch gewesen, als die der meisten seiner katholisirenden Zeit- und
Kunst-Genossen? Er habe den Katholizismus weder willkürlich umgedeutet, noch phantastisch überschmückt? Der ein-

fache Katholizismus war auch für Arnim ein poetisches Motiv; ethische Grundgesinnung aber wird man doch wohl auch außerhalb des Katholizismus haben können.«

Wichtiger als diese Rezensionen war für Eichendorff vermutlich die Stellungnahme Jarckes in dem bereits genannten Brief. Darin zitiert dieser in einer Nachschrift die Stellungnahme eines Dr. Frick: »Anfangs erschrak ich ein wenig, als ich [Frick] das kleine Büchlein sah. Ich hatte mir gegen den verhaßten Gervinus ein recht ausgiebiges Antidot erwartet. Aber das Büchlein ist nicht klein; es ist ein langes Buch, was den Reichtum an Gedanken betrifft [...]. Ich meine mit dem allen nicht den geringsten Tadel gegen das Büchlein; es ist vortrefflich, wie es ist; aber ich meine, daß es ein zweites ausführlicheres, allgemein belehrendes von derselben Hand nicht nur nicht überflüssig, sondern erst recht darauf begierig macht.«

Jarcke schließt sich dieser Meinung an und verdeutlicht damit die Absicht seines Briefes, Eichendorff zu einer ausführlicheren Darstellung der Literaturgeschichte aus katholischer Sicht zu bewegen. Die Motivation glückte, und Eichendorff widmete sich in der Folgezeit weiteren Epochen und Gattungen. 1851 erschien *Der deutsche Roman des achtzehnten Jahrhunderts in seinem Verhältniß zum Christenthum*, dann folgte 1854 *Zur Geschichte des Dramas* und 1857 schließlich die *Geschichte der poetischen Literatur Deutschlands*.

Einzelne Abschnitte zu den romantischen Dichtern werden aus den früheren Werken weitgehend unverändert übernommen, andere – wie z.B. das Kapitel über Arnim – werden neu formuliert; Eichendorff nimmt die Einwendungen der Kritik gerade bei der Beurteilung Arnims auf.

Der Abschnitt über Clemens Brentano erscheint zum erstenmal in der Buchfassung »Über die ethische und religiöse Bedeutung der neueren romantischen Poesie in Deutschland« und wird danach nicht mehr verändert. Selbst als Eichendorff die zwei von Guido Görres herausgegebenen Bände mit Märchen Brentanos in einem gesonderten Aufsatz rezensiert, übernimmt er im Einleitungsteil einen großen Abschnitt aus dem

Brentano-Kapitel seiner Literaturgeschichte. Für ihn ist Clemens Brentano, mit dem ihn seit der Berliner Begegnung auch
Freundschaft verband, das Musterbeispiel eines genialen Dichters. Seine inneren Spannungen und Widersprüche sind für
ihn Zeichen von Genialität, die er allerdings als ›dämonisches
Erbgut‹ versteht, gegen das Brentano mit Erfolg gekämpft
habe: »Jeder Dichter nämlich hat zwar, oder soll doch sein
bescheiden Teil Genie haben; aber Brentano hatte dessen unbescheiden viel; darüber erschraken die Einen, den Andern
dagegen war das grade recht, und sie wollten eben anfangen,
jubelnd in die Hände zu klatschen; da fiel es ihm bei, despek-
tierlich von der Genialität überhaupt zu reden und ihnen den
ganzen verhofften Spaß wieder zu vereiteln. So verdarb er's
mit Beiden.

Das ist ungefähr Brentano's Dichterlaufbahn«, heißt es
zunächst.

Bevor er dann auf einzelne seiner Werke eingeht, teilt er
einen Seitenhieb auf Bettine aus, Brentanos Schwester und
Ehefrau des inzwischen verstorbenen Arnim. Ein Zitat aus
dem 1844 in *Clemens Brentano's Frühlingskranz* veröffentlichten Jugendbrief Bettines, in dem sie ihre Seele als »lei-
denschaftliche Tänzerin« bezeichnet und von ihrem »Gefühl
der Eigenmacht« spricht, dient ihm als Aufhänger für die
Behauptung, daß die Geschwister Brentano mit ihrem ›dämonischen Erbgut‹ verschieden umgehen: »Wir jedoch in unserer Sprache möchten diese verlockende Naturmusik, diesen
Veitstanz des freiheitstrunkenen Subjekts, kurzweg das Dämonische nennen, womit eine unerhört verschwenderische
Fee beide Geschwister, Bettina wie Clemens, an der Wiege
fast völlig gleich bedacht hatte.

Bettina jubelt noch bis heute eigensinnig fort in ihrer Eigenmacht, während Clemens, jene Eigenmacht vielmehr als
eine falsche Fremdherrschaft erkennend, mit dem Phantom
gerungen bis an sein Ende. Und eben darin liegt die eigen-
tümliche Bedeutung Brentano's, daß er das Dämonische in
ihm nicht etwa, wie so viele Andere, beschönigend als geniale

Tugend nahm oder künstlerisch zu vergeistigen suchte, sondern beständig wie ein heidnisches Fatum gehaßt hat, das ihn wahrhaft unglücklich machte; daß er ferner diesen Kampf nicht systematisch und planmäßig – wie z. B. Werner getan, der in seinen höheren Richtungen reflektierend, in der Religion theologisch war – sondern als ein geborener Dichter sprunghaft, nach Gelegenheit und augenblicklicher Eingebung und mit wechselndem Glück, wie einen unordentlichen, phantastischen Partisankrieg geführt hat mit allen spiegelblanken Zauberwaffen der Poesie, mit Klang und Witz und einer zweischneidigen Ironie, die sich selbst am wenigsten verschonte.

Daher auch bei ihm, jenachdem die eine oder die andere der im Kampf begriffenen Gewalten die Oberhand gewann, das Aphoristische, Improvisierte in seinem Leben, eine in den seltsamsten Kontrasten wechselnde, scheinbare Doppelgängerei, jenes chamäleontische, aber immer prächtige Farbenspiel, womit uns seine Erscheinung oft in Erstaunen setzt. So behauptet er aus einem natürlichen Hange zur Einsamkeit, Gott habe den Dichter einsiedlerisch gestellt; und ist doch jederzeit bereit, sich in das bunteste Weltleben zu stürzen.«

Der Angriff gegen Bettine beruht zweifellos darauf, daß Bettine sich mit ihrem Werk *Dies Buch gehört dem König* 1843 als Wortführerin der Liberalen profiliert hatte. Die »subjektive Eigenmacht«, die er aus dem Zitat von der Seele als leidenschaftlichen Tänzerin abgelesen hatte, ist für ihn ein Kennzeichen der ›gottlosen‹, regierungs-kritischen Liberalen, darauf deutet insbesondere die Rede vom »freiheitstrunkenen Subjekt« hin.

Eichendorff verschärft noch den Ton gegen Clemens' Schwester in seinem Aufsatz über *Die deutsche Salon-Poesie der Frauen*. Zum erstenmal nimmt er in diesem anonym 1847 in den *Historisch-politischen Blättern für das katholische Deutschland* erschienenen Artikel auf die politischen Ambitionen der Schriftstellerin Bezug, wenn er behauptet, daß sie »in politischen Dingen den Männern in's Handwerk pfuscht«. Grundsätzlich spricht er den Frauen die Fähigkeit ab, ernstzunehmende Literatur zu veröffentlichen. Mit einigen abschätzigen Bemerkungen zur Großmutter der Brentano-Geschwister beginnt er seine despektierlichen Bemerkungen, um dann mit einem Rousseau-Zitat auf die »anomale Erscheinung« von Bettine und ihr Goethe-Buch einzugehen: »*Sophie v. Laroche* sodann sitzt ein halbes Jahrhundert lang unverrückt auf dem Throne konventioneller Grazie, und hält mitten in dem schrecklichen Tosen und Getümmel der Kraftgenies zarten Minnenhof der Sentimentalität mit reisenden Literaten, die liebeselig ihre langweiligen Korrespondenzen vorlesen. Und wenn endlich Rousseau einmal sagt: ›Nicht Einem Weibe, aber den Weibern spreche ich die Talente der Männer ab‹, so erinnert uns dieses *Eine* Weib hier unwillkürlich an Sophiens Enkelin *Bettina*. Bettina ist in neuerer Zeit eine so anomale Erscheinung, daß sie allerdings als Ausnahme nur die den Frauen gestellte Regel bestätigen würde, wenn sie nicht, genauer betrachtet, dennoch eben dieser Regel selbst anheimfiele. Denn wo sie in ernsten, und namentlich in religiösen oder politischen Dingen, den Männern in's Handwerk pfuscht, ist sie durchaus ungenügend, weil unklar und phantastisch. Die Wurzel auch ihrer Poesie ist doch wieder nur das Gefühl; sie ist wie eine wunderbar gestimmte Äolsharfe, welche von den, oft entgegengesetztesten Winden der neueren Bildung, wie von unsichtbarer Hand, gespielt wird. Ihr *Briefwechsel eines Kindes* ist durchaus bloß lyrisch, eine fortlaufende, unzusammenhängende Reihe schöner ungereimter Lieder; und Göthe hat ganz Recht, da er endlich seine Antworten geradezu in Verse setzt. Ja, das Anomale und Pikante ihrer Poesie besteht eben darin, daß sie gegen die natürliche weibliche Bestimmung und Beschränkung beständig rebelliert, und doch nimmermehr heraus kann.«

Kann man hier davon ausgehen, daß Eichendorff die Werke Bettines immerhin gelesen hat, so ist in seinen literarhistorischen Werken, die einen Abriß der gesamten deutschen Literatur geben, unverkennbar, daß der Autor aus zweiter Hand

arbeitet, also Literaturgeschichten – wie den Gervinus – als
Grundlage benutzt und einige der dichterischen Texte, um die
es geht, vermutlich nie gelesen hat. Einmal mehr drängt sich
hier der Verdacht auf, daß finanzielle Gründe eine Rolle spielten, wenn Eichendorff wie am laufenden Band literarhistorische Schriften veröffentlichte. Sie brachten ihm mehr Honorar ein als vereinzelte Gedichte in Almanachen.

Eigenwillig, aber doch wohl eigenständig ist seine Inter-
pretation der zwei Teile von Goethes *Faust*, die er in dem
Kapitel »Die neuere Zeit« in seinem Band *Zur Geschichte des
Dramas* formuliert. Die Deutung des ersten Teils läßt sich
noch nachvollziehen, auch wenn der unmittelbare Rückbe-
zug auf den Autor und dessen »eigenen innern Lebenslauf«
uns heute problematisch scheint. Goethe zeichnet eher die
allgemeine geistige Situation Europas vor der Wende zum
19. Jahrhundert nach und bezieht auch nicht eine spezifisch
protestantische Position in einem konfessionellen Kulturkampf. Eichendorff behauptet: »Im *Faust* aber faßt Goethe
die ganze tiefere Bedeutung des Sturms und Dranges jener
Zeit, sowie seinen eigenen innern Lebenslauf, noch einmal in
ein wundervolles Bild zusammen. *Faust* ist die uralte Fabel
vom Prometheus, der, den Göttern zum Trotz, sich selbst das
Licht vom Himmel holen will. In ihrer neuen Gestalt aber ist
sie, sowohl der Zeit nach wo sie zuerst in der Volkssage auftaucht, als auch in der Goethe'schen Auffassung durchaus
ein protestantisches Erzeugnis. Vom alten Glauben und seiner lebendig vermittelnden Tradition ist nur das geschriebene
Wort geblieben und der Menschengeist, um es nach seinem
subjektiven Verstand und Gefühle sich zu deuten. [...] Vergebens hat er sich der Natur in die Arme geworfen und den
Erdgeist heraufbeschworen [...]. Vergebens mahnen die Kirchenglocken in der Stille des Ostermorgens das gläubige
Gefühl; die flüchtige Rührung verweht mit den Glockenklän-
gen in der Luft. Aber die einsame Freiheit und Überhebung
des Menschlichen, das nun sich selbst die einzige Autorität
und Offenbarung sein soll, weckt den Hochmut und die

natürliche Gier, sich demgemäß nach allen Richtungen hin
ganz selbstständig und ›reinmenschlich‹ herauszubilden, und
mithin auch das in ihm schlummernde Dämonische, ›den Lö-
wen der nach Unersättlichkeit brüllt‹, zu entfesseln. So tritt
der allzeit bereite Mephistopheles in die Szene, und es ist
wahrhaft erschütternd, mit welcher wunderbaren Intuition
und Wahrheit Goethe im ersten Teile des *Faust* die schwindelnden Abhänge und dunkeln Abgründe aufdeckt, zu welchen jene dämonische Gewalt den irren Wanderer unaufhaltsam mit sich fortreißt; eine innerliche Höllenfahrt, die in der
Hexenküche und von der Walpurgisnacht auf dem Brocken
grauenhaft parodiert wird.«

Den zweiten Teil des *Faust* erklärt Eichendorff für »alters-
schwach«, aber »vollkommen konsequent«: »Faust betritt
hier endlich das große Welttheater und tut sich in Politik,
Historie, Altertum und Künsten wacker um, ja er sucht sogar
die Urschönheit der Welt im Bilde der heidnischen Helena
wieder zu beleben. Er hat also seine Aufgabe gelöst, das
Menschliche in ihm sich innerlich zu einem harmonischen
Kunstwerk zu gestalten, oder mit andern Worten: seine dämonischen Kräfte und Anlagen zum möglichst ungehinder-
ten Selbstgenuß zu befähigen. Auf eine Hand voll Todsünden
kann es hierbei nicht ankommen nach dem Naturevangelium
Goethe's, der anderswo einmal von sich selbst sagt, er ver-
traue sich ganz der Natur; ›sie mag mit ihm schalten, sie wird
ihr Werk nicht hassen, denn was er Wahres und Falsches
sagte, Alles hat *sie* gesprochen, Alles ist *ihre* Schuld, Alles *ihr*
Verdienst; habe er einen Fehler begangen, so könne es keiner
sein.‹ Es ist daher ganz in der Ordnung, daß Gott, der aber
hier eigentlich nur ein Symbol der Natur ist, diesen aristokra-
tisch gebildeten Faust zu Gnaden aufnimmt, während seinen
plebejischen Namens- und Sagenvetter ohne Weiteres der
Teufel holt. Das einzige Anomale dabei ist nur der schlüßliche
und völlig verunglückte Versuch, diese wesentlich antike Na-
turreligion romantisch-allegorisch christianisieren zu wollen. – Können wir uns demnach mit dem eigentlichen Thema

der Goethe'schen Dichtung überhaupt auf keine Weise befreunden, so müssen wir doch anerkennen, daß er in dieser vom Christentum abgewandten humanistischen Richtung seines Jahrhunderts das Größte und Vortrefflichste geleistet, dadurch aber wider Wissen und Willen eben nur dargetan hat, daß die schönste Poesie noch keine Religion, und Religion nicht eitel Poesie sei.« Mit dem indirekten Vorwurf, Goethe sein ein pantheistischer »Heide«, seiner Poesie fehle die Religion, steht Eichendorff nicht allein. Goethe erscheint hier – wie vielfach in der zeitgenössischen Kritik der Münchener Romantik – als Heide. In einem Hausaltar für Emilie Linder stellt Konrad Eberhard (1768-1859) zwei Gruppen europäischer Denker und Künstler einander gegenüber. Auf der einen Seite stehen die konservativ-katholischen Vertreter der Romantik – darunter Clemens Brentano und Vertreter der Nazarener sowie deren Vorbilder Fra Angelico, Dürer und Dante, auf der anderen die »Heiden«: »In der Gruppe rechts vom Apostel [Paulus] stehen die, die Heiden bleiben, darunter Goethe, zu erkennen am Dichterlorbeer und an dem Blatt seiner Zeitschrift *Propyläen*, das er in den Händen hält. [...] Rechts von Goethe stehen die Heiden Sokrates [...] und Euripides (nach der Statue im Vatikan), im Vordergrund Epikur.« Es ist wahrhaftig keine schlechte Gesellschaft, in der Goethe plaziert wird, doch gilt die humanistische Tradition in dem Münchner Kreis, dem Eichendorff durch Jarcke, Joseph und Guido Görres sowie deren Zeitschrift *Historisch-politische Blätter für das katholische Deutschland* eng verbunden war, als Ursprung eines zeitgenössischen Heidentums, das es zu bekämpfen und zu überwinden galt.

16. Kapitel: *Libertas und ihre Freier*
Eichendorff als Beobachter der Revolution
von 1848

»Was man in der Jugend wünscht, hat man im Alter vollauf.
Dieser alte Spruch trifft hier in Wien bei mir ein«, schreibt
Eichendorff an seinen Sohn Hermann am 9. Februar 1847,
nachdem er im Herbst 1846 mit seiner Frau und der Familie
seiner Tochter nach Wien übergesiedelt war. Bereits im Juni
1845 war er in die Stadt seiner letzten Studiensemester gereist,
um dort Karl Ernst Jarcke zu treffen. Der befreundete Publi-
zist hatte ihn nicht nur dazu angeregt, literaturhistorische
Arbeiten zu veröffentlichen, er half ihm auch, einen Verleger
für seine Calderon-Übersetzungen zu finden. Der erste Band
erschien durch seine Vermittlung unter dem Titel »Geistliche
Schauspiele von Don Pedro Calderon de la Barca. Übers. von
Joseph v. Eichendorff« im Jahre 1846 bei Cotta, ein zweiter
folgte mit großem Abstand 1853.

Die Begeisterung über die herzliche Aufnahme in Wien bezieht sich jedoch nicht auf die Begrüßung durch den Freund
und Förderer; Eichendorff findet rasch Anschluß in der
Künstlergesellschaft »Concordia«, die er als Pendant zur Berliner Mittwochsgesellschaft begreift: »[…] die Leute wollen
mich hier durchaus zum berühmten Mann machen«, schreibt
er an seinen Sohn. »In der literarischen Concordia (einer Art
Mittwochsgesellschaft in grandiosem Maßstabe) wurde ich
bei meinem Eintritt mit einem Sturm von Händeklatschen
empfangen, daß die Fenster zitterten, zwei Literaten sprachen
Gedichte an mich, den ganzen Abend wurden von einem
Opernsänger Lieder von mir gesungen, von Dessauer unglaublich schön komponiert. Dort lernte ich auch Anastasius
Grün (Graf Auersperg), Bauernfeld, Castelli p. kennen.«

Tatsächlich war Eichendorff als Dichter zahlreicher Lieder,
die in Gesangsvereinen, den Sängerschaften der Studenten

Julius Eduard Hitzig, der 1824 die Berliner »Mittwochsgesellschaft«,
einen Verein von »Freunden der Poesie«, gründete,
dem Eichendorff – zunächst als auswärtiges – Mitglied angehörte

und in Konzerten überall in Deutschland gesungen wurden,
bereits ein »berühmter Mann«. Namhafte Komponisten wie
Johannes Brahms, Felix Mendelssohn-Bartholdy und Robert
Schumann hatten Gedichte von ihm vertont, teils für Män-
nerchöre, teils durchkomponiert für Sologesang mit Klavier-
begleitung.

Als Dank für den Empfang in der »Concordia« schreibt
Eichendorff im Februar 1847 ein Lied, das unter dem Titel
»Gruß an die ›Eintracht‹« wenig später auch in der Lokal-
presse, im *Wiener Boten* (einer Beilage zu den *Sonntagsblättern*), veröffentlicht wird:

> Lerche, wo sie's grünen sieht,
> Lenkt sie hin von ferne –
> Wo ein Liederfrühling blüht,
> Weilt der Dichter gerne.

Segnet dankbar Strom und Tal,
Die ihn traut empfangen,
Grüßt die Sänger allzumal,
Die so liebreich sangen.

Und senkt alternd sich sein Schwung,
Mag's ihn immer schmerzen,
Bleibt doch Poesie stets jung
In dem deutschen Herzen.

Auch der bereits zu Beethovens Lebzeiten bedeutende Wiener Musikverein lud ihn ein. In einem Brief an Hermann berichtet Eichendorff: »Der Musikverein lud mich u. Meyerbeer, der jetzt auch hier ist, zu einem musikalischen Abend ein, wo vor etwa nur 20 Zuhörern, 200 Männerstimmen sangen; etwas, das man, wie mir Meyerbeer versichert, in ganz Europa nicht so vollkommen hört. Die niederösterreichischen Landstände haben mich zu ihren Abendzusammenkünften eingeladen, der hiesige Leseverein mir eine freie Eintrittskarte zugeschickt. In den hiesigen Sonntagsblättern erschien ein besonderer Artikel über mich p. p.«

Mit Clara und Robert Schumann, der zahlreiche Lieder Eichendorffs meisterlich vertont hatte, kam Eichendorff ebenfalls in Kontakt und schrieb dem Ehepaar die Verse ins Stammbuch:

Es träumt ein jedes Herz
Vom fernen Land des Schönen.
Dorthin durch Lust und Schmerz
Schwingt wunderbar aus Tönen
Manch' Brücke eine Fei, –
O! holde Zauberei!

Eichendorff war bei der zweiten Abschiedsmatinee der Schumanns am 15. Januar 1847 anwesend. »Er sagte mir«, notiert Clara in ihrem Tagebuch über diese Begegnung, »Robert habe

Robert Schumann

seinen Liedern erst Leben gegeben.« Tatsächlich ist ja Robert Schumanns Vertonung der »Mondnacht« eine so innige Verbindung mit Eichendorffs Gedicht eingegangen, daß wir Text und Musik bis heute kaum zu trennen vermögen. Sieben Jahre vor der persönlichen Begegnung mit Eichendorff in Wien hatte Schumann dieses Lied komponiert.

Nach der Abschiedsmatinee in Wien übermittelt Clara Schumann Eichendorff ein Blatt, das, wie sie schreibt, »schon im voraus unser Anliegen verraten« soll. Es ist ein vorbereitetes Stammbuchblatt, auf das Eichendorff dann seine Verse schrieb. Eine konventionelle Formel, die Eichendorff hinzufügte, zeigt, welche Rolle die sogenannten Stammbücher spielten, die es um 1840 in Album- oder Kassettenform mit losen, oft mit Arabesken geschmückten Blättern zu kaufen gab. Es waren die Poesiealben des 19. Jahrhunderts, und so schreibt auch Eichendorff sehr korrekt unter seine Strophe: »Zur gütigen Erinnerung an Ihren, ganz ergebenen Joseph Freiherrn v. Eichendorff«.

Die »Zauberei der Fei«, die sein kurzes Gedicht erwähnt, meint sicher das virtuose Klavierspiel von Clara Schumann.

Auf ihren Tourneen durch Europa hatte sie viel Bewunderung erregt, auch in Wien war sie gemeinsam mit ihrem Mann aufgetreten. Über das genannte Hauskonzert zum Abschied der Schumanns wurde in den Wiener Zeitungen berichtet, und wir erfahren, daß außer Eichendorff auch Grillparzer und Stifter anwesend waren.

So konnte sich Eichendorff über mangelnde Kontakte in Wien nicht beklagen, aber es war nicht die besondere Atmosphäre Wiens oder die Vielfalt der kulturellen Aktivitäten in dieser Stadt, die ihn in den Süden gezogen hatten. Der Pensionär Eichendorff und seine Frau bildeten auch aus finanziellen Gründen mit der Tochter und ihrer Familie eine Wohngemeinschaft, und so zieht Eichendorff mit dem jungen Paar zunächst nach Wien und dann – im Dezember 1847 – wieder zurück nach Berlin. Dort hatte sein Schwiegersohn von Besserer-Dahlfingen eine Anstellung als Lehrer des Kadettenkorps gefunden, und die Großfamilie erhielt in einem Kadettenhaus der neuen Friedrichstraße eine günstige Wohnung.

1848 erlebte Eichendorff die revolutionären Unruhen in der preußischen Metropole. Das, was man 1832 nach dem Hambacher Fest bereits für Deutschland gefürchtet hatte, trat nun ein: Die sogenannte Februarrevolution in Frankreich, die zur Einsetzung des Bürgerkönigs Louis Napoleon als Präsidenten der Zweiten Republik führte, griff auf Deutschland über, wo die Regierung – nach dem Hambacher Fest – die Zügel immer mehr angezogen und alle Ansätze zu Reformen wieder zurückgenommen hatte. Im März 1848 muß Metternich aus Wien nach England fliehen, gleichzeitig kommt es in Berlin zu Barrikadenkämpfen, König Ludwig I. von Bayern tritt zugunsten seines Sohnes Maximilian II. zurück, überall in Europa flackern Aufstände auf.

Eichendorff zeigte durchaus Verständnis für die Aufständischen, da ihm klar war, daß man sich in der Regierung ähnlich verhalten hatte wie der alte Herr in seiner Erzählung *Das Schloß Dürande*: Krampfhaft wurde am »Längstverjährten« festgehalten. Doch eine radikale Liberalisierung oder gar Ver-

Clara Schumann

treibung des Königs war auch nicht in seinem Sinne, und so verrät sein Gedichtzyklus *1848* eine differenzierte Stellungnahme zu den Berliner Ereignissen, die der Darstellung in dem Essay *Der Adel und die Revolution* ähnelt.

Das erste Gedicht, »Die Altliberalen«, spielt auf Goethes Ballade vom Zauberlehrling an. Eichendorff ist der Meinung, daß die Altliberalen mit dem Feuer gespielt hatten und nun den Brand nicht mehr unter Kontrolle bringen konnten:

> Die wilden Wasser, sagt man, hat entbunden
> Ein Lehrling einst, vorwitzig und vermessen,
> Doch hinterdrein den Zauberspruch vergessen,
> Der streng die Elemente hält gebunden.
> [...]
> Und da's nun gärt und schwillt und quillt –
> was Wunder,
> Wenn platzend dieser Hexentopf jetzunder
> Euch in die Lüfte sprengt mit allem Plunder!

Eine Rettung aus der explosiven geschichtlichen Situation kann nach Eichendorffs Auffassung nur durch Rückbesinnung auf die göttliche Fügung erwartet werden. Das ist das Fazit der meisten Gedichte seines Zyklus. So heißt es im dritten Sonett:

> Die Blitze werden zielen nach den Kronen,
> Die Stürme rastlos fegen durch die Gauen,
>
> All' Türme brechend, wo die Stolzen wohnen,
> Bis All' erkannt demütig in dem Grauen
> Den *einen* König über allen Thronen.

Nr. V mit dem bezeichnenden Titel »Wer rettet?« spricht es in den Terzetten deutlich aus:

> Sah'n wir den Herren nun in diesen Tagen
> Ernstrichtend durch das deutsche Land geschritten,
> Und Wogenrauschen hinter seinen Tritten,
>
> Und Flammen aus dem schwanken Boden schlagen,
> Empor sich ringelnd in des Sturmes Armen:
> Wer rettet uns noch da, als Sein Erbarmen?

In Sonett Nr. IV, das wohl am besten Eichendorffs Überlegungen zusammenfaßt, imaginiert er den Auftritt eines jungen Helden, der mit beherztem Eingreifen ein Ende der Auseinandersetzungen erreichen soll. Doch auch ein solcher Retter kann nur erfolgreich sein, wenn er vor dem Kreuz auf die Knie sinkt:

> *Will's Gott!*
>
> Kein Zauberwort kann mehr den Ausspruch mildern,
> Das sündengraue Alte ist gerichtet,
> Da Gott nun selbst die Weltgeschichte dichtet
> Und auf den Höhen zürnend Engel schildern:

Die Babel bricht mit ihren Götzenbildern
Ein junger Held, der mit dem Schwerte schlichtet,
Daß Stein auf Stein, ein Trümmerhauf, geschichtet,
Die Welt vergeht in schauerndem Verwildern.

Doch *eins*, das hastig alle übersehen,
Das Kreuz, bleibt auf den Trümmern einsam stehen,
Da sinkt ins Knie der Held, ein Arbeitsmüder,

Und vor dem Bild, das alle will versöhnen,
Legt er dereinst die blut'gen Waffen nieder
Und läßt den neuen Bau den freien Söhnen.

Nach Angaben seines Sohnes soll Eichendorff noch eine
Reihe weiterer Gedichte zu den revolutionären Ereignissen
von 1848 geschrieben, dann aber vernichtet haben. Ihm ist
wohl klargeworden, daß er zu wenig Abstand hatte von den
politischen Ereignissen, die in Berlin immer neue Wendungen
nahmen und schwer zu deuten waren. Friedrich Wilhelm IV.,
der seit 1840 im Amt war und alle Hoffnungen der Bevölkerung auf Liberalisierung enttäuscht hatte, versuchte mit
seinem »Deutschen Umritt« und der Verbeugung vor den
Gefallenen der Berliner Unruhen die Öffentlichkeit in der
preußischen Metropole 1848 für sich zu gewinnen. Die Aufständischen ihrerseits hatten keine durchdachte Strategie und
handelten eher spontan. Die Bürger der Stadt schwankten
und schlossen sich nur zeitweise den Revolutionären an, auch
das Militär solidarisierte sich vorübergehend mit den aufgebrachten Berlinern.

Eichendorff konnte seine Revolutions-Theorien bestätigt
sehen: es herrschte Chaos; die alte Ordnung war in ein Trüm-
merfeld verwandelt worden, und Klarheit über die weitere
politische Entwicklung war vorerst nicht zu gewinnen. In
diesem Sinne schrieb Eichendorff seinem ehemaligen Vorgesetzten Theodor von Schön am 25. Januar 1849: »Die Dichter
sind eigentlich am schlimmsten daran. Wir alle stehen den

Friedrich Wilhelm IV. und Königin Elisabeth

Dingen noch allzu nah, um sie poetisch aufzufaßen u. ruhig
gestalten zu können. Ich fühle das an mir selbst. Das Pöbel-
regiment ist dumm, das Säbelregiment noch dümmer, u. so
ärgere ich mich, ich mag mich stellen wie ich will, täglich tau-
sendmal; u. der Aerger ist eine schlechte Muse.«

Auch in diesem Brief zieht er das Fazit: Einzig Ergebenheit
in den Willen Gottes kann helfen. »Doch genug von diesen
Dingen, die man Gott anheimgeben muß, wenn man, wie ich,
nichts dagegen tun kann«, heißt es im Brief an Schön, der sich
persönlich äußerst engagiert für Reformen eingesetzt hatte,
als sein Schulfreund Friedrich Wilhelm zum preußischen
König ernannt wurde. »Woher und Wohin?« lautete der pro-
vozierende Titel eines 1840 von ihm veröffentlichten Privat-
drucks, in dem er seine Hoffnungen auf eine liberale Wende in
Preußen zum Ausdruck gebracht hatte.

Eichendorffs Brief kommt aus Dresden, wohin er mit seinen Angehörigen bereits Ende April geflohen war, als sich die Familien in dem Kadettenhaus im Zentrum Berlins nicht mehr sicher fühlten. Doch auch in Sachsen werden sie von den revolutionären Unruhen eingeholt: Im Mai 1849 kommt es in Dresden zu einem republikanischen Aufstand, und die Eichendorffs weichen nach Meißen und Köthen aus.

Um diese Zeit schreibt Eichendorff an seiner satirischen Erzählung *Libertas und ihre Freier*. Wie die anderen politischen Werke Eichendorffs – die Arkadien-Satire zum Hambacher Fest und der Gedichtzyklus *1848* – wurde auch diese Märchen-Satire erst aus dem Nachlaß bekannt. Eichendorff selbst gab alle drei genannten Werke nicht zur Veröffentlichung, und sein Sohn Hermann, der bei der posthumen Publikation dieser Werke seines Vaters versuchte, den aktuellen politischen Hintergrund zu verwischen, schreckte dabei vor Manipulationen nicht zurück. Von der *Libertas*-Satire veröffentlichte er nur eine späte, von Eichendorff noch nicht fertiggestellte Fassung, die zur Einarbeitung in die Memoiren bestimmt war. Dabei existierte in den nachgelassenen Papieren seines Vater noch eine frühere Fassung, die sich unmittelbar auf die Ereignisse von 1848 bezieht.

Erst vor kurzer Zeit tauchte die Handschrift Eichendorffs zu dieser Dresdner Fassung von 1849 wieder auf. Das Freie Deutsche Hochstift (Frankfurter Goethe-Haus) konnte sie erwerben, und Renate Moering veröffentlichte 2006 in dessen Jahrbuch einen verläßlichen Text und genaue Informationen zum handschriftlichen Befund.

In dieser vom Dichter selbst in der Handschrift überarbeiteten Erzählung sind einzelne Schichten zu trennen, denn Eichendorff hatte die unter dem Eindruck der Revolutionsereignisse entstandene Fassung revidiert, die Überarbeitung aber nicht abgeschlossen und lediglich einen Teil ins reine geschrieben. Auch an diesem Vorgang zeigt sich, daß er »den Dingen noch allzu nah« stand und selbst Schwierigkeiten hatte, seine Lehren aus den Geschichtsereignis-

sen abzuleiten, die gewissermaßen vor seiner Tür stattfan-
den.

Am 1. August 1849 hatte er in einem Brief an Dreves zunächst behauptet: »Frau Libertas ist längst fix u. fertig«, dann
aber hinzugefügt, er habe sie »einstweilen ad acta gelegt, da sie
wohl mit der gegenwärtigen Zeit zu sehr collidirt, um sich in
ihr zu produziren«. Auch im Februar 1850 hat Eichendorff
dieses Werk, das zeigen soll, daß ganz verschiedene Kräfte um
die Freiheit werben, noch in dieser frühen Fassung in der
Schublade. Kürzung und Überarbeitung erfolgen dann erst
in der zweiten Jahreshälfte 1853 und stehen – wie Renate
Moering im einzelnen zeigen kann – im Zusammenhang mit
dem Plan, Memoiren zu schreiben.

»Hier *vielleicht* den Anfang meiner Libertas benutzen!«,
hatte Eichendorff in den Entwürfen zur sogenannten »*Einsiedler*-Novelle« notiert, die zu seinen autobiographischen
Projekten gehört. In den »Erinnerungen aus meiner Jugend-
zeit« findet sich ein entsprechender Hinweis, der schon die
Richtung der Überarbeitung andeutet: »Hierzu vielleicht
auch noch meine Libertas umarbeiten, das Gefährliche mehr
ins Harmlose verwandelnd, u. besonders den verworrenen
Schluß abändern«, heißt es hier.

Eichendorff fertigt dann – möglicherweise erst 1856 – eine
Abschrift der neuen Fassung an, um sie in die Memoiren ein-
zuarbeiten, wodurch die in der Satire geschilderten Ereignisse
zwangsläufig von 1848 auf die Zeit von Eichendorffs Jugend –
die Wende vom 18. zum 19. Jahrhundert – verschoben werden. Demnach kann es in diesem neuen geschichtlichen Kontext gar nicht zu starken Unruhen in Deutschland kommen,
ein Umsturz zeichnet sich lediglich als drohendes Gewitter
im Gefolge der Französischen Revolution ab.

Wie aber sieht die ursprüngliche, längere Fassung aus, die
unter dem unmittelbaren Eindruck der revolutionären Ereignisse in Berlin und Dresden entstand? Mehrere Freier bemü-
hen sich um die Gunst der Libertas. Sie stehen für verschiedene politische Positionen und Klassen der Gesellschaft, die

18. März 1848: Kampf um die große Barrikade auf dem
Alexanderplatz in Berlin

nach Eichendorffs Auffassung in den vierziger Jahren einander in Preußen gegenüberstehen und dann 1848 in Kampf
geraten.

Da ist zunächst Prinz Rococco, ein Vertreter der überlebten
»alten Zeit«, der sich ähnlich gebärdet wie der alte Graf im
Schloß Dürande; dann tritt ein Vertreter des neuen Geldadels,
Baron Pinkus auf, von dem es heißt, er habe »auf dem Trödelmarkt in Berlin den ganzen Nachlaß der des seligen Nico-
lai (der damals grade altmodisch geworden, weil so eben die
Romantik aufgekommen war) für ein Lumpengeld erstanden«.
Damit führt Eichendorff einen Vertreter der Berliner Spätauf-
klärung ein, der seine Idee von Freiheit mit Schlagwörtern arti-
kuliert, die ihn als Vertreter der Liberalen erkennen lassen:
»Bürgerglück, Menschenwohl, Jesuiten wittern u. Toleranzen«
bezeichnet er als seine Ideale. Auf Nachfrage nennt er sich
Kosmopolit und verkündet weitere ›fortschrittliche‹ Parolen:
»Aufklärung, Kartoffelbau, Intelligenz u. Menschheitsbeglük-

kung«. Es gelingt ihm, den gesamten Hofstaat in Trance zu versetzen und als reicher Mann das Schloß des Prinzen Rococco zu übernehmen.

Auf die politische Situation in Preußen bezogen heißt das: Ein neuer Geldadel, der Parolen der Aufklärung und des Fortschritts vertritt und dabei auch einige Ideen der Französischen Revolution aufgreift, scheint zu obsiegen. Die eigentlichen Kämpfe setzen mit diesem Handstreich von Pinkus aber noch gar nicht ein. Eichendorff will die Vorgeschichte der Revolution von 1848 darstellen und karikiert mit seiner Pinkus-Figur vermutlich auch den in Preußen zum Kommerzienrat ernannten Baron Rothschild, denn einmal spielt er in seiner Satire auf die jüdische Herkunft von Pinkus an, und sein Name erinnert an ›Pinke‹, die vulgäre Bezeichnung für Geld.

Erst als ein Vertreter der wortgewaltigen liberal gesonnenen Literaten auftaucht, die – wie Heine, Börne oder andere Vertreter des Jungen Deutschland – in Preußen verfolgt wurden, baut sich eine revolutionäre Situation auf. Eichendorff gibt ihm in seiner Satire den sprechenden Namen Magog, der an die offizielle, diffamierende Bezeichnung ›Demagoge‹ anklingt. Als ›Demagogenverfolgung‹ werden die Maßnahmen der deutschen Staaten bezeichnet, die auf den Karlsbader Beschlüssen von 1819 beruhen und zur Überwachung der Universitäten und Zwangsmaßnamen gegen oppositionelle Intellektuelle führten. Eichendorff zeichnet seinen Demagogen Magog äußerst negativ – ähnlich wie die Wortführer der Französischen Revolution im *Schloß Dürande*. Mit fragwürdigen Mitteln beeinflußt Magog den Riesen Rüpel, um einen schlagkräftigen Partner zu gewinnen. Ziel ist angeblich die Befreiung der von Pinkus eingesperrten Libertas. So entsteht eine Art Koalition auf Zeit. Die Intelligenz verbindet sich mit der rohen Gewalt, die aus dem untersten Stand kommt, den Eichendorff als völlig unpolitisch und unbedarft darstellt.

In einem Urwald sucht Magog den Riesen auf, der sich als grob, naiv und dumm entpuppt, aber im Grunde eher harmlos und dadurch leicht manipulierbar ist. Rüpel ist eine Art Tagelöhner, der von der Hand in den Mund lebt. Er ist bitter arm und lebt in primitiven Verhältnissen. Die gesamte Familie verfügt nur über einen einzigen Topf und einen Löffel, mit dem auch der Gast Magog gefüttert wird. Zweifellos handelt es sich um einen Vertreter des unteren Standes, des armen Proletariats, das in Eichendorffs Satire den Einflüsterungen des Demagogen erliegt. Der Name Rüpel für den grobschlächtigen Riesen ist auch hier kennzeichnend und dekuvrierend für Eichendorffs politischen Standpunkt: Er sieht nur, daß sich die Armen rüpelhaft benehmen, ohne viel darüber nachzudenken, wie es zu dieser Armut gekommen ist und wie ihr abzuhelfen wäre.

Mit der Entwicklung in seiner Satire will Eichendorff primär verdeutlichen, daß es wenige intellektuelle Anführer sind, die mit ihren Publikationen und Reden das Volk verführen. Immer wieder redet Magog auf Rüpel ein, um ihm klarzumachen, daß Libertas befreit werden muß. Zunächst versteht dieser gar nichts. Als Magog ihn beschwört: »die Libertas ist geknechtet! – wollen wir das dulden?« antwortet er: »Libertas? wer ist die Person?« Selbst die Versprechung von Macht und Herrschaft im Falle einer Befreiung bedeutet ihm nichts. Die aufreizenden Reden von Magog bleiben daher zunächst ohne Wirkung. Er redet auf Rüpel ein: »Wer die Macht hat, ist der Herr, u. Ihr habt die Macht, wenn die Libertas regiert, u. habt die Macht nicht, wenn die Libertas gefangen ist, u. die Libertas ist gefangen – ich frage nochmals, wollen wir das dulden?« Der Riese antwortet nicht. Er reagiert erst, als Magog ihm vorschlägt: »Ihr befreit sie, u. ich heirathe sie aus Dankbarkeit, u. Ihr seid auf dem Schloße Portier u. Schloßwart u. Haushofmeister.« Seine Antwort verkündet Rüpel jedoch erst nach einem gierig hinuntergeschlungenen Mahl, und nur um die Befriedigung dieses Triebes geht es auch bei seiner Bedingung, die er dann vorträgt: »ich geh mit auf die Befreiung! aber nur unter einer Bedingung. – Und was ist das für eine Bedingung?, entgegnete Magog. – Daß dafür, sagte

Rüpel, alle Schinken u. Würste, die auf dem Schloße des Prin-
tzen im Schornstein hängen, mir gehören. – Das versprach
Magog mit Freuden, u. der Bund war geschloßen.« Als die
beiden dann im Schloß eintreffen, und ein einziger Blick des
Riesen ins Fenster ausreicht, um ein Fest zu sprengen, steckt
Rüpel den Prinzen und das Hofgesinde in einen Sack, und der
Umsturz scheint in einem Handstreich gelungen.

Bei der Befreiungsaktion für Libertas gerät Magog jedoch
an die Falsche, die bereits Pinkus mit der Libertas verwechselt
hatte. Er weiß sich sofort einig mit der vermeintlichen Vertreterin der Freiheit, der Eichendorff Kennzeichen einer der
bekanntesten Frauen seiner Zeit verleiht: »Sie tanzte überhaupt nur die Barikadière, u. hatte sich daher, eine Cigarre
rauchend, mit unsäglicher Verachtung der aristokratischen
Menuett auf einen Divan des Nebengemachs hingestreckt.«
Der Logik Eichendorffs entspricht es, daß der Linksintellek-
tuelle Magog die emanzipierte Frau als »gleichgeschaffene
Seele« erkennt und sie für eine Vertreterin der Freiheit hält.
Und so heiratet er Marzibille. Die Zigarre und eine Pose auf
dem Divan machen diese Figur für zeitgenössische Leser als
Karikatur von George Sand erkennbar. Im Märchenkontext
ist Marzibille eine Kammerfrau von Libertas, die mit ihrer
Herrin verwechselt wurde. Libertas schmachtet derweil un-
erkannt im Gefängnis und wird später von hilfreichen Tieren
aus dem Kerker befreit.

Rüpel, der mit seinem brutalen Eingriff den Umsturz ausgelöst hat, wird von Magog hintergangen. Er stürzt mitsamt
seinem Sack und der ehemaligen Schloßherrschaft in einen
von Magog präparierten Brunnenschacht. Mit Hilfe des
Zwergenvolkes kommt er jedoch wieder frei und hat dann
nur noch Interesse an den versprochenen Würsten. Als er, in
»Berserkerwuth verfallen«, das Schloß zerstört, »brach der
gantze Bau zusammen u. erschlug Magog und Marzibille u.
Mann u. Maus«. Der Riese »nahm darauf die Schinken u.
Würste, die mit dem Schornstein glücklich herabgelangt waren, vorsichtig aus dem Schutte, wückelte die Würste wie

Schlangen um den Leib [...] u. wandte sich ruhig wieder in den Garten hinaus.« Danach »schritt er sehr zufrieden u. so eilfertig wieder dem Urwald zu. [...] man sagt, er habe zu Hause noch Verdruß u. Schläge von seiner Frau bekommen, weil er, hungrig wie er war, unterweges alle Schinken u. Würste allein aufgegeßen, u. von der großen Unternehmung nichts, als ein Paar neue Löcher in seiner alten Wildschur, heimgebracht hatte«.

Übersetzt in die politische Realität Preußens um 1848 besagt Eichendorffs Plot: Der vierte Stand – das ungebildete, verarmte Proletariat – hungert, wird von den linksliberalen Aufrührern mit Versprechungen geködert und dann – als die Proletarier alles kurz und klein geschlagen haben und nur Trümmer übrigbleiben – von den Intellektuellen hintergangen. Eine solche Darstellung der historischen Vorgänge entspricht nur zum Teil der politischen Realität in Preußen. Zwar waren es schon beim vorausgegangen Weberaufstand von 1844 die hungernden Weber in Schlesien, die mit ihrem spontanen Aufstand Geschichte schrieben. Gewaltige, riesenhafte Kräfte, die mit roher Gewalt vorgingen wie Rüpel in der Satire, waren allerdings diese verarmten und halb verhungerten Weber nicht! Das gilt auch für Berlin, vier Jahre später bei den Unruhen von 1848. Auch dort war der untere Stand an den Demonstrationen beteiligt und vermutlich gewaltbereit, aber zu gewaltsamen Auseinandersetzungen kam es erst, als das Militär eingriff und – vermutlich versehentlich – Schüsse auf eine demonstrierende Menge abgefeuert wurden. Die rüpelhaften »Proletatier« – so sie denn überhaupt beteiligt waren – wurden zweifellos vorübergehend auch von den Bürgern der Stadt unterstützt.

Daß liberale Intellektuelle in der Realität von 1844 und 1848 die aufgebrachten Bürger stützten, wird kaum zu bezweifeln sein, doch gibt es kaum Hinweise darauf, daß sie das Volk manipulierten wie Magog in Eichendorffs Satire. So traten in politischen Veranstaltungen – z. B. in den »Zelten« am Rande des Tiergartens – Redner wie Bettine von Arnims

Vertrauter Bernhard Oppenheim auf, die im Sinne der Liberalen das Volk instruierten, das dann auf dem Schloßplatz
demonstrierte und die verhängnisvollen Schüsse des Militärs
auslöste. Ob man die Mitwirkung der oppositionellen Liberalen dann allerdings als Aufklärung oder Agitation deutet,
hängt von der politischen Position des Betrachters ab. In Berlin jedenfalls war die Unzufriedenheit der Bevölkerung und
insbesondere der verarmten Proletarier berechtigt und auch
ohne Agitation ein Faktum, hatte doch die preußische Regierung selbst sich 1844 genötigt gefühlt, als Preisfrage formulieren zu lassen: »Was die Ursachen und Kennzeichen sind der
Verarmung?« und »Durch welche Mittel einer zunehmenden
Armuth könne gesteuert werden.«

Eichendorff stellt in der frühen Fassung seiner Satire die
Entwicklung so dar, als seien die von Aufrührern gesteuerten
Revolutionäre erfolgreich – eine Befürchtung, die er mit vielen
Zeitgenossen teilte. In Preußen kommt es nach der Errich-
tung von Barrikaden und einigen Schüssen auf dem Schloßplatz jedoch nicht zu einer weiteren Eskalation. Auch die
Ereignisse in Dresden hatten keine weitreichenden Folgen.
Schon deshalb mußte Eichendorff erkennen, daß sein Entwurf nicht mehr in die politische Landschaft paßte. Die Entwicklung wird in Berlin schließlich in eine neuerliche Restauration münden; Friedrich Wilhelm IV. wird zwar geschwächt,
aber nicht gestürzt. Der Schluß der Satire entspricht nicht der
realen Entwicklung der Geschichte, Eichendorff plant deshalb hier zu kürzen.

Aber nicht nur dieses Desaster am Schluß ist fragwürdig,
auch die einseitige Darstellung des Proletariats ist problematisch, zeugt jedenfalls nicht gerade von Fingerspitzengefühl.
Es gibt zwei andere Dichterpersönlichkeiten, die wie Eichendorff der romantischen Schule entstammen und das Hunger-
proletariat, das sich in Preußen am Anfang der Industrialisierung gebildet hatte, differenzierter und verständnisvoller darstellen: Heinrich Heine und Bettine von Arnim.

In Eichendorffs Satire erscheinen die Mitglieder der Rüpel-

Familie wie dahinvegetierende tierähnliche Existenzen. Kein Wort wird darüber verloren, wie es zu dieser Armut gekommen ist und wer die armen Leute möglicherweise ausbeutet. Auch die eigentlichen Ursachen dieses Pauperismus – die Industrialisierung mit der Einführung von mechanischen Webstühlen in Schlesien etwa – werden nicht deutlich. Es entsteht der Eindruck, als seien die Armen selbst schuld an ihrer Situation.

Das ist bei Heine und Bettine grundlegend anders. Bettine, deren Wohnung seit 1847 neben den Versammlungsräumen der Straße »In den Zelten« am Rande des Tiergartens lag, schaltete sich in die politische Entwicklung auch persönlich ein. In ihrem dem preußischen König Friedrich Wilhelm IV. gewidmeten Buch von 1843 – »Dies Buch gehört dem König« – veröffentlichte sie eine Art Dokumentation zum Armenviertel Berlins, dem sogenannten Voigtland vor dem Hamburger Tor. In dem Begleitbrief an den König fordert sie schon zu diesem Zeitpunkt: »*Die Welt umwälzen.* Denn darauf läufts hinaus.«

In dem für 1844 geplanten »Armen-Buch« unternimmt sie es, die Situation der schlesischen Weber in Form von »Armenlisten« darzustellen, die ihr von Gerichtsschreibern, Ortsvorstehern und ähnlichen halböffentlichen Personen aus Schlesien zugeschickt worden waren. Ganz nüchtern werden hier Verdienst, Zinszahlungen, Miete und eventueller Verdienst in Tabellen aufgelistet und ein knapper Bericht zur Situation der Familie gegeben. Im Entwurf zu einem Vorwort versucht sie, die Ursachen dieser Armut aufzuzeigen und auf die Untätigkeit des preußischen Staates hinzuweisen. Dieses Buch, von dem zahlreiche Bögen bereits gesetzt waren, konnte nicht erscheinen, weil man Bettine in Berlin der Anstiftung zum Aufstand der Weber bezichtigte, der im gleichen Jahr Schlesien erschütterte und brutal von preußischen Truppen niedergeschlagen wurde.

Als 1848 dann auch Unruhen in Berlin ausbrachen, nahm die Schriftstellerin die Entwicklung aufmerksam wahr und berichtete gemeinsam mit dem Geschäftsführer ihres Verlags Jenatz einem ihrer Söhne nahezu täglich von den Ereignissen. Stellt man einen dieser Briefberichte der Eichendorffschen Verarbeitung in der Satire gegenüber, so wird klar, daß Eichendorffs Blick durch sein konservativ-katholisches Weltbild doch etwas eingeengt ist. Am 3. März 1848 schreibt Bettine ihrem Sohn Friedmund: »Liebster Friede, ich habe den Jenatz dazu angewiesen dir jedes Bedeutende mitzutheilen was durch Zeitungen nicht bis an dich gelangt. Wir alle wünschen daß du dir nur ein paar Tage abmüssigen könntest um jeden Moment mit zu beobachten, besonders Der Klasse die sich jezt an der Reihe fühlt.« Im gleichen Brief berichtet der genannte Jenatz: »Hochgeehrter Herr Baron! Nachstehend gebe ich Ihnen einen kurzen Bericht über die Stimmung in den verschiedenen Klassen der hiesigen Bevölkerung. – 1) *die Proletarier oder die arbeitende Klasse.* Diese hoffen jetzt am allermeisten, obschon, wenn nicht bald entscheidende Mittel angewandt werden, die Noth derselben sehr groß ist. – [...] 2) *die Bourgeoisie und besitzende Klasse.* Auch diese können nicht mehr lange in der jetzigen Sachlage verharren. die Geschäfte stocken zu sehr, die Kaufleute können ihren Verpflichtungen nicht nachkommen. [...] Auch hat sich die Meinung über Revolution in letzterer Zeit hier sehr geändert [...]. Auch die besitzende Klasse sieht ein, daß es nicht mehr lange so bleiben kann und sieht binnen Kurzem einer Aenderung der dinge entgegen. – 3) *Die Aristokratie oder die regierende Klasse.* Diese kenne ich zu wenig, um Ihnen hierüber viel schreiben zu können. Aber sie wissen nicht, wie es im Volke gährt; sie wissen nicht wie groß die Noth ist, weil sie keine fühlen.«

Dieser Bericht bezieht sich natürlich nur auf einen kleinen Zeitausschnitt, aber er ist in seiner Betrachtungsweise äußerst präzise. Jenatz, der später die Flucht nach Amerika antritt, charakterisiert die Klasse, der auch Eichendorff gehört, recht genau, wenn er vermutet: »sie wissen nicht wie groß die Noth ist, weil sie keine fühlen.« Auch Eichendorff muß zu keinem

Zeitpunkt Not leiden. Sonst hätte er die Situation der Rüpel-Familie vielleicht doch etwas einfühlsamer dargestellt.

Was aber ist das Fazit, das Eichendorff seine Libertas am Ende der Satire verkünden läßt? In einem Lied zieht sie ihre Schlüsse aus den Ereignissen und teilt den Deutschen ihre Lehren mit. Mit dem Ausbruch der revolutionären Gewalt scheint die Freiheit aus Deutschland verbannt. Libertas ruft:

> Weh' ihr Schlösser! ihr müßt fallen,
> Weh, ihr kühlen Buchenhallen.
> Schon hör' ich die Mordaxt schallen.

> Weh' du Land, das keck mich bannte,
> Und da ich zu dir mich wandte,
> Mich blödsinnig nicht erkannte

> Wo aus Trümmern die todtblaßen
> Geister stieren, Stoltz u. Haßen,
> Brüder sich ingrimmig faßen.

Wirkliche Freiheit kann nach Eichendorffs Auffassung nur im Einverständnis mit der göttlichen Instanz gewonnen werden, und so gibt sich denn auch Libertas in diesem Gedicht als Gesandte Gottes zu erkennen:

> Hab't ihr euch von dem gewendet,
> Der barmhertzig mich gesendet,
> Wird in Schmach die Ehr' geendet.

Eine Wendung zum Positiven kann dann auch nur von Gott kommen, und so endet die Satire mit den Worten: »[…] man sagt, die Libertas habe sich einstweilen nach jenem fabelhaften Traumschloße der Elfen gewendet, bis der Frühling wiederkommt, den der liebe Gott unserem schönen Vaterlande recht bald u. wunderblühend bescheeren wolle.«

17. Kapitel: »… ob ich auf dem Pegasus noch
einigermaaßen sattelfest bin«
Die späten Versepen und das Wanderleben
vor dem Tod

Im September 1849, als sich die politische Situation in der
preußischen Metropole beruhigt hat, kehrt Eichendorff nach
Berlin zurück. Eine Reihe von schriftstellerischen Projekten,
die noch nicht abgeschlossen sind, und einige neue beschäftigen ihn in den folgenden Jahren. So arbeitet er am zweiten
Band seiner Übersetzungen von Calderons *Autos sacramen-
tales*, einem Projekt, das in der Frühromantik angeregt wurde,
als man sich für die spanische Form der Romanze begeisterte,
und einzelne Dichter Zyklen von deutschen Romanzen zu
schreiben begannen – wie Brentano seine nie vollendeten *Romanzen vom Rosenkranz*. Es war August Wilhelm Schlegel,
der 1803 und 1809 zwei Bände »Spanisches Theater« veröffentlichte. Ein halbes Jahrhundert später, im Herbst 1853,
erscheint »Geistliche Schauspiele von Don Pedro Calderon
de la Barca. Uebersetzt von Joseph Freiherrn von Eichendorff. Zweyter Band« mit den Stücken: *Der göttliche Or-
pheus*, *Der Maler seiner Schande*, *Die eherne Schlange*, *Amor
und Psyche*, *Der Waldesdemuth Krone* und *Der Sünde Zauberei*.

Schon vorher ist der Band *Der deutsche Roman des achtzehnten Jahrhunderts in seinem Verhältnis zum Christentum*
fertig, der 1851 bei Brockhaus veröffentlicht wird. Ein Jahr
später finden wir Eichendorff mit dem Projekt des Versepos
Julius beschäftigt, das 1853 erscheint. Danach folgen noch
zwei weitere Versepen: *Robert und Guiscard*, 1855 publiziert,
und *Lucius*, ein Werk, das im Todesjahr Eichendorffs 1857
erscheint.

Diese Versepen, die Eichendorff in seine letzten fünf Lebensjahre verfaßte, sind noch enger mit dem Kultur- und

Konfessionskampf verbunden, der seit den dreißiger Jahren des 19. Jahrhunderts die Öffentlichkeit in Preußen beschäftigte, als die literarhistorischen Werke. Eichendorff kann hier seine spezielle Deutung der Geschichte – als einen ständiger Kampf von Heidentum und Christentum – leicht einbringen, zumal er sich aus der Fülle der in vielfacher Gestalt überlieferten historischen Stoffe frei Geeignetes auswählen und dichterisch gestalten kann. »Vielleicht mache ich mich nun«, schreibt Eichendorff an Theodor von Schön nach Abschluß der Übersetzungsarbeit, »auch wieder einmal an eine selbständige kleinere *poetische* Arbeit, um zu versuchen, ob ich auf dem Pegasus noch einigermaßen sattelfest bin.« Dieser Brief vom 15. August 1852 ist der früheste Beleg für Eichendorffs Beschäftigung mit den »kleineren« poetischen Arbeiten, die zur Publikation der drei Versepen führte.

Schon die Auswahl der Stoffe verrät Eichendorffs Blickwinkel. Zwei Epen spielen in der frühchristlichen römischen Epoche, eines zur Zeit der Französischen Revolution. Der Zusammenhang dieser verschiedenen Weltepochen wird durch Eichendorffs Geschichtsbild hergestellt: »die Veränderungen der religiösen Weltansicht machen überall die Geschichte«, heißt es apodiktisch in seinem Essay *Der Adel und die Revolution*, und die römische Zeit nach der Geburt Christi ist die geschichtliche Phase, in der dieser Grundkonflikt zum erstenmal ausgefochten wird: Das Christentum muß sich in der Auseinandersetzung mit den immer wieder aufkeimenden Formen des Heidentums bewähren. Julian, der Held des ersten Epos, ist nur aus Opportunismus zum Schein ein Christ geworden, der ins Heidentum zurückfällt, als er an der Macht ist. Das Epos von »Kaiser Julian dem Abtrünnigen«, wie er das Werk in einem Brief an Lebrecht Dreves vom 21. Januar 1853 in Anlehnung an Fouqués Titel einer versifizierten Julian-Legende bezeichnet, ist zwischen August und Dezember 1852 entstanden.

Statt in die tagespolitischen Diskussionen einzugreifen, stellt Eichendorff nun geschichtliche Umbruchsituationen

Joseph von Eichendorff, um 1850

beispielhaft dar, und der Leser ist dazu aufgefordert, die in
poetischer Form aufbereiteten Konflikte mit den zeitgenössischen Vorgängen in Verbindung zu bringen. Die Brücke wird
dabei nicht – wie in der *Libertas*-Satire – durch versteckte
Anspielungen auf zeitgenössische Ereignisse und Diskussionen hergestellt (die in den Versepen ganz selten erkennbar
sind), sondern sie ergibt sich über das Geschichtsverständnis
Eichendorffs, das kein kontinuierliches Fortschreiten kennt,
sondern die periodische Wiederholung eines grundlegenden
Konfliktes.

Auch spätere Geschichtsereignisse erklären sich – nach
Eichendorffs Auffassung – aus einem erneuten Aufflackern
dieses Grundkonflikts. Zur Französischen Revolution heißt
es in *Der Adel und die Revolution*: »Fassen wir jedoch diesen
Kampf der entfesselten und gärenden Elemente schärfer ins
Auge, so bemerken wir den der Religion gegen die Freigeisterei, als das eigentlich bewegende Grundprinzip.« Eine Wiederholung dieser geschichtsprägenden Grundkämpfe sieht

Eichendorff sowohl in den ›Kölner Wirren‹ am Ende der
dreißiger Jahre, als der preußische Staat in Konflikt geriet mit
dem Klerus der angeschlossenen katholisch geprägten Rhein-
provinzen, wie auch in den Auseinandersetzungen, die zur
Revolution von 1848 führen. Wer von den streitenden Parteien dabei das Kreuz ergreift und nach den erbitterten Auseinandersetzungen eine erneute positive Wendung der Geschichte herbeiführt, steht nach Eichendorffs Auffassung
nicht von vornherein fest. Vielmehr gilt, daß »die Jugend
jederzeit fähiger zu entscheidenden Entschlüssen und Auf-
opferungen« ist; sie »steht in der Tat dem Himmel näher, als
das müde und abgenutzte Alter; daher legt sie so gern den
ungeheuersten Maßstab großer Gedanken und Taten an ihre
Zukunft. Ganz recht!«

Diese Erkenntnis, die Eichendorff hier mit so kräftigen
Worten im Hinblick auf die romantische Generation an der
Wende zum 19. Jahrhundert im Essay *Halle und Heidelberg*
formulierte, ist auch ein halbes Jahrhundert später – als er
rückblickend diese autobiographische Schrift formulierte
und seine Versepen publizierte – noch aktuell: Gerade der re-
staurativ erstarrte preußische Staat, der aus den Ereignissen
um 1848 keine Lehren gezogen hatte, brauchte erneuernde
Impulse. Die poetische Darstellung geschichtlicher Epochen,
in denen die Grundkräfte der Geschichte entfesselt werden
und aus der Auseinandersetzung eine positive Perspektive
der Zukunft hervorgeht, ist Eichendorffs Reaktion auf die
preußische Situation im fünften Jahrzehnt.

Die geringe Resonanz, die besonders die letzten Epen – und
auch die literarhistorischen Schriften – fanden, belegt, daß
Eichendorffs Geschichtsbild damals kaum verstanden und
akzeptiert wurde: Längst hatte sich der auf Rationalismus
setzende Fortschrittsglaube durchgesetzt, der von einzelnen
Errungenschaften stets den Durchbruch zu grundlegender
geschichtlicher Erneuerung erhoffte. Solange Eichendorffs
Intentionen mit den immer stärker aufkommenden patriotischen Tendenzen zur Deckung kamen – wie zum Beispiel bei

den Bemühungen um die Wiederbelebung der Marienburg –, wurden seine Werke in der Öffentlichkeit noch eher wahrgenommen. Als er sich jedoch einer Vergangenheit zuwandte, die sich nach allgemeiner Auffassung mit den Entwicklungstendenzen der Gegenwart kaum mehr in Verbindung bringen ließ, und vordergründige, kämpferische Gesinnungspoesie gefragt war, wurden seine Dichtungen und literarhistorischen Schriften als Äußerung einer überlebten Zeit verstanden und weitgehend ignoriert.

Wie wenig der *Julian* in die politisch-geistige Landschaft Deutschlands zu dieser Zeit paßt, zeigt Luise Hensels Stellungnahme zu diesem Epos. Aus der Sicht der katholischen Partei, zu der sie ebenso wie Eichendorff zu zählen war, erwartet sie eine noch stärkere Akzentuierung des Antichristen. Sie fragt nicht nach der poetischen Darstellung und Differenzierung, sondern erwartet Schwarzweißkontraste als Material für den zeitgenössischen Konfessionskampf. An Christoph Bernhard Schlüter schreibt sie am 27. Mai 1853 in diesem Sinne: »ein historischer, gründlich böser, bewußter Charakter ist dieser Julian nicht, der sich mehr als ein eitler, schwächlicher, nichtsnutziger Jüngling, denn als ein im Bösen entschlossener Apostat zeigt.« Andere Rezensenten werfen Eichendorff dagegen eine allzu parteiische, ahistorische Sicht vor. So gerät er im letzten Lebensjahrzehnt gleichsam zwischen alle Stühle. Darstellung und Perspektive entsprachen nicht mehr dem Zeitgeist.

Welche historischen Quellen Eichendorff im einzelnen benutzt hat, kann wegen der Reichhaltigkeit der Überlieferung nicht immer eindeutig geklärt werden. Die märchenhaften Elemente des Epos erinnern stark an Eichendorffs eigne frühere Erzählungen *Das Marmorbild* und *Die Zauberei im Herbste*.

Wenn Eichendorff sein Werk einen »Cyclus von Romanzen« oder ein »größeres Gedicht in mehreren Romanzen« nennt, so zeigt dies, wie der Romanzenbegriff sich im Laufe des 19. Jahrhunderts allmählich ausweitet. In der metrischen Form jedenfalls entsprechen nur wenige der 17 Gesänge, in

die das Epos unterteilt ist, der nach spanischem Vorbild ein-
geführten Romanze, wie sie Friedrich Schlegel in seinem klei-
nen Romanzenzyklus »nach Turpins Chronik« im *Poetischen
Taschenbuch auf das Jahr 1806* veröffentlichte oder Clemens
Brentano in seinen *Romanzen vom Rosenkranz* verwendete.
Charakteristisch für Eichendorffs Verse – und untypisch für
die Tradition des Versepos – ist der Wechsel der Versform.
Fast mit jedem Gesang beginnt eine neue Versstruktur. In der
Reihenfolge der einzelnen Gesänge ergibt sich eine bunte
Folge:

I Nibelungenstrophe
II Romanzenstrophe (jedoch mit Kreuzreim)
III fünfhebiger Jambus in vierzeiligen Strophen mit Kreuz-
reim
IV Nibelungenstrophe
V Gereimte freie Verse
VI vierhebige Trochäen mit unregelmäßig verteilten Reimen
VII Nibelungenstrophe
VIII zweihebige Verse (meist Anapäst) mit unregelmäßigen
Reimen
IX und X Nibelungenstrophe
XI Romanzenstrophe (jedoch mit Kreuzreim), unterbro-
chen von zwei zehnzeiligen Strophen gleichen Metrums
XII vierhebiger Jambus in vierzeiligen Strophen mit Kreuz-
reim
XIII vierhebige Trochäen in Strophen verschiedener Länge;
Reimbindung bei jedem zweiten Vers
XIV Nibelungenstrophe
XV Nibelungenstrophe
XVI Vierzeilige Strophen mit Wechsel von vier- und fünf-
hebigem Jambus und Kreuzreim
XVII Nibelungenstrophe.

Die Verwendung der Nibelungenstrophe geht vermutlich auf
die Romanzen von Ludwig Uhland und von Anastasius Grün
zurück.

Die Rezeption von Eichendorffs erstem Epos ist sehr
widersprüchlich. Während Karl August von Varnhagen aus
dem Blickwinkel des Historikers in seinem Tagebuch unter
dem 30. April 1853 abschätzig notiert: »Ein unnöthiges
Gedicht, Folge von Romanzen«, würdigst Emanuel Geibel
das »Gedicht« als »durch und durch romantisch«, schränkt
allerdings ein: »man muß den Ton kennen und lieben und in
junger Zeit in jener mondbeglänzten Zaubernacht mitge-
schwärmt haben, um sich daran zu erfreuen, wie ich es getan
habe. Für den mit ruhigem Verstande Herantretenden wird
immer viel Wunderliches und manches Dunkle zurückblei-
ben; und der Mangel an historischer Farbe und klassischer
Geschlossenheit läßt sich nicht wegläugnen.« Ausschließlich
positiv sind nur die Kritiken der katholischen Gesinnungs-
presse: Die »überaus lobpreisende Rezension« der *Historisch-politischen Blätter für das katholische Deutschland*, die
als einzige Kritik den Bezug zur zeitgenössischen Situation
herstellt, erwähnt Eichendorff selbst in einem Brief an den
Sohn Hermann am 29. März 1854. Eine kürzere, ähnlich positive Besprechung erschien in der *Wiener Kirchenzeitung*.

Andere kritisieren das Werk jedoch als »bedenkliche Studie
für einen Dichter, der uns den trotzigen Apostaten Julian in
der ganzen Herbigkeit seines Christenhasses, dem ganzen
Uebermuth seiner falschen Genialität vor die Seele führen
will«. Eichendorff hat »dies in der That nicht gethan, ja er hat
nicht einmal den Versuch dazu gemacht: sein Julian ist gerade
eine so verschwommene, nebelhafte Gestalt, wie die Romantik sie ehedem hervorzubringen pflegte; von dem geschichtlichen Julian ist kein Zug darin und keine Ader, Alles ist
romantische Caprice und Unnatur.«

Am 11. Januar 1855 meldet Eichendorff seinem Sohn Hermann sein zweites Epenprojekt: »Von mir wird nächstens
wieder [...] eine Geschichte aus der franz: Revolution, in Versen, in der Form und Stärke meines Julians in Leipzig bei
Voigt u. Günther (dem ehemaligen Simionschen Verlage) erscheinen.« Das kleine Bändchen mit dem Titel *Robert Guis-*

card war zur Ostermesse 1855 auf dem Markt. Das Interesse
der literarischen Öffentlichkeit an diesem Spätwerk Eichen-
dorffs ist noch weitaus geringer als an dem vorausgegangenen
Versepos. Außer zwei Briefäußerungen, die sich zwischen
höflichem Lob (Paul Heyse) und herber Kritik (Theodor
Storm) bewegen, sind lediglich zwei überwiegend negative
Rezensionen bekannt. »Zwei Brüder, Söhne eines altadeligen
Hauses, schließen sich verschiedenen politischen Parteien an
und gerathen dadurch in Gefahr, einander im tödtlichen
Kampf zu begegnen. Es könnte das ein ganz interessanter
Stoff sein, wenn die Geschichte nur einigermaßen psycholo-
gisch motivirt wäre«, heißt es in der Leipziger Zeitschrift *Die*
Grenzboten von Ende August 1855, und Rudolf Gottschall,
der schon den *Julian* rezensiert hatte, schreibt in den *Blättern*
für literarische Unterhaltung am 6. November 1856: »Freiherr von Eichendorff, der in seiner Jugend den Sonnenschein
und Vögelgesang, die heitere Welt des tendenzlosen Müßig-
gängers so unnachahmlich gefeiert, wird in seinen alten Tagen
in Prosa und Versen ein Mann der Tendenz [...]. Die Französische Revolution ist [...] für eine romantische Behandlung
wenig geeignet, denn die geschichtlichen Zwecke, die sie ver-
folgte, waren so klar und bestimmt, ihre Hauptgestalten sind
so scharfcharakteristisch, daß für die romantische Schatten-
haftigkeit der Schilderung wenig Platz bleibt. Wenn Eichendorff dennoch in gewohnter Weise seine traumhafte camera
obscura mitten in das Getümmel der Schreckenszeit hin-
einstellt, so können wir von Hause aus überzeugt sein, daß
wir nur eine kleine Tendenznovelle in Versen erhalten [...].
Principienkampf ist offenbar die Seele der Dichtung [...].
Eichendorff schwelgt in einer Naturmalerei, welche das
geschichtliche Leben, das charakteristische Element, die
großen Conflicte der Zeit ganz unverhältnißmäßig überwu-
chert.«
    Die negativen Kritiken seines zweiten Versepos scheinen
Eichendorff nicht zu tangieren. »Soeben habe ich wieder ein
episches Gedicht (Lucius) aus der ersten Christenzeit vollen-

det, u. schreibe deshalb an meinen Verleger in Leipzig«, berichtet er seinem Sohn Hermann am 23. Februar 1857. Die Antwort des Verlegers war positiv, und am 1. März schon übermittelte Eichendorff sein Manuskript. Dieses dritte Versepos entspricht in der Wahl der historischen Epoche und Thematik dem ersten. Während Julian der Abtrünnige ist, der das Christentum verrät, so ist Lucius der Heide, der zum Christentum bekehrt wird und den endgültigen Durchbruch zur neuen Religion vollzieht. Schon der Name des neuen Helden, der keine historische Grundlage hat, zeigt diese Bedeutung, denn er ist von lat. *lux* (Licht) abgeleitet.

Mit dem Thema beschäftigte sich Eichendorff jedoch bereits wesentlich früher. Der sogenannte *Sebastian-Entwurf* ist auf den Memoirenblättern überliefert, die vermutlich bereits um 1850 entstanden. Eichendorff schreibt: »Heldenmüthiger Kampf und Tod des ritterlichen heil[igen] Sebastian. Ihm gegenüber: der (: jetzige :) Rationalismus des damaligen heidnischen Roms, das seine alten Götter, sowie allen höheren Glauben, philosophisch verachtet, und frivol lebt. – Ebenso: das altheidnische Priesterthum, das die Christen (: wie jetzt die Prote[??stanten] die Ultramontanen :) als politisch gefährlich verketzert. – Ein ehemaliger Freund und Kriegskamerad Sebastians, der aus Eifersucht, Rache p. gewaltsam eingreifft und vom allgemeinen Zeitgeist unwillkührlich immer weiter und weiter unaufhaltsam mitfortgerißen, den Sebastian zum Tode bringt, und dann reuvoll und verzweifelt in den Katakomben sich verirrt, und dort furchtbar umkommt. (S. auch: Sebastian im Legendenbuche!)« Einen zweiten Entwurf, der vermutlich auf den *Sebastian-Entwurf* zurückgeht, da er einige Passagen fast wörtlich übernimmt, hatte Walter Hildenbrandt bereits 1937 veröffentlicht.

Die zeitgenössische Resonanz war auch auf dieses letzte veröffentlichte Werk Eichendorffs gering. Nur zwei ausführlichere Besprechungen des *Lucius* sind erschienen. Die Rezension von Hyazinth Holland gerät zu einer Hommage an den »letzten Ritter der Romantik«, den die literarische Öf-

Das Eichendorffsche Gutsschloß Sedlnitz bei Freiberg in Mähren

fentlichkeit zum Teil ignoriert habe. In der *Allgemeinen Zeitung* schreibt er: »Jos. v. Eichendorff ist einer der edelsten Dichter unserer Nation, und ein Stern erster Größe, der liebreich aus den großen Tagen der Romantik und ihrer Blüthezeit herüberfunkelt. Man hat ihn den ›letzten Ritter‹ der Romantik genannt, und seine Persönlichkeit ist selbst zur Mythe geworden, denn die einen wußten nicht einmal daß der Sänger jener wunderbaren waldduftigen Weisen, die Mendelssohn-Bartholdy mit so zauberischen Klängen überkleidete, noch am Leben, da sein Aufenthalt kaum zu erfragen – die andern aber ignoriren ihn, weil er von seinem Pindusthrone nicht zu der jeweiligen Tagesmeinung herabzusteigen sich bemüssigt fand.« Dann holt Holland weit aus, um mit einer ausführlichen Inhaltsangabe des Epos zu enden. Nur einige Zitate mögen den Tenor seiner hymnischen Darstellung zeigen: Der *Lucius* führe uns, so behauptet Holland, »zu dem in der ewigen Weltstadt aufdämmernden Christenthum zurück. Es sind elf kleine und lose zusammenhängende

Romanzen, in denen, wie auf klarem Goldgrund, einzelne
Figuren in ruhiger Handlung sich bewegen, umrankt vom duftigen blüthereichsten Waldgeschlinge der Romantik. Wie die
Bilder der mittelalterlichen Maler, so tragen auch Eichendorffs
Gestalten deutsches Gewand, seine Römer sind deutsche Ritter, seine weiblichen Charaktere herztreue, ächtdeutsche Frau-
enbilder. Mit einem aus dem Gothenland vom Schwertertanz
heimkehrenden Reiterfähnlein zieht der Held der Dichtung
zuerst vorüber; wir sehen die schöne Tänzerin Julia, die
in ihrer säulenstolzen Villa mit ihrer Kunst die staunenden
Dichter und Philosophen berauscht; schreiten in den Circus,
wo das Römervolk wie ein schlechtgezähmtes Wüstenthier
sich mit blutdürstiger Gier am Fechterspiel und an den auf
Christen losgelassenen Bestien weidet; freuen uns der treuen
Freundschaft des Lucius und Nerva.«

Eineinhalb Monate nach dem Erscheinen dieser Hommage
stirbt Eichendorff in Neisse. Seine letzten Lebensjahre sind
bestimmt durch ein Wanderleben, das von Krankheit und
Tod seiner Frau überschattet wird. Es sind hauptsächlich finanzielle Gründe, die dazu führten, daß er sich bereits in
Danzig der Familie seiner Tochter angeschlossen hatte, um
die Lebenshaltungskosten möglichst gering zu halten, und bis
zum Tode in dieser – einer Großfamilie ähnelnden – Lebens-
gemeinschaft bleibt. Sein Schwiegersohn aber wird als preußischer Beamter mehrfach versetzt. Und so geht es von Berlin
nach Köthen und von dort nach Neisse.

Eichendorff hatte gehofft, seine offensichtlich nicht üppige
Pension durch Einnahmen aus dem Schloß Sedlnitz – seinem
einzigen Grundbesitz – zu ergänzen. Das aber mißlang, wie
ein Brief an seinen Sohn Hermann vom 27. September 1855
verdeutlicht: »Durch die Krankheit der Mutter, wegen der
Carlsberger Reise u. der bevorstehenden sehr kostspieligen
Uebersiedlung nach Neisse war ich nemlich genöthigt, bedeutende Schulden zu machen, unter andern auch eine Wechselschuld von 1000 rthlr. Diese Schuldenlast war indeß, bei

Daguerreotypie aus dem letzten Lebensjahr
des Dichters (1857)

sparsamer Einrichtung durch [...] Grundentlastungsrenten gedeckt, auf die ich nach allem menschlichen Ermessen mit vollkommener Sicherheit rechnen konnte. Nun denke Dir den Todesschreck, als wir in Carlsbad plötzlich die Nachricht bekamen, daß dieses Rentenkapital zwar ausgezahlt, aber durch rückständige Abgaben u. Steuern, sowie durch enorme Schulden, die [der Verwalter] Baier ohne mein Wißen auf das Gut gemacht, nicht nur vollständig verschlungen sei, sondern außerdem noch eine bedeutende Schuldenlast übrigbleibe. Ich machte nun schleunigst nach allen Seiten hin alle nur irgend erdenklichen Anstalten, um mich zu retten, u. es gelang endlich, durch ein Arrangement mit Rudolfs Schwiegervater wenigstens die dringendsten Schulden, namentlich die Wechselschuld, zu decken.«

In Sedlnitz hatte sich Eichendorff in den vorangegangenen Sommern immer erholt. Nun war es zur »Sedlnitzer Katastrophe« gekommen. Der betrügerische Verwalter Bayer wird entlassen, und Sohn Rudolf pachtet Sedlnitz. Eichendorff selbst verzichtet auf jegliche Einnahmen.

Bereits im Mai 1854 war Eichendorff mit der Familie seiner Tochter nach Köthen übergesiedelt, wo er – noch in der Annahme, daß er Rückzahlungen aus Sedlnitz zu erwarten habe – ein kleines Haus erworben hatte. Im Herbst 1855 wird der Schwiegersohn jedoch nach Neisse versetzt, und ein neuer Umzug steht an. Am 3. Dezember 1855 stirbt Eichendorffs Frau und wird in Neisse begraben.

1856 arbeitet Eichendorff noch an seinen Memoiren: »Manche Freunde forderten mich längst auf, meine Memoiren zu schreiben. Ich bin weit entfernt, mich u. mein Leben für so wichtig zu halten, um p. Aber da nun mein Abend immer tiefer hereindunkelt, fühle ich ein Bedürfniß, im scharfen Abendroth noch einmal mein Leben zu überschauen, bevor die Sonne sinkt.« Lange Zeit war unklar, wann diese Aufforderung erfolgte und wie die autobiographischen Pläne und Texte im einzelnen zu datieren waren. Dietmar Kunisch, der in seiner Mainzer Dissertation von 1985 seine Erkenntnisse dazu noch nicht enthüllt hatte, schaffte 1998 endlich Klarheit: Es war August Reichensperger, der Eichendorff in den letzten Monaten des Jahres 1856 bei dem Plan beriet, seine Erinnerungen aufzuschreiben. Zwar waren einige autobiographische Entwürfe Eichendorffs bereits in den dreißiger Jahren entstanden, doch hat Eichendorff erst als 68jähriger das »scharfe Abendroth« seines Lebens gespürt und dann das »Bedürfniß« empfunden, es zu »überschauen«, und dann auch seine bereits in den dreißiger Jahren entstandenen autobiographischen Entwürfe im Hinblick auf den neuen Plan zu bearbeiten begonnen.

Im September 1857 reist Eichendorff zum letzten Mal nach Sedlnitz, um dort an der Taufe eines Enkelkinds teilzunehmen. Sein Sohn Hermann lebt inzwischen in Aachen und hat dort Clara Simons geheiratet, die acht Kinder mit in die Ehe brachte. Eichendorff wird diese ›neuen Enkel‹ nicht mehr kennenlernen. Er stirbt am 26. November 1857 in Neisse an einer Lungentzündung.

Über seinen Tod berichtet die Tochter Therese am 6. Dezember 1857 ihrem Bruder nach Aachen: »Die letzten vier Nächte haben wir abwechselnd bei ihm gewacht [...]. Für jede Handreichung bedankte er sich und war so sanft und still, daß ich nicht ohne tiefe Rührung daran denken kann.« Als er nach ihr ruft, tritt sie an sein Bett und fragt, »ob er etwas wünsche. ›O nein‹, sagte er, ›nur sprechen will ich Dich, mir ist so bange!‹ – Ich würgte die Tränen hinunter und blieb bei ihm. Das war die Nacht vor seinem Tode. [...] Die letzten Stunden lag er ganz unbeweglich, ein Bild der tiefsten Ruhe, und atmete langsam und immer langsamer, bis der Atem stockte und zuletzt ganz sanft, ohne Todesröcheln aufhörte.«

Anhang

Zeittafel

1788 Joseph Karl Benedikt Freiherr von Eichendorff wird am 10.
März als Sohn der Caroline von Eichendorff, geb. von Kloch
(1766-1822), und des Adolph Theodor Rudolf Freiherrn von
Eichendorff (1756-1818) auf Schloss Lubowitz bei Ratibor
(Oberschlesien, damals zu Preußen gehörig, heute polnisch)
geboren. Gemeinsam mit dem anderthalb Jahre älteren Bruder
Wilhelm (1786-1849) erlebt er eine idyllische Kinderzeit in
ländlicher Umgebung. Die streng katholische Familie engagiert den Kaplan Bernhard Heinke (1769-1840) von 1793 bis
1801 als Hauslehrer. Zum Kumpan der Brüder bei ihren Ju-
gendstreichen wird Paul Ciupke (1771-1855), ab 1797 Kaplan
von Lubowitz, der sie bei zahlreichen Jagden und Festen in
der Umgebung begleitet. – Von den fünf jüngeren Geschwi-
stern überlebt nur die jüngste Schwester (Louise Antonie;
1804-1883) das Kindesalter, der vierjährige Bruder August
Adolph und die sechsjährige Schwester Hernriette sterben
1797, die 1799 geborene Schwester Louise Antonie (I) und der
1800 geborene Gustav 1803.

1800 14. November: Joseph von Eichendorff beginnt mit regelmäßigen Aufzeichnungen im Tagebuch.
28. Dezember: Aus der häufig besuchten Leihbücherei in Ratibor bestellt er u.a. Bürgers *Münchhausen*, Jean Pauls *Quintus
Fixlein* und *Die unsichtbare Loge* sowie Schillers *Räuber*.

1801 Die Eichendorffschen Güter sind – insbesondere wegen spe-
kulativer Zukäufe des Vaters – hoch verschuldet. Der Vater
flieht vor seinen Gläubigern und kehrt erst 1802 zurück.
3. Oktober: Die Brüder gehen nach Breslau, wo sie das Katholisch Königliche Gymnasium besuchen. Betreut vom Diener
Jakob Schöpp aus Lubowitz wohnen sie im St.-Josephs-Kon-
vikt, einem katholischen Internat. Neben der dominierenden
klassisch-humanistischen Bildung wird am Gymnasium auch
Polnisch und Französisch sowie *Höhere Mathematik*, *Experimental Physik* und *Enzyklopädie aller Wissenschaften* gelehrt.
Regelmäßig führen die Schüler Theaterstücke auf. Darüber
hinaus läßt sich Joseph kaum eine Theater- oder Opernaufführung in Breslau entgehen.

1802 Der Schüler Eichendorff beginnt, Gedichte zu schreiben.

1803 30. Mai: In den *Schlesischen Provinzialblättern* erscheint das
Gedicht der Brüder: *Am frühen Grabe unseres Bruders Gu-
stav.*
August: Abschlußexamen am Gymnasium.
Oktober: Die Brüder erhalten die Genehmigung zum Hospi-
tieren an der Breslauer Universität und am evangelischen
Magdalenen-Gymnasium.

1804 17. Februar: Der Freund Jacob Müller, mit dem Eichendorff
gemeinsam nächtelang Homer übersetzt hatte, stirbt. Dazu
verfaßt er das Gedicht: *An dem Grabe meines Freundes: Jakob
Müller.*
August: Philosophisches Abschlußexamen (Bakkalaureat).
Eichendorff verliebt sich in Caroline Pitsch, die er in Liebes-
gedichten »die kleine Morgenröte« nennt.

1805 Im Januar besucht die Mutter ihre Söhne in Breslau und bringt
dabei Louise von Larisch, Josephs spätere Frau, mit.
April: Eichendorff nimmt zusammen mit Wilhelm im Mai das
Studium der Rechte in Halle auf, doch besucht er auch Lehr-
veranstaltungen des Naturphilosophen Henrik Steffens (1773-
1845) und des evangelischen Theologen Friedrich Ernst Da-
niel Schleiermacher (1768-1834). Beide waren von den Jenaer
Frühromantikern inspiriert.
August: Lektüre von Ludwig Tiecks Roman *Franz Sternbalds
Wanderungen* auf der Burg Giebichenstein bei Halle und
Besuch einer Aufführung des *Götz von Berlichingen* in Lauch-
städt in Anwesenheit Goethes.
Rabiate Auftritte der in Landsmannschaften organisierten
Hallenser Studenten, die Polizei und einheimische Wirtsleute
(Philister genannt) tyrannisieren, fallen den Brüdern unange-
nehm auf.
September: Die Brüder unternehmen in den Semsterferien
eine Fußwanderung durch den Harz, ersteigen den Brocken
und reisen von dort weiter nach Hamburg, Lübeck und Travemünde, wo Eichendorff vom Eindruck des Meeres überwäl-
tigt ist.

1806 Anfang August brechen die Brüder von Halle in die Ferien
nach Lubowitz auf und erfahren dort von der Besetzung Halles durch napoleonische Truppen am 17. Oktober (nach dem

Sieg bei Jena und Auerstedt am 14. Oktober). Während der
Ferien erfahren die Brüder in Lubowitz von der Schließung
der Universität durch Napoleon.

Liebeleien der Brüder mit Madame Hahmann aus Ratibor.

1807   Nach Beratung im Familienrat setzen die Brüder ihr Studium
in Heidelberg fort. Sie reisen im Mai durch das Neckartal an,
sind von der »Romantik« des Ortes begeistert. Bereits am
ersten Tag besuchen sie den dort lehrenden Joseph Görres
(1776-1848), der zum wichtigsten Mentor von Eichendorff
wird. Görres, der nur als Gastdozent in Heidelberg lehrte,
erzählt eindringlich von seiner Zusammenarbeit mit Achim
von Arnim (1781-1831) und Clemens Brentano (1778-1842), so
daß Eichendorff später die Kooperation des Dreigestirns in
seinem Essay *Halle und Heidelberg* und seinen literarhistorischen Schriften lebendig beschreiben kann, als wäre er selbst
dabeigewesen. In seiner Heidelberger Zeit sah er jedoch lediglich Arnim 1808 zweimal aus der Distanz, ohne ihn zu sprechen. Brentano hielt sich zu dieser Zeit gar nicht in Heidelberg
auf, und die Zusammenarbeit mit Arnim bei der Herausgabe
von *Des Knaben Wunderhorn* (1806 und 1808) und der *Zeitung für Einsiedler* (1808) vollzog sich überwiegend im Briefwechsel der beiden.

Für die dichterische Entwicklung der Brüder wird der Litera-
tenkreis um Otto Heinrich Graf von Loeben (genannt Isidorus orientalis, 1786-1825) wesentlich, der sich an der Lyrik der
»Jenaer Romantiker« orientiert, aber auch Ideale der Kreuzritter und Troubadoure erneuern will und schwülstig-esoteri-
sche Lyrik produziert. Neben Ludwig Tieck (1773-1853) gehörten die Brüder August Wilhelm (1776-1845) und Friedrich
Schlegel (1772-1829) zu den kaum erreichten Vorbildern sowie
Novalis (eigentlich Friedrich von Hardenberg, 1772-1801) und
Rostorf (Karl von Hardenberg, Bruder des Novalis, 1776-
1813). Im Loebenkreis erhielt Eichendorff den Künstlernamen
»Florens«; unter diesem Namen erscheinen durch Vermittlung Loebens die ersten Gedichte Eichendorffs im Druck.

1808   April: Nach Abschluß des Studiums unternehmen die Brüder
eine Archivreise nach Paris, um für Görres Material zum
›Volksbuch‹ über die *Heymonskinder* einzusehen.

Mai: Mit Loeben über Heidelberg, Frankfurt, Würzburg,

Nürnberg nach Wien, ab Regensburg mit dem Postschiff auf
der Donau, ein Erlebnis, das im ersten Roman (*Ahnung und
Gegenwart*) nachklingt.

Ab Juli unterstützen die Brüder ihren Vater in Lubowitz bei
der Verwaltung der hochverschuldeten Güter.

Zur Lektüre im Herbst gehören vermutliche die Bände des
Wunderhorn, dessen romantisierte »Kunst-Volkslieder« prägend
für Eichendorffs eigene Gedichte werden. Wahrscheinlich
entsteht auch *Die Zauberei im Herbste*, Eichendorffs erste
abgeschlossene Prosadichtung.

1809   Frühjahr: Verlobung mit Luise von Larisch (1792-1855) aus
dem benachbarten Pogrzebin bei Ratibor.

September/Oktober: Aufenthalt der Brüder in Breslau.

November: Gemeinsame Reise nach Berlin, bis Frankfurt/
Oder auf einem Kohlenschiff. In Berlin Begegnungen u. a. mit
dem romantischen Staats- und Gesellschaftstheoretiker Adam
Müller (1779-1829), Arnim und Brentano. Mit Brentano, dessen
Stegreiflieder zur Gitarre und Erzählungen zu seinem Projekt
der *Romanzen vom Rosenkranz* ihn faszinieren, schließt
Eichendorff Freundschaft. Gemeinsam besuchen sie die großen,
durch Hintergrundbeleuchtung illuminierten Gemälde
Karl Friedrich Schinkels (1781-1841), zu denen Waldhornmusik
geboten wird.

1810   März: Rückkehr nach Lubowitz. Dort entstehen so berühmte
Gedichte wie *In einem kühlen Grunde*, *Wer hat dich, du schöner
Wald* und *O Täler weit, o Höhen* (erste Fassung), möglicherweise
auch bereits Entwürfe zum Roman *Ahnung und
Gegenwart*.

November: Die prekäre finanzielle Situation der Eichendorffschen
Güter macht es erforderlich, daß die Brüder ihre Ausbildung
mit Examen abschließen (was für begüterte Adlige
nicht üblich war), um sich für eine Laufbahn im Staatsdienst
zu qualifizieren. November: Die Brüder setzen ihr juristisches
Studium in Wien fort.

1811   In Wien nehmen die Brüder Kontakt mit Friedrich und Dorothea
Schlegel (1764-1839) auf. Joseph schließt bald Freundschaft
mit deren Sohn aus erster Ehe Philipp Veit (1793-1877),
der sich in Rom 1815 den »Nazarenern« (Lukasbund) anschließen
wird. Mit seinem Freund besucht er die Tanzlokale

in Wien, wo er eine attraktive Choristin kennenlernt, die er regelmäßig in ihrer Wohnung besucht. Mit seiner Verlobten Luise pflegt er – wie schon in der Berliner Zeit – lediglich sporadisch Briefverkehr, worauf es bereits nach dem Besuch in Berlin zu quälenden Aussprachen mit der Familie von Larisch gekommen war, die ihn wegen des Eheversprechens unter Druck setzte.

Neben dem Studium arbeitet Eichendorff intensiv an dem Roman *Ahnung und Gegenwart*. In einer Salonszene des Romans macht er sich über seinen ehemaligen Heidelberger Mentor Graf Loeben lustig. Später spricht er im Hinblick auf Loebens schwülstige Dichtung von Afterromantik.

1812 Die Brüder hören Friedrich Schlegels Vorlesung *Über die Geschichte der alten und neuen Literatur*.

Juli bis September: In Lubowitz; dort vermutlich Abschluß des Romans, den Eichendorff nach den Ferien Dorothea Schlegel zu lesen gibt, die ihn korrigiert und auch den zündenden Titel *Ahnung und Gegenwart* erfindet. Dorotheas Korrekturen, die sie ins Manuskript eintrug, sind leider verloren. Der Versuch, mit Unterstützung der Schlegels einen Verleger zu finden, scheitert. Auch der Plan, nach Abschluß des Studiums als Lehrer an dem von Adam Müller geplanten Maximilianeum in Wien zu wirken, zerschlägt sich.

1813 Beginn der sogenannten Freiheitskriege gegen Napoleon, dessen Große Armee in Rußland aufgerieben worden war.

März: Breslauer Aufruf Friedrich Wilhelms III. *An mein Volk*. April: Letzte Prüfungen in Wien; Eichendorff schließt sich gemeinsam mit Philipp Veit dem Lützowschen Freikorps an, einer Gruppe von begeisterten, aber kaum ausgebildeten Freiwilligen. Zur Enttäuschung von Eichendorff werden die Lützower Jäger, denen Eichendorff einige Lieder widmet, von den preußischen Generälen an den Kämpfen gegen napoleonische Truppen nicht beteiligt. Als klar ist, daß Eichendorff keine Chance hat, zum Offizier aufzusteigen, bemüht er sich, in regulären preußischen Kampfverbänden aufgenommen zu werden, muß sich jedoch zwischendurch in Lubowitz mit Geld versorgen und trennt sich deshalb von Veit. Ein Brief an Loeben beschreibt Irrfahrten und Frustration Eichendorffs in den Kriegswirren. In Glatz wird er schließlich zum Leutnant ernannt, kommt aber auch dort nicht mehr zum Einsatz.

1814 Januar bis Mai: Garnisonsdienst in Torgau. Dort erreicht Eichendorff die Nachricht von der Abdankung Napoleons und der Unterzeichnung des Friedensvertrags von Paris. – Im April bittet er den Bruder in einem Brief, ihm »irgend eine Stelle im österr. Civile zu verschaffen«. Im Frühjahr Erbschaft der Brüder (gemeinsam 12 000 Reichstaler).

Mai bis Dezember: Urlaub in Lubowitz, wo ihn im August der Freund Carl Schaeffer besucht.

Eichendorff bemüht sich, die Widerstände seiner Mutter gegen eine Hochzeit mit Luise von Larisch zu überwinden. Angesichts der stets drohenden Zwangsversteigerung Eichendorffscher Güter hatten sich die Eltern eine bessere Partie des Sohnes gewünscht und bereits eine mögliche Braut ausgeguckt.

Dezember: In Berlin macht Eichendorff seine Ansprüche als Freiwilliger Jäger geltend und sucht eine Anstellung bei der Regierung.

1815 Anfang März: Eichendorff findet auf Empfehlung von August Graf Neidhardt von Gneisenau (1760-1831) eine provisorische Beschäftigung im Kriegsministerium in Berlin.

Ahnung und Gegenwart erscheint mit einem Vorwort von Friedrich de la Motte Fouqué (1777-1843) zur Ostermesse. Fouqué rät ihm davon ab, weiter unter dem Namen Florens zu publizieren.

20. März: Napoleon zieht in Paris ein; die »Herrschaft der hundert Tage« beginnt.

7. April: Heirat mit Luise von Larisch, die ein Kind von ihm erwartet.

25. April: Eichendorff läßt seine schwangere Frau in Berlin zurück, um sich der preußischen Armee unter Generalfeldmarschall Blücher in Lüttich anzuschließen. Er nimmt am Einmarsch in Paris teil und hält sich bis Ende des Jahres bei Paris auf. Auf dem Rückzug schreibt er aus Hamm an den Kammergerichtsrat Johann Albrecht Friedrich Eichhorn (1779-1856), den späteren Kultusminister Preußens, und bittet um Anstellung bei Polizei oder Gericht in Preußen.

30. August: Geburt des Sohnes Hermann (gest. 1900).

1816 Januar/Februar: Rückkehr über Berlin nach Schlesien auf das Gut der Schwiegereltern.

Eichendorff zieht nach Breslau und bewirbt sich erfolgreich um Anstellung als Referendar (ohne Gehalt; bis Herbst 1819). 9. Dezember: Er besteht die Referendarprüfung und leistet am 24. Dezember seinen Diensteid auf Friedrich Wilhelm III.

1817 Abschluß der Novelle *Das Marmorbild*. Beginn der Arbeit am *Taugenichts*.

Im Mai wendet sich Eichendorff an Friedrich Karl von Savigny (1779-1861) und bewirbt sich bei ihm erfolglos um eine Lehrtätigkeit an der Universität im Fach Geschichte in einer der Preußen zugeschlagenen rheinischen Provinzen. Auch die Bewerbung um eine Stelle als Landrat in Rybnik ist ohne Erfolg.

9. Mai: Geburt der Tochter Therese (gest. 1884).

Zwischen August und Anfang Oktober Zusammentreffen mit dem Bruder in Lubowitz. Danach plant er, die bereits vorher begonnene autobiographisch gefärbte Novelle *Das Wiedersehen* weiterzuschreiben.

1818 27. April: Tod des Vaters. Für die Erbengemeinschaft übernimmt Joseph die Verwaltung des Lehnguts Sedlnitz in Mähren.

Zur Hernbstmesse erscheint *Das Marmorbild* in Fouqués *Frauentaschenbuch*.

1819 19. April: Geburt des Sohnes Rudolf (gest. 1891).

29. April: Eröffnung des Liquidationsverfahrens über die väterlichen Güter.

Nach Ablegung des zweiten Staatsexamens im Oktober wird Eichendorff (unbezahlter) »Assessor bei der Königlichen Regierung zu Breslau«. Das Thema, das ihm für seine »Probearbeit« im Rahmen der zweiten Staatsprüfung (heute Assessorexamen) gestellt wurde, lautete: »Was für Nachteile und Vorteile hat der katholische Religionsanteil in Deutschland von der Aufhebung der Landeshoheit der Bischöfe und Äbte, desgleichen von der Entziehung des Stifts- und Klostergutes mit Wahrscheinlichkeit zu erwarten?« – Für den überzeugten Katholiken Eichendorff im protestantischen Preußen war dies eine heikle Fragestellung – von »Fußangel« spricht Eichendorff in einem Brief an Görres später. Der Gutachter Geheimer Oberregierungsrat Johann Heinrich Schmedding (1774-1846), der für die katholische Minderheit in Preußen zuständig

war, attestiert: »Adel der Gesinnung und Tiefe historischer
Forschung«.

Erfolglose Bewerbung um eine Landratsstelle in Pleß.

1820 Mai. Wiedersehen mit dem Bruder Wilhelm und mit Adam
Müller in Wien.

Im Juli wird Eichendorff – auf Empfehlung von Schmedding –
komissarisch auf die Stelle eines Regierungsrates für die Bearbeitung der katholisch-geistlichen und Schulangelegenheiten
in Danzig berufen, die er Anfang 1821 antritt. Bis dahin wird er
im Berliner Unterrichtsministerium eingesetzt.

1821 6. Januar: Geburt der Tochter Agnes Clara Augusta (gest.
1822) in Berlin.

21. Januar: Eichendorff tritt seinen Dienst in Danzig an. Mit
seinem Vorgesetzten Heinrich Theodor von Schön (1773-
1856) verbindet ihn trotz konfessioneller Differenzen bald ein
freundschaftliches Verhältnis.

1822 15. April: Tod der Mutter.

Das satirische Märchenspiel *Krieg den Philistern* nach dem
Muster der frühromantischen Theatersatiren Tiecks entsteht.

1823 September bis Dezember aushilfsweise am Kultusministerium
in Berlin. Eichendorff trifft sich dort u. a. mit dem Historiker
Friedrich von Raumer (1781-1873), dem Romanschriftsteller
Willibald Alexis (eigentl. Wilhelm Häring, 1798-1871), dem
Kriminalisten und Biographen Julius Eduard Hitzig (1780-
1849) und dem Dichter und Naturwissenschaftler Adelbert
von Chamisso (1781-1831). Im Herbst erscheint *Ein Kapitel aus
dem Leben eines Taugenichts* in den *Deutschen Blättern für
Poesie, Litteratur, Kunst und Theater*, im Dezember die Buch-
ausgabe von *Krieg den Philistern* (mit der Jahreszahl 1824).

Schloß und Gut Lubowitz werden zwangsversteigert.

1824 April: Eichendorff wird nach Königsberg, dem neuen Sitz des
Oberpräsidenten von Ost- und Westpreußen (Schön), versetzt.

Oktober: Julius Eduard Hitzig gründet in Berlin einen Verein
von *Freunden der Poesie*, der sich später *Mittwochsgesellschaft*
nennt. Eichendorff wird auswärtiges Mitglied und nimmt bei
Aufenthalten in Berlin an den Sitzungen teil, nach 1831 regelmäßig.

1826 Januar bis Mai: In der von Friedrich Wilhelm Gubitz (1786-
1870) herausgegebenen Zeitschrift *Der Gesellschafter oder*

Blätter für Geist und Herz erscheinen Gedichte Eichendorffs. April: Zur Ostermesse wird der Sammelband mit dem *Taugenichts*, dem *Marmorbild* und einer Auswahl von 48 Gedichten Eichendorffs publiziert.

1827 September: Im *Gesellschafter* erscheint in Fortsetzungen Eichendorffs dramatische Satire auf den Literaturbetrieb *Meierbeths Glück und Ende*, die im Dezember auch als Buch vorliegt.

1828 August: In einem Bittbrief an Joseph Görres bemüht sich Eichendorff um eine Anstellung in München oder Koblenz. Während in diesem Brief die Situation des Katholiken im protestantischen Preußen als Grund für die Bewerbung genannt wird, ist in seinen Gesuchen um Versetzung nach Berlin von den für den Bewerber unverträglichen klimatischen Bedingungen in Königsberg die Rede. Wahrscheinlich vermißt Eichendorff in erster Linie die kulturellen Anregungen und Kontakte in der Berliner Metropole. Er fühlt sich in die Provinz verschlagen.
September: Das Trauerspiel *Ezelin von Romano* erscheint.

1829 Eichendorff schließt das auf Anregung von Schön entstandene Trauerspiel *Der letzte Held von Marienburg* und das Lustspiel *Die Freier* ab. Beide Stücke werden erfolglos einem Verleger angeboten.

1830 Das Trauerspiel *Der letzte Held von Marienburg* wird auf Anordnung Schöns in Königsberg gedruckt. Widmungsexemplare schickt Eichendorff an den preußischen Kronprinzen und Goethe. Auf Initiative von Schön, der die Marienburg zu einem preußischen Westminster ausbauen will, wird das Stück zur Eröffnung des Landtages am 27. Februar 1832 im Königsberger Theater uraufgeführt, findet jedoch keinen Beifall.
Juli: Arbeitsaufenthalt in Berlin.
20. Oktober: Geburt der Tochter Anna Hedwig (gestorben 1832).

1831 Eichendorffs Bemühungen, aus Königsberg versetzt zu werden, haben insofern Erfolg, als er von seinem Gönner und Vorgesetzten Schön auf unbestimmte Zeit bei voller Bezahlung beurlaubt wird und ab August in Berlin kommissarisch an verschiedenen Ministerien beschäftigt ist.
November bis etwa März 1832: Ein geheimer Auftrag für

Eichendorff, von dem nicht einmal das gesamte Kabinett informiert wird, ist der Entwurf eines Pressegesetzes, das den Vorstellungen der liberal gesonnenen süddeutschen Staaten als Kompromißangebot Preußens vorgelegt werden soll. Der preußische König lehnt jedoch Eichendorffs Entwurf ab, und nach dem »Hambacher Fest«, bei dem sich die Liberalen in einer mächtigen Demonstration in Szene setzten, hatte das Gesetz ohnehin keine Chance mehr. In Preußen und Österreich fürchtete man ein Übergreifen der Pariser Revolution von 1830 auf Deutschland, und die Karlsbader Beschlüsse werden wieder mit Nachdruck umgesetzt.

Die Gründung einer historisch-politischen Zeitschrift sollte Preußen ebenfalls ein liberales Image verleihen. Eichendorff, der diese Zeitschrift zunächst gemeinsam mit dem Historiker Leopold Ranke (1795-1886) aufbauen sollte, verfaßte dafür einige Aufsätze wie *Preußen und die Konstitutionen* und *Über Garantien*. Als Bewerber um die Position des Herausgebers dieser Zeitung schied er vermutlich wegen seiner allzu starren Haltung in der Verfassungsfrage und wegen hoher Gehaltsforderungen aus: Ranke zeichnete schließlich allein verantwortlich und nahm Beiträge Eichendorffs nicht auf. Wegen überhöhter Gehaltsforderungen dürften auch Eichendorffs Bewerbungen um Positionen in der preußischen Zensurbehörde gescheitert sein.

1832 24. März: Der Tod der jüngsten Tochter Anna (geb. 1830) ist Anlaß für den Gedichtzyklus *Auf meines Kindes Tod*.

April: Die satirische Erzählung *Viel Lärmen um Nichts* erscheint im *Gesellschafter*.

27.–30. Mai: Hambacher Fest, zu dem Eichendorff eine Satire verfaßt, in der die Auftritte der liberalen Redner mit einem Hexensabbat verglichen werden. Nach dem obligaten Festessen reiten die Protagonisten auf Hexenbesen zum Brocken. Der letzte Satz dieser erst von Eichendorffs Sohn Hermann verstümmelt publizierten Satire setzt sich als Titel der posthumen Veröffentlichung durch: *Auch ich war in Arkadien!*

1833 Das Lustspiel *Die Freier* erscheint zur Ostermesse, es ist das einzige Drama Eichendorffs, das gelegentlich auf der Bühne zu sehen ist.

September: Acht Gedichte Eichendorffs erscheinen im *Deutschen Musenalmanach 1834*.

1834 März: Vergebliche Bewerbung um eine vakante Ratsstelle.
Oktober: *Dichter und ihre Gesellen*, der zweite Roman
Eichendorffs, der Musterbeispiele irregeleiteter, scheiternder
Dichter vorstellt, wird zur Herbstmesse veröffentlicht.

1835 März: Die Bemühungen um eine feste Anstellung im Berliner
Kultusministerium sind vergeblich. Eichendorff arbeitet an
der Novelle *Eine Meerfahrt* und Entwürfen zu seinen Memoiren.

1836 Februar: Eine Anstellung beim Berliner Oberzensurkollegium scheitert wegen hoher Gehaltsforderungen.
September: Im Taschenbuch *Urania* publiziert Eichendorff
seine Revolutionsnovelle *Das Schloß Dürande*, im *Deutschen
Musenalmanach für das Jahr 1837* Gedichte.

1837 Januar: Vergebliche Bewerbung um eine freiwerdende Rats-
stelle im Kultusministerium.
Eichendorff publiziert die erste umfassende Sammlung der
Gedichte. Die Anordnung in thematischen Zyklen und einige
neu eingeführte Überschriften stammen offensichtlich nicht
vom Dichter.
September: Gedichte im *Deutschen Musenalmanach für das
Jahr 1838.*
Oktober: Eine Bewerbung um die Intendantur der Königli-
chen Museen in Berlin hat keinen Erfolg.

1838 17. bis 28. Mai: Reise über München, wo er mit Görres und
Brentano zusammentrifft, nach Wien zu seinem Bruder Wil-
helm zur Besprechung über Sedlnitz.
September: *Die Entführung* (Erzählung) erscheint in der
Urania, Lyrik im *Deutschen Musenalamanach für das Jahr
1839.* Wahrscheinliche Entstehung des *Unstern*-Fragments.

1839 Entwurf weiterer autobiographischer Texte, die oft über wenige Seiten oder gegliederte Stichworte nicht hinauskommen.
Übersetzungen aus dem Spanischen.

1840 Friedrich Wilhelm III. stirbt; König von Preußen wird sein
bereits 45jähriger Sohn Friedrich Wilhelm IV., der »Romantiker auf dem Thron«. *Die Glücksritter* (Erzählung) erscheint
im *Rheinischen Jahrbuch für Kunst und Poesie* von 1841.

1841 Januar: Im *Deutschen Musenalamanach für 1841* Gedichte
und ein Porträt Eichendorffs.
Februar: Ernennung zum Geheimen Regierungsrat.

August: Band 1 der ersten Werkausgabe mit Widmungsgedicht an Friedrich Wilhelm IV.

1842   Eine illustrierte Ausgabe des *Taugenichts* erscheint.

1843   Weitere autobiographische Entwürfe.

Frühjahr: Die amtliche Auftragsarbeit *Die Geschichte der Wiederherstellung des Schlosses der deutschen Ordensritter zu Marienburg* entsteht in Danzig. Die Restauration der Ordensburg ist als Projekt des preußischen Staats ein Gegenstück zum Aufbau des Kölner Domes und soll im Osten als mächtiges Bauwerk aus Preußens Geschichte Signalwirkung haben. Eichendorff legt jedoch großen Wert auf die ursprüngliche Bedeutung des Deutschen Ordens als geistlicher Institution. Die Darstellung eines preußischen Landsturmmannes in einem der »restaurierten« Fenster zeigt die national-preußische »Umdeutung« des Bauwerks, der Eichendorff vorsichtig entgegenwirkt. An der Rekonstruktion der Backsteingotik des Bauwerks ist auch Schinkel beteiligt.

August: Erstes Pensionierungsgesuch Eichendorffs wegen zerrütteter Gesundheit, im Oktober folgt ein zweites.

1844   Februar: Eichendorffs *Geschichte der Marienburg* erscheint im Druck. – Eichhorn befürwortet ein drittes Pensionierungsgesuch Eichendorffs.

13. Mai: Schön schickt drei Prachtexemplare von Eichendorffs Werk zur Marienburg an Friedrich Wilhelm IV., der sich bei ihm bedankt.

30. Juni: Der König unterzeichnet Eichendorffs Entlassungsurkunde.

1. Juli: Versetzung in den Ruhestand.

1846   Eichendorff beginnt Beiträge für die katholisch-konservative Zeitschrift *Historisch-politische Blätter für das katholische Deutschland* zu schreiben, für die Joseph Görres' Sohn Guido (1805-1852) und George Phillips (1804-1872) verantwortlich zeichnen. Eine Artikelserie *Zur Geschichte der neuern romantischen Poesie in Deutschland*, die Eichendorff leicht verändert und erweitert auch in seinen späteren literarhistorischen Büchern aufnimmt, stellt in drei Teilen unter anderem Novalis, Friedrich Schlegel, Arnim und Tieck vor.

Ein erster Band mit Übersetzungen geistlicher Schauspiele von Pedro Calderón de la Barca (1600-1681) erscheint (zweiter Band: 1853).

Im Oktober zieht Eichendorff mit der Familie seiner Tochter, mit der er aus finanziellen Günden zusammenlebt, nach Wien. Dort trifft er u. a. mit Clara (1819-1896) und Robert Schumann (1810-1856), Franz Grillparzer (1791-1872) und Adalbert Stifter (1805-1868) zusammen.

1847 In der Buchpublikation *Über die ethische und religiöse Bedeutung der neueren romantischen Poesie in Deutschland* übernimmt Eichendorff im wesentlichen seine Artikelserie von 1846, fügt jedoch u. a. Abschnitte über Wilhelm Heinrich Wackenroder (1773-1798), August Wilhelm Schlegel, Adam Müller, Henrik Steffens, Joseph Görres, Zacharias Werner (1768-1823), Clemens Brentano, Ludwig Uhland (1787-1862), Justinus Kerner (1786-1862), Heinrich von Kleist (1777-1811), E. T. A. Hoffmann (1776-1822), Friedrich Rückert (1788-1866) und Adelbert von Chamisso (1781-1838) hinzu.

Eine wohlwollende Rezension der zweibändigen Ausgabe mit Märchen Brentanos, die Guido Görres herausgegeben hatte, stellt Eichendorffs Beitrag *Brentano und seine Märchen* in den *Historisch-politischen Blättern* dar, während sein Beitrag *Die deutsche Salon-Poesie der Frauen* in der gleichen Zeitschrift scharfe Angriffe auf Brentanos Schwester Bettine enthält.

Im Dezember mit Frau und Tochter Übersiedlung nach Berlin, wo der Schwiegersohn Ludwig von Besser-Dahlfingen (1794-1858) eine Anstellung als Lehrer der Kadettenschule erhielt.

1848 Auf die Berliner Märzrevolution reagiert Eichendorff mit dem Gedichtzyklus *1848* und der Satire *Libertas und ihre Freier*; beides wurde erst posthum veröffentlicht. Als die Unruhen in Berlin bedrohlich werden – in der ersten Fassung der Satire scheint der Autor von einem Sieg der Revolutionäre auszugehen –, zieht er sich im Familienverband nach Dresden zurück, das allerdings ebenfalls von politischen Unruhen erschüttert wird. Die Familie weicht nach Meißen und Köthen aus.

1849 Rückkehr nach Berlin.

1851 Ein weiteres literarhistorisches Werk unter dem Titel *Der deutsche Roman des 18. Jahrhunderts in seinem Verhältnis zum Christentum* erscheint. Dieser und den folgenden literarhistorischen Publikation von 1854 und 1856 ist anzumerken, daß der Autor die Primärtexte nicht immer gelesen hat. Seine

Erkenntnisse übernimmt er zum Teil aus den Literaturgeschichten von Georg Gottfried Gervinus (1805-1871) und
Heinrich Gelzer (1813-1889). Ausführliche Exzerpte aus deren Werken mit Randnotizen Eichendorffs haben sich erhalten.

1853 Das Versepos *Julian* erscheint.

1854 Bei einem zu seinen Ehren von dem Kunsthistoriker Franz
Kugler (1808-1858) ausgerichteten Diner trifft Eichendorff
auf Theodor Fontane (1819-1898), Theodor Storm (1817-1888)
und Paul Heyse (1830-1914). *Zur Geschichte des Dramas*
erscheint.

1855 Beginn der Todeskrankheit der Gattin. Übersiedlung nach
Köthen zur Tochter Therese, mit dieser dann nach Neisse.
Louise von Eichendorff stirbt kurz nach der Ankunft dort am
3. Dezember.
Als zweites Versepos erscheint *Robert und Guiscard*.

1856 *Geschichte der poetischen Literatur Deutschlands.* Eichendorff spürt das »Abendroth« seines Lebens und schreibt – von
dem befreundeten Parlamentarier und Kunsthistoriker August Reichensperger (1808-1895) angeregt – an seinen Memoiren. Es entstehen die Kapitel *Der Adel und die Revolution* und
Halle und Heidelberg, die eher »Betrachtungen« (oder modern »kulturhistorische Essays«) zu nennen sind als Memoiren, da Eichendorff nach eigenem Bekenntnis als Autor nicht
in Erscheinung treten will, sondern nur Reverbère (Laterne
mit lichtverstärkenden Spiegeln) sein will.

1857 *Lucius*, das dritte Versepos.
Am 26. November stirbt Eichendorff in Neisse.

Abkürzungs- und Literaturverzeichnis

Athenaeum	Athenaeum. Eine Zeitschrift von August Wilhelm und Friedrich Schlegel, Berlin 1798-1800 (Photomechanischer Nachdruck der Zeitschrift, Darmstadt 1973)
Brentano, Werke II	Clemens Brentano, Werke, Zweiter Band, hg. von Friedhelm Kemp, München, 2. durchgesehene Auflage, München 1973
Eichendorff-Kat.	Ich bin mit der Revolution geboren ..., Katalog der Eichendorff-Gesellschaft, hg. von Sibylle von Steinsdorff und Eckhard Grunewald, Düsseldorf 1988
FBA	Frankfurter Brentano-Ausgabe: Clemens Brentano, Sämtliche Werke und Briefe. Historisch-kritische Ausgabe, Stuttgart 1975 ff. Bde. 5-9,3 (Des Knaben Wunderhorn, Text, Lesarten und Erläuterungen, hg. von Heinz Rölleke) Bd. 31 (Briefe 1803-1807, hg. von Lieselotte Kinskofer) Bd. 32 (Briefe 1808-1812, hg. von Sabine Oehring)
Freundschaftsbriefe	Achim von Arnim und Clemens Brentano, Freundschaftsbriefe. Vollständige kritische Edition von Hartwig Schultz, 2 Bde., Frankfurt am Main 1998
Friedmund-Briefwechsel	In allem einverstanden mit Dir. Bettine von Arnims Briefwechsel mit ihrem Sohn Friedmund. Hg. von Wolfgang Bunzel und Ulrike Landfester, Göttingen 2001
Frühwald	Wolfgang Frühwald, Eichendorff-Chronik. Daten zu Leben und Werk, München, Wien 1977
Frühwald/Heiduk	Joseph von Eichendorff, Leben und Werk in Texten und Bildern. Von Wolfgang Früh-

	wald und Franz Heiduk, Frankfurt am Main 1988
Gervinus	Georg Gottfried Gervinus, Geschichte der deutschen Dichtung. Vierte gänzlich umgearbeitete bzw. verbesserte Auflage, 5 Bde., Leipzig 1853
Goethe und die literarische Romantik	»Ein Dichter hatte uns alle geweckt«. Goethe und die literarische Romantik, hg. von Christoph Perels, Frankfurt am Main 1999
HKA	Sämtliche Werke des Freiherrn Joseph von Eichendorff. Historisch-kritische Ausgabe, hg. von Wilhelm Kosch und August Sauer (seit 1962: von Hermann Kunisch; seit 1978 gemeinsam mit Helmut Koopmann), Regensburg 1908 ff.; seit 1970 Stuttgart, seit 1998 Tübingen V,4 Erzählungen, Dritter Teil, Autobiographische Fragmente, hg. von Dietmar Kunisch, 1998 XII Briefe 1794-1857, hg. von Sibylle von Steinsdorff, 1992 XIII Briefe an Eichendorff, 1910 XVIII Joseph von Eichendorff im Urteil seiner Zeit, hg. von Günther und Irmgard Niggl, Stuttgart 1975, 1976 und 1986
Hs. FDH	Handschrift im Besitz des Freien Deutschen Hochstifts (Frankfurter Goethe-Museum)
Jb FDH	Jahrbuch des Freien Deutschen Hochstifts
Kat. Hamb. Fest	Hambacher Fest 1832. Freiheit und Einheit Deutschland und Europa. Katalog zur Dauerausstellung, 4. Auflage, Mainz 1988
Moering	Prinz Rococco und die Freiheit. Die früheste Fassung von Eichendorffs Revolutionssatire ›Libertas und ihre Freier. Ein Märchen‹, in: Jb FDH 2006, S. 291-362
Schiwy	Günther Schiwy, Eichendorff. Der Dichter in seiner Zeit. Eine Biographie, München 2000
Stutzer	Dietmar Stutzer: Die Eichendorff'schen

Güter in Oberschlesien und Mähren:
Betriebsgeschichte, Betriebsaufbau und
Ursachen ihres Zusammenbruchs, München
1974

Taugenichts-Erl.   Erläuterungen und Dokumente. Joseph von
Eichendorff: Aus dem Leben eines Tauge-
nichts. Von Hartwig Schultz, Stuttgart 1994

W   Joseph von Eichendorff: Werke in sechs
Bänden hg. von Wolfgang Frühwald, Bri-
gitte Schillbach und Hartwig Schultz,
Frankfurt am Main 1985-1993 (Band 1-3
auch als DKV-Taschenbuch 12, 17 und 18,
Frankfurt 2006/2007)

Anmerkungen

7 *Es war eine tiefe, stille, klare Winternacht:* W V, S. 358-360.

11 *Unstern, diesem guten Jungen:* Uhlands gesammelte Werke in sechs Bänden, Stuttgart o. J., Bd. I, S. 195 f.

14 *Unstern:* Uhlands gesammelte Werke in sechs Bänden, Stuttgart o. J., Bd. I, S. 195 f.

15 *Novelle = Anfang = Vor Tagesanbruch:* W V, S. 1022.

18 *An den Hasengarten:* W I, S. 120 f.

24 *Ich bin (1788) mit der Revolution geboren:* W V, S. 1063.
   scharfen Abendroth: Vgl. dazu HKA V,4, S. 95-98 und 371 sowie XII, S. 419 und 423.

25 *nur 68 Einwohner:* W V, S. 928.
   Gruppe von Verwalter- und Jägerfrauen: W V, S. 394.

28 *Von ferne ziehen Gewitter:* W V, S. 377 f.

29 *Man sieht, das Ganze:* W V, S. 397.

30 *Merkwürdigkeiten in der Stadt Dresden:* W V, S. 13 f.
   Die Oder ausgegossen: W V, S. 18.
   Zur Beicht gewesen: W V, S. 19 f.

31 *Der Papa nach Breslau gefahren:* W V, S. 20 f.
   Nervenzusammenbruch: Vgl. W V, S. 939.

32 *praktisch ohne Eigenkapital:* Stutzer, S. 120 f.
   sprunghafte, von Unsicherheit gekennzeichnete Betriebsführung: Stutzer, S. 32.
   Ohngeachtet der Anschein wider mich ist: Zit. nach: Schiwy, S. 34 f.
   seine Existenz als selbständiger Landwirt: Stutzer, S. 121.

33 *Um diese Zeit habe ich:* W V, S. 21.
   schwartze Bangigkeit: Notizen vom 17. und 18. Februar 1804, vgl. W V, S. 77.
   13. Nachdem wir uns bey dem damaligen: W V, S. 38.

34 *4. Das erstemal mit Sak u. Pak:* W V, S 94.
   drei verschiedene Hauptrichtungen: W V, S. 393.

35 *Am liebenswürdigsten aber waren:* W V, S. 394 f.
   Man sieht, das Ganze war ein etwas in's Derbe gefertigtes Idyll: W V, S. 397.

37 *25. die ersten Briefe:* W V, S. 23.

37 *Hausgeistlichen nicht mehr leisten konnte:* Vgl. Frühwald/Heiduk, S. 51.

38 *Lections Verzeichniß für die Vte und VI.^{te} Classe:* W V, S. 23 f.

40 *Clärchens Erscheinung als Freyheit:* W V, S. 162.

41 *auf unserem Convicttheater:* W V, S. 27.
In diesem Stüke […] spielte ich die Sophie: W V, S. 27.

42 *die drollige Geschichte:* W V, S. 33 f.

43 *Die Studenten saßen zwischen den fremden Zuschauern:* W V, S. 35.
einen jungen Herrn von vielversprechenden Geistesanlagen: W V, S. 943.
bekam […] ich ein Lied zur hundertjährigen Jubelfeyer: W V, S. 54.
Froh stimm' ich die goldnen Saiten: W I, S. 491.

44 *Lieber, lieber kleiner Eros:* W I, S. 512.

45 *An einen Unedlen von Adel:* W I, S. 511.
Auf, auf, du Weichling, auf vom Nebeltraume: W I, S. 526.

47 *brach ein Trupp um halb 12 von 12 Convictoren:* W V, S. 72.
Nach der Commedie feyerte die gesammte Theatertruppe: W V, S. 76 f.

48 *Meinem: Jacob Müller:* W I, S. 501 f.

49 *Doch Freundschaft ists, die nie verraucht:* W I, S. 503.
Für den Monath: Maertz: W V, S. 79 f.

51 *Pro Memoria. Für den Monath: October:* W V, S. 95 f.

53 *Wie selten sind der Freude Augenblicke:* W I, S. 512 f.

54 *Es waren zwei junge Grafen:* W I, S. 106.
Ich der Hahmann gegenüber: W V, S. 181.
ich saß bei Mad. H.: W V, S. 296.

55 *In wildem Wechsel treibt das flüchtge Leben:* W I, S. 13. Die Anfangsbuchstaben der Zeilen bilden die Initialen des Autors: J[oseph] B[enedict] v[on] E[ichendorff].
Beim Erwachen: W I, S. 13.

56 *vom Mittelalter noch ein gut Stück Romantik ererbt:* W V, S. 419.
Stets schlagfertige Tapferkeit: W V, S. 419 f.

57 *Schon auf der Hälfte des Weges:* W V, S. 115.
alsobald stürzte ein gantzer Hauffen herbey: W V, S. 118.

58 *die Art, wie uns Wolf empfieng:* W V, S. 116.
Plauti Trinumnus […] Aristophans Wolken: W V, S. 116.

59 *Freicorps:* Vgl. W V, S. 424.

59 *Jung, schlank, von edler Gesichtsbildung:* W V, S. 425.
　　Am entferntesten [...] wären vielleicht die Philologen geblieben:
　　W V, S. 425.
　　Ueber die rechte Art zu studiren: W V, S. 116.
　　ganz besonderen Spezies von Philosophen: W V, S. 425 f.
60 *Hielt der berühmte Doctor Gall:* W V, S. 121 f.
　　die gantze Universitaet auf dem Paradeplatz: W V, S. 122 f.
62 *Sr. Exelentz der Geheime Rat von Göthe:* W V, S. 125.
　　Um diese Zeit auch meine Morgenspaziergänge: W V, S. 125.
63 *aus meinem Sternbald hervorgegangen:* Vgl. HKA XVIII, S. 921.
　　auf dem schönen Felsen in Gi[e]bichenstein: 13. Mai 1805; W V,
　　S. 116.
　　Traten wir beyde u. Schöpp: W V, S. 128.
　　Ernst u. schauerlich schauten die alten Ruinen: W V, S. 129.
64 *2 Führerinnen, die unser Gepäck trugen:* W V, S. 130.
　　die Ansicht des ächtschweitzerischen Thales: W V, S. 130.
65 *nicht für rathsam, hier mit unserem Gelde:* W V, S. 131.
　　wekte uns ein reitzender Morgen: W V, S. 132.
　　Erinnerungen an alte deutsche Zeit: W V, S. 133.
66 *aus dem unendlichen Walde:* W V, S. 134.
　　Bald wurde die Natur rings um uns immer nächtlicher: W V,
　　S. 134.
　　Durch wilde schauerliche Wald-Gegenden: W V, S. 136-138.
　　Hexenaltar, wo die Hexen den Walpurgisabend feyern: W V,
　　S. 139.
67 *niegefühlter Schauer:* W V, S. 150.
　　das Meer zu Gesicht: W V, S. 149.
　　mit einer vergleichbaren Hymne auf das Meer: Vgl. Jb FDH 1991,
　　S. 111.
68 *Kamen wir endlich gegen Mittag:* W V, S. 155.
　　Den schönen Abend mit Klein u. Thiel: W V, S. 160.
　　so oft gesungen: Frühwald/Heiduk, S. 26.
　　Traten wir unsere längstersehnte Ferien-Reise nach Schlesien an:
　　1. August 1806, W V, S. 163.
69 *alles begrüßte sich:* W V, S. 166 f.
71 *Herr Caplans Petri Fischzüge:* W V, S. 180.
　　dieser männlich starken Donnerwolke: W V, S. 187.
72 *Printz Eugen v. Würtemberg stand mit 17000 Mann:* W V, S. 183 f.
75 *Ich bin weit entfernt von der Einbildung:* HKA V, 4, S. 98; vgl.
　　auch ebd., S. 371.

76 *In allen kommentierten Ausgaben:* Vgl. HKA V,4, S. 383 und W V, S. 1062.

Spiegelleuchte würde unverwerflich dafür sein: Adelung/Campe, Ergänzungsband; 1813, S. 536.

Nach diesem vollbrachten Tagewerk: HKA XII, S. 419.

Ihr lieber Brief endlich war mir um so erfrischender: HKA XII, S. 424.

77 *die Opposition der jungen Romantik:* W V, S. 430.

78 *Endlich um 4 Uhr Morgens:* W V, S. 222

Nachmittags schwärmte ich: W V, S. 223.

Von 11-12 bey Proff. Görres: W V, 223 f.

80 *Anfang Dezember 1807 in seinem Tagebuch:* W V, S. 248.

Es hauste dort ein einsiedlerischer Zauberer: W V, S. 430 f.

81 *Neben ihm [Görres] standen zwei Freunde:* W V, S. 431 f.

83 *Eichendorff hat sie zweifellos nie gesehen:* Vgl. die ausführliche Darstellung von Herbert Levin: Die Heidelberger Romantik, München 1922. Hier S. 77 f. sowie die Abb. gegenüber S. 64 und den Stadtplan im Anhang.

84 *unser Spaziergang mit Isidorus:* W V, S. 230.

v. Arnim mit Zimmer etc. zu Schlitten: W V, S. 231.

Arnim wechselte zu dieser Zeit mit seinem »Herzbruder« [...] Briefe: Vgl. Freundschaftsbriefe, S. 497-523.

85 *zwangen ihn zu einem bescheidenen Leben:* Vgl. Levin, Heidelberger Romantik, S. 54. Angaben über die Wohnung von Görres fehlen bei Levin.

86 *Arnim gehörte zu den seltenen Dichternaturen:* W V, S. 432 f.

87 *Dies tat er am liebsten in Görres einsamer Klause:* W V, S. 433.

88 *Resultat dieser Abende war die Einsiedlerzeitung:* W V, S. 433.

Das selten gewordene Blatt: W V, S. 433 f.

89 *Volksliederbuch:* Zu den ersten Anregungen und Überlegungen unter den Freunden, die nicht in die Tat umgesetzt wurden, vgl. Heinz Rölleke in FBA 9,1, S. 17 f.

Ich habe dir und Reichard einen Vorschlag zu machen: FBA 31, S. 393.

Graf von Löben war in Heidelberg der Hohepriester: W V, S. 435 f.

91 *aus dem Leben gegriffene Darstellung der damaligen Salonwirtschaft:* W V, S. 436.

Da bezieht sich Alles: W V, S. 266.

91 *An Isidorus Orientalis:* W I, S. 23.
92 *ewigen Gedanken:* W I, S. 66.
   vor großer Sehnsucht golden klangen: W I, S. S. 26 f.
93 *faden unerquicklichen Teedampf:* W V, S. 441. Eichendorff
   zitiert den Text aus seinem Roman *Ahnung und Gegenwart.*
94 *In einem kühlen Grunde:* W I, S. 84.
   für ein Volkslied gehalten wurde: Vgl. W I, S. 877.
95 *Mit Isid[orus], Str[auß] u. B[udde]:* W V, S. 252.
   in Elwerts Ungedruckten Resten alten Gesangs: Vgl. W I, S. 878.
   Nachmittags schreklich nachgelauffen nach Rohrbach: W V,
   S. 252.
97 *Brief vom 16. Dezember 1811:* Vgl. W I, S. 877.
   Da unten in jenem Thale: FBA 6, S. 97.
98 *Laß rauschen Lieb, laß rauschen:* FBA 8, S. 50.
99 *Von Rechtswegen sollte dieses Büchlein:* Zit. nach: W I, S. 759 f.
100 *glücklich in Musik gesetzt sind:* Vgl. HKA XVIII, S. 228 und
   1525.
101 *Johann Nepomuk von Larisch:* Schiwy, S. 299.
   Die Mama und ihre Gesellschaft: W V, S. 102 f.
   Das erste Briefchen an L.: W V, S. 253.
102 *in freundschaftl. Gesprächen über Oeconomie:* W V, S. 262.
   Julie Gräfin von Hoverden: Vgl. W V, S. 984 f.
104 *Unterdeß führte der allgemeine Gang der Dinge:* HKA XII,
   S. 24.
   Zehn Jahre später: Vgl. Schiwy, S. 677.
   Mit Ehrfurcht schritten wir: W V, S. 220.
105 *Brief an Wilhelm Grimm:* FBA 32, S. 230.
   ich aber mit Wilh.: W V, S. 264.
106 *war die ganze Gegend in Schnee gehüllt:* W V, S. 271.
   ein Porträt en Miniature: W V, S. 261.
107 *Nach einigen Gesprächen:* Vgl. Schiwy, S. 299.
   Auf dem Markte vorbei gelauffen: W V, S. 295.
   nach Pogrzebin: W V, S. 302.
108 *im Regen bis Pogrzebin:* W V, S. 302 f.
109 *Nachmittags ich mit L[uise]:* W V, S. 304.
   Louise etwa[s] unpaß: W V, S. 305.
   Sodann ist an unserm Horizont: FBA 32, S. 230.
111 *Im Februar besuchte uns:* W V, S. 285.
   Gieng ich früh: W V, S. 287.

111 *richtete sich [...] die Stube so ein:* Zit. nach: Freundschaftsbriefe, S. XV.

113 *Brentano getroffen:* W V, S. 288.

Er erzählt mir fast 2 Stunden: W V, S. 288.

114 *keine Freude machen:* HKA XII, S. 9.

mit jedem deiner Briefe: HKA XII, S. 10.

115 *Du hast aber, wie mir scheint:* HKA XII, S. 11-14.

117 *Gieng ich Abends mit der [...] Choristin:* W V, S. 328.

118 *Diese gantze Zeit über:* W V, S. 333.

wieder um 5 bei Ch[oristin]: W V, S. 336.

Ich streiche mit Philipp Veith: W V, S. 341.

mit Aschenbrödel verglichen: W V, S. 314.

Ankunft eines Briefes: W V, S. 325.

119 *beiderseitige Freude über ihre Bildung:* W V, S. 338.

120 *Wer ist die Dame?:* W II, S. 115.

Ich weiß gar nicht, was wir uns putzen: W II, S. 182.

121 *Ich [...] theilte ihn Friedr. Schlegeln:* HKA XII, S. 43 f.

122 *äußerst freundschaftlich u. einladend:* W V, S. 327.

Mad. Schlegel immer wüthend: W V, S. 331 f.

Da war: der kleine bukklichte Mahler Frikk: W V, S. 342.

Gieng ich gleich vom Eßen: W V, S. 341.

Schrekliche Geschichte von Kleist: W V, S. 336.

123 *Mad. Schlegel ist recht vertraulich:* W V, S. 339.

124 *Beim Lothringer beim Souper:* W V, S. 335.

Höchstanziehend und zurückstoßend: W II, S. 196.

Er erstaunte über die Freiheit ihres Blicks: W II, S. 209.

126 *durchaus wunderbar, unbegreiflich:* W II, S. 222, 228.

Wenn uns der Wandel tugendhafter Frauen: W II, S. 225.

128 *schönen Heidin:* W II, S. 196.

Er trat an das eine Fenster: W II, S. 294.

129 *Sie stand auf und ging:* W II, S. 294 f.

130 *Da will sich's unten rühren:* W I, S. 230 f.

132 *Erste Klasse mit Vorzug:* Frühwald, S. 58.

Adam Müller: Frühwald, S. 62.

133 *Der Tiroler Nachtwache:* W I, S. 115 f.

134 *Ich verließ den 5ᵗ April vorigen Jahres:* HKA XII, S. 28 f.

136 *Das Lützowsche Corps war mit Officieren fast überfüllt:* HKA XII, S. 29.

137 *Einladung vom Baron Fouqué:* HKA XII, S. 29.

137 *Strehlen, wo früher das Hauptquartier war:* HKA XII, S. 30.
138 *einer unsäglich mühseligen Reise:* HKA XII, S. 30.
     Veiten nicht zu verlaßen: HKA XII, S. 31.
     Von aller Welt verlaßen: HKA XII, S. 31 f.
     Doch wie groß war mein Schrecken: HKA XII, S. 32 f.
139 *Steig' aufwärts, Morgenstunde!:* W I, S. 176 f.
140 *Steig' aufwärts, Morgenstunde!:* W I, S. 176 f.
     Es bewähre sich an uns: HKA XII, S. 34.
     aus diesem großen herrlichen Kampfe: HKA XII, S. 33.
141 *Begebenheiten als Jäger im Lützowschen Corps:* 10. August
     1814, HKA XII, S. 40.
     An die Lützowschen Jäger: W I, S. 189 f.
142 *Windsgleich kommt der wilde Krieg:* W I, S. 190.
     Wagen mußt du und flüchtig erbeuten: W I, S. 191.
     irgend eine Stelle im österr. Civile: HKA XIII, S. 29.
143 *Mich zieht es unwiderstehlich nach Italien:* HKA XIII, S. 49.
     Die Poesie in Versen: HKA XIII, S. 53.
     Eichendorff mußte von einer kleinen Erbschaft leben: Schiwy,
     S. 676.
     Der Verfasser hatte diesen Roman vollendet: W II, S. 55 f.
144 *Ordonanzoffizier im Stab Gneisenaus:* Schiwy, S. 675.
     Mein Biwak auf dem Pont-neuf: W V, S. 380.
145 *Die Welt war trunken:* W V, S. 1064.
146 *Die damal[ige] Aufregung:* W V, S. 1064.
147 *Ich wollt in Liedern oft dich preisen:* Eichendorff, Sämtliche
     Gedichte (Taschenbuchausgabe von W I), S. 222.
     An die Luise: HKA XII, S. 55.
148 *zwei weitere Briefe:* HKA XII, S. 57.
     Sodann aber muß ich selber: HKA XII, S. 59.
150 *Da ich aber verheirathet und Vater bin:* HKA XII, S. 61.
     leistet am 24. Dezember den Diensteid: Schiwy, S. 676.
151 *Da ich, Gott sey Dank, mein Gewissen:* HKA XII, S. 107.
152 *Tagebuch [...] am 26. Februar 1812:* W V, S. 344.
     daß uns nur 11,000 rth. legirt: W V, S. 345.
     Das Wiedersehen geschieht aber in Lubowitz: HKA V, 4, S. 3.
153 *Leonhardt und Ludwig:* W II, S. 431.
154 *Da erfolgte plötzlich ein Riß:* W II, S. 432.
     Steig aufwärts Morgenstunde: W II, S. 412 f.; vgl. auch hier S. 139.
     Rückkehr vom Einzug in Paris: W II, S. 434.

154 *Da öffnete sich die Türe:* W II, 439 f. Im Manuskript ist bei bei-
den hier zitierten Liedern eine Lücke gelassen (vgl. HKA V,4,
S. 5 und 13, doch werden die beiden Lieder bezeichnet, im ersten
Falle mit der Einschränkung »Vielleicht«).

155 *Denkst du des Schlosses noch auf stiller Höh?:* W I, S. 299 f. Möglicherweise entstand ein Entwurf zu diesem und zwei ähnlichen
Gedichten an den Bruder, als Eichendorff sich vom Mai bis
Dezember 1814 von den Kriegsstrapazen in Lubowitz erholt,
doch wurden sie erst wesentlich später veröffentlicht.

156 *reguläres jährliches Gehalt:* Schiwy, S. 677.

159 *Philister leben nur ein Alltagsleben:* Athenaeum 1798, S. 94 f.

160 *Philister, heist in der Sprache der Studenten:* W V, S. 591.
Wenn der Philister morgens: Brentano, Werke II, S. 987 f.

161 *breiten Treckschuite:* Brentano, Werke II, S. 983.
weltensuchend, den treibenden Winden: Brentano, Werke II,
S. 983.

163 *Es zogen zwei rüst'ge Gesellen:* W I, S. 224 f.

166 *Im Frühling auf grünem Hügel:* W IV, S. 100, bzw. I, S. 251 f.

169 *in alle seine Futterale:* Brentano, Werke II, S. 988.

171 *Du Taugenichts!:* W II, S. 446.

172 *gleich nach der Trauung:* W II, S. 561.

173 *Mir war es wie ein ewiger Sonntag im Gemüte:* W II, S. 448.

174 *Es schienen so golden die Sterne:* W I, S. 315.

175 *du rennst da mitten in das sinnreiche Tableau:* W II, S. 531; vgl.
auch ebd., S. 820 f.

176 *weil der Nährstand eines festen Hauses bedarf:* FBA 6, S. 420.

177 *Wem Gott will rechte Gunst erweisen:* W II, S. 448.
kamen mehrere Bediente die Treppe herauf: W II, S. 452/454.

178 *In dem Garten war schön leben:* W II, S. 454-460.

179 *Als ich in die Kanzlei trat:* W II, S. 466/468.

180 *Der Schlafrock stand mir schön zu Gesichte:* W II, S. 468.

181 *Ich faßte ihn, wie außer mir, bei der Brust:* W II, S. 470.

182 *Es schien mir, wie ich so saß:* W II, S. 474.
Da richtete ich mich in meinem Baume auf: W II, S. 487.

183 *Ein Morgenstrahl aber:* W II, S. 487 f.

184 *wo die Pomeranzen wachsen:* W II, S. 489.
Da stieg ich schnell von dem Baume herab: W II, S. 521 f.

185 *Die Nacht war schon wieder lange hereingebrochen:* W II,
S. 521 f.

185 *die große, einsame Heide:* W II, S. 522.

186 *Wie ich nun eben so weiter fort schlendere:* W II, S. 522f.

187 *Da überfiel mich ein ordentliches Grausen:* W II, S. 524.

   Auf dem Papiere: W II, S. 526f.

   dem einen Hirtenknaben da: W II, S. 527.

188 *wo mehrere junge Männer:* W II, S. 531.

189 *die ist ja lange schon wieder in Deutschland:* W II, S. 532.

190 *der Taugenichts ist after all:* Taugenichts-Erl., S. 68f.

   der Roman [...] ist nichts als Traum: Taugenichts-Erl., S. 74f.

   ein Mensch, und er ist es so sehr: Taugenichts-Erl., S. 78.

191 *Schweigt der Menschen laute Lust:* Taugenichts-Erl., S. 76; vgl.
   W I, S. 255.

194 *Studierstube, Akten liegen auf den Stühlen:* W IV, S. 513f.

198 *Alles vereinigt sich:* Vgl. W IV, S. 753.

199 *Das Ganze erinnert an die trefflichsten Scenen:* Vgl. W IV, S. 798.

   Es konnte mir doch natürlicherweise: W IV, S. 754.

   PUBLIKUM *Nein, das ist nicht auszuhalten!:* W IV, S. 37f.

200 KRITIKUS *plötzlich die Philister erblickend:* W IV, S. 110f.

201 *In der Eichendorff-Forschung:* Vgl. W IV, S. 817.

   Während des steigen aus dem Grunde: W IV, S. 31f.

202 REGENT *Fleißig, Ihr, des Ganzen Glieder!:* W IV, S. 33f.

203 *ich war doch wohler in meiner Haut:* W IV, S. 29.

   Er wird poetisch: W IV, S. 57.

204 *Das Volk erkennt den Urahn:* W IV, S. 120.

   Ein Lustspiel ist's ja!: W IV, S. 125.

   Der Riese Grobianus: W IV, S. 127.

   Die Sache hat etwas durchaus Dramatisches: HKA XII, S. 248.

   wenig später: 29. März 1850; HKA XIII, S. 285.

207 *berühmten Männern Königsbergs:* W VI, S. 249.

   *Euer Hochwohlgeboren kennen [...] die Preußische Wirth-
   schaft:* HKA XII, S. 107f.

208 *Ausschließung von allen Ansprüchen:* HKA XII, S. 113f.

209 *Um jedoch [...] einen Beweis meiner Teilnahme zu geben:* HKA
   XIII, S. 95.

   Bis jezt ist es mir leider noch nicht gelungen: HKA XII, S. 115.

210 *Mandelkerngedicht:* W I, S. 236.

   Aktenstöße Nachts verschlingen: W I, S. 236f.

   Meine jetzige Stellung hier: HKA XII, S. 117.

211 *Hoffnung [...], als Herausgeber oder [...] angestellt zu werden:*
   Vgl. W VI, S. 1142.

211 *Euer Hochwohlgeboren haben mir gütigst erlaubt:* HKA XII, S. 117f.

213 *Unbescheiden würde es sein:* W VI, S. 1144.
Eichendorff scheint nicht der rechte Mann: HKA XVIII, S. 200.
Das Papier tut es nicht: W V, S. 670f.

215 *schon jetzt mit dem Notdach einer Konstitution überbauen:* W V, S. 672 und 676f.

216 *Rankes Zeitschrift:* HKA VIII, S. 220.
schlägt er Altenstein in einem Brief vor: HKA XII, S. 123.
bei der neuen Organisation des Censurwesens: HKA XII, S. 126.
letzte Beschäftigung bei dem auswärtigen Ministerium: HKA XII, S. 125.

217 *Gutachten zur »konstitutionellen Preßgesetzgebung«:* Vgl. W V, S. 1118-1126, sowie Klaus-Dieter Krabiels Beitrag: Zwischen Liberalismus und Restauration, in: Eichendorff-Kat., S. 297-320.

218 *Gratwanderung zwischen liberalen und reaktionären Optionen:* Eichendorff-Kat., S. 306.

219 *bereits ausdrücklich verworfen hatte:* Eichendorff-Kat., S. 312.

220 *Mir ward ganz unheimlich:* W III, S. 88-90.

222 *Namen der beiden Hauptredner [...] »Westenboten«:* Vgl. Kat. Hamb. Fest, S. 116-118.
Sieben Pfeifer saßen zur Seiten: W III, S. 91f.

223 *in bläulicher bengalischer Beleuchtung:* W III, S. 93-95.

224 *Als ich die Augen wieder aufschlug:* W III, S. 103.

225 *daß des Herrn Geh. Staats und Kabinetts Ministers:* HKA XIII, S. 101f.

226 *stellt ihn vor die Alternative:* Schiwy, S. 683.

227 *Das Kindlein spielt' draußen im Frühlingsschein:* W I, S. 284f.

228 *Als ich nun zum erstenmale:* W I, S. 285f.
»Am Abend« und »Nachts«: W I, S. 286.

229 *Sing', Lerche, singe, singe!:* W I, S. 287-293.
Viel Lärmen um nichts: Die Satire erschien vom 2. bis 28. April 1832 im *Gesellschafter* (vgl. W III, S. 620).
Was meine Poesie anbetrifft: HKA XII, S. 129.

230 *Mich brennt's an meinen Reiseschuh'n:* W I, S. 307f.

232 *Nachahmung von Meisters Lehrjahren:* Vgl. W III, S. 725.
Stifter und Haupt einer neuen Poesie: Vgl. im Athenaeum 1800, S. 180f.

232 *wahren Statthalter des poetischen Geistes:* Athenaeum 1798,
S. 103 f.

Goethe ist ganz practischer Dichter: Zit. nach: Goethe und die
literarische Romantik, S. 89.

234 *der Hr. Verfasser habe die höchst sublime Idee gehabt:* W III,
S. 719.

236 *das Segel und der Kompaß:* Vgl. W III, S. 707.

apokalyptische Bild am Schluß des Romans: Vgl. W III, S. 352
und 795.

Zuletzt ist's doch dasselbe: W III, S. 351.

237 *völlig aus dem tollen Poetenmantel:* W III, S. 136.

239 *Ihre Wirkung beziehen sie in erster Linie:* Vgl. W III, S. 612-617.

daß die Staffage seiner Bilder immer gleich bleibt: W III, S. 721.

240 *Dieser Autor [...] fast ganz aus meinem Sternbald hervorgegangen:* HKA XVIII, S. 921.

Es gibt einige Situationen in der Natur: W III, S. 724.

242 *seine größten Triumphe:* W III, S. 737.

Es rauschen die Wipfel und schauern: W I, S. 309.

243 *als nun allmählich Waldhorn und Johanneslieder verklangen:*
W III, S. 334.

244 *Fiametta aber ritt voll stiller Freude:* W III, S. 353.

245 *In der schönen Provence liegt ein Tal:* W III, S. 423.

247 *In jener Zeit nun geschah es:* W III, S. 423.

249 *Das schien ihm das Herz leichter zu machen:* W III, S. 426.

Auf die Frage des Grafen: W III, S. 437 f.

in ein langes wüstes Gemach: W III, S. 439 f.

251 *Während des schnurrten im Schloß Dürande:* W III, S. 449.

252 *Da ließen sich auf einmal unten Stimmen vernehmen:* W III, S,
449.

253 *Der Graf [...], in tiefster Seele bewegt:* W III, S. 459.

das stille Brautpaar in die gräfliche Familiengruft: W III, S. 460.

254 *Da stürzte auf einmal vom Schloß die Bande:* W III, S. 464 f.

255 *Wenn auf den unwirtbaren Eisgipfeln der Theorie:* W V, S. 407.

256 *Fassen wir [...] diesen Kampf der entfesselten und gärenden Elemente:* W V, S. 409.

257 *Es glänzt der Tulpenflor, durchschnitten von Alleen:* W I, S. 414.

258 *nur eine Fortsetzung und Erweiterung des Konversations-
Salons:* W V, S. 399 f.

einen Satz aus einer alten Opernarie: W III, S. 449.

258 *lächelten vornehm und ungläubig:* W V, S. 405 f.

   ungeheueren Konfusion: W V, S. 414.

   das ewig wandelbare Neue: W V, S. 414.

259 *Die dritte und beiweitem brillanteste Gruppe:* W V, S. 402 f.

   Kennst du noch nicht das finstere Reich des Abgrundes: Vgl. W
   III, S. 844 f.

262 *Marienburg Hauptsitz des Deutschen Ritterordens:* Vgl. W V,
   S. 693 und 726.

263 *Es bleibt dabei:* HKA XII, S. 187; vgl. auch W V, S. 1175.

264 *Nachdem die Ritterorden überhaupt durch die Veränderungen:*
   W V, S. 689.

266 *hohe Schloß wurde ohne weiteres zur Kaserne verarbeitet:* W V,
   S. 748 f.

267 *König selbst befahl mittelst Kabinets-Ordre:* W V, S. 754.

268 *Der damalige Oberpräsident:* W V, S. 758-760.

269 *Es ist endlich der deutsche Sinn und Geist:* W V, S. 803.

270 *fordert Karl Ernst Jarcke am 15. Dezember 1844:* HKA XIII,
   S. 164.

271 *Schiller spielte in der Jungfrau:* Gervinus, Bd. V, S. 543.

   Hoffmann paßt hier gar nicht: Hs. FDH 23437 – 47.

   heißt es in den Exzerpten: Gervinus, Bd. V, S. 597.

   wiederum am Rand: Vermutlich nach Gervinus, Bd. V, S. 599.

   Auch den Exzerpttext: Nach Gervinus, Bd. V, S. 545.

   Sehr wahr!: Vgl. W VI, S. 1092 f.

   Meine Aufgabe wohl so zu stellen: Hs. FDH 23437 – 13 f.

273 *Um aber nun die eigentliche Bedeutung dieser Romantik:*
   Hs. FDH 23437 – 50.

   Romantische Dichtungen: Gervinus, Bd. V, S. 518-667.

   bis in die 30er Jahre: Gervinus, Bd. V, S. 628.

   Dann erwähnt er Eichendorff: Gervinus, Bd. V, S. 632.

274 *Gervinus ein hypochondrischer Literator:* Vgl. W VI, S. 1093 f.

   Ich bin beauftragt: HKA XIII, S. 166.

275 *Heinrich Heine, ursprünglich selbst noch Romantiker:* W VI,
   S. 53.

276 *In der That, welch ein vortrefflicher Dichter:* »Die romantische
   Schule«, 3. Buch, zit. nach der Düsseldorfer Ausgabe, Bd. 8,1,
   S. 237.

   Die Romantik wollte das ganze Leben religiös heiligen: W VI,
   S. 39.

276 *Und das konnte auch füglich nicht anders sein:* W VI, S. 48.

278 *erkannte, daß das Werk der Zeitigung alles Lebens:* W VI, S. 39.
     Feenzeit, da die Romantik: W VI, S. 30.

279 *Schläft ein Lied in allen Dingen:* Vgl. W I, S. 328 und 1038-1040.
     Es rauschen die Wipfel und schauern: »Der Wächter«, W I,
     S. 309 f. und 316.

280 *Literaturblatt:* Stuttgart und Tübingen, 7. 12. 1847.
     Rezension der erweiterten Buchfassung: Vgl. HKA XVIII,
     S. 712-724.

281 *Der berühmte Verfasser hat sich eine schwere Aufgabe gestellt:*
     Vgl. HKA XVIII, S. 712-720.
     Ohne Zweifel faßt er [Eichendorff] den großen Gegensatz: Vgl.
     HKA XVIII, S. 722-724

282 *Brief vom 10. Dezember 1847:* Vgl. HKA XVIII, S. 724.

283 *umfangreiche Rezension:* Vgl. HKA XVIII, S. 729-746.
     vielfach das Kind mit dem Bade ausgeschüttet: Vgl. HKA XVIII,
     S. 732-734

284 *der Verf. lobt eigentlich nicht die Romantiker:* Vgl. HKA XVIII,
     S. 741.
     Der tolle Arnim ›repräsentirt am reinsten: Vgl. HKA XVIII,
     S. 743.

285 *Anfangs erschrak ich ein wenig:* Vgl. HKA XVIII, S. 785 f.
     Einwendungen der Kritik gerade bei der Beurteilung Arnims:
     Vgl. W VI, S. 1377.

286 *Jeder Dichter nämlich hat zwar:* W VI, S. 180.
     Wir jedoch in unserer Sprache: W VI, S. 181 f.

288 *Sophie v. Laroche sodann sitzt ein halbes Jahrhundert lang:*
     W VI, S. 294 f.

289 *Im Faust aber faßt Goethe:* W VI, S. 742 f.

290 *Faust betritt hier endlich das große Welttheater:* W VI, S. 743 f.

291 *In der Gruppe rechts vom Apostel [Paulus]:* Vgl. Christoph
     Perels, in: Goethe und die literarische Romantik, S. 110 sowie
     ebd., Tafel XV im Abb.-Teil.

292 *Was man in der Jugend wünscht:* HKA XII, S. 210.
     *die Leute wollen mich hier durchaus zum berühmten Mann
     machen:* HKA XII, S. 210.

293 *Beilage zu den Sonntagsblättern:* Nr. 7, S. 49.
     Lerche, wo sie's grünen sieht: W I, S. 448.

294 *Der Musikverein lud mich u. Meyerbeer:* HKA XII, S. 210.

294 *Es träumt ein jedes Herz:* W I, S. 447.

295 *schon im voraus unser Anliegen verraten:* HKA XIII, S. 165.

296 *Grillparzer und Stifter anwesend waren:* Vgl. W I, S. 1108 f.

297 *Die wilden Wasser, sagt man, hat entbunden:* W I, S. 449.

298 *Die Blitze werden zielen nach den Kronen:* W I, S. 450 f.

      Sah'n wir den Herren nun in diesen Tagen: W I, S. 452.

      WILL'S GOTT!: W I, S. 451.

300 *Doch genug von diesen Dingen:* HKA XII, S. 232.

302 *Frau Libertas ist längst fix u. fertig:* HKA XII, S. 242.

      Hier vielleicht den Anfang meiner Libertas benutzen!: W V,
      S. 1048.

      Hierzu vielleicht auch noch meine Libertas: W V, S. 1051.

303 *auf dem Trödelmarkt in Berlin:* Moering, S. 293-295.

305 *Wer die Macht hat, ist der Herr:* Moering, S. 308.

      Ihr befreit sie, u. ich heirathe sie: Moering, S. 310.

      ich geh mit auf die Befreiung!: Moering, S. 311.

306 *Sie tanzte überhaupt nur die Barikadière:* Moering, S. 327.

      gleichgeschaffene Seele: Moering, S. 328.

      Berserkerwuth verfallen: Moering, S. 331 f.

307 *schritt er sehr zufrieden u. so eilfertig:* Moering, S. 332 f.

308 *Was die Ursachen und Kennzeichen sind der Verarmung?:* Vgl.
      Werner Vordtriede: Bettina von Arnims Armenbuch, in: Jb
      FDH 1962, S. 379-518, hier: S. 489 und 492.

310 *Hochgeehrter Herr Baron!:* Friedmund-Briefwechsel, S. 115 f.

311 *Weh' ihr Schlösser! ihr müßt fallen:* Moering, S. 336.

      Hab't ihr euch von dem gewendet: Moering, S. 336.

      man sagt, die Libertas habe sich einstweilen: Moering, S. 338.

313 *Vielleicht mache ich mich nun:* HKA XII, S. 286.

      Kaiser Julian dem Abtrünnigen: HKA XII, S. 293.

314 *Fassen wir jedoch diesen Kampf:* W V, S. 407.

315 *die Jugend jederzeit fähiger zu entscheidenden Entschlüssen:* W
      V, S. 452.

316 *ein historischer, gründlich böser, bewußter Charakter:* HKA
      XVIII, S. 964.

      Andere Rezensenten: Vgl. W I, S. 1186.

      Cyclus von Romanzen: Vgl. HKA XII, S. 291 und 293.

317 *ergibt sich eine bunte Folge:* Vgl. W I, S. 1183 f.

318 *Ein unnöthiges Gedicht:* Vgl. W I, S. 1184. Die von Niggl in HKA
      XVIII, S. 944-963 zusammengestellten Rezensionen belegen,

daß die Zeitgenossen ähnliche Mängel wahrnahmen wie Geibel.

318 *Brief an den Sohn Hermann am 29. März 1854:* HKA XII, S. 331.
dies in der That nicht gethan: HKA XVIII, S. 940-960.
meldet Eichendorff seinem Sohn Hermann: HKA XII, S. 347.

319 *Außer zwei Briefäußerungen:* Vgl. HKA I, S. 850 f.
zwei überwiegend negative Rezensionen: Vgl. HKA XVIII,
S. 1063 ff.
Julian rezensiert hatte: Vgl. W I, S. 1188 f.
Freiherr von Eichendorff, der in seiner Jugend: W I, S. 1197 f.

320 *am 23. Februar 1857:* HKA XII, S. 428.
Antwort des Verlegers war positiv: Vgl. HKA XIII, S. 226
übermittelte Eichendorff sein Manuskript: HKA XII, S. 243.
Sebastian-Entwurf: Hs. FDH 13407, publiziert von Hermann
Kunisch im Jb FDH 1968, S. 329-389; der Text dort: S. 346-349.
Walter Hildenbrandt bereits 1937 veröffentlicht: In: Eichendorff. Tragik und Lebenskampf in Schicksal und Werk, Danzig
1937, S. 94-99.
Besprechungen des Lucius: Vgl. HKA XVIII, S. 1143-1147.
letzten Ritter der Romantik: HKA XVIII, S. 1145 ff.

321 *In der Allgemeinen Zeitung:* Stuttgart/Augsburg am 12. Oktober 1857.

322 *Durch die Krankheit der Mutter:* HKA XII, S. 366.

324 *Manche Freunde forderten mich längst:* HKA V,4, S. 97.
endlich Klarheit: Vgl. HKA V,4, S. 371 f. sowie XII, S. 419 und
423.
Clara Simons geheiratet: Vgl. Schiwy, S. 662 f.

325 *Die letzten vier Nächte haben wir abwechselnd bei ihm gewacht:* Zit. nach: Schiwy, S. 664 f.

Personenregister

Bildnachweis